Uwe Brügmann

Die russischen Gewerkschaften in Revolution und Bürgerkrieg 1917-1919

RÄTEVERLAG

DER VORLIEGENDE TEXT WIRD ZUM PREIS VON DM 35,oo VERTRIEBEN.
DIESER PREIS MACHT ES INTERESSIERTEN NAHEZU UNMÖGLICH, MIT DIESEM SEHR WICHTIGEN TEXT ZU ARBEITEN.
WICHTIG IST DIESER TEXT DESHALB, WEIL ER BISHER KAUM ZUGÄNGLICHES MATERIAL ZUR EINSCHÄTZUNG DIESER ENTSCHEIDENDEN PHASE DER RUSSISCHEN REVOLUTION LIEFERT.
WIR HALTEN ES DAHER FÜR NOTWENDIG, DIESE SONDERAUSGABE ZU EINEM ERSCHWINGLICHEN PREIS ANZUBIETEN.

RÄTEVERLAG
WIENER NEUSTADT
1973

Printed in Austria

- Westdeutsche Ausgabe -

Inhalt

I. Einleitung

Arbeiterorganisationen gab es in Rußland bereits in den siebziger und achtziger Jahren des 19. Jahrhunderts. Nur locker organisiert und noch dazu von einer allmächtigen und allgegenwärtigen Polizei unterdrückt, die mit den Unternehmern nicht selten einträchtig zusammenarbeitete, war ihre Tätigkeit jedoch wenig erfolgreich. Erst die Revolution von 1905, in deren Verlauf die Arbeiter mit Unterstützung des liberalen Adels und des Bürgertums kurzfristig Presse- und Koalitionsfreiheit gegen den durch den Krieg mit Japan geschwächten Zarismus erkämpften[1], kann als Beginn und gleichzeitig erster Höhepunkt der Gewerkschaftsbewegung in Rußland angesehen werden. Nachdem das zaristische Regime dank der Unterstützung von Armee, Bürokratie und des durch die ökonomischen Forderungen der Arbeiter verängstigten Bürgertums die Revolution niedergeworfen hatte, holte es zum Gegenschlag gegen seine Feinde, allen voran die organisierte Arbeiterbewegung, aus. Die nur widerwillig und unter dem Druck von Streiks gewährten Grundrechte wurden weitgehend wieder aufgehoben, die Organisationen der Arbeiter unterdrückt und zerschlagen. Unvollständigen Angaben zufolge wurden zwischen 1905 und 1910 etwa 500 Gewerkschaftsverbände aufgelöst und weiteren 600 die legale Betätigung verweigert, was angesichts der verschärften polizeilichen Repressionen praktisch ihre Auflösung bedeutete[2]. Die Niederlage der Arbeiterbewegung war vollkommen: Obwohl die Löhne im Zuge der nach 1905 einsetzenden und mehrere Jahre lang andauernden ökonomischen Stagnation bis hart an die Grenze des Existenzminimums fielen, obwohl die politische Un-

[1] Vgl. dazu Leontovitsch, V., Geschichte des Liberalismus in Rußland, Frankfurt (M.) 1957

[2] Pankratova, A., Geschichte der Gewerkschaftsbewegung in der UdSSR, Berlin 1956, S 95

terdrückung der Arbeiter wieder vorrevolutionäre Formen annahm, waren von Jahr zu Jahr weniger Streiks zu verzeichnen[3].

Erst ab 1910 gelang es der Arbeiterschaft, sich aus dieser tödlichen Umklammerung zu lösen. Die Ursachen sind in einer verstärkten agitatorischen Tätigkeit der Sozialdemokratischen Arbeiterpartei Rußlands[4] sowie in dem ökonomischen Aufschwung des Landes zu suchen, der die Aussichten auf erfolgreiche Streikkämpfe günstig erscheinen ließ. In den letzten Jahren vor dem Ersten Weltkrieg nahmen die Streiks zudem immer häufiger den Charakter politischer Protestaktionen an, was nach den Jahren der Apathie für das wiedererwachte politische Bewußtsein der Arbeiter spricht[5].

Dieser Aufschwung der russischen Arbeiterbewegung wurde durch den Ausbruch des Ersten Weltkrieges jäh unterbrochen. Ein Teil der Arbeiter wurde, ähnlich wie in den übrigen kriegführenden Ländern, von patriotischer Begeisterung erfaßt. Entscheidend aber war, daß Tausende und Abertausende von Arbeitern an die Front abkommandiert, die meisten Gewerkschaften wieder verboten und die prominenten Führer der Sozialdemokratischen Partei verhaftet und deportiert wurden. Die Folge war, daß in der zweiten Hälfte des ersten Kriegsjahres kaum noch Streiks registriert wurden und die politische Aktivität der Arbeiterbewegung praktisch zum Erliegen kam. Doch schon 1915, und zunehmend dann 1916, flammte die Streikbewegung wieder auf. Sie verfolgte nicht nur ökonomische Ziele, sondern richtete sich ganz konkret gegen den Krieg. Versorgungsschwierigkeiten führten um die Jahreswende wiederholt zu Hungerkrawallen, besonders in Petrograd (der russifizierte Name für Petersburg seit Beginn des Krieges). »Die Stimmung in der Hauptstadt ist außerordentlich unruhig, alle erwarten irgendwelche besonderen Ereignisse oder Aufstände«, schreibt der Chef der Petrograder Geheimpolizei (Ochrana) im Januar

---

[3] Martov, J., Geschichte der russischen Sozialdemokratie. Mit einem Vorwort von Th. Dan: Die Sozialdemokratie Rußlands nach dem Jahre 1908, Berlin 1926, S. 250 (In der Folge abgekürzt als Martov, Dan zitiert)

[4] Vgl. dazu Hammond, T. T., Lenin on Trade-Unions and Revolution 1893–1917, New York 1957; Badajew, A., Die Bolschewiki in der Reichsduma, Berlin 1957; Rašin, A. G., Formirovanie rabočego klassa Rossii, Moskva/Leningrad 1958

[5] Trotzki, L. D., Geschichte der russischen Revolution, Bd. 1: Februarrevolution, Berlin 1931, S. 44

1917 an den Innenminister[6]. Wenige Wochen später war die Dynastie der Romanovs von unzufriedenen Arbeitern und kriegsmüden Soldaten gestürzt.
Mit der Februarrevolution schien in Rußland eine neue Ära angebrochen zu sein – die Ära der parlamentarischen Demokratie, die jedoch nicht länger als neun Monate andauerte. An ihrem Ende stand die Oktoberrevolution, organisiert von der bolschewistischen Partei, die noch im Februar 1917 nur wenig mehr als 20 000 Mitglieder zählte, und getragen von breiten Arbeitermassen[7]. Die simple Konstatierung dieses Faktums wirft eine Reihe von Fragen auf, die alle nur Teilaspekte jener immer wieder gestellten Frage sind: Welches waren die Ursachen für die Machtübernahme der Bolschewiki? Wie man die Oktoberrevolution auch interpretiert, am Anfang muß eine Analyse jener gesellschaftlichen Kräfte stehen, die zum Gelingen beigetragen haben – Arbeiterschaft, Bauernschaft und Armee.
Der erste Hauptabschnitt dieser Arbeit beschäftigt sich mit der Arbeiterbewegung zwischen der Februar- und der Oktoberrevolution; dies ist auf Grund der Quellenlage nur für den europäischen Teil Rußlands, und auch hier vornehmlich nur für Petrograd und Moskau möglich. Bekanntlich machten die Arbeiter nur einen Bruchteil der Gesamtbevölkerung von etwa 127 Millionen aus (nach der Volkszählung von 1896). Die Fabrikinspektion, die staatliche Aufsichtsbehörde für industrielle Betriebe, die allerdings nur Betriebe mit mehr als 16 Arbeitern bei einem mechanischen Antriebsaggregat und Betriebe mit über 30 Arbeitern, wenn kein solches vorhanden war, erfaßte, zählte am 1. 1. 1917 im ganzen Land 2 093 862 Arbeiter[8], während die »Besondere Beratung für Brennstoff«, das oberste Lenkungsorgan für die Verteilung mineralischer Energieträger, die Arbeiterschaft auf 3 277 383 bezifferte[9]. Neuere sowjetische Untersuchungen sprechen von etwa 3,5 Millionen Arbeitern. In dieser Zahl dürften allerdings alle Lohnabhängigen in Industrie-, Gewerbe-, Handels- und Transportunternehmen enthalten sein[10].

---

[6] Zit. nach Dvinov, B., Pervaja mirovaja vojna i Rossijskaja Socialdemokratija, New York 1962, S. 210 (Inter University Project on the History of the Menshevik Movement, Paper 10)
[7] Strumilin, S. G., Izbrannye proizvedenija, Bd. 1: Statistika i ékonomija, Moskva 1963, S. 273
[8] Dva goda diktatury proletariata, Moskva o. J. (1919), S. 24
[9] a. a. O., S. 14
[10] Burdžalov, E. N., Vtoraja russkaja revoljucija, Moskva 1967, S. 24

Wenn im folgenden von »Betrieb« gesprochen wird, so ist darunter die organisatorisch-technische Einheit eines Wirtschaftsgebildes mit dem Ziel der Wertschöpfung zu verstehen, während »Unternehmen« die kapitalmäßige Einheit in einer bestimmten Rechtsform meint.

Während des Krieges hatte nicht nur die Konzentration der Produktion zugenommen, die vergleichsweise größer war als in Amerika[11], angestiegen war auch die absolute Zahl der Arbeiter dank des Aufschwunges der Rüstungsproduktion. Beide Faktoren bedeuteten eine erhebliche Stärkung des revolutionären Potentials der Arbeiterschaft. Im Gouvernement Petrograd, dem Zentrum der Rüstungsindustrie, wurden im September 1914 197 000 Arbeiter gezählt, am 1. 1. 1917 aber bereits 400 000. Im Gouvernement Moskau stieg die Arbeiterbevölkerung von 381 000 im Jahre 1914 auf über 411 000 Ende 1916 an und im Donbass von 186 000 im Jahre 1914 auf über 290 000 im Jahre 1917[12].

Die neu eingestellten Arbeitskräfte, größtenteils unqualifizierte, wurden »černye rabočie«, d. h. Hilfsarbeiter genannt. Sie kamen vom flachen Lande, hielten engen Kontakt mit ihrem Heimatdorf, was sich darin äußerte, daß sie häufig bei der Ernteeinbringung halfen, und hatten in der Stadt noch nicht festen Fuß gefaßt. Diese Erscheinung war schon vor dem Krieg, wenn auch nicht in diesem Ausmaß, für die russische Arbeiterschaft charakteristisch. Sozial deklassiert und schlechter bezahlt als ihre Kollegen, die ständig in der Fabrik arbeiteten und »fabričnye rabočie« genannt wurden, stellten die Hilfsarbeiter eine Quelle permanenter sozialer Unruhe dar und waren radikalen Losungen besonders leicht zugänglich.

Von entscheidender Bedeutung für die rasche Neuformierung der Arbeiterbewegung nach der Februarrevolution war das Machtvakuum, das mit dem Sturz des *ancien régime* entstanden war. Die Provisorische Regierung hatte zwar die Regierungsgewalt übernommen, infolge der Auflösung des Polizeiapparates und der Gendarmerie aber nur beschränkte Möglichkeiten, sie auch souverän auszuüben. Die Paralysierung der zen-

---

[11] 1914 waren 41,1 Prozent der Arbeiter in Großbetrieben mit durchschnittlich über 1000 Arbeitern konzentriert, in den USA dagegen nur 17,8 Prozent. a. a. O., S. 24

[12] Šelavin, K., Rabočij klass i VKP(b) v Fevral'skoj revoljucii, Leningrad 1926, S. 4

tralen Staatsgewalt wurde noch beschleunigt durch den Umstand, daß der in den Revolutionstagen von Arbeitern und revolutionärer Intelligenz spontan gebildete Petrograder Sowjet zwar die Regierung zu kontrollieren beanspruchte, indem er in ihre Kompetenzen eingriff, sich im übrigen aber weigerte, auch Regierungsverantwortung zu übernehmen, zumindest in den ersten Monaten nach der Revolution[13]. Nicht viel anders lagen die Dinge in den übrigen Städten des Landes; auch hier kam es zu der zwischen Februar- und Oktoberrevolution so charakteristischen Doppelherrschaft *(dvoevlastie)* zwischen Sowjets einerseits und lokalen staatlichen oder kommunalen Organen andererseits. Die im Sinne der neuen Ordnung zweifellos kurzsichtige Politik der Menschewiki und Sozialrevolutionäre, die lange Zeit hindurch in den Sowjets dominierten, sollte sie noch teuer zu stehen kommen – wobei natürlich fraglich ist, ob die Entwicklung 1917 anders verlaufen wäre, wenn sie von Anfang an die Provisorische Regierung unterstützt hätten. Mit den Sowjets als Rückendeckung konnten sich die Arbeiter jedenfalls mehr oder weniger ungehindert in Gewerkschaften und Betriebskomitees organisieren.

Die voneinander unabhängige Bildung von Gewerkschaften und Betriebskomitees führte zu ständigen Friktionen und Kompetenzstreitigkeiten, deren Ursache in der Streitfrage lag, wer von beiden den ökonomischen Kampf der Arbeiter führen und die Produktion kontrollieren sollte. Die Position, die die bolschewistische Partei in dieser Auseinandersetzung bezog, spricht für die Flexibilität oder den Pragmatismus ihres Zentralkomitees. Es ließ den Parteimitgliedern, die an der Spitze der beiden Organisationen standen, vorerst freie Hand, um die Arbeiterschaft über Betriebskomitees und Gewerkschaften zu revolutionieren. Erst kurz vor der Oktoberrevolution, als die Betriebskomitees das Modell eines ökonomischen Rätesystems – analog dem politischen – für die Organisation und Verwaltung der Wirtschaft entwickelten, begannen die Bolschewiki eindeutig die Gewerkschaften zu favorisieren. Denn ein auf den Betriebskomitees basierendes ökonomisches Rätesystem barg für sie gefährliche politische Implikationen: Nicht die Bolschewiki, sondern die Betriebskomitees hätten an den Schalthebeln der Wirtschaft ge-

[13] Vgl. dazu Wettig, G., Die Rolle der russischen Armee im revolutionären Machtkampf 1917, Berlin 1967 (Forschungen zur Osteuropäischen Geschichte, Bd. 12), S. 104–116 und S. 166 –174

sessen, die damit auch Einfluß auf die Ausübung der politischen Macht gewonnen hätten. Die Bolschewiki versuchten daher, die Komitees zur Abtretung ihres ökonomischen Führungsanspruchs an die Gewerkschaften zu bewegen. Zentralisierte, ganze Berufs- oder Produktionszweige umfassende Gewerkschaften schienen ihnen für die gesamtstaatliche Lenkung der Produktion nicht nur geeigneter, sondern auch leichter kontrollierbar.

Die Bolschewiki verfolgten diese Politik allerdings nicht konsequent: In den ersten Wochen nach der Oktoberrevolution wandten sie sich vorübergehend von den Gewerkschaften ab, unterstützten die Betriebskomitees und appellierten an die Spontaneität und Selbsttätigkeit der Arbeitermassen. Diese plötzliche Neuorientierung kann als verspätete Reaktion auf die seit der Jahresmitte unter der organisatorischen Hülle der Arbeiterorganisationen stattgefundene, von den Bolschewiki aber nicht richtig eingeschätzte Radikalisierung der Massen verstanden werden. Es entsprach der Logik des Klassenkampfes, daß der ökonomische Kampf in dem Moment, wo er keine Erfolge mehr zeitigte – was vor allem auf die kriegsbedingte, von Monat zu Monat zunehmende ökonomische Dekomposition und die versteckte oder offene Sabotage der Unternehmer zurückzuführen war –, politischen Charakter annahm und zu immer weitreichenderen revolutionären Forderungen der Arbeiter führte. Es trat das ein, was im Russischen als *samotek,* d. h. Selbstfluß oder spontane Entwicklung der revolutionären Bewegung bezeichnet wird. Da die Bolschewiki im Herbst 1917 an der Spitze der organisierten Arbeiterbewegung standen, die revolutionären Forderungen der Arbeiter jedoch auf ihre eigenen ökonomischen und politischen Vorstellungen reduzierten – wozu sie auf Grund der personellen Zusammensetzung der Spitzenorgane von Betriebskomitees, Gewerkschaften und Sowjets die Möglichkeit hatten –, war der Inhalt der verabschiedeten Resolutionen meistens weniger revolutionär als die Stimmung der Massen selbst. Mit den Worten Trockijs:

»Die Sowjets blieben hinter den Betriebskomitees zurück, die Betriebskomitees hinter den Massen ... Die Massen erwiesen sich ... ›an die hundert Mal‹ linker als die linkeste Partei (gemeint sind die Bolschewiki, der Verf.).«[14]

---

[14] Trotzki, a. a. O., S. 414

Die Chance für die Bolschewiki erkannt zu haben, mit Hilfe der Sowjets und gestützt auf die Massen die Macht zu übernehmen, war das Verdienst Lenins. Und indem sich die Bolschewiki an die Spitze der gegen die Provisorische Regierung gerichteten Aufstandsbewegung setzten – die übrigens, so hat Walter Pietsch jüngst nachgewiesen, vom Petrograder Sowjet und nicht vom bolschewistischen Zentralkomitee initiiert wurde[15] –, schufen sie die Voraussetzungen für ihre spätere Herrschaft.

Als die Bolschewiki am 25. Oktober 1917 mit Hilfe der Sowjets zuerst in Petrograd und dann im übrigen Land die Macht übernahmen, stand das Ziel der Revolution klar vor ihren Augen: Aufbau des Sozialismus. Die Schwierigkeiten für die Sowjetmacht – die, das sei hier kritisch angemerkt, im Laufe der Revolution tendenziell mit dem von der Partei kontrollierten Staatsapparat identisch wurde — resultierten aus zwei Faktoren: Erstens waren die Arbeiter in einem ökonomisch rückständigen Land, dessen Wirtschaft noch dazu durch den nun schon über drei Jahre dauernden Krieg total zerrüttet war, an die Macht gekommen, und zweitens haben Marx und Engels keinen geschlossenen Entwurf für den Aufbau einer sozialistischen Gesellschaftsordnung hinterlassen. Aus der Vielzahl von Einzeläußerungen, in denen Marx und Engels auf die künftige Gesellschaftsordnung eingehen, ließ sich mit Sicherheit nur soviel entnehmen, daß der Staat als Instrument zur Aufrechterhaltung der kapitalistischen Eigentums- und Ausbeutungsverhältnisse nach der »Enteignung der Enteigner«[16] absterben und die neue Gesellschaft auf der Grundlage kollektiver Selbstorganisation ihrer arbeitenden Mitglieder auf Produktionsbasis, d. h. auf Betrieben aufgebaut sein sollte. Aber schon die Frage, ob die vergesellschaftete Produktion von den Produzenten selbst, d. h. dezentralisiert verwaltet oder zentral geplant und geleitet werden sollte, haben Marx und Engels nicht eindeutig beantwortet[17]. Der Aufbau einer sozialistischen Gesellschaftsordnung in Rußland war somit von der Marxschen Lehre her nicht eindeutig determiniert. Dies erklärt die Auseinandersetzung zwischen Be-

---

[15] Pietsch, W., Revolution und Staat. Institutionen als Träger der Macht in Sowjetrußland 1917–1922, Köln 1968, S. 30

[16] Marx, K., Der Bürgerkrieg in Frankreich, in: Marx, Engels, Werke, Bd. 17, S. 342

[17] Vgl. dazu Ramm, Th., Die künftige Gesellschaftsordnung nach der Theorie von Marx und Engels, in: Marxismusstudien, Zweite Folge, 1957, S. 77–119

triebskomitees und Gewerkschaften um den ökonomischen Führungsanspruch ebenso wie die Kontroverse zwischen Lenin und den linken Kommunisten (Bucharin, Osinskij u. a.) um die Organisationsprinzipien einer sozialistischen Wirtschaft.

In »Staat und Revolution« – geschrieben im August 1917 – hat Lenin, gestützt auf Äußerungen von Marx und Engels, das »Absterben« des Staates proklamiert. In seiner Schrift »Die drohende Katastrophe und wie man sie bekämpfen soll« vom September 1917 findet sich jedoch ein bemerkenswerter Satz, der darauf hindeutet, daß er sowohl in der Übergangsperiode als auch im entwickelten Sozialismus die Existenz eines Staatsapparates für notwendig erachtet:

»Sozialismus ist nichts anderes als staatskapitalistisches Monopol, das zum Nutzen des gesamten Volkes angewendet wird und damit aufgehört hat, kapitalistisches Monopol zu sein.« [18]

Mit anderen Worten: Der Sozialismus soll in organisatorischer Hinsicht nach dem Vorbild des Staatskapitalismus – Lenin hatte hierbei die deutsche Kriegswirtschaft vor Augen – aufgebaut sein, nur unter anderen Vorzeichen. Nicht die von den besitzenden Klassen, sondern von den Arbeitern und Bauern kontrollierten Staatsorgane sollen die Produktion zentral lenken und verwalten. Daß die Bolschewiki den neuen Staatsapparat zu kontrollieren gedachten, ergibt sich aus ihrem Selbstverständnis als »Avantgarde des Proletariats«. Dabei muß im Auge behalten werden, daß nicht nur die bolschewistische Partei, sondern auch die Gewerkschaften und Betriebskomitees schon vor der Oktoberrevolution gewisse Ordnungsvorstellungen für den Aufbau des Sozialismus entwickelt hatten und auch versuchten, diese nach der Oktoberrevolution zu verwirklichen. Ferner ist zu bedenken, daß es nach dem Sturz der Provisorischen Regierung keine Zentralgewalt gab. Der alte Staatsapparat war zerschlagen oder zumindest funktionsunfähig, ein neuer noch nicht aufgebaut. Die bolschewistische Partei selbst war noch zu schwach – sie zählte 1918 erst 115 000 Mitglieder[19] –, als daß sie eine dominierende Rolle hätte spielen können. Daß es angesichts dieser Situation zu Auseinandersetzungen zwischen den

[18] Lenin, V. I., Polnoe sobranie sočinenij. Pjatoe izdanie, Bd. 34, S. 192 (In der Folge abgekürzt als Lenin, PSS zitiert)

[19] Strumilin, a. a. O., Bd. 1, S. 273

konkurrierenden Arbeiterorganisationen und zu spontanen Aktionen der Arbeiter kam, die sich der Kontrolle der Partei entzogen, ist nicht weiter verwunderlich.
Die Institutionalisierung der Revolution in Form eines zunehmend straffer organisierten und von den Bolschewiki kontrollierten Staatsapparats konnte im Hinblick auf die Handlungsfreiheit von Gewerkschaften und Betriebskomitees nicht ohne Folgen bleiben. Die Betriebskomitees, deren Versuch, ein ökonomisches Rätesystem zu errichten, nicht nur den politischen Führungsanspruch der bolschewistischen Partei gefährdete, sondern auch einer staatlichen Lenkung und Verwaltung der Produktion im Wege stand, wurden entmachtet und den Gewerkschaften untergeordnet. Die Gewerkschaften selbst aber wurden unter staatlicher Führung zum Aufbau des Sozialismus herangezogen. Das bedeutete, daß sie ihren Charakter als ökonomische Kampforgane der Arbeiter allmählich verloren und in Organisationen für die Verwaltung der Wirtschaft umfunktioniert wurden.

Einige technische Anmerkungen: Die Datierung folgt bis zum 1. Februar 1918, entsprechend den Quellen, dem bis dahin in Rußland geltenden Julianischen Kalender, der 13 Tage hinter dem Gregorianischen Kalender zurückgeblieben war. Von der wissenschaftlichen Transkription russischer Namen wurde nur da abgesehen, wo sich in der deutschen Literatur eine eigene Schreibweise eingebürgert hat, wie zum Beispiel Bolschewiki, Menschewiki oder Sowjet. Die Zitate sind vom Verfasser ins Deutsche übersetzt.
Die vorliegende Arbeit wurde im Rahmen eines Forschungsprogramms über Probleme der frühen Sowjetgesellschaft am Seminar für Osteuropäische Geschichte an der Philipps-Universität Marburg angefertigt[20]. Mein Dank gilt Herrn Professor Scheibert und Herrn Dr. Lorenz, die durch vielfache Anregungen zum Gelingen der Arbeit beigetragen haben. Der Deutschen Forschungsgemeinschaft habe ich für finanzielle Unterstützung zu danken.

[20] Diese Arbeit wurde am 14. 2. 1970 von der Philosophischen Fakultät der Philips-Universität Marburg als Dissertation angenommen. Die für den Druck vorgenommenen Änderungen sind größtenteils formaler Natur.

II. Zum Forschungsstand

Die Periode des Kriegskommunismus, jener mißglückte Versuch der Bolschewiki, in den Jahren 1918 bis 1921 unter den Bedingungen von Bürgerkrieg und ausländischer Intervention eine sozialistische Gesellschaftsordnung in Rußland zu errichten, gehört zu den am wenigsten aufgehellten Perioden sowjetischer Geschichte. Das gilt gleichermaßen für die sowjetrussische wie westliche Historiographie – obwohl in jenen Jahren eine nahezu unübersehbare Fülle von Publikationen offiziösen Charakters, Einzeluntersuchungen zu verschiedenen sozio-ökonomischen und politischen Teilbereichen sowie Hunderte von Periodika erschienen sind[1]. Da ein wesentlicher Teil der vorliegenden Arbeit sich mit den Gewerkschaften nach der Oktoberrevolution beschäftigt, scheint es angebracht, nicht nur die Gründe für die mangelnde Erschließung dieses Zeitraumes zu skizzieren, sondern auch kurz beim gegenwärtigen Forschungsstand zu verweilen.

Die Erforschung der revolutionären Ereignisse, die mit dem Sturz des zaristischen Regimes einsetzten, begann in der Sowjetunion bereits in den frühen zwanziger Jahren. Das Interesse konzentrierte sich dabei vornehmlich auf die Arbeiterbewegung unter der Provisorischen Regierung und der Zeit von der Oktoberrevolution bis Mitte 1918, dem eigentlichen Beginn des Kriegskommunismus. 1923 schrieb A. M. Pankratova die ausgezeichnete, bis heute nicht überholte Untersuchung über die Betriebskomitees[2]. Unterließ sie es auch, die politischen Impli-

[1] Vgl. dazu folgende Bibliographien: Dobranickij, M., Sistematičeskij ukazatel' literatury po istorii russkoj revoljucii, Moskva 1926; Postnikov, S. P., Bibliografija russkoj revoljucii i graždanskij vojny (1917–1921), Praha 1938; Narodnoe chozjajstvo SSSR v 1917–1920 gg. Bibliografičeskij ukazatel', Moskva 1967

[2] Pankratova, A., Fabzavkomy Rossii v bor'be za socialističeskuju fabriku, Moskva 1923

kationen für die Herrschaft der Partei aufzuzeigen, so hatte sie doch erkannt, daß die Bedeutung der Komitees mehr auf politischer als auf ökonomischer Ebene lag.
Zum zehnjährigen Jubiläum der Oktoberrevolution 1927 erschienen neben Dokumentensammlungen und Protokollen eine Reihe von Untersuchungen über Gewerkschaften und Betriebskomitees. Auch jetzt konzentrierte sich das Interesse auf die Jahre 1917 und 1918. Zwar wurde eine Fülle neuer Details ans Tageslicht gebracht, es wurde jedoch keine Interpretation der Gewerkschaften und Betriebskomitees von ihrem eigenen Selbstverständnis her versucht. Vielmehr wurde der Eindruck erweckt, als hätten sie in jeder Phase ihrer Entwicklung kritiklos die Führung der bolschewistischen Partei anerkannt.
Eine Ausnahme, thematisch wie chronologisch, bildet allein L. Kricmans bereits 1924 erschienene Arbeit über die Wirtschaftsorganisation und -politik im Kriegskommunismus[3]. Gestützt auf eine breite Quellenbasis, arbeitete er zwar die Bedeutung der Gewerkschaften für den Aufbau der neuen Industrieverwaltung heraus, ließ aber das Wechselspiel Partei – Gewerkschaften – Staatsapparat, d. h. die machtpolitische Dimension unberücksichtigt. So entstand auch bei ihm der Eindruck, als ob die staatlichen Organe autonom und unabhängig von der Partei agiert hätten und es zu keinen Friktionen zwischen Gewerkschaften einerseits und Partei und staatlichen Organen andererseits gekommen sei.
Generell kann über die sowjetische Historiographie der zwanziger Jahre gesagt werden, daß sie die Oktoberrevolution als eine notwendige Folge der innenpolitischen Entwicklung Rußlands seit dem Sturz des Zarismus und den eingeschlagenen Weg zum Sozialismus als den einzig möglichen und richtigen betrachtete. Damit wurde die Absicht verfolgt, die bolschewistische Partei als Vollstreckerin einer geschichtlichen Mission – Aufbau des Sozialismus in Rußland – und Lenin in überdimensionaler Größe erscheinen zu lassen. Andere objektiv mögliche Wege zum Sozialismus, wie zum Beispiel das Konzept der linken Kommunisten, wurden so bewußt eliminiert.
Diese trotz allem relativ sachliche Auseinandersetzung der sowjetischen Historiker mit der jüngsten Vergangenheit ihres Landes wurde durch die Ausschaltung der »rechten« und »linken«

[3] Kricman. L., Geroičeskij period Velikoj russkoj revoljucii, Leningrad 1924

Opposition Ende der zwanziger Jahre jäh unterbrochen. Dazu gehörte praktisch die gesamte bolschewistische Führungsspitze der Jahre 1917 bis 1921: L. D. Trockij, G. E. Zinov'ev, A. I. Rykov, M. P. Tomskij, A. G. Šljapnikov, G. I. Lomow, N. I. Bucharin, N. N. Osinskij u. a. Als Feinde der Revolution und des Sowjetstaates gebrandmarkt und in den Schauprozessen der dreißiger Jahre größtenteils liquidiert, wurden diese Männer von der sowjetischen Historiographie fortan totgeschwiegen. Damit unterblieb auch die wissenschaftliche Beschäftigung mit dem Kriegskommunismus im allgemeinen und den Gewerkschaften im besonderen. Statt dessen wandten sich die Historiker der Geschichte einzelner Betriebe zu, die in der Revolution eine führende Rolle gespielt hatten[4]. Auch Fragen der Arbeiterkontrolle wurde jetzt in verstärktem Maße Aufmerksamkeit gewidmet[5]. Beide Bereiche boten die Gewähr, nicht ständig auf die von Stalin exekutierten engen Mitarbeiter Lenins zu stoßen. So umging man das schwierige Problem, Geschichte unter Verschweigung ihrer Hauptakteure zu schreiben.

Erst mit der von N. S. Chruščev 1956 eingeleiteten »Entstalinisierung« schien die sowjetische Geschichtsschreibung wieder von ihren Fesseln befreit zu werden. Zumindest deutete ein Jahr später das Buch von A. V. Venediktov über die Industrieorganisation in den Jahren 1917 bis 1920 auf eine Rückkehr zur kritischen Auseinandersetzung mit der eigenen Vergangenheit hin[6]. Venediktov versucht keine Interpretation des Kriegskommunismus wie vor ihm Kricman; indem er aber empirisch Sachverhalte beschreibt, gestützt auf eine außerordentlich breite Quellengrundlage, und dem Leser die theoretischen Schlußfolgerungen selbst überließ, trug er wesentlich zum Abbau der Vorstellung bei, der Aufbau der Wirtschaftsverwaltung wie überhaupt die wirtschaftspolitischen Entscheidungen seien von der Partei, und hier wieder in erster Linie von Lenin, nach einem vorgefaßten Plan erfolgt. Trotz der beinahe pointillistischen Darstellung kann Venediktovs Werk eine Spezialuntersuchung über die Ge-

---

[4] Vgl. dazu die Monographien einzelner Betriebe aus der Serie »Istorija zavodov« wie z. B.: Putilovec v trech revoljucijach, o. O. 1933; Ševalin, B., Krasnyj Treugol'nik, Leningrad 1935

[5] Vgl. dazu die Literaturübersicht von Itkin, M. L. und Černomaz, I. S., Sovremennaja sovetskaja istoriografija rabočego kontrolja 1917–1918 godov, in: Voprosy istorii, 1964, Nr. 11, S. 29–44

[6] Venediktov. A. V., Organizacija gosudarstvennoj promyšlennosti v SSSR, Bd. 1: 1917–1920, Leningrad 1957

werkschaften natürlich nicht ersetzen, da er sich mit ihnen lediglich unter dem Aspekt ihrer Teilnahme an der Industrieverwaltung beschäftigt.

Außer Venediktov hat sich in der neueren sowjetischen Forschung D. A. Baevskij mit den Gewerkschaften im Kriegskommunismus auseinandergesetzt. Er kommt zu dem bemerkenswerten Schluß – für die auf Lenin fixierte Geschichtsschreibung fast ein Sakrileg –, daß die wichtigsten Fragen des ökonomischen Aufbaus in den Jahren 1918 bis 1920 auf den Konferenzen der Arbeiterorganisationen, vorab der Gewerkschaften und Volkswirtschaftsräte entschieden wurden. Allerdings, so räumt er ein, hätten sich die Volkswirtschaftsräte und Gewerkschaften bei ihren Entscheidungen von »Hinweisen« der Partei leiten lassen[7].

Baevskijs Untersuchung kann in gewisser Weise als Fortsetzung der Arbeit von Venediktov angesehen werden: Hatte dieser das Material aufbereitet, so zog jener daraus die theoretischen Schlußfolgerungen. Als umfassende und detaillierte Untersuchung über Aufgaben und Funktion der Gewerkschaften im Kriegskommunismus kann die Studie freilich nicht bezeichnet werden; das war auch nicht ihre Absicht. Zu viele Aspekte gewerkschaftlicher Tätigkeit hat Baevskij unberücksichtigt gelassen: die Auseinandersetzung der Gewerkschaften mit den Betriebskomitees, ihr Kampf gegen die Auflösung der Arbeitsdisziplin und für höhere Arbeitsproduktivität, die Debatte über die Verstaatung der Gewerkschaften, d. h. ihre Umwandlung in Staatsorgane, und eine Reihe anderer Probleme. Sein Verdienst liegt darin, in noch entschiedenerer Form als Venediktov mit der Vorstellung gebrochen zu haben, allein das Zentralkomitee der Partei unter der Führung Lenins habe den wirtschaftspolitischen Kurs während des Kriegskommunismus bestimmt.

Als sich Ende 1965 die Partei anschickte, die Historiographie wieder an die Kandare zu nehmen, waren die Tage der kritischen Auseinandersetzung mit der Geschichte der ersten Jahre Sowjetrußlands gezählt[8]. Arbeiten wie die von Baevskij oder Venediktov sind seitdem nicht mehr erschienen. Die sowjetische

---

[7] Baevskij, D. A., Rol' sovnarchozov i profsojuzov v organizacij socialističeskogo promyšlennogo proizvodstva v 1917–1920 gg., in: Istoričeskie zapiski, 1959, Nr. 64, S. 3–46

[8] Vgl. dazu Meissner, B., Sowjetrußland zwischen Restauration und Reform, in: Osteuropa, 1966, Heft 2/3, S. 81–112

Forschung konzentriert heute ihre Aufmerksamkeit auf die Geschichte örtlicher Parteiorganisationen, der Sowjets und der Arbeiterbewegung vor der Oktoberrevolution. Probleme des Kriegskommunismus werden dagegen kaum berührt[9]. Solange die Partei aber nicht jene Bolschewiki rehabilitiert, die die Geschicke Sowjetrußlands zwischen 1917 und 1921 wesentlich mitentschieden haben, kann von sowjetischer Seite die Geschichte jener Jahre nicht objektiv geschrieben werden.

Die westliche Bolschewismus-Forschung beschäftigt sich vornehmlich mit der generellen politischen und ökonomischen Problematik der frühen Jahre Sowjetrußlands. Als die bekanntesten Autoren sind hier zu nennen: E. H. Carr, L. Schapiro, R. V. Daniels und W. H. Chamberlin[10]. Einzeluntersuchungen zur Arbeiterbewegung im Kriegskommunismus oder Teilaspekten dieser Thematik sind relativ selten. Bereits Anfang der dreißiger Jahre erschien in Deutschland eine herrschaftssoziologische Studie über die bolschewistischen Gewerkschaften von Waldemar Koch[11]. Da Koch den Zeitpunkt von 1917 bis 1927 untersucht, noch dazu unter einem speziellen Aspekt, waren seine Aussagen teilweise etwas allgemein. Das gilt besonders, wenn er auf das Verhältnis von Partei und Gewerkschaften oder von Staatsapparat und Gewerkschaften zu sprechen kommt.

Wesentlich differenzierter betrachtet Richard Lorenz in seiner Arbeit »Anfänge der bolschewistischen Industriepolitik[12]« die Rolle von Partei, Gewerkschaften und Betriebskomitees während der ersten Monate nach der Oktoberrevolution, der Phase der »rotgardistischen Attacke gegen das Kapital«. Er untersucht nicht nur die differierenden ökonomischen Vorstellungen von Gewerkschaften und Betriebskomitees zum Aufbau des Sozialismus, sondern kann auch nachweisen, daß die bolschewistische Partei selbst kein als verbindlich anerkanntes Transformationsprogramm hatte. Neu an der Arbeit von Lorenz ist vor

---

[9] Vgl. dazu die Literaturübersicht von Gaponenko, L. S., Rabočij klass v Oktjabr'skoj revoljucii (Nekotorye itogi issledovanija), in: Voprosy istorii, 1968, Nr. 1, S. 74–89

[10] Carr, E. H., The Bolshevik Revolution 1917–1923, 3 Bde, London 1950 bis 1953; Schapiro, L., Die Geschichte der Kommunistischen Partei der Sowjetunion, Frankfurt (M.) 1961; Daniels, R. V., Das Gewissen der Revolution, Köln/Berlin 1962; Chamberlin, W. H., Die russische Revolution, 2 Bde, Frankfurt (M.) 1958

[11] Koch, W., Die bol'ševistischen Gewerkschaften. Eine herrschaftssoziologische Studie, Jena 1932

[12] Lorenz, R., Anfänge der bolschewistischen Industriepolitik, Köln 1965

allem der methodische Ansatz: Er geht davon aus, daß der 1917/18 eingeschlagene Weg zum Sozialismus weder von der Marxschen Lehre her noch durch die objektive Ausgangssituation eindeutig determiniert war. Unter diesem Aspekt gewinnt die parteiinterne Auseinandersetzung zwischen Lenin und linken Kommunisten um Bucharin und Osinskij einen gesamtgesellschaftlichen Bezug: Die Kontroverse war kein politischer Machtkampf, es ging vielmehr um unterschiedliche Konzeptionen für den Aufbau des Sozialismus.
Denselben methodischen Ansatz legt auch Falk Döring seiner »Feldstudie« über den Volkswirtschaftsrat des Nordrajons (Petrograder Gebiet) in den Jahren 1918 bis 1921 zugrunde[13]. Stellte Döring die Frage, ob sich das Petrograder Regionalmodell als nationale Gesamtlösung für die Verwirklichung des Sozialismus anbot, auch etwas willkürlich, so hat er doch zum ersten Mal die Wirtschaftsorganisation einer Region unter den Bedingungen von Revolution und Bürgerkrieg dargestellt, sie auf ihre Effizienz und Praktikabilität abgeklopft und von ihrer Organisationsstruktur her untersucht.
Erwähnt werden muß schließlich noch die ausgezeichnete Untersuchung von Heiko Haumann über die 1920 gegründete »Staatliche Kommission für die Elektrifizierung Rußlands« (GOÉLRO) und die von ihr entwickelten Konzeptionen für den Wirtschaftsaufbau auf der Grundlage eines langfristigen Elektrifizierungsplanes[14]. Haumann skizziert kurz die Elektrifizierung Rußlands im 19. Jahrhundert, beschreibt ausführlich die planwirtschaftlichen Ansätze vor und nach der Oktoberrevolution, analysiert die Einflüsse westeuropäischer und russischer Gelehrter (Ballod, Neurath, Grineveckij etc.) auf die Ausarbeitung des GOÉLRO-Planes und untersucht die Einflüsse des – allerdings nie verwirklichten – Elektrifizierungsplanes auf die Industrie und Landwirtschaft. Ein zentrales Anliegen Haumanns ist es, die bisher überwiegende Auffassung vom Kriegskommunismus als Politik, die fast ausschließlich von kriegerischen Ereignissen bestimmt worden sei, zu korrigieren, indem er die Elektrifizierungskonzeption in den Kontrast der theoretischen Überlegungen und

---

[13] Döring, F., Organisationsprobleme der russischen Wirtschaft in Revolutionen und Bürgerkrieg (1918–1920). Dargestellt am Volkswirtschaftsrat für den Nordrayon (SNChSR), Hannover 1970

[14] Haumann, H., Die Elektrifizierung und ihre Bedeutung für die Wirtschaftsplanung Sowjet-Rußlands zur Zeit des »Kriegskommunismus«. Inhalt und Funktion des GOÉLRO-Planes von 1920. Phil. Diss. Marburg 1971

Maßnahmen stellt, die den unmittelbaren Übergang zum Sozialismus intendieren.
Im Kielwasser der traditionellen Sowjetforschung bewegt sich hingegen der amerikanische Historiker Frederick I. Kaplan mit seiner überaus materialreichen Untersuchung über die Genesis der sowjetischen Arbeitsethik in den Jahren 1917 bis 1920[15]. Er schrieb der bolschewistischen Parteiführung jene überlegene Autorität zu, die es ihr erlaubt habe, die gesellschaftspolitische Entwicklung des Landes planvoll und überlegt zu steuern, so, als ob andere proletarische Organisationen wie Betriebskomitees, Gewerkschaften, Volkswirtschaftsräte oder Sowjets darauf keinen Einfluß genommen hätten. Folgerichtig interpretiert Kaplan die Loyalitätsbezeugung der bolschewistischen Gewerkschaftsführer gegenüber der Parteiführung als Zeichen bedingungsloser Unterordnung. Dabei übersieht er jedoch, daß die Gewerkschaften in zahlreichen wirtschaftspolitischen Fragen anderer Meinung waren als die Partei, ja, gegen Ende des Kriegskommunismus sogar den Anspruch erhoben, die Industrieverwaltung in eigener Verantwortung zu übernehmen.
Aus der kritischen Sichtung der Literatur, der westlichen wie der sowjetrussischen, ergeben sich für die vorliegende Arbeit, die zeitlich bis zum Achten Parteitag im März 1919 reicht, eine Reihe von Schwerpunkten. Vertraten die Gewerkschaften eigene, von der Partei abweichende wirtschaftspolitische Vorstellungen? Und wenn ja, gelang es ihnen, diese gegen die Partei und den von ihr kontrollierten Staatsapparat durchzusetzen? Mit anderen Worten: Wie war das materielle und ideelle Verhältnis zwischen Partei, Gewerkschaften und Staatsapparat? Welchen Anteil hatten die Gewerkschaften beim Aufbau des ökonomischen Systems des Kriegskommunismus? Diese und andere Fragen können nur beantwortet werden, wenn die Gewerkschaften von ihrem eigenen Selbstverständnis her und in Interaktion mit der Partei beziehungsweise den staatlichen Organen gesehen werden.

---

[15] Kaplan, F. I., Bolshevik Ideology and the Ethics of Soviet Labour, 1917 bis 1920: The formative years, New York 1968

III. Die Formierung der Arbeiterbewegung

Als am 23. Februar 1917, dem »Internationalen Frauentag« der sozialistischen Bewegung, in Petrograd Tausende von Frauen auf die Straße zogen und mit Transparenten und Plakaten gegen die schlechte Versorgungslage der Stadt protestierten, ahnte niemand, weder Demonstranten noch unbeteiligte Zuschauer noch die Regierung, daß dieses Ereignis eine Entwicklung auslösen sollte, die schließlich zum Sturz des zaristischen Regimes führte. Die Bewegung nahm an Umfang rasch zu; in den folgenden Tagen traten die Arbeiter der meisten Petrograder Betriebe in den Streik, um die demonstrierenden Frauen zu unterstützen. Die Forderungen nach Brot wichen den Parolen »Nieder mit dem Krieg« und »Nieder mit der Autokratie«. Damit erhielt der Protest eine radikale politische Stoßrichtung. Die Sternstunde der Revolution schlug, als einzelne Truppenteile und schließlich die gesamte Garnison der Stadt dem Zaren den Gehorsam aufkündete und, statt wie befohlen auf die Demonstranten zu schießen, sich den aufständischen Arbeitern anschloß. Am Abend des 28. Februar befand sich Petrograd unter Kontrolle der Insurgenten[1].

Noch ehe die Revolution in Petrograd endgültig gesiegt hatte, ergriffen einzelne Mitglieder der Arbeitergruppe des Zentralen Kriegsindustriekomitees, die aus dem Gefängnis befreit worden waren[2], und einige Abgeordnete der linken Duma-Parteien die

[1] Zum Verlauf der Februarrevolution vgl. Katkov, G., Russia 1917. The February Revolution, London 1967

[2] Die Kriegsindustriekomitees wurden 1915 als freiwillige zivile Hilfsorganisationen zur Unterstützung der Rüstungsproduktion von der Bourgeoisie gegründet. Die Bolschewiki und Menschewiki-Internationalisten lehnten eine Kooperation mit den Komitees ab, der rechte Flügel der Menschewiki, die Vaterlandsverteidiger, erklärte sich hingegen zu einer Zusammenarbeit mit den Unternehmern bereit. Ende November 1915 wurden in Petrograd 10 Menschewiki und Sozialrevolutionäre in das Zentrale Kriegsindustrie-

Initiative zur Bildung des Petrograder Sowjets der Arbeiter- und Soldatendeputierten. Die überragende Bedeutung des Sowjets während der revolutionären Ereignisse des Jahres 1905 war noch nicht vergessen. So ist es verständlich, daß einer der ersten Akte der Revolution von 1917 die Neugründung des Sowjets war. Mit ähnlicher Schnelligkeit, nur weniger blutig, griff die Revolution im übrigen Land um sich. Auch hier entstanden überall Sowjets[3].

Nach dem Zusammenbruch der alten Ordnung und mit den Sowjets als Rückendeckung schritten die Arbeiter spontan zur Bildung von politischen und ökonomischen Interessenvertretungen. Nach den langen Jahren der Stagnation und Unterdrückung sollte sich die Arbeiterbewegung bald zur entscheidenden Kraft auf der innenpolitischen Bühne Rußlands entwickeln.

1. Die Konstituierung der Gewerkschaften

Der Aufbau der Gewerkschaften nach der Februarrevolution erfolgte praktisch aus dem Nichts heraus. Weder gab es in genügender Zahl Arbeiter mit praktischen Erfahrungen in der Gewerkschaftsarbeit noch verfügten die Arbeiter über finanzielle Mittel, Presseorgane und Räumlichkeiten. Ungeachtet dieser Schwierigkeiten machte die Gewerkschaftsbewegung rasche Fortschritte. Droschkenkutscher, Hauspersonal, Bäcker, Schuster, Schauspieler und Musiker, vom Industrieproletariat gar nicht zu reden, schlossen sich in Verbänden zusammen. War es in Industriezentren relativ einfach, die Arbeiter eines Berufszweiges zusammenzufassen, so gab es in weniger industrialisierten Gegenden, wo die Betriebe auf weiterem Raum verstreut lagen, »beinahe so viele Gewerkschaften wie Fabriken«[4].

---

komitee gewählt: die sogenannte Arbeitergruppe. Die Mitarbeit von Arbeitern in den Komitees beschränkte sich auf wenige Städte wie Petrograd, Moskau, Kiev, Kazan und Samara. Von den Regierungsorganen mit unverhohlenem Mißtrauen verfolgt, wurden die Arbeiter-Vertreter der lokalen Komitees im Laufe des Jahres 1916 und die des Zentralen Kriegsindustriekomitees am 27. 1. 1917 verhaftet. Vgl. dazu Katkov, a. a. O., S. 16–22; Menickij, I. K., K istorii Rabočej-grupy pri Central'nom Voennopromyšlennom Komitete, in: Krasnyj archiv, 1933, Bd. 57

[3] Vgl. dazu Anweiler, O., Die Rätebewegung in Rußland, Leiden 1958

[4] Protokoly I-go Vserossijskogo s'ezda professional'nych sojuzov tekstil'ščikov i fabričnych komitetov, o. O., 1919, S. 7; Meller, V. L., Pankratova, A. M., Račočee dviženie v 1917 godu, Moskva/Leningrad 1926, S. 246 (In der Folge als Meller, Pankratova zitiert)

Der weitaus größte Teil der Gewerkschaften konstituierte sich in den beiden ersten Monaten nach der Revolution, im März und April, nämlich 51 Prozent aller in Rußland und 82 Prozent aller in Petrograd gegründeten Verbände[5]. Die Kehrseite des raschen Aufschwungs war eine nur lockere Organisation. Nach Berufszweigen zersplittert und ohne Verbindung untereinander, befriedigte die Bildung von Gewerkschaften vorerst mehr den Organisationsdrang der Arbeiter als daß sie den tatsächlichen Anforderungen des ökonomischen Kampfes entsprach. Der spontane Charakter der Neugründungen ließ keine verbindlichen Organisationsprinzipien zu. Gewerkschaften, die Arbeiter und Angestellte, nicht selten sogar die Meister eines Berufszweiges umfaßten, standen neben solchen, in denen nur Arbeiter organisiert waren. Außerdem erfolgte die Organisation nicht nur nach Berufen, sondern auch nach Beschäftigungsarten. So gab es in der Petrograder Metallindustrie 24 voneinander unabhängige Verbände[6]. Dieser zünftlerische Charakter mußte sich vor allem bei Streiks negativ auswirken. Wegen geringer Mitgliederzahl konnten die Verbände nicht nur ihre Forderungen nicht mit dem nötigen Nachdruck vorbringen, sondern auch untereinander in Konflikt geraten, wenn zum Beispiel nur die Heizer einer Metallfabrik streikten, die übrigen Arbeiter der Fabrik aber nicht.

Welche Rolle spielten die Bolschewiki in Petrograd bei der Gründung der Gewerkschaften? Keine sehr große, denn außer ideeller Schützenhilfe in Form von Aufrufen in ihren Presseorganen gewährte die bolschewistische Partei den Arbeitern kaum Unterstützung. »Das Petrograder Komitee der Partei«, erklärt V. V. Šmidt, nach der Oktoberrevolution ein prominenter bolschewistischer Gewerkschafter, »konnte dieser Seite nur wenig Aufmerksamkeit widmen«[7]. Die organisatorische Stärkung ihres Parteiapparats, der in den Jahren der Reaktion ständig Repressionen und Verfolgungen seitens der Staatsgewalt ausgesetzt war, schien den Bolschewiki vorerst wichtiger zu sein – aus allgemein politischen Gründen wie auch wegen des künftigen Einflusses auf die von ihrer Struktur her amor-

---

[5] Meller, Pankratova, S. 83

[6] Professional'noe dviženie v Petrograde v 1917 godu, Leningrad 1928, S. 341 (In der Folge als Professional'noe dviženie v Petrograde zitiert)

[7] Sedmaja (aprel'skaja) Vserossijskaja konferencija RSDRP (b). Petrogradskaja obščegorodskaja konferencija RSDRP (b). Aprel' 1917. Protokoly, Moskva 1958, S. 202

phen Gewerkschaften. Daß die Bolschewiki letzteres von Anfang an intendierten, zeigt ein Aufruf vom 8. März 1917 in der »Pravda«, ihrem Zentralorgan. Dort heißt es:

»Die Gewerkschaft, die die Klasseninteressen des Proletariats vertritt, muß in enger Verbindung mit ihrer ideologischen Führerin, der sozialdemokratischen Partei, stehen, da politischer und ökonomischer Kampf der Arbeiterklasse eng zusammengehören. Die Gewerkschaft muß eine Massenorganisation sein, die möglichst viele Arbeiter eines Berufszweiges umfaßt. Nur so kann sie der organisierten Macht der Kapitalisten im Kampf um Verbesserung der Arbeitsbedingungen widerstehen.«[8]

Dieser Aufruf enthält in komprimierter Form die bolschewistische Gewerkschaftstheorie, wie sie Lenin 1902 in der Schrift »Was tun?« und nach 1905 in einer Reihe weiterer Schriften entwickelt hat. Danach hat die Partei, gemeint ist die bolschewistische, als Avantgarde des Proletariats dem ökonomischen Kampf der Arbeiter politische Zielsetzungen zu geben, da, so Lenin, »das politische Klassenbewußtsein ... dem Arbeiter nur von außen gebracht werden (kann), d. h. aus einem Bereich außerhalb des ökonomischen Kampfes, außerhalb der Beziehungen zwischen Arbeitern und Unternehmern«[9]. Nicht zuletzt ist die Führung der Partei notwendig, weil ökonomische Erfolge nur durch politische Erfolge dauerhaft abgesichert werden konnten. Diese zu erringen war aber nur die Partei imstande.
Nicht weniger Aufmerksamkeit wandte die menschewistische Partei den Gewerkschaften zu. Auch sie forderte in zahlreichen Aufrufen die Arbeiter auf, ungeachtet der nach wie vor rechtlich nicht verankerten Koalitionsfreiheit sich gewerkschaftlich zu organisieren[10]. Gleiches ist von den zu dieser Zeit von den gemäßigten sozialistischen Parteien beherrschten Sowjets zu berichten[11]. Trotzdem scheint es, als ob anfänglich auch die Men-

---

8 Zit. nach Istorija profdviženija v SSSR, Moskva 1959, S. 111

9 Lenin, PSS, Bd. 6, S. 79; genauer über Lenins Ansichten über die Gewerkschaften zwischen 1905 und 1917 informiert Hammond, T. T., a. a. O.

10 Meller, Pankratova, S. 82

11 Am 5. März rief der Petrograder Sowjet »zur sofortigen Bildung von Arbeiterorganisationen aller Art ... als Stützpunkte für den weiteren revolutionären Kampf, die vollständige Liquidierung des alten Regimes und die Verwirklichung der Klassenideale des Proletariats« auf. Zit. nach Browder, R. P., Kerensky, F.A. (Hrsg.), The Russian Provisional Government 1917. Documents, Stanfort 1961, Bd. 2, S. 709

schewiki die praktische Gewerkschaftsarbeit zugunsten des Bestrebens, die Sowjets zu kontrollieren, zurückgestellt hatten.
Obwohl die in der Gewerkschaftsbewegung aktiven Bolschewiki und Menschewiki unermüdlich das Produktionsprinzip, d. h. die Vereinigung der Arbeiter nicht nach Berufen, sondern nach Produktionszweigen propagierten – als Vorbild diente hier die deutsche Gewerkschaftsbewegung –, gab es im Frühjahr 1917 weder in Petrograd noch in anderen Städten einen Verband, der bereits das Produktionsprinzip verwirklicht hätte. Weniger Schwierigkeiten machte es, die zahllosen Berufsverbände territorial zusammenzufassen, wenn auch vorerst nur im Rahmen einzelner Städte. Dies geschah in sogenannten Zentralbüros *(Central'nyj bjuro)*. In beiden Hauptstädten wurden solche Zentralbüros bereits Mitte März gebildet[12].
Solange die Gewerkschaftsbewegung zersplittert war und über kein gesamtrussisches Zentrum verfügte, spielten die Zentralbüros im ökonomischen Kampf der Arbeiter eine bedeutende Rolle. Dies soll am Beispiel von Petrograd gezeigt werden. Das Zentralbüro war nach dem Vorbild der Sowjets von 1905 aufgebaut, d. h. als eine überparteiliche Institution, in der Vertreter sozialistischer Parteien mit Stimmrecht nicht zugelassen waren – ganz im Gegensatz zu den Sowjets von 1917, wo Parteienvertreter den Ton angaben. Delegierte mit Stimmrecht, nach dem Verhältniswahlrecht von den dem Zentralbüro angehörenden Verbänden gewählt, konnten von ihren Wählern, also den Gewerkschaften, jederzeit abberufen werden. Mit einem Exekutivkomitee an der Spitze, das die eigentliche Arbeit leitete, bezeichnete das Petrograder Zentralbüro als seine wichtigste Aufgabe »die Entwicklung der Gewerkschaftsbewegung des Petrograder Proletariats, Hebung des Klassenbewußtseins und Unterstützung des ökonomischen Kampfes der Arbeiterklasse«[13].
Um System in das organisatorische Chaos der Gewerkschaften zu bringen, arbeitete das Zentralbüro ein Musterstatut aus, das zahlreichen Verbänden, nicht nur in Petrograd, als Vorbild für ihre Satzungen diente[14]. Gemäß einem Beschluß vom 11. April achtete das Zentralbüro streng darauf, daß die ihm angehören-

---

[12] Garvi, P. A., Professional'nye sojuzy v Rossii v pervye gody revoljucii 1917–1921, New York 1958, S. 13
[13] Text des Statuts des Petrograder Zentralbüros der Gewerkschaften in: Vestnik professional'nych sojuzov, 1918, Nr. 1, S. 10, 11
[14] Professional'noe dviženie v Petrograde, S. 28

den Verbände das Prinzip des Klassenkampfes anerkannten. War dies nicht der Fall, wie etwa bei den Musikern oder Schauspielern, verweigerte es die Registrierung und damit auch jegliche Unterstützung[15]. Außerdem setzte sich das Zentralbüro unermüdlich für das Produktionsprinzip ein und propagierte den Zusammenschluß der Gewerkschaften im nationalen Maßstab[16]. Im Mai gehörten dem Zentralbüro 30 Verbände mit zusammen 200 000 Mitgliedern an[17]. Was für Petrograd galt, traf mutatis mutandis auch für andere Städte des russischen Reiches zu. Auch hier führten die Zentralbüros anstelle der einzelnen Gewerkschaften den ökonomischen Kampf. Bis zum Sommer 1917, als die Gewerkschaften die größten organisatorischen Schwierigkeiten überwunden hatten, gab es in insgesamt 51 Städten des Landes Zentralbüros[18].

Obwohl die Gewerkschaften schon wenige Monate nach der Revolution breiteste Massen erfaßten, war ihre Bedeutung für den ökonomischen Kampf nicht allzu groß. Ihr eher zünftlerischer Charakter und ihre lockere Organisation konnten kaum als Garant für erfolgreiche Aktionen an der ökonomischen Front angesehen werden, zumal die Unternehmer in mächtigen Vereinigungen organisiert waren. Die ältere Generation von Gewerkschaftsführern mit den Erfahrungen aus der Revolution von 1905 – hier sind in erster Linie die Menschewiki D. I. Kolcov, P. A. Garvi und V. P. Grinevič zu nennen – drängten daher auf die Einberufung einer gesamtrussischen Konferenz, um die zersplitterten Gewerkschaften nach dem Produktionsprinzip in regionalem und nationalem Maßstab zusammenzufassen und darüber hinaus ihre Aufgaben und Ziele unter den neuen politischen Verhältnissen festzulegen. Bereits Ende März 1917 brachte Garvi auf der Gesamtrussischen Konferenz der Sowjets der Arbeiter- und Soldatendeputierten in Petrograd eine Resolution ein, die die Arbeiter und schon bestehenden Gewerkschaften aufforderte, »zwecks Organisation des ökonomischen Kampfes der Arbeiterklasse, Stärkung ihrer Positionen im Kampf gegen das Kapital und Festigung ihrer Errungenschaften auf dem Sektor

---

15 a. a. O., S. 63
16 Vestnik professional'nych sojuzov, 1917, Nr. 1, S. 11
17 Professional'nyj vestnik, 1917, Nr. 3–4, S. 23
18 Tret'ja Vserossijskaja konferencija professional'nych sojuzov. Stenografičeskij otčet, Moskva 1927, S. VIII (In der Folge als Tret'ja Vserossijskaja konferencija zitiert)

des gesetzlichen Arbeitsschutzes« eine gesamtrussische Gewerkschaftskonferenz einzuberufen. Daraufhin versammelten sich Mitte April in Petrograd Vertreter verschiedener Arbeiterorganisationen, um Ort, Zeit, Tagesordnung und Vorbereitung einer solchen Konferenz zu besprechen. Man entschied sich für Petrograd als Tagungsort und für den 20. Mai als Beginn. Ein Blick auf die geplante Tagesordnung zeigt, daß die Aufgaben der Gewerkschaften im traditionellen Sinn verstanden wurden, nämlich Kampforgane für die Verbesserung der ökonomischen Lage der Arbeiter zu sein[19]. Damit knüpfte die Konferenz, der Zählung nach die dritte, an die Tradition der während der Revolution von 1905 entstandenen Gewerkschaftsbewegung und ihrer Zweiten Konferenz von 1906 an.

2. *Die Bildung der Betriebskomitees*

Die Februarrevolution, »eine der spontansten, anonymsten und führerlosesten Revolutionen aller Zeiten«[20], brachte in Rußland einen neuartigen Typus von Arbeiterorganisation hervor: das Betriebskomitee *(Fabrično-zavodskoj komitet)*. Diese Betriebskomitees wurden in den ersten Tagen der Revolution spontan von revolutionären Arbeitern staatlicher und privater Unternehmen gebildet und daher auch vielfach als »Kinder der Revolution« apostrophiert. Ihre Entstehung verdankten sie den praktischen Erfordernissen des revolutionären Kampfes: 1. Nach der Fucht der Betriebsleitungen aus Furcht vor möglichen Übergriffen seitens der Arbeiter mußten provisorische verantwortliche Organe für die Produktion gebildet werden; 2. die Koordinierung der isolierten Aktionen der Arbeiter innerhalb und zwischen den Betrieben mußte gewährleistet sein.
Die Betriebskomitees beschränkten sich nicht auf Petrograd allein; auch Betriebe der übrigen Industriegebiete des Landes wurden erfaßt. Je nach den lokalen Verhältnissen ging die Initiative von den Sowjets, den Arbeitern oder der bolschewistischen Partei aus. So empfahl das Moskauer Komitee der Bolschewiki am 1. März den Arbeitern, mit der Wahl von Delegierten in den Sowjet auch Vertreter für die Betriebskomi-

---

[19] a. a. O., S. VIII, 3, 14, 15
[20] Chamberlin, Bd. 1, a. a. O., S. 68

tees zu wählen; ein ähnlicher Aufruf des bolschewistischen Parteikomitees ist aus Samara bezeugt. In Ivanovo-Voznesensk rief hingegen der Sowjet die Arbeiter zur Bildung von Komitees auf[21], während in Perm (Ural) die Arbeiter von sich aus die Initiative ergriffen[22]. Schnelle Verbreitung fanden die Betriebskomitees auch im Donbass und im Wolgagebiet[23]. Ob sich auch Menschewiki für die Betriebskomitees einsetzten, kann auf Grund der verfügbaren Quellen und Literatur nicht beantwortet werden. Da die Komitees in den ersten Wochen nach der Revolution noch die Provisorische Regierung unterstützten, d. h. weder Arbeiterkontrolle noch Machtübernahme der Sowjets forderten, sondern Funktionen wahrnahmen, die in erster Linie auf die »Verankerung« der neuen Ordnung in den Betrieben abzielten, ist dies durchaus denkbar.

Fragt man nach den Ursachen für die rasche Verbreitung der Komitees, scheint das Petrograder Vorbild als Erklärung allein nicht auszureichen. Gewählte Organe auf Betriebsebene hatten schon eine längere Tradition in Rußland. So gestattete die zaristische Regierung 1903 die Bildung von »Ältestenräten«, die zwischen Arbeitern und Unternehmern vermitteln sollten. Während der Revolution von 1905 entstanden in zahlreichen Betrieben unter den vielfältigsten Namen Streikkomitees. Ihnen verdankten die Sowjets zum Teil ihren Ursprung. In den Kriegsjahren schließlich wurden auf Initiative von Unternehmern zur Steigerung der Rüstungsproduktion Kriegsindustriekomitees eingerichtet, die den Arbeitern gewisse Mitspracherechte einräumten[24]. Die Betriebskomitees standen somit durchaus in der Tradition der russischen Arbeiterbewegung, sie sprengten aber den funktionellen Rahmen ihrer Vorgänger, als sie sich in die Produktionssphäre einzumischen und sogar für die Produktion verantwortlich zu betrachten begannen.

Besonders deutlich zeigt sich dieser funktionelle Unterschied, als Petrograder Betriebskomitees, vom Wunsche geleitet, die Revolution in den Betrieben zu verankern, einen Teil der Arbeiter bewaffneten und eigenmächtig unbeliebtes Betriebspersonal entließen. Bei der Bewaffnung der Arbeiter konnten sich die Komitees auf einen Beschluß des Petrograder Sowjets vom 28. Fe-

---

[21] Istorija profdviženija v SSSR, a. a. O., S. 113, 114
[22] Meller, Pankratova, S. 333
[23] Sedmaja (aprel'skaja) konferencija RSDRP (b), a. a. O., S. 157–160
[24] Vgl. Anmerkung 5, Kapitel III

bruar stützen, der die Aufforderung enthielt, zwecks Aufrechterhaltung der Ordnung in den Arbeitervierteln, zum Schutz des Fabrikeigentums vor Plünderern und zur Verteidigung der Revolution Arbeitermilizen zu bilden[25]. Bezweckte die Aufstellung von Arbeiterwehren die Verteidigung der Revolution – notfalls mit Waffengewalt – so trifft dies für die Entlassung von Betriebspersonal nicht zu. In der Regel waren höhere Verwaltungsangestellte, manchmal sogar die gesamte Unternehmensleitung betroffen. Wenn überhaupt, begründeten die Komitees solche Maßnahmen mit betriebswirtschaftlichen Argumenten; tatsächlich dürfte es ihnen aber um die Begleichung »offener Rechnungen« aus der Zeit vor der Revolution gegangen sein. Welches im einzelnen auch immer die Gründe gewesen sein mögen, eine Veränderung der bestehenden Eigentumsverhältnisse beabsichtigten die Komitees vorerst nicht.

Nachdem die Atmosphäre zwischen Arbeitern und Unternehmern solcherart »bereinigt« war, setzten die Betriebskomitees ihre Autorität für höhere Arbeitsproduktivität und festere Arbeitsdisziplin ein. Es ging ihnen vor allem darum, die kämpfende Truppe mit Kriegsmaterial zu versorgen. Denn noch forderte die Masse der Arbeiter und Soldaten nicht den Frieden um jeden Preis, d. h. den sofortigen Austritt Rußlands aus dem Krieg, sondern nur einen demokratischen Frieden ohne Annexionen und Kontributionen[26]. Die Komitees waren daher bestrebt, alles zu unterlassen, was die Armee schwächen konnte. Denn zu groß schien die Gefahr, daß unzufriedene Soldaten von

---

[25] Wenige Tage nach dem Beschluß des Petrograder Sowjets, Arbeitermilizen zu bilden, gab es in Petrograd bereits über 4000 bewaffnete Arbeiter. Rabočij kontrol' v promyšlennych predprijatij Petrograda v 1917–1919 gg., Bd. 1, Moskva 1947, S. 28 (In der Folge als Rabočij kontrol' zitiert)

[26] Selbst die Bolschewiki vertraten bis zur Ankunft Lenins aus seinem Schweizer Exil am 4. April 1917 einen »weichen« Kurs in der Kriegsfrage. Am 15. März schrieb L. B. Kamenev in der »Pravda«: »Unsere Parole bedeutet nicht Desorganisation der revolutionären und revolutionierenden Armee und hat nichts mit dem leeren »Nieder mit dem Krieg« zu tun, sondern sie setzt sich zum Ziel, auf die Provisorische Regierung einen Druck auszuüben, damit diese vor den Augen der gesamten demokratischen Welt an die kriegsführenden Länder herantritt, um Verhandlungen über die Beendigung des Weltkrieges herbeizuführen. Wenn eine Armee gegen eine andere steht, wäre es das dümmste Unternehmen, im eigenen Lager die Waffen niederzulegen und nach Hause zu gehen. Das wäre keine Friedenspolitik, sondern eine Politik der Sklaverei, die von einem freien Volk mit Entrüstung zurückgewiesen werden würde.« Zit. nach Chamberlin, Bd. 1, a. a. O., S. 105, 106

Offizieren oder Politikern für konterrevolutionäre Aktionen gewonnen werden könnten. Den Rückgang der Arbeitsproduktivität, so warnte zum Beispiel am 14. März das Betriebskomitee der Ižorsk-Fabrik in Petrograd, würden »konterrevolutionäre Agenten ausnützen, um die Truppe gegen die Arbeiter aufzuhetzen«[27].

Der Einsatz der Komitees für höhere Arbeitsproduktivität erweckte bei einzelnen Unternehmern sogar die Hoffnung, sie in ihrem Sinne, gleichsam als verlängerten Arm der Betriebsverwaltung, einsetzen zu können. So forderte die Petrograder Unternehmervereinigung die Arbeiter in einem Rundschreiben von Mitte März auf, nur solche Personen in die Komitees zu wählen, die willens seien, mit der Verwaltung zusammenzuarbeiten[28]. Selbst die Bolschewiki gaben später öffentlich zu, daß die Komitees in den ersten Tagen und Wochen nach dem Sturz des Zarismus »auch unsere Feinde, die Kapitalisten, unterstützten, da sie für Ordnung in den Unternehmen sorgten und die Arbeitsproduktivität erhöhten«[29]. Schon nach zwei Wochen hatten, da sie für Ordnung in den Betrieben sorgten und die dortige Unternehmervereinigung sich bereit erklärte, sie rechtlich anzuerkennen. In einem Abkommen mit dem Sowjet vom 10. März wurde den Arbeitern gestattet, auf der Basis des gleichen, geheimen und allgemeinen Wahlrechts in allen Betrieben Komitees zu bilden. Ihre Rechte wurden wie folgt festgesetzt: a) die Arbeiter gegenüber dem Staat und öffentlichen Institutionen zu vertreten; b) Forderungen hinsichtlich der sozialen und wirtschaftlichen Lage der Arbeiter im Betrieb vorzubringen; c) Streitigkeiten unter den Arbeitern zu schlichten; d) die Arbeiter in Fragen der Arbeitsbedingungen gegenüber dem Unternehmer zu vertreten[30]. Die Rechte der Komitees waren demnach äußerst beschränkt und entsprachen in keiner Weise den Funktionen, die sie tatsächlich bereits ausübten.

Im übrigen Land wurden die Komitees erst am 23. April durch eine Verordnung der Provisorischen Regierung anerkannt. Sie enthielt gegenüber dem Petrograder Abkommen einige zusätz-

---

[27] Rabočij kontrol', Dokument Nr. 20
[28] Professional'noe dviženie v Petrograde, S. 106
[29] Kovalenko, D. A., Bor'ba fabrično-zavodskich komitetov Petrograda za rabočij kontrol' nad proizvodstvom (mart-oktjabr' 1917), in: Istoričeskie zapiski, 1957, Nr. 61, S. 105
[30] Browder, Kerensky, Bd. 2, a. a. O., S. 713

liche Bestimmungen, die die Stellung der Komitees im Betrieb erheblich festigten. So durften ihre Mitglieder nur auf Beschluß der betrieblichen Schlichtungskommission, und wenn es eine solche nicht gab, nur nach ordentlicher Gerichtsverhandlung, entlassen werden. Für die Sitzungen des Komitees hatte die Verwaltung entsprechende Räumlichkeiten zur Verfügung zu stellen. Die Verordnung bestimmte jedoch ausdrücklich, daß die Komitees weder während der Arbeitszeit tagen noch eigenmächtig Personal einstellen oder entlassen dürfen[31]. Die Verordnung, an deren Zustandekommen der Petrograder Sowjet maßgeblich beteiligt war[32], beabsichtigte offensichtlich, das Betriebsklima zwischen Arbeitern und Unternehmern zu verbessern.

Waren die Rechte der Komitees im wesentlichen auch nur appellativer Natur, so darf nicht übersehen werden, daß seine Mitglieder praktisch vor Entlassung geschützt waren und ihnen die Benutzung fabrikeigener Räumlichkeiten zugestanden wurde. Das waren für die Unternehmer angesichts der bis zur Revolution weit verbreiteten patriarchalischen Betriebsstruktur beachtliche Zugeständnisse. Es ist anzunehmen, daß die Unternehmer nachgaben, um erstens den Arbeitsfrieden zu wahren und zweitens im Falle von Konflikten mit einem von den Arbeitern anerkannten und bevollmächtigten Vertretungsorgan verhandeln zu können. Der Sowjet hingegen dürfte mit der staatlichen Anerkennung der Komitees weitergehende Ziele verfolgt haben. Die Komitees schienen geeignet, die Arbeiter im kleinen Rahmen auf ihre Rolle in der demokratischen Gesellschaft vorzubereiten, sie mit den parlamentarischen Spielregeln vertraut zu machen. Zum anderen konnte der Sowjet hoffen, die Komitees gegen die Provisorische Regierung und die Unternehmer als Druckmittel einsetzen zu können. Möglich ist auch, daß die Verordnung in Zusammenhang mit der drei Tage vorher bekanntgewordenen Note des Außenministers P. N. Miljukov stand, in der den Westmächten versichert wurde, Rußland werde solange weiterkämpfen, bis die Mittelmächte niedergerungen seien.

Wie der Sowjet konnten aber natürlich auch die sozialistischen Parteien versuchen, die Komitees für ihre Ziele einzuspannen, nicht nur gegen die Provisorische Regierung, auch gegen die Sowjets, nicht nur zur Verbesserung des Betriebsklimas, auch ge-

---

[31] Meller, Pankratova, S. 72, 73

[32] Kaplan, a. a. O., S. 49

gen die Unternehmer. Wie noch zu zeigen sein wird, machten die Bolschewiki von dieser Möglichkeit ausgiebig Gebrauch.

Nachdem die Betriebskomitees von Regierung und Unternehmern anerkannt waren, begannen sie im März und April gemeinsame Konferenzen abzuhalten. Auf der Tagesordnung standen in erster Linie Punkte, die sich mit der Klärung der allgemeinen ökonomischen Lage, der Haltung gegenüber der Unternehmensleitung und den Funktionen der Komitees in Betrieb und Unternehmen beschäftigten. Die Tendenz zur Koordination setzte in Petrograd früher ein als in der Provinz: Bereits am 13. März hielten Vertreter der Komitees von zwölf staatlichen Rüstungswerken ihre erste Konferenz ab. Sie befaßten sich vor allem mit der möglichen Kontrolle über die Produktion. Zur Wahrung der Arbeiterinteressen forderte die Konferenz, in allen Abteilungen der Rüstungswerke Komitees zu bilden, lehnte es jedoch ab, wie es in der entsprechenden Resolution heißt, »die Verantwortung für die technische, administrative und ökonomische Organisation der Produktion auf sich zu nehmen, solange nicht der Moment der vollen Sozialisierung der gesamten Wirtschaft, der staatlichen wie der privaten, gekommen ist«[33].

Die Komitees der staatlichen Rüstungswerke dachten also nicht daran, sich in die Kompetenzen der Verwaltung einzumischen. Das ist nicht weiter verwunderlich, denn nach der Entlassung des unbeliebten Betriebspersonals und der Legalisierung der Komitees war der Arbeitsfriede weitgehend wiederhergestellt worden. Es gab also für die Komitees zunächst keinen Anlaß, auf Erweiterung ihrer Kompetenzen zu drängen, zumal sie selbst am Arbeitsfrieden interessiert waren, schon um die Versorgung der kämpfenden Truppe sicherzustellen.

Auf ihrer zweiten Konferenz von Mitte April stellten die Komitees der staatlichen Rüstungswerke entschiedenere Forderungen. Sie beanspruchten jetzt die volle Verantwortung für die Produktion. An die Stelle der alten Betriebsleitungen sollten neue, von den Arbeitern gewählte treten, die von den Komitees kontrolliert werden sollten[34]. Damit war von Betriebskomitees, wenn auch vorerst nur in Petrograd, erstmals die Arbeiterkon-

---

[33] Zit. nach Pankratova, A., Fabzavkomy Rossii v bor'be za socialističeskuju fabriku, Moskva 1923, S. 125 (In der Folge als Pankratova, Fabzavkomy zitiert)

[34] Rabočij kontrol', Dokument Nr. 11; vgl. auch Pankratova, Fabzavkomy, S. 184

trolle gefordert worden. Für die staatlichen Rüstungswerke waren die politischen Implikationen dieser Forderung allerdings gering. Da die Komitees im eigenen Interesse an hoher Produktivität interessiert waren, konnte sich die Übernahme von Verwaltungsfunktionen unter Umständen sogar positiv auswirken. Zum anderen wurden weder der Eigentumstitel des Staates noch seine Weisungsbefugnisse in irgendeiner Weise in Frage gestellt. Es ist somit denkbar, daß die Komitees die Arbeiterkontrolle ohne politische Nebenabsichten — im Gegensatz zu den Bolschewiki – forderten.

Aber es gibt noch andere mögliche Gründe, warum einzelne Betriebskomitees jetzt die Arbeiterkontrolle verlangten. Da wären zunächst Lenins – als Aprilthesen bezeichneten – Thesen über „Die Aufgaben des Proletariats in der gegenwärtigen Revolution" zu nennen, die er wenige Tage nach seiner Ankunft in Rußland aus dem Schweizer Exil in der »Pravda« veröffentlicht hatte. Darin postuliert er den Übergang von der ersten Etappe der Revolution, der bürgerlich-demokratischen, zur zweiten Etappe, der sozialistischen. Politisch aktualisiert bedeutete das: Zerschlagung der parlamentarischen Republik und Errichtung einer »Republik der Sowjets« sowie »Übergang zur Kontrolle über die gesellschaftliche Produktion und Verteilung der Erzeugnisse durch den Sowjet der Arbeiterdeputierten«. Doch betont Lenin ausdrücklich, ein solcher Schritt intendiere noch nicht »die Einführung des Sozialismus«, sondern nur die personelle Kontrolle der kapitalistischen Wirtschaft, verwirklicht durch den Sowjet[35].

Wie diese Kontrolle verwirklicht werden sollte, sagt Lenin allerdings nicht. Angesichts der politischen und ökonomischen Bedeutung der Betriebskomitees, zumindest in Petrograd, ist es erstaunlich, daß er diese Frage mit keinem Wort in den Thesen erwähnt. Zweifellos schwebt Lenin eine gesamtstaatliche Kontrolle vor; um diese zu verwirklichen, hätte es aber entsprechender Kontrollorgane in den einzelnen Betrieben bedurft. Als solche boten sich die Komitees geradezu an. Fast scheint es, als habe Lenin die Möglichkeit, die Produktion mit Hilfe der Komitees zu kontrollieren, noch nicht erkannt.

Die Untätigkeit der Regierung – in ihrer ersten Zusammensetzung unter Ministerpräsident Fürst G. G. L'vov–, ein konstruk-

[35] Lenin, PSS, Bd. 31, S. 116

tives Programm zur Überwindung der ökonomischen Schwierigkeiten des Landes auszuarbeiten, mag gleichfalls ein Grund für die Forderung der Betriebskomitees der staatlichen Rüstungswerke nach Arbeiterkontrolle über die Produktion gewesen sein. Um die Wirtschaft anzukurbeln, unterstützte die Regierung zwar die Gründung von Aktiengesellschaften und berief eine Konferenz für die Entwicklung der Produktivkräfte des Landes ein[36], verzichtete aber auf die staatliche Lenkung der Produktion, obwohl diese Maßnahme – wie das Beispiel der deutschen Kriegswirtschaft zeigte – die einzig reale Möglichkeit zu sein schien, um der fortschreitenden ökonomischen Desorganisation erfolgreich zu begegnen. Ausschlaggebend für die Haltung der Regierung dürfte weniger ihre Ignoranz in wirtschaftspolitischen Fragen als die Weigerung der Unternehmer gewesen sein, einer staatlichen Kontrolle und Lenkung der Wirtschaft zuzustimmen. Auf dem Gesamtrussischen Handels- und Industriekongreß vom 19. bis 22. März forderten die Unternehmer die Regierung auf, alles für die Entfaltung der Produktion zu tun, lehnten ihre staatliche Kontrolle und Lenkung jedoch ab. »Wiederherstellung des in der Kriegszeit zerstörten freien Handels« und freie, vom Staat nicht gelenkte Entwicklung der Produktion waren die Grundforderungen des Kongresses[37].

Erst nach wiederholtem Drängen aller sozialistischen Parteien erklärte sich die Regierung schließlich am 6. Mai bereit, mittels »planmäßiger staatlicher und öffentlicher Kontrolle über Produktion, Transport, Austausch sowie Verteilung der Waren unbeugsam und entschieden gegen den ökonomischen Verfall des Landes anzukämpfen und in notwendigen Fällen auch zur Organisation der Produktion zu schreiten«[38]. Nach weiteren drei Wochen, und wiederum auf Druck der sozialistischen Kräfte, diesmal des Petrograder Sowjets, gab die Regierung schließlich am 27. Mai ihre Bereitschaft zur Bildung einer Obersten Wirtschaftsbehörde bekannt. Es sollten aber noch einmal fast vier Wochen vergehen, ehe die Regierung am 21. Juni eine entsprechende Verordnung verabschiedete. Diese sah die Bildung eines »Wirtschaftsrates« und eines »Hauptwirtschaftskomitees«

[36] Lozinskij, Z., Ėkonomičeskaja politika Vremennogo pravitel'stva, Leningrad 1929, S. 47

[37] Volobuev, P. V., Ėkonomičeskaja politika Vremennogo pravitel'stva, Moskva 1962, S. 34

[38] Lozinskij, a. a. O., S. 47

vor, die sich aus Vertretern von Unternehmerverbänden und Regierung einerseits sowie Vertretern von Sowjets, Gewerkschaften und Arbeiterkooperativen andererseits zusammensetzten und allgemeine Pläne für die Organisation und Lenkung der Wirtschaft ausarbeiten sollten[39].
Inzwischen hatte eine immer größere Zahl von Betriebskomitees, nicht allein in Petrograd, die Einführung einer Arbeiterkontrolle gefordert. Ihr wichtigstes Ziel war allerdings nicht mehr, die Produktion effektiver zu gestalten. Vielmehr tauchte in den Resolutionen der Komitees immer häufiger der Gedanke auf, die Arbeiterkontrolle sei als Schule der Selbstverwaltung im Hinblick auf die sozialistische Revolution zu betrachten. Charakteristisch für dieses neue Selbstverständnis der Betriebskomitees ist eine Resolution der Arbeiter der Putilov-Werke vom 24. April:

»Indem sich die Arbeiter der einzelnen Unternehmen in der Selbstverwaltung ausbilden, bereiten sie sich für den Zeitpunkt vor, wo das Privateigentum an Fabriken abgeschafft wird und die Produktionsmittel in die Hände der Arbeiterklasse übergehen. Dieses große und bedeutende Ziel, welches die Arbeiter anstreben, muß man beständig vor Augen haben, auch wenn man vorerst nur kleine Angelegenheiten erledigt.« [40]

Aufrufe wie dieser basierten wahrscheinlich auf Lenins Postulat in den Aprilthesen, die Revolution befinde sich im Übergang von der bürgerlich-demokratischen zur sozialistischen Phase. Sobald diese Position von den Betriebskomitees akzeptiert wurde, ergab sich für sie fast zwangsläufig die Notwendigkeit, sich in der Organisation und Leitung der Produktion auszubilden, um nach dem Tag »X« diese in eigener Regie leiten zu können. Denkbar ist natürlich auch, daß die Betriebskomitees von sich aus spontan und ohne Kenntnis von Lenins Aprilthesen die Arbeiterkontrolle über die Produktion anstrebten, gleichsam aus der inneren Logik des Klassenkampfes heraus. Denn es war nur natürlich, daß sie, nachdem sie sich einmal konstituiert und in den ersten Tagen der Revolution den Unternehmern vielfach

---

[39] Browder, Kerenskij, Bd. 2, a. a. O., S. 677. Vgl. dazu auch R. Lorenz, zur Industriepolitik der Provisorischen Regierung, in: Jahrbücher der Geschichte Osteuropas, N. F., Bd. 14, Jg. 1966, H. 3, S. 376–387

[40] Putilovec v tred revoljucijach. Sbornik materialov po istorii Putilovskogo zavoda, o. O., 1933, S. 333

ihren Willen aufgezwungen hatten, bei rückläufiger Produktionsentwicklung die Kontrolle über die Produktion forderten. Von hier war es dann nur noch ein kleiner Schritt bis zu einer neuen Einschätzung der Revolution. Auch politisch weniger bewußten Arbeitern dürfte klar gewesen sein, daß Arbeiterkontrolle in einer kapitalistischen Gesellschaftsordnung nicht möglich war. Der Gedanke, die Revolution sei in ein neues, höheres Stadium getreten, lag also auf der Hand.
Die Unternehmer lehnten die Ansprüche der Betriebskomitees begreiflicherweise ab. Bei diesen wuchs daher der Wunsch nach festerem Zusammenschluß, nicht nur nach Produktionszweigen – wie im Falle der Komitees der staatlichen Rüstungswerke bereits partiell geschehen –, sondern auch in regionalem und nationalem Rahmen. Der erste Schritt in Richtung gesamtstädtische Vereinigung in Petrograd erfolgte auf Initiative des Betriebskomitees der Putilov-Werke, als es sich am 29. April mit einem entsprechenden Aufruf an die Komitees der übrigen Betriebe wandte. Das Echo war positiv; wenige Tage später hatte sich bereits eine Kommission für die Vorbereitung einer gesamtstädtischen Konferenz konstituiert[41]. Am 30. Mai wurde die Erste Petrograder Konferenz der Betriebskomitees eröffnet. 568 Vertreter von Komitees, Gewerkschaften, Kooperativen und anderen Arbeiterorganisationen, davon 367 mit Stimmrecht, repräsentierten 337 464 Arbeiter. Tagesordnungspunkte waren die Lage der Industrie, das Verhältnis der Komitees zu anderen Arbeiterorganisationen, vorab den Gewerkschaften, und die Bildung eines für ganz Petrograd zuständigen Zentralorgans der Betriebskomitees[42]. Wie nicht anders zu erwarten, stand im Mittelpunkt der Beratungen die Frage, wer die Produktion kontrollieren sollte: staatliche Organe oder die Arbeiter selbst durch ihre Betriebskomitees. Kontrolle durch den Staat bedeutete implizit die Anerkennung der bestehenden Gesellschaftsordnung, an deren Spitze die Provisorische Regierung stand, Kontrolle durch die Arbeiter setzte hingegen eine neue Ordnung voraus, in der die Arbeiter die Verfügungsgewalt über Staatsapparat und Produktionsmittel innehatten. Die Entscheidung der Konferenz für diese oder jene Form der Kontrolle war somit eine Entscheidung von größter politischer Bedeutung.

---

[41] a. a. O., S. 337, 338
[42] Oktjabr'skaja revoljucija i fabzavkomy, Bd. 1, Moskva 1927, S. 78, 79, 85

Den menschewistischen Standpunkt erläuterte B. V. Avilov. Die gegenwärtige Wirtschaftskrise des Landes, so erklärte er, könne nur durch die Vertrustung der Großindustrie, die Regelung der Produktion durch zentrale staatliche Rohstoffbeschaffungsorgane und den Aufbau eines zentralen Verteilernetzes für alle wichtigen Güter überwunden werden. Diese Maßnahmen sollten durch Einführung fester Preise und Minimallöhne sowie staatliche Kontrolle über Handel und Banken flankiert werden. Den Betriebskomitees wies Avilov die Aufgabe zu, die Unternehmensleitungen in Hinblick auf die Einhaltung der von den staatlichen Kontrollorganen festgesetzten Produktionsnormen zu überwachen. Wenn das Proletariat im Augenblick seiner Machtübernahme nicht eine zerstörte Industrie vorfinden wolle, so warnte er die Vertreter der Komitees, müßten sie »Hand in Hand mit der Provisorischen Regierung arbeiten und nicht gegen sie«[43].

Avilov, der wie die übrigen menschewistischen Delegierten dem rechten Flügel seiner Partei angehörte, ging von der Annahme aus, daß Rußland derzeit die demokratische Phase der Revolution durchmache, welche zur Demokratisierung des Staates und mithin auch zur freien Entfaltung der Arbeiterbewegung führe, die kapitalistischen Grundlagen der Produktion aber nicht verändere. Als eine dieser Entwicklungsphase korrespondierende Macht anerkannten die rechten Menschewiki die Provisorische Regierung, in der sie selbst mit sechs Ministern vertreten waren. Da an einer Regelung der Produktion nicht die Arbeiter allein, sondern die gesamte Bevölkerung interessiert war, konnte diese Aufgabe ihrer Meinung nach nur vom Staat durchgeführt werden. Mit Nachdruck erklärte denn auch M. I. Skobelev, der menschewistische Arbeitsminister:

»Die Regulierung und die Kontrolle der Industrie ist nicht Aufgabe einer einzelnen Klasse, sondern Aufgabe des Staates. Auf einzelnen Klassen, besonders der Arbeiterklasse, liegt die Verpflichtung, den Staat bei seinen Bemühungen zu unterstützen.« [44]

Man würde den Menschewiki Unrecht tun, wollte man ihre ablehnende Haltung gegenüber der Arbeiterkontrolle allein auf ein mehr oder weniger abstraktes Revolutionsschema reduzieren.

---

[43] a. a. O., S. 89
[44] a. a. O., S. 83

Es gab noch andere, gewichtige Gründe, die in der konkreten russischen Situation des Jahres 1917 lagen. Die Arbeiter machten nur einen Bruchteil der Gesamtbevölkerung aus; ohne ausreichendes technisches und volkswirtschaftliches Wissen und mit nur geringen organisatorischen Erfahrungen, so glaubten die Menschewiki, könnten die Arbeiter mit der schwierigen Aufgabe der Produktionskontrolle allein nicht fertig werden. War es den Arbeitern doch noch nicht einmal gelungen, den Erfordernissen des ökonomischen Kampfes entsprechende Gewerkschaften aufzubauen! Unter dieser Perspektive mußte die Arbeiterkontrolle von vornherein zum Scheitern verurteilt erscheinen. Ein gescheiterter Versuch aber hätte nicht nur die Sanierung der Wirtschaft verzögert, sondern ihr sogar noch beträchtlichen Schaden zugefügt, ja vielleicht zum totalen Chaos geführt. Diese Gefahr, und damit auch die Gefahr einer militärischen Niederlage Rußlands, konnte nach Meinung der Menschewiki nur abgewendet werden, wenn, wie Skobelev forderte, »die Arbeiter zu einer Einigung mit der Bourgeoisie kommen«[45].

Der menschewistischen Forderung nach staatlicher Regelung der Produktion stellte G. E. Zinov'ev seitens der bolschewistischen Fraktion die Losung der Arbeiterkontrolle entgegen. Der Provisorischen Regierung warf er vor, offen Partei für die Unternehmer zu ergreifen; staatliche Maßnahmen, so warnte er die Delegierten, würden nicht die Interessen der Arbeiter berücksichtigen. Nur eine Arbeiterkontrolle über Produktion und Banken in Verbindung mit der Machtübernahme der Sowjets könne den Zusammenbruch der Wirtschaft verhindern[46]. – In der anschließenden Diskussion sprach sich die Mehrzahl der Delegierten gegen die staatliche Kontrolle aus. Sie wurde als ein Instrument der bürgerlichen Klassenherrschaft bezeichnet und durch die Entwicklung außerdem für längst überholt erklärt. Ein bolschewistischer Arbeiter machte seinem Unmut über die seiner Ansicht nach unrealistische Haltung der Menschewiki Luft, indem er ihnen zurief: »Wir Arbeiter führen die Kontrolle bereits durch, ihr aber fürchtet sie, fürchtet das Leben, fürchtet, was bereits geschehen ist.«[47]

Auch Lenin, der an den Debatten teilnahm, lehnte die staatliche Kontrolle ab. Er bezeichnete sie als »papierene Scheinkon-

[45] Zit. nach Pankratova, Fabzavkomy, S. 193
[46] Oktjabr'skaja revoljucija i fabzavkomy, Bd. 1, a. a. O., S. 87–89
[47] a. a. O., S. 98

trolle«, da die Provisorische Regierung im Konflikt zwischen Unternehmern und Arbeitern, wie sich im Süden Rußlands gezeigt habe, eindeutig für jene Partei ergriffen habe. Die Produktion kontrollieren könnten nur die Arbeiter, denn:

»Damit die Kontrolle über die Industrie wirklich durchgeführt wird, muß es eine Arbeiterkontrolle sein, muß in allen verantwortlichen Instituten eine Mehrheit von Arbeitern bestehen und muß die Verwaltung den maßgeblichen Arbeiterorganisationen über ihre Handlungen Rechenschaft ablegen.« [48]

Die Konferenz entschied sich mit 297 gegen 21 Stimmen bei 44 Enthaltungen für eine von Lenin ausgearbeitete und Zinov'ev vorgelegte Resolution, betitelt »Über die Kampfmaßnahmen gegen die Zerrüttung«. Angesichts des rasch fortschreitenden ökonomischen Verfalls, hieß es in der Resolution, könne das Land vor einer »Katastrophe nie dagewesenen Ausmaßes ... nur durch eine Reihe sofortiger revolutionärer Maßnahmen« bewahrt werden. Als solche wurden genannt: Beschneidung der Gewinne von Unternehmen und Banken, Beseitigung des Geschäftsgeheimnisses, Verteilung der Güter und, als wichtigsten Punkt, Arbeiterkontrolle über Produktion und Banken. Erfolgreich verwirklicht werden könnten diese Maßnahmen nur dann, wenn in den örtlichen und zentralen Kontrollorganen »die Arbeiter eine Mehrheit von nicht weniger als drei Viertel aller Stimmen haben«, wobei auch technisches Personal und – soweit zu einer Kooperation mit den Arbeitern bereit – Unternehmer Sitz und Stimme haben sollten. Neben den Betriebskomitees, Sowjets und Gewerkschaften sollten auch Vertreter der großen sozialistischen Parteien an der Kontrolle teilnehmen.
Als weitere Maßnahmen zur Abwendung der drohenden Katastrophe forderten die Bolschewiki generelle Verkürzung der Arbeitszeit auf acht Stunden, Einführung der allgemeinen Arbeitspflicht, Überführung qualifizierter Arbeiter aus den weniger wichtigen Industriezweigen in die Schlüsselindustrien sowie Organisation des Warenaustausches zwischen Stadt und Land. Angesichts des Beharrens der Provisorischen Regierung auf staatlicher Kontrolle, so hieß es abschließend in der Resolution,

[48] Lenin, PSS, Bd. 32, S. 240

könne die Arbeiterkontrolle nur verwirklicht werden, wenn das Proletariat in Gestalt der Sowjets die Staatsmacht übernehme[49]. Als nach der Veröffentlichung der Entschließung der Petrograder Betriebskomitees in der »Pravda« der Vorwurf des Syndikalismus gegen die Bolschewiki erhoben wurde, verteidigte Lenin die Resolution. Arbeiterkontrolle über die Produktion, so erklärte er, bedeute keineswegs die Übergabe der Betriebe in die Verfügungsgewalt der Arbeiter, sie sei im Gegenteil als erster Schritt in Richtung eines gesamtstaatlichen proletarischen Kontrollsystems gedacht, das von den Sowjets der Arbeiter- und Soldatendeputierten geleitet werde[50]. Daß Lenin, beziehungsweise die bolschewistische Parteiführung nicht daran dachte, die Kontrolle über die Wirtschaft den Komitees zu überantworten, ging auch aus der Resolution selbst hervor, denn hier wurde ausdrücklich die Beteiligung von Sowjets, Gewerkschaften und sozialistischen Parteien gefordert. Wie aus der Resolution weiter ersichtlich ist, verstanden die Bolschewiki unter Arbeiterkontrolle auch keine Expropriation des Kapitals, da die kapitalistische Grundlage der Produktion nicht angetastet werden und ihre Organisation nach wie vor in Händen der Unternehmer liegen sollte. Nur die Produktionsziele sowie die Verteilung der Güter sollte von den Arbeitern festgesetzt und kontrolliert werden.
Das Junktim zwischen den vorgeschlagenen ökonomischen Maßnahmen und der Machtübernahme der Sowjets zeigt ferner, daß die Bolschewiki solange an keiner Lenkung der Produktion interessiert waren als die Provisorische Regierung im Amt war, d. h. die Arbeiter nicht die Macht im Staat übernommen hatten. Daraus folgt indirekt, daß die Bolschewiki mit Hilfe der Komitees die Anstrengungen der Regierung, die Produktion staatlich zu regeln, vereiteln wollten. Sie konnten als wahrscheinlich annehmen, daß bei einem weiteren Rückgang der Produktion immer mehr Arbeiter die staatliche Kontrolle ablehnen und sich statt dessen hinter die Arbeiterkontrolle stellen würden – die von den Bolschewiki als einziger Ausweg aus der Wirtschaftsmisere bezeichnet wurde. Da ausschließlich ihre Partei diese Forderung erhob, konnten sie hoffen, ihre Position unter den Arbeitern, die bis dahin zum größeren Teil noch den Menschewiki folgten, zu stärken.

---

49 Text der Resolution in: Oktjabr'skaja revoljucija i fabzavkomy, Bd. 1, a. a. O., S. 107–109

50 Lenin, PSS, Bd. 25, S. 31

Waren die Beschlüsse der Konferenz der Betriebskomitees überhaupt repräsentativ für den Willen der Petrograder Arbeiter? Vertreten waren Delegierte von 236 Betrieben mit zusammen 337 464 Arbeitern, aufgeschlüsselt nach Produktionszweigen wie folgt[51]:

Produktionszweige	Zahl der Arbeiter	Zahl der Betriebe	Zahl der Arbeiter pro Betrieb
Metall	241 632	141	1 713
Textil	17 916	15	1 194
Papier und Druck	5 969	17	351
Leder	9 201	9	1 022
Eisenbahnen	4 532	2	2 266
Elektrotechnik	4 202	2	2 101
Straßenbahndepots	5 368	2	1 789
Holzverarbeitung	2 306	9	256
Verschiedene	43 986	34	1 293
gesamt	337 464	236	1 492

Da Petrograd zu Anfang des Jahres 1917 400 160 Arbeiter zählte, und damit etwa 80 Prozent auf der Konferenz durch Delegierte vertreten waren, muß das Abstimmungsergebnis als repräsentativ für die politische Orientierung der Petrograder Arbeiterschaft angesehen werden[52]. Die Tabelle zeigt weiter, daß Komitees praktisch nur in Großbetrieben existierten. Darüber hinaus vermittelt sie auch Aufschluß über die relative und absolute Verbreitung der Komitees in der Petrograder Industrie: Denn vergleicht man die Zahl von 832 Betrieben, die es am 1. 1. 1917 in Petrograd gab, mit jener Zahl von 236, in denen bis Ende Mai Betriebskomitees gebildet worden waren, so zeigt sich, daß es in 28,6 Prozent aller Petrograder Betriebe Komitees gab – wobei allerdings die von Januar bis Mai 1917 geschlossenen Betriebe nicht berücksichtigt sind. Vergleicht man weiter die Zahl von 400 160 Arbeitern, die am 1. 1. 1917 in den 832 Betrieben beschäftigt waren, mit jener von 337 464 in den 236 Betrieben mit Komitees, so folgt daraus, daß 84,3 Prozent der Petrograder Arbeiter in Betriebskomitees erfaßt, bzw. in 28,6 Prozent der Betriebe konzentriert waren.

[51] Oktjabr'skaja revoljucija i fabzavkomy, Bd. 1, a. a. O., S. 85
[52] Alle Zahlenangaben für den 1. 1. 1917 in: Vestnik Narodnogo Komissariata Truda, 1918, Nr. 4–5, S. 242

Es erscheint naheliegend, einen Zusammenhang zwischen der Größe eines Betriebes und der Gründung eines Betriebskomitees anzunehmen. Dafür sprechen mehrere Gründe. Die Petrograder Industrie erzeugte vor allem Kriegsmaterial; um den Krieg weiterführen zu können, war die Regierung am reibungslosen Funktionieren der Rüstungsproduktion lebhaft interessiert. Die Arbeiter in den Großbetrieben der Rüstungsindustrie waren also weitgehend vor Entlassung geschützt und konnten ohne größeres Risiko auf Betriebskomitees bestehen. Zudem machte sich in den Großbetrieben mit Hunderten oder Tausenden von Arbeitern bereits Phänomene der Massenpsychologie bemerkbar, wie heftigere Forderungen, leichtere Erregbarkeit und größere Solidarität. Anders verhielt es sich mit den Kleinbetrieben. Ihre Besitzer hatten sich aus technischen oder finanziellen Gründen vielfach nicht auf die Rüstungsproduktion umstellen können. Weniger bevorzugt beliefert als die Rüstungsbetriebe, hingen Rohstoffbeschaffung und Produktion weitgehend vom Geschick und Einsatz der Unternehmer ab. Die Arbeiter waren hier in weit stärkerem Maße vom guten Willen des Unternehmers abhängig als ihre Kollegen in den Großbetrieben. Vor die Alternative gestellt, entlassen zu werden oder auf Betriebskomitees zu verzichten, dürften sie sich für letzteres entschieden haben.
Für die organisatorische Entwicklung der Petrograder Betriebskomitees stellte die Konferenz einen wichtigen Einschnitt dar: Sie wählte einen für die ganze Stadt zuständigen Zentralrat, dem 25 Personen angehörten, in der Mehrzahl Bolschewiki, darunter N. A. Skrypnik, P. M. Amosov, M. N. Životov, A. K. Gastev, V. Ja. Čubar' und A. I. Naumov. Die Konferenz beauftragte den Zentralrat, »in enger Verbindung mit dem Zentralbüro der Gewerkschaften auf dem Gebiet der Arbeiterkontrolle und ... des Kampfes für Verbesserung der Arbeitsbedingungen zu arbeiten«, die Beziehungen zwischen Komitees und Gewerkschaften zu regeln und ein Musterstatut für die Petrograder Betriebskomitees auszuarbeiten[53]. Bis zur Einberufung der Gesamtrussischen Konferenz der Betriebskomitees im Oktober 1917 nahm der Petrograder Zentralrat die Funktionen eines gesamtrussischen Zentrums der Komitees wahr und unterhielt

[53] Oktjabr'skaja revoljucija i fabzavkomy, Bd. 1, a. a. O., S. 136

Verbindung mit zahlreichen Industriestädten, darunter Moskau, Kiev, Char'kov und Ivanovo-Voznesensk[54].
Die Bildung von Zentralräten der Betriebskomitees blieb nicht auf Petrograd beschränkt; im Juni und Juli folgten zahlreiche andere Städte[55]. Mit dem Zusammenschluß zu größeren Einheiten, den Zentralräten, hatten die Komitees die Phase des fieberhaften Aufbaues und der organisatorischen und funktionellen Zersplitterung ihrer Bewegung abgeschlossen.

3. Die Anfänge des ökonomischen Kampfes

Unter dem Ansturm unzufriedener Arbeiter und Soldaten war der Zarismus wie ein morsches Gebäude zusammengebrochen. Obwohl die Macht in der Hauptstadt praktisch in den Händen des Petrograder Sowjets lag, trat er diese an die Provisorische Regierung ab, ohne vorher ökonomische Zugeständnisse für die Arbeiter ausgehandelt zu haben. Damit nahm nicht nur die Doppelherrschaft von Sowjet und Regierung ihren Anfang, es begann auch der ökonomische Kampf der Arbeiter. Erste und wichtigste Forderung war der Achtstundentag, der bereits 1898 in das Programm der Sozialdemokratischen Partei aufgenommen worden war und auch 1905 die zentrale Losung der streikenden Arbeiter darstellte.
Nachdem sich in Petrograd die revolutionären Stürme gelegt hatten, rief der Sowjet am 6. März die Arbeiterschaft auf, die Arbeit in vollem Umfang wieder aufzunehmen. Gleichzeitig kündigte er den Unternehmern einen Katalog von ökonomischen Forderungen an. Dieser Katalog, vom Sowjet wenige Tage später veröffentlicht, sah vor: a) Bildung von Betriebskomitees, b) Abschluß neuer Tarifverträge, c) Einführung mehrerer Arbeitsschichten, um den Arbeitern die Möglichkeit politischer Betätigung zu geben und e) Regelung der Frauen- und Kinderarbeit. Kein Wort fiel jedoch über den Achtstundentag[56]. Die Arbeiter zeigten sich enttäuscht und verbittert. Sie hielten dem Sowjet vor, die Arbeit hätte erst nach Bestätigung ihrer Forderungen durch die Unternehmer wieder aufgenommen werden dürfen.

---

[54] Egorova, A. G., Profsojuzy i fabzavkomy v bor'be za pobedu Oktjabr'ja, Moskva 1960, S. 193
[55] Oktjabr'skaja revoljucija i fabzavkomy, Bd. 1, a. a. O., S. 193
[56] Browder, Kerensky, Bd. 2, a. a. O., S. 709, 710

Einzelne Betriebskomitees drohten sogar an, »in jedem beliebigen Moment den unerbittlichen Streik wieder aufzunehmen, falls binnen zwei Wochen mit den Unternehmern keine Übereinkunft erzielt sein sollte«[57].

Da der Sowjet es ablehnte, den Achtstundentag kraft eigener Machtvollkommenheit zu dekretieren, ergriffen die Arbeiter von sich aus die Initiative, moralisch unterstützt vom Petrograder Komitee der bolschewistischen Partei. In etwa der Hälfte aller Betriebe legten die Arbeiter auf Geheiß der Betriebskomitees nach achtstündiger Arbeitszeit die Arbeit nieder und verließen geschlossen die Betriebe[58]. Unter dem Druck der Arbeiter, aber auch auf Drängen einzelner Unternehmer, die an der Wiederherstellung des Arbeitsfriedens interessiert waren, nahm der Sowjet schließlich Verhandlungen mit der Unternehmervereinigung auf. Am 10. März wurde ein Abkommen unterzeichnet, das den Arbeitern, neben der Bildung von Betriebskomitees und Schlichtungsorganen, den Achtstundentag zubilligte[59]. In der Praxis wurde der Achtstundentag jedoch nur selten verwirklicht, da der Krieg eine verminderte Rüstungsanstrengung nicht zuließ. Trotzdem hatte das Abkommen eine Verbesserung der materiellen Lage der Arbeiter zur Folge, da Überstunden doppelt bezahlt wurden[60].

Die Situation in Moskau war ähnlich. Vertreter der Betriebskomitees berichteten auf der Sitzung des Stadtsowjets am 18. März übereinstimmend, daß in fast allen größeren Betrieben der Stadt die Arbeit nach acht Stunden auf Anordnung der Komitees niedergelegt worden sei und die Unternehmer keinen Widerstand geleistet hätten. Unter dem Eindruck solcher Erklärungen entschloß sich der Sowjet endlich, die Arbeiter zur Einführung des Achtstundentages aufzurufen[61].

Die Nachricht von der Verkürzung des Arbeitstages in Petrograd und Moskau verbreitete sich wie ein Lauffeuer über das Land. Nun folgten auch die Betriebe in den übrigen Industriezentren dem Beispiel der beiden Hauptstädte. Auf Drängen der Arbeiter, aber auch der Unternehmer, die an festen Abmachun-

---

[57] Aus einer Resolution des Betriebskomitees der Petrograder Metallurgischen Fabrik, zit. nach Kovalenko, a. a. O., S. 105

[58] Trotzki, a. a. O., S. 237

[59] Meller, Pankratova, S. 40

[60] Suchanov, N., Tagebuch der russischen Revolution, München 1967, S. 216

[61] Meller, Pankratova, S. 44, 45, 47

gen interessiert waren, gaben schließlich auch hier die Sowjets ihr Einverständnis[62]. Der Achtstundentag war somit nicht nur ein Sieg der Arbeiter über die Unternehmer, er war, wie Trockij treffend bemerkte, auch ein Sieg der Arbeiter über die Sowjets[63]. Auch als der Achtstundentag von den Unternehmern anerkannt war, unterließ es der Petrograder Sowjet aus rechtlichen Bedenken, trotz wiederholter Aufforderungen seitens zahlreicher Arbeiterorganisationen im ganzen Land, die Provisorische Regierung wegen eines entsprechenden Gesetzes unter Druck zu setzen[64].

Hier drängt sich die Frage auf, warum die Sowjets nur sehr zögernd ihre Zustimmung zum Achtstundentag gaben. Die rechtssozialistischen Parteien, vorab die Menschewiki und Sozialrevolutionäre, die in den Sowjets dominierten, waren der Ansicht, daß die Revolution von 1905 vor allem deshalb gescheitert sei, weil es die Arbeiter nicht verstanden hätten, das liberale Bürgertum zum Kampf gegen den Zarismus zu gewinnen. Die Schuld daran gaben sie den – retrospektiv betrachtet – übertriebenen ökonomischen Forderungen, vor allem der des Achtstundentages. Darauf bedacht, nicht den Fehler von 1905 zu wiederholen, verzichteten sie vorläufig auf diese Forderung. Denn so konnten sie hoffen, das liberale Bürgertum für die Revolution zu gewinnen. »Der Kampf an zwei Fronten, gegen die Reaktion und Kapitalisten, geht über die Kräfte des Proletariates«, charakterisierte Trockij die Sorge der Menschewiki[65]. Es war wesentlich die Furcht vor einer möglichen Allianz der verängstigten Bourgeoisie mit den reaktionären Kräften des Landes, die die Sowjets so unwillig auf die Forderungen der Arbeiter nach Verkürzung der Arbeitszeit reagieren ließ[66]. Sicher haben aber auch ökonomische Überlegungen im Kalkül des Petrograder und anderer Sowjets eine Rolle gespielt.

Obwohl die Arbeiter in den Rüstungsbetrieben wie vor der Revolution zehn bis elf Stunden am Tag arbeiteten, lancierten die Unternehmer eine Pressekampagne gegen die Arbeiter, die unter dem Motto stand: »Verkürzung des Arbeitstages gefährdet die

---

[62] a. a. O., S. 48
[63] Trotzki, a. a. O., S. 238
[64] Meller, Pankratova, S. 48
[65] Trotzki, a. a. O., S. 237
[66] Vgl. Anin, D. S., The February Revolution: Was the Collapse inevitable?, in Soviet Studies, 1967, Vol. XVIII, 4, S. 451 ff

Rüstungsproduktion.« Das Ziel der Kampagne war, über die Soldaten an der Front Druck auf die Arbeiter auszuüben, um sie zum Verzicht auf den Achtstundentag zu bewegen. Da in allen Rüstungsbetrieben ohnehin länger als acht Stunden gearbeitet wurde, scheint es den Unternehmern weniger um die Steigerung der Produktion, als vielmehr um die Einsparung der Überstundenlöhne gegangen zu sein. Die Pressekampagne löste heftige Reaktionen bei den Soldaten aus, besonders in Petrograd. »Um den 20. März herum«, berichtete N. Suchanov als aufmerksamer Beobachter der Szenerie »hatten die Beziehungen zwischen Arbeitern und Soldaten einen Zustand äußerster Spannung angenommen ... An allen Kreuzungen, in den Straßenbahnen, überall in der Öffentlichkeit konnte man Arbeiter und Soldaten sehen, die sich in höchster nervöser Erregung rhetorisch ineinander verbissen hatten. Es gab sogar Fälle von Schlägereien«. Mitte April, nachdem die Betriebskomitees die Soldaten von der Unrichtigkeit der gegen die Arbeiter vorgebrachten Anschuldigungen überzeugt hatten, mußte die bürgerliche Presse erkennen, daß ihre Kampagne gegen den Achtstundentag gescheitert war; Zusammenstöße wie die in Petrograd und Moskau waren seitdem aus dem Straßenbild geschwunden[67].

Betrachtet man die Auseinandersetzung zwischen Arbeit und Kapital in den ersten zwei Monaten nach der Revolution im Überblick, so läßt sich feststellen, daß Streiks relativ selten waren. Nach dem Sturz des Zarismus hatte sich das Kräfteverhältnis zwischen beiden Kontrahenten entscheidend verändert. Die Unternehmer konnten sich nicht mehr wie früher auf den starken Arm des Staates verlassen, die Arbeiter hatten jetzt mit Sowjets, Gewerkschaften und Betriebskomitees Organisationen hinter sich, die – wenn auch unkoordiniert – ihre Interessen wahrnahmen. Nicht übersehen werden darf weiter der Umstand, daß die Revolution zu einer zeitweiligen Entschärfung des Klassenkampfes geführt hatte, da sowohl Arbeiter wie Unternehmer an der Konsolidierung der neuen politischen Ordnung interessiert waren, wenn auch aus verschiedenen Motiven: Die Arbeiter erhofften eine Verbesserung ihrer ökonomischen Lage, politische Freiheiten und baldige Beendigung des Krieges auf der Grundlage eines demokratischen Friedens, die Unternehmer eine Entfaltung der kapitalistischen Wirtschaft, vor allem aber die

[67] Suchanov, a. a. O., S. 244, 245

»Weiterführung des Krieges bis zu einem erfolgreichen Ende« und freie Entwicklung des Kapitalismus[68].
Teils unter Druck, teils aus der Einsicht, daß eine Verschärfung des Klassenkampfes sich nachteilig auf die Rüstungsproduktion auswirken müsse, gaben die Unternehmer den Lohnforderungen der Arbeiter nach. In Petrograd hatten sie bis Anfang Juni Lohnerhöhungen in 16 Berufszweigen zugestanden; ähnlich lagen die Dinge in Moskau[69]. Der Abschluß neuer Tarifverträge führte zu einer geringfügigen Verbesserung der Lage der Arbeiter, wie ein Vergleich der Reallöhne vor und nach der Revolution zeigt. In der Fabrik Parviainen in Petrograd, die 7000 Arbeiter beschäftigte und ausschließlich Rüstungsgüter produzierte, verlief die Lohnentwicklung folgendermaßen[70]:

Mittlerer Stundenlohn in Kopeken

1917	nominal	real
Januar	72,1	22,9
Februar	76,7	22,9
März	100,2	29,1
April	149,4	41,7
Mai	164,2	44,2
Juni	168,4	43,8
Juli	174,2	42,7

Der sprunghafte Anstieg der Reallöhne in den Monaten März und April war im wesentlichen auf den von den Betriebskomitees durchgesetzten Überstundentarif nach der Anerkennung des Achtstundentages zurückzuführen. In den Monaten Mai und Juni veränderte sich der Reallohn nur geringfügig und fiel dann im Juli und den folgenden Monaten wieder ab. Die Zunahme des Reallohnes in der Fabrik Parviainen war in ihrer Tendenz, nicht aber in ihrem Ausmaß, für Petrograd typisch.
Ein zutreffendes Bild über die materielle Lage der Arbeiter in Petrograd vermittelt die Zunahme der Reallöhne in der Stahlfabrik Obuchovskij[71]:

---

68 Zit. nach Lorenz, a. a. O., S. 37
69 Professional'nyj vestnik. Oktjabr' 1917–oktjabr' 1918, 1918, S. 12
70 Strumilin, Bd. 3, a. a. O., S. 371
71 Stepanov, Z. V., Rabočie Petrograda v period podgotovki i provedenija Oktjabr'skogo vooružennogo vosstanija. Avgust'–oktjabr' 1917, Moskva 1965, S. 54

Mittlerer Monatslohn in Rubeln

1917	nominal	real
Januar	160	46
April	192	43
Juni	319	53

Auch hier stieg der Nominallohn im ersten Halbjahr um ein Vielfaches, während der Reallohn nur um 15 Prozent stieg. Neben neuen Tarifverträgen war der leichte Anstieg der Reallöhne in Petrograd wahrscheinlich auch auf die Einführung fester Preise für einige wichtige Grundnahrungsmittel zurückzuführen[72].

Im Moskauer Gebiet verlief die Lohnentwicklung weniger günstig, wie die Angaben von 94 Betrieben zeigen[73]:

Mittlerer Tages- und Monatslohn im Moskauer Gebiet in Rubeln

	Tageslohn		Monatslohn	
	nominal	real	nominal	real
Zweites Halbjahr 1916	1,89	0,79	42,42	18,70
Erstes Halbjahr 1917	3,65	0,92	70,45	19,30

Der Reallohn im Moskauer Gebiet stieg im ersten Halbjahr 1917 gegenüber dem zweiten des Vorjahres nur um 3 Prozent oder 0,6 Rubel und blieb damit weit hinter Petrograd zurück. Das hat mehrere Gründe: In keinem Industriegebiet Rußlands waren so viele weibliche Arbeitskräfte beschäftigt wie hier, nämlich 53 Prozent, und zwar zum größten Teil in der Textilindustrie[74]. Da die Frauen im Gegensatz zu ihren männlichen Kollegen selten gewerkschaftlich organisiert waren, konnten sie ihre Forderungen kaum mit dem nötigen Nachdruck vertreten. Zudem herrschte im Moskauer Gebiet eine starke Mobilität, denn nicht wenige Arbeiter, vor allem Hilfsarbeiter, kehrten während der

72 Strumilin, Bd. 3, a. a. O., S. 372

73 Mindlin, Z., Rabočie vremja i zarabotnaja plata v predprijatijach Moskovskoj oblasti za 1914–1918 gg., in Statistika truda, 1918, Nr. 8–10, S. 8–14

74 Dva goda diktatury proletariata, o. O. (Moskva), o. J. (1919) S. 24, (In der Folge als Dva goda zitiert)

Erntezeit in die Dörfer zurück[75]. Ihr Klassenbewußtsein dürfte daher nur schwach ausgeprägt gewesen sein. Für die übrigen Gebiete Rußlands fehlen entsprechende Angaben, doch scheint hier die Tarifkampagne weit weniger erfolgreich verlaufen zu sein[76].

Um die Jahresmitte begann der ökonomische Kampf schärfere Formen anzunehmen. Ausschlaggebend dafür war der unaufhaltsame, durch den Krieg bedingte Niedergang der Wirtschaft. Dadurch wurde sowohl das Angebot an Bedarfsgütern rapide reduziert als auch die Preise steil in die Höhe getrieben. Selbst dort, wo die Tarifkampagne erfolgreich war, wie in Petrograd oder Moskau, liefen die Preise den Löhnen innerhalb kürzester Zeit davon. Da die zerrüttete Wirtschaft den Unternehmern nur noch geringe Gewinne in Aussicht stellte, weigerten diese sich immer häufiger, die Löhne zu erhöhen. Um sich der revolutionären Arbeiterschaft zu erwehren, die durch die Forderung nach der Arbeiterkontrolle zudem auch ihre Verfügungsgewalt über die Produktionsmittel in Frage stellte, nahmen die Unternehmer immer häufiger Entlassungen vor oder legten den Betrieb still. Am 19. Mai schrieb die Zeitung des von Menschewiki und Sozialrevolutionären beherrschten Petrograder Sowjets:

»Der Widerstand der vereinigten Unternehmer gegen die Forderungen der Arbeiter nimmt zu. Die Unternehmer leisten eine Art passiver Resistenz und greifen zu versteckten Aussperrungen.« [77]

Eine solche Verschärfung des ökonomischen Kampfes, in dem es anfänglich primär um höhere Löhne gegangen war, mußte angesichts der bereits angedeuteten Entwicklung fast zwangsläufig in einen Kampf um die Produktionsmittel und damit um die Herrschaft im Staat umschlagen.

---

[75] Professional'nyj vestnik, 1918, Nr. 15–16, S. 9

[76] Im Ural zum Beispiel arbeiteten die Arbeiter selbst noch im Dezember 1917 nach vorrevolutionären Tarifsätzen. Professional'nyj vestnik, 1917, Nr. 8, S. 14

[77] Izvestija Petrogradskogo Soveta, 1917, Nr. 70, zit. nach Lenin, PSS, Bd. 32, S. 205

Spontan und unabhängig voneinander entstanden, trafen die verschiedenen Arbeiterorganisationen auf dem Gebiet des ökonomischen Kampfes zunächst keine Absprachen über Funktionen und Kompetenzen. So kam es, daß anfänglich neben den Betriebskomitees und Gewerkschaften auch die Sowjets in den Arbeitskampf eingriffen[78]. In dem Maße aber, wie die Gewerkschaften und Betriebskomitees sich organisatorisch konsolidierten, konzentrierten die Sowjets ihr Augenmerk auf den »Kampf gegen die Reste des alten Regimes, gegen alle konterrevolutionären Umsturzversuche und für die Organisierung der Bevölkerung« – wie es in einem Rundschreiben des Petrograder Sowjets aus der zweiten Märzhälfte heißt[79]. In den folgenden Wochen und Monaten zogen sich die Sowjets immer mehr aus der Arena des ökonomischen Kampfes zurück. Das Ende dieser Entwicklung signalisierte in gewisser Weise ein Beschluß des Ersten Gesamtrussischen Sowjetkongresses (3. bis 24. Juni), nachdem die Sowjets sich fortan grundsätzlichen, gesamtstaatlichen Aufgaben wie Teilnahme an der staatlichen Kontrolle der Produktion oder Mitarbeit an der Arbeitsgesetzgebung zuwenden und den Gewerkschaften und Betriebskomitees den ökonomischen Kampf überlassen sollten[80].

Anders lagen die Dinge bei den Betriebskomitees und Gewerkschaften. Beide verstanden sich von Anfang an ausschließlich als ökonomische Kampforgane. Von entscheidender Bedeutung für das Verhältnis beider Organisationen war, daß sich die Komitees, da sie es mit den Arbeitern nur eines Betriebes zu tun hatten, rascher konstituierten als die Gewerkschaften. Daher waren sie auch früher in der Lage, die Interessen der Arbeiter wahrzunehmen. Der Achtstundentag und bessere Arbeitsbedingungen waren im wesentlichen ihr Verdienst. Entscheidend für die Auseinanderentwicklung der Organisationen war jedoch, daß die Komitees seit Mitte April die Arbeiterkontrolle über die Produktion forderten, die Gewerkschaften aber bis in den Sommer hinein an ihren traditionellen Forderungen festhielten. Dieser Umstand hat zweifellos dazu beigetragen, daß sich die Ko-

[78] Anweiler, a. a. O., S. 168
[79] a. a. O., S. 162
[80] a. a. O., S. 169

mitees als die ökonomischen Kampforgane der Arbeiter schlechthin betrachteten. An ihrem Führungsanspruch hielten sie auch dann fest, als die Gewerkschaften schlagkräftiger wurden und die Tarifkampagne in ihre Hände nahmen. Trotzdem versuchten zum Beispiel in der Petrograder Metallindustrie die Komitees, Konflikte mit den Unternehmern ohne Vermittlung der Gewerkschaften beizulegen. Dazu erklärte V. D. Rubcov, Mitglied der Leitung der Metallarbeitergewerkschaft:

»Neunundneunzig Prozent aller Konflikte entstehen in ihrem Anfangsstadium ohne Wissen der Gewerkschaft... Die Leitung wird viel zu spät, erst nachdem die Vertreter der Arbeit bereits den Sowjet der Arbeiterdeputierten und verschiedene Ministerien aufgesucht haben, benachrichtigt.«

Was für Petrograd galt, traf auch auf die Beziehungen zwischen Betriebskomitees und Gewerkschaften im übrigen Land zu. So erklärte zum Beispiel Mitte Mai in Char'kov eine Konferenz der Betriebskomitees:

»Die Betriebskomitees – das sind die Kinder der Revolution. Sie sind die neue Kraft, mit der man rechnen muß. Die Komitees müssen ihr eigenes Zentrum schaffen, das unabhängig von den Gewerkschaften ist und sowohl den politischen wie den gewerkschaftlichen Kampf der Arbeiterbewegung führt.« [81]

Das war gleichermaßen gegen die Gewerkschaften wie gegen die Sowjets gerichtet.
Vergeblich bemühten sich die Petrograder Gewerkschaften, vorab ihr Zentralbüro, die Betriebskomitees zur Aufgabe ihres ökonomischen Führungsanspruchs zu bewegen. Auf der Ersten Petrograder Stadtkonferenz der Betriebskomitees forderte D. B. Rjazanov, der Vorsitzende des Zentralbüros, die Komitees auf, sich den Gewerkschaften unterzuordnen, d. h. sich in gewerkschaftliche Betriebszellen umzuwandeln, da ihre Funktionen angesichts des rasch fortschreitenden Aufbaus der Gewerkschaften »ephemer« geworden seien[82]. Diese Auffassung wurde von den Vertretern der Betriebskomitees entschieden zurückgewiesen. Vor den Komitees, erklärte Naumov, stünden »Aufgaben

[81] Zit. nach Pankratova, Fabzavkomy, S. 254
[82] Oktjabr'skaja revoljucija i fabzavkomy, Bd. 1, a. a. O., S. 132

hinsichtlich der Regulierung des ökonomischen Lebens der Fabrik« – gemeint ist die Arbeiterkontrolle über die Produktion –, die die Gewerkschaften nicht leisten könnten[83]. Wie nicht anders zu erwarten, konnte sich Rjazanov mit seiner Forderung nicht durchsetzen: Mit der Bildung eines eigenen Zentralorgans, des Zentralrates, unterstrichen die Betriebskomitees ihre Unabhängigkeit.

Die Petrograder Konferenz der Betriebskomitees machte einmal mehr deutlich, daß die Ursache der Konflikte nicht allein in der unterschiedlichen politischen Orientierung von Betriebskomitees – die zum größten Teil bolschewistischen Parolen folgten – und Gewerkschaften – die zum größeren Teil den Menschewiki anhingen (vgl. Kap. IV/1) – lag. Es ging im wesentlichen darum, unter wessen Führung jetzt und nach der angestrebten Machtübernahme durch die Sowjets die Produktion kontrolliert werden sollte. Bezeichnenderweise begründeten die Komitees ihr Beharren auf Selbständigkeit auch nicht mit einem Hinweis auf den starken Einfluß der Menschewiki in den Gewerkschaften.

Die bolschewistische Partei nahm im Konflikt zwischen Betriebskomitees und Gewerkschaften nicht eindeutig Stellung. Da sie für eine Arbeiterkontrolle im gesamtstaatlichen Maßstab eintrat, die von unabhängigen Komitees aber in Frage gestellt zu sein schien, dürfte ihre Unterordnung unter die Gewerkschaften durchaus in ihrem Interesse gelegen haben. Forderte nicht Lenin selbst in der Resolution »Über die ökonomischen Kampfmaßnahmen gegen die Zerrüttung«, daß neben den Betriebskomitees auch und vor allem die Sowjets und Gewerkschaften an der Arbeiterkontrolle über die Produktion beteiligt sein müßten? Und deutete die Aufforderung Rjazanovs – immerhin Mitglied des Petrograder Parteikomitees – an die Komitees, sich den Gewerkschaften unterzuordnen, nicht in die gleiche Richtung? Andererseits waren die Bolschewiki aber auch an selbständigen Komitees interessiert, als Gegengewicht zu den von ihnen nicht kontrollierten Gewerkschaften. Hätten sie schon jetzt versucht, die Komitees den Gewerkschaften einzugliedern, mußten sie damit rechnen, daß jene, eben weil sie sich als besondere Organisationen verstanden, möglicherweise Front gegen sie selbst machen könnten. Welche anderen Gründe auch des weiteren eine Rolle gespielt haben mögen, die bolschewistische Partei verzich-

[83] a. a. O., S. 135

tete jedenfalls darauf, auf die Vereinigung von Komitees und Gewerkschaften zu drängen.
Im Herbst änderten die Bolschewiki ihre Taktik. Nachdem sie fast alle bedeutenden Gewerkschaftsverbände ihrer Kontrolle unterworfen hatten und mit der Vorbereitung des bewaffneten Aufstandes zudem die Realisierung eines gesamtgesellschaftlichen Systems der Arbeiterkontrolle in den Bereich des Möglichen zu rücken schien, drängten sie vehement auf die Unterordnung der Betriebskomitees unter die Gewerkschaften.

IV. Das politische und ökonomische Programm der Gewerkschaften

Am 21. Juni – nicht wie geplant am 20. Mai – wurde die Dritte Gesamtrussische Konferenz der Gewerkschaften in Petrograd eröffnet. 211 Delegierte aus allen Teilen des Landes, die 967 Verbände und 51 Zentralbüros mit zusammen 1 475 429 Mitgliedern repräsentierten, hatten sich im Taurischen Palais, dem Sitz des Petrograder Sowjets, eingefunden. Auf der Tagesordnung standen Fragen, die sich in erster Linie mit den Aufgaben und Zielen der Gewerkschaften unter der neuen politischen Ordnung befaßten, die durch äußere Feinde, nämlich die Mittelmächte, bedroht war und durch innere Feinde, die Reaktion, bedroht schien.

Der Parteizugehörigkeit nach waren unter den Delegierten 26 Menschewiki, 25 Sozialrevolutionäre, 31 Parteilose und 39 mit den Menschewiki Sympathisierende; sie bildeten den rechten Flügel und traten auf der Konferenz geschlossen als »Gruppe der Anhänger der Einheit der Gewerkschaftsbewegung« auf[1]. Wie die Diskussionen zeigten, gehörten die Menschewiki sämtlich der Mehrheitsfraktion ihrer Partei an. Sie wurden Vaterlandsverteidiger *(»oboroncy«)* genannt, weil ihrer Meinung nach der Krieg bis zum Abschluß eines demokratischen Friedens ohne Annexionen und Kontributionen fortgesetzt werden sollte. Die Vertreter des äußersten rechten Flügels der Partei, die Gruppe um G. V. Plechanov, die die Fortsetzung des Krieges bis zum vollen Sieg über die Mittelmächte forderte, hatte in den Gewerkschaften so gut wie keinen Einfluß[2]. Gleiches galt für die linke Fraktion der Partei unter J. O. Martov, die die Landesverteidigung als unmarxistisch ablehnte[3].

---

1 Geschichte der Gewerkschaftsbewegung in der UdSSR, Berlin 1962, S. 180

2 Zur Ideologie von Plechanov und seinen Anhängern, vgl. Baron, S. H., Plekhanov. The Father of Russian Marxism, London 1963

3 Martov, Dan, a. a. O., S. 298

Die übrigen 90 Delegierten, Anhänger radikaler sozialistischer Parteien oder Gruppierungen wie Bolschewiki, Sozialdemokraten-Internationalisten und *»mežrajoncy«*, eine den Bolschewiki nahestehende, aber deren straffe Organisationsprinzipien ablehnende Gruppe, votierten bei den Abstimmungen geschlossen als »Gruppe der Internationalisten«. Die gemäßigten sozialistischen Parteien unter der Führung der Menschewiki-Vaterlandsverteidiger dominierten also zahlenmäßig auf der Konferenz.

1. Zum politischen Kräfteverhältnis in den Gewerkschaften

Der dominierende Einfluß der Menschewiki in den Gewerkschaften und damit auch in der Arbeiterbewegung – in den Gewerkschaften waren weit mehr Arbeiter organisiert als in den Betriebskomitees – war wesentlich auf die allgemeine politische und ökonomische Lage Rußlands in den ersten Monaten nach der Februarrevolution zurückzuführen. Die Arbeiter genossen ein Höchstmaß an politischer Freiheit. »Rußland ist zur Zeit von allen kriegführenden Ländern das freieste Land«, gab selbst Lenin zu[4]. Auch die materielle Lage der Arbeiter hatte sich seit dem Sturz des Zarismus leicht gebessert, da die Unternehmer sich gegenüber ihren Forderungen nachgiebig gezeigt hatten. War es trotzdem zu Konflikten gekommen, so hatten diese größtenteils auf friedlichem Wege beigelegt werden können. Vor allem hatten sich der bolschewistischen Forderung nach sofortiger, bedingungsloser Beendigung des Krieges die breiten Arbeitermassen noch nicht angeschlossen. Was sie wollten, war ein demokratischer Friede, nicht Frieden um jeden Preis. Die patriotische Haltung der Arbeiter und eine leichte Verbesserung ihrer Lage hatten zu einer gewissen Auflockerung der Fronten zwischen Arbeit und Kapital geführt. So etwa sah in groben Strichen die innenpolitische Szenerie in der ersten Jahreshälfte aus. Ihr hatten es die rechtssozialistischen Parteien vor allem zu verdanken, daß ihre Propaganda – Anerkennung der Revolution als eine bürgerlich-demokratische, Burgfrieden zwischen den Klassen, Fortführung des Krieges zum demokratischen

[4] Lenin, PSS, Bd. 31, S. 114

Frieden, politische Neutralität der Gewerkschaften — auf fruchtbaren Boden fiel.

Ein weiterer Grund für die Popularität der Menschewiki lag darin, daß sie es weit besser als die Bolschewiki verstanden, auf die aktuellen Sorgen und Nöte der Arbeiter einzugehen. Da sie den Gewerkschaften ein politisches Mandat absprachen, war ihre Tätigkeit sachbezogener und stärker an den Erfordernissen des ökonomischen Kampfes orientiert. Die Polemik der Bolschewiki und anderer ihnen nahestehender Gruppen war den Arbeitern angesichts der Tatsache, daß es Sowjets für die Wahrnehmung ihrer politischen Interessen gab, nicht immer einsichtig. Das bestätigte selbst Tomskij, nach der Oktoberrevolution Vorsitzender des Gesamtrussischen Zentralrates der Gewerkschaften:

»Wenn die von Sozialrevolutionären und Menschewiki geführte Propaganda ... in den gewerkschaftlichen Massenversammlungen einige Erfolge erzielte, ... dann deshalb, weil die ungeschickte, oftmals sogar taktlose Polemik ... der Bolschewiki, die selbst den dringendsten wirtschaftlichen Interessen der Massen keine Rechnung trug, oft kleinlich und fast abstrakt war. Diese Polemik störte die geschäftlichen Gewerkschaftsversammlungen in ihrer dringlichen Arbeit und erweckte in den Massen eine Abneigung gegen die betreffenden politischen Gruppen.« [5]

Diese Faktoren sicherten den Menschewiki die Vorherrschaft in den meisten Zentralbüros und Verbänden. Zu den wenigen Ausnahmen gehörten Petrograd, Moskau, Kiev, Char'kov und Ivanovo-Voznesensk, durchweg Industriezentren, deren Zentralbüros einige wenige, dafür aber nach Zehntausenden von Mitgliedern zählende Gewerkschaften umfaßten[6].

In der Kommission zur Vorbereitung der Gewerkschaftskonferenz traten die Menschewiki daher für die Wahl der Delegierten nach Zentralbüros ein, die Bolschewiki hingegen nach Verbänden, proportional zu ihrer Mitgliederzahl[7]. Die Kommission – ihr gehörten sechs Menschewiki und drei Bolschewiki an – einigten sich schließlich auf einen Kompromiß, der eindeutig zugunsten der Menschewiki ausfiel: Die Wahlordnung bevorzugte a) die Zentralbüros gegenüber den Verbänden, b) die kleineren

---

[5] Tomskij, a. a. O., S. 35

[6] Geschichte der Gewerkschaftsbewegung in der UdSSR, a. a. O., S. 180

[7] Milonov, Ju., Kak organizaval'sja VCSPS, in: Vestnik truda, 1927, Nr. 6–7, S. 31

Gewerkschaften gegenüber den großen und c) die Zentralbüros der Provinz gegenüber denen der Hauptstädte[8]. Auf diese Weise gelang es den Menschewiki, die bolschewistisch beherrschten Zentralbüros von Petrograd, Moskau, Kiev, Char'kov und Ivanovo-Voznesensk zu überspielen. Obwohl diese zusammen etwa 670 000 Arbeiter repräsentierten, waren sie auf der Konferenz mit nur 51 Delegierten vertreten, die übrigen Zentralbüros und Verbände, die etwa 730 000 Arbeiter umfaßten, aber mit 160 Delegierten. Mit anderen Worten: Die von den Bolschewiki kontrollierten Verbände und Zentralbüros der großen Industriegebiete waren gegenüber jenen der mittleren und kleinen, die von den Menschewiki und Sozialrevolutionären geführt wurden, benachteiligt[9]. Der tatsächliche Einfluß der Menschewiki in den Gewerkschaften war daher schwächer als es ihre zahlenmäßige Überlegenheit auf der Konferenz vermuten ließ.

2. *Arbeiterkontrolle kontra Staatskontrolle*

Bei der Entwicklung ihrer wirtschaftspolitischen Vorstellungen gingen die Menschewiki wie die Bolschewiki vom gleichen theoretischen Ansatz aus: Erstens, in welchem Stadium befindet sich zur Zeit die russische Revolution und zweitens, welchen Reifegrad hat die kapitalistische Produktion in Rußland erreicht?
Die bolschewistische Einschätzung der gegenwärtigen ökonomischen und politischen Situation kann folgendermaßen gekennzeichnet werden: Mit dem Sturz des Zarismus hat zwar die demokratische Phase der Revolution begonnen, diese ist aber bereits von einer neuen, unmittelbar zur sozialistischen Revolution hinüberführenden Phase abgelöst worden – ein Gedanke, den Lenin erstmals in seinen Aprilthesen entwickelt hat. Mit anderen Worten: Trotz ökonomischer Rückständigkeit befindet sich Rußland im Endstadium der imperialistischen Phase des Kapitalismus, die nach Lenins Imperialismustheorie durch Konzentration von Produktion und Kapital, Verschmelzung von Bank- und Industriekapital, Kapitalexport und Beendigung der territorialen Aufteilung der Erde gekennzeichnet ist[10]. Da der

---

[8] Tret'ja Vserossijskaja konferencija, S. 23, 24
[9] Geschichte der Gewerkschaftsbewegung in der UdSSR, a. a. O., S. 180
[10] Lenin, PSS, Bd. 27, S. 299–426 (»Der Imperialismus als höchstes Stadium des Kapitalismus«)

Kapitalismus mit der imperialistischen Phase sein höchstes Stadium erreicht hat, ist eine Weiterentwicklung der Produktionsverhältnisse nur mehr in Richtung Sozialismus möglich. Die Transformation der kapitalistischen Gesellschaftsordnung in eine sozialistische steht also unmittelbar bevor, ja, sie hat schon begonnen. Eine Lenkung der Produktion mit dem herkömmlichen Instrumentarium kapitalistischer Wirtschaftspolitik hielten die Bolschewiki daher nicht mehr für möglich.

»Es muß entschieden gesagt werden, daß die politischen Folgen des Krieges vor die Gewerkschaften ein neues Problem stellen – die Regulierung und Organisation der Produktion. Das ist noch kein Sozialismus, aber auf jeden Fall steht vor uns eine neue Phase der ökonomischen Entwicklung, wo die Arbeiter eine bestimmte Rolle bei der Regulierung der Produktion spielen werden.« [11]

Ganz anders schätzten die Menschewiki die ökonomische und politische Lage ein. Ein Land wie Rußland, erklärten sie, das ökonomisch so rückständig sei und noch dazu eine so tiefe Krise durchmache, aus welchen Gründen auch immer, könne nicht reif für den Sozialismus sein. Hatten die Klassiker des Marxismus nicht gelehrt, fragten sie an die Adresse der Bolschewiki gewandt, eine sozialistische Revolution sei nur in hochindustrialisierten Ländern möglich, und sozialistische Produktionsverhältnisse könnten nur bei hohem Stand der Produktivkräfte eingeführt werden? Der Prolog zur sozialistischen Revolution könne daher nur bei einem »Aufblühen der Produktivkräfte« stattfinden. Da dies gegenwärtig nicht der Fall sei, befinde sich Rußland noch in der bürgerlich-demokratischen Phase der Revolution.

»Man muß erkennen, daß wir jetzt keine sozialistische Revolution haben, keine proletarische, die zur Verwirklichung des Sozialismus führt, sondern eine Revolution, die als eine wenn schon nicht nationale, so doch als eine allgemein demokratische bezeichnet werden muß.« [12]

Vom Ausgang der Diskussion über das Entwicklungsstadium der Revolution hingen wesentlich die von den Gewerkschaften zu ergreifenden ökonomischen Maßnahmen für die Lenkung der

---

[11] Tret'ja Vserossijskaja konferencija, S. 100, 101
[12] a. a. O., S. 125

Produktion ab. Sollten sich die Bolschewiki durchsetzen, verpflichteten sich die Gewerkschaften auf die Arbeiterkontrolle und damit auch auf den Kampf gegen die bestehende Gesellschaftsordnung, sollten dagegen die Menschewiki die Oberhand behalten, würden die Gewerkschaften mit den staatlichen Organen zusammenarbeiten und sich für die Beibehaltung der privatkapitalistischen Produktionsverhältnisse einsetzen.

Im Anschluß an die Grundsatzdiskussion trugen beide Seiten ihre wirtschaftspolitischen Konzepte vor. Für die Bolschewiki sprach V. P. Miljutin. Der dreijährige Krieg und die verantwortungslose Wirtschaftspolitik der Provisorischen Regierung, so erklärte er, hätten das Land an den Rand des totalen wirtschaftlichen Chaos gebracht. Nur der Selbsttätigkeit der Arbeiter und ihren Organisationen sei es zu verdanken, daß Schlimmeres bisher verhütet worden sei. Da weder Regierung noch Unternehmer wirkliches Interesse an der Regelung der Produktion bekundeten, könne diese Aufgabe nur das Proletariat selbst lösen. Die Kontrolle über die Produktion und die Verteilung der Güter müsse also von Organen durchgeführt werden, die in ihrer Mehrheit aus Arbeitern bestehen. An der Spitze des im gesamtstaatlichen Maßstab aufgebauten Kontrollapparates sollten nach Miljutin Sowjets und Gewerkschaften stehen.

Eine Kontrolle im Interesse der breiten Bevölkerung machte Miljutin von folgenden Maßnahmen abhängig: a) Aufhebung des Geschäftsgeheimnisses für Banken und Unternehmen, b) Registrierung aller Rohstoffe und c) Verbot der Stillegung von Betrieben ohne Erlaubnis der Lenkungsorgane. Worauf es Miljutin ankam, war, basierend auf der Selbsttätigkeit der Arbeiterorganisationen »die Durchführung revolutionärer Maßnahmen auf ökonomischem Gebiet, im Sinne der faktischen Kontrolle über die Industrie, im Sinne der Einführung von Planmäßigkeit auf dem Gebiet der Verteilung der Arbeitskräfte und Entwicklung solcher Produktionsformen, die wirklich die Bedürfnisse des Landes befriedigen können«.

Die erfolgreiche Verwirklichung dieser Maßnahmen, erklärte Miljutin, sei zwar »noch nicht Sozialismus im allgemeinen Sinn«, stelle aber einen wichtigen Schritt in Richtung auf den Sozialismus dar; Voraussetzung dafür sei allerdings die Machtübernahme der Sowjets[13].

---

[13] a. a. O., S. 304

Die Arbeiterkontrolle praktisch durchzuführen, sollte Aufgabe der Betriebskomitees sein. Unter Hinweis auf die gemeinsamen Ziele von Komitees und Gewerkschaften forderte N. P. Glebov-Avilov, selbst Mitglied des Petrograder Zentralrates der Betriebskomitees, erneut die Komitees auf, sich den Gewerkschaften unterzuordnen. Nur die Gewerkschaften seien in der Lage zu erkennen, wann, wo und welche Maßnahmen ergriffen werden müßten. Zu diesem Zweck sollten bei den Gewerkschaften ökonomische Kontrollkommissionen aus Vertretern der Komitees gebildet werden, die Produktionspläne und praktische Vorschläge für die Lenkung der Industriezweige ausarbeiten. Mit Nachdruck unterstrich Glebov-Avilov, daß die Kontrollkommissionen ihre Anweisungen nur von den Gewerkschaften und nicht etwa von den Zentralräten der Betriebskomitees empfangen würden.

»Wenn wir vorschlagen, ökonomische Kontrollkommissionen zu bilden, sagen wir zugleich, daß alle Betriebskomitees als ... kleinste Kontrollapparate ihre Arbeit mit dieser oder jener Kontrollkommission der entsprechenden Gewerkschaft koordinieren müssen.« [14]

Um die Tätigkeit der einzelnen ökonomischen Kontrollkommissionen der Gewerkschaften zeitlich und räumlich zu koordinieren, sollte beim – noch zu bildenden – Gesamtrussischen Zentralrat der Gewerkschaften eine zentrale Kontrollkommission eingerichtet werden, also gewissermaßen ein oberster proletarischer Wirtschaftsrat[15].

Mit der Forderung nach einem solchen zentralen Kontrollorgan, ein Plan, der allerdings nur nach der Machtübernahme der Sowjets realisiert werden konnte, unterstrichen die bolschewistischen Gewerkschaftsführer den ökonomischen Führungsanspruch der Gewerkschaften. Sie bezogen damit nicht nur Stellung gegen das von der Provisorischen Regierung am 21. Juni gegründete »Hauptwirtschaftskomitee«, sondern sie gaben auch unmißverständlich zu verstehen, daß sie einer Kontrolle der Industrie unter Leitung der Betriebskomitees nicht zustimmen würden.

Das Programm der Bolschewiki für die Regelung der Produktion entsprach im wesentlichen dem von Zinov'ev auf der Er-

[14] a. a. O., S. 322
[15] a. a. O., S. 484, 485

sten Konferenz der Petrograder Betriebskomitees entwickelten, nämlich Arbeiterkontrolle im gesamtstaatlichen Maßstab. Mit einem Unterschied allerdings: Das jetzige Programm der Bolschewiki legte die Kompetenzen von Komitees und Gewerkschaften genau fest. Daß die Bolschewiki nicht schon auf der Konferenz der Betriebskomitees darauf insistiert hatten, ist vermutlich auf taktische Gründe zurückzuführen. Angriffe Lenins oder Zinov'evs qua Parteiführer gegen die Unabhängigkeit der Komitees hätte die Partei leicht in Mißkredit bringen können, nicht aber, wenn die Bolschewiki qua Gewerkschafter, unter Hinweis auf die reibungslose Durchführung der Arbeiterkontrolle, die Unterordnung der Komitees unter die Gewerkschaften forderten. Sollte es dennoch zu Konflikten kommen, dann nicht zwischen Partei und Komitees, sondern zwischen Gewerkschaften und Komitees. Es scheint, daß die bolschewistische Partei – Miljutin war Mitglied des Zentralkomitees, Glebov-Avilov Kandidat – die Gewerkschaftskonferenz abgewartet hatte, um mit Nachdruck die Komitees zur Aufgabe ihrer Unabhängigkeit zu bewegen.

Das wirtschaftspolitische Konzept der Menschewiki entwickelte F. A. Čerevanin. Wie Miljutin war auch er der Meinung, nur die sofortige Kontrolle der Wirtschaft könne das Land vor dem Zusammenbruch bewahren. »Ohne Einmischung ist ein Ausweg aus dieser schwierigen Lage nicht möglich«[16]. An praktischen Maßnahmen schlug er die zentralisierte Verteilung der Rohstoffe, Kontrolle des Transportsystems, Zwangssyndizierung der wichtigsten Industriezweige, Einführung fester Preise und Besteuerung von Luxusgütern vor. Diese Maßnahmen könnten jedoch nur durch staatliche Kontroll- und Lenkungsorgane verwirklicht werden, da an der Regelung der Produktion die gesamte revolutionäre Demokratie interessiert sei und nicht nur die Arbeiter. Nicht alleinige Übernahme der Verantwortung, sondern »Hegemonie im Sinne der Initiative und Entschlossenheit«, so wollte Čerevanin die Aufgaben der Arbeiter verstanden wissen[17].

Erfolg oder Mißerfolg des menschewistischen Programms hing davon ab, ob es den staatlichen Organen gelingen würde, erstens die Unternehmer zur Mitarbeit zu gewinnen und zweitens

---

[16] a. a. O., S. 304
[17] a. a. O., S. 311

den Widerstand der Betriebskomitees zu brechen. Die möglichen Konsequenzen, die sich aus einer ablehnenden Haltung der Unternehmer zur gesamtstaatlichen Kontrolle ergaben, ließen die Menschewiki außer acht. Statt dessen insistierten sie mit um so größerem Nachdruck auf der Unterordnung der Betriebskomitees unter die Gewerkschaften. Sollten sich die Komitees weigern, erklärte Grinevič, sollten sie weiterhin auf ihrer Unabhängigkeit bestehen, drohe nicht nur eine ökonomische Katastrophe, sondern auch eine Spaltung der Arbeiterklasse aufgrund der unterschiedlichen Zielsetzung von Komitees und Gewerkschaften. Schwächung und Zersplitterung des ökonomischen Kampfes, Erstarken der Reaktion, möglicherweise sogar »der Verlust aller revolutionären Errungenschaften des Proletariats« seien dann die unvermeidlichen Folgen[18].

Man würde den rechtssozialistischen Gewerkschaftsführern Unrecht tun, interpretierte man ihr wirtschaftspolitisches Konzept ausschließlich als Palliativmaßnahme gegen die von den Bolschewiki angestrebte Arbeiterkontrolle und damit gegen die Umgestaltung der Produktionsverhältnisse. Um die Jahresmitte zeichnete sich diese »Gefahr« erst undeutlich ab, denn noch waren die Bolschewiki in fast allen Sowjets in der Minderheit. Das Hauptziel der »Gruppe der Anhänger der Einheit der Gewerkschaftsbewegung« war vielmehr, den militärischen Zusammenbruch des Landes zu verhindern. Unter der ideologischen Führung der Menschewiki Čerevanin und Grinevič trat sie in der Kriegsfrage – wie die große Mehrzahl der Sowjets – für die »revolutionäre Landesverteidigung« ein, d. h. Rußland sollte bis zum Abschluß eines demokratischen Friedens ohne Annexionen und Kontributionen weiterkämpfen. Einen Separatfrieden betrachteten Čerevanin und seine Anhänger als Katastrophe für die Revolution, bot sich doch dann den Mittelmächten die Möglichkeit, zuerst ihre Gegner im Westen niederzuringen und anschließend das revolutionäre Rußland zu schlagen. Revolutionäre Landesverteidigung war aber nur möglich, wenn es gelang, ein ökonomisches Debakel zu verhindern. Gerade dieses aber wurde nach Meinung der Menschewiki durch eine Arbeiterkontrolle über die Produktion provoziert, da die Arbeiter weder über ausreichende ökonomische noch technische Kenntnisse verfügten[19].

---

[18] a. a. O., S. 366

[19] Zur Konzeption der revolutionären Landesverteidigung, vgl. Martov, Dan, S. 295–297

Die Gewerkschaftskonferenz billigte das wirtschaftspolitische Programm der rechtssozialistischen Parteien, dennoch war es fraglich, ob es auch realisiert werden konnte. Denn Widerstand drohte nicht nur von den Betriebskomitees und Unternehmern, sondern auch von den bolschewistisch beherrschten Gewerkschaften.

3. Zur Taktik des ökonomischen Kampfes

Die Perspektive des sich verschärfenden Klassenkampfes zwang die Gewerkschaften, ihre ökonomische Kampftaktik neu zu überdenken. Sollten sie ihre Forderungen mit Hilfe von Streiks durchsetzen, wenn die Unternehmer sich weigerten, friedlich nachzugeben? Und wenn ja, bestand dann nicht die Gefahr, daß der Burgfrieden, die Voraussetzung für eine erfolgreiche Landesverteidigung, gebrochen wurde? Mehr noch, würde nicht die gesamte Wirtschaft zusammenbrechen? Die Taktik des ökonomischen Kampfes hatte also auch eminente politische Bedeutung. Von ihr schien nicht nur der Ausgang des Krieges, sondern das künftige Schicksal des Landes abzuhängen.
L. D. Kol'cov, der den Standpunkt des rechten Flügels erläuterte, lehnte eine umfassende Streikbewegung angesichts der gespannten ökonomischen Lage rundweg ab. »Ein solcher Angriff (gegen die Unternehmer) würde zum endgültigen Untergang der Arbeiterklasse und damit zum Untergang der Revolution führen«, warnte er[20]. Die Arbeiter sollten ihr Augenmerk nicht auf Lohnerhöhungen und Verbesserung der Arbeitsbedingungen richten, die die russische Industrie augenblicklich ohnehin nicht geben könne, sondern auf die staatliche Steuerung der Produktion. Dies sei der einzige Weg, die Lage der Arbeiter langfristig zu verbessern. Ja, Kol'cov forderte die Arbeiter geradezu auf, aus Rücksicht auf die »Interessen der Industrie« nicht zu streiken. Sollten Streiks jedoch nicht zu umgehen sein, dann sollten sie nur unter Führung der Gewerkschaften und erst nach sorgfältiger Vorbereitung durchgeführt werden[21].
Obwohl die rechtssozialistischen Gewerkschaftsführer den Krieg mit keinem Wort erwähnten, war dieser der Hauptgrund für

[20] Tret'ja Vserossijskaja konferencija, S. 242
[21] a. a. O., S. 244

ihre ablehnende Haltung zum Streik. Unter dem Aspekt der revolutionären Landesverteidigung waren die »Interessen der Industrie« durchaus identisch mit den Interessen der Arbeiter. Neben nachteiligen Folgen für die Landesverteidigung wollten die Menschewiki den Zusammenbruch der Industrie vermeiden, der vor allem die Arbeiter betroffen hätte. »Wir dürfen nicht die Grundlagen der Produktion untergraben, da das Proletariat die produzierende Klasse ist; mit dem Produktionsrückgang wird auch ihre Existenz untergraben«, warnte Garvi[22].

Für die Bolschewiki galten andere Prioritäten. Sie betrachteten Streiks einzig und allein unter dem Gesichtspunkt kurzfristiger ökonomischer Vorteile für die Arbeiter. Einwände, daß Streiks die Verteidigungsfähigkeit des Landes schwächen könnten, lehnten sie ab, da der Krieg für sie ein »imperialistischer Raubkrieg« war und als solcher nicht den Interessen der Arbeiter diente. Wenn man von den Arbeitern trotzdem verlange, nicht zu streiken, meinte A. Z. Gol'cman, ein Delegierter aus Char'kov, dann nur, wenn die Produktion von ihnen selbst und in ihrem Interesse kontrolliert und gesteuert werde[23]. Mit anderen Worten: Die Bolschewiki ließen ökonomische und politische Vorbehalte gegen Streiks solange nicht gelten, bis die Arbeiter die Produktionsmittel und die Staatsgewalt selbst kontrollierten.

Die Kontroverse um den Streik als ökonomisches Kampfmittel hatte mehr theoretischen Charakter, da sich die einzelnen Gewerkschaften in der Praxis von Fall zu Fall entscheiden mußten, ob sie streiken sollten oder nicht. Die Resolution der Konferenz zum Streik umriß daher auch nur in allgemeiner Form seine Bedeutung:

»Der Streik ist das wichtigste, aber nicht einzige Mittel zur Lösung von Konflikten zwischen Arbeit und Kapital. Unter gewissen Umständen können auch andere Verfahren des Kampfes, zum Beispiel Schiedsgerichte und Schlichtungsorgane bei ihrer Beilegung eine gewisse Rolle spielen.« [24]

Diesem Punkt, dem wichtigsten der Resolution, konnten beide Parteien bedenkenlos zustimmen, da die »Umstände« von den

---

22 a. a. O., S. 270

23 a. a. O., S. 267, 274

24 a. a. O., S. 229. Punkt 6 der Resolution »Gewerkschaften und ökonomischer Kampf«

einzelnen Gewerkschaften entsprechend ihrer politischen Orientierung verschieden interpretiert werden konnten. Gleiches galt für die Auflage, bei Streiks immer »die allgemeine politische und ökonomische Lage« zu beachten. Angesichts dieser vagen Formulierungen war es letztlich bedeutungslos, daß die Konferenz noch einen Beschluß faßte, der ein Netz von Schlichtungsorganen vorsah mit dem Ziel, »Verhandlungen zwischen Arbeit und Kapital zu erleichtern und, wenn möglich, ernste Konflikte beizulegen«[25].

4. Die politischen Aufgaben der Gewerkschaften

Die Diskussion zwischen Menschewiki und Bolschewiki über die politischen Aufgaben der Gewerkschaften hatte seine Ursache, wie alle strittigen Fragen, in der unterschiedlichen Einschätzung der Revolution und in der unterschiedlichen Haltung zum Krieg. Kernpunkt der Auseinandersetzung war die Frage, ob und inwieweit die Gewerkschaften die Politik von Provisorischer Regierung, Sowjets und sozialistischen Parteien unterstützen sollen.

Erneut betonten die rechtssozialistischen Delegierten, nur die Provisorische Regierung könne die Interessen aller Bevölkerungsschichten bis zum Zusammentritt der Konstituierenden Versammlung wahrnehmen. Daher lehnten sie es ab, Aktionen zu unterstützen, die den Sturz der Regierung und die Bildung einer Räteregierung zum Ziel hatten. Da die bürgerlich-demokratische Phase der Revolution per definitionem durch die Vorherrschaft des Kapitals gekennzeichnet sei, könnten die Gewerkschaften die Interessen der Arbeiter nur mit Erfolg vertreten, wenn sie organisatorisch geschlossen und einig in ihren Zielen seien. Dazu bedürfe es aber der politischen Neutralität der Gewerkschaften, die sich jeder parteipolitischen Stellungnahme enthalten müßten. In einer besonderen Erklärung betonte die »Gruppe der Anhänger der Einheit der Gewerkschaftsbewegung«, daß sie im Prinzip die Beteiligung aller Arbeiterorganisationen am politischen Kampf des Proletariats befürworte, es

[25] a. a. O., S. 461. Punkt 1 der Resolution »Schlichtungskammern, Gewerbegerichte, Arbeitsinspektionen, lokale Organe des Arbeitsministeriums, Arbeitersekretariate«

aber ablehne, daß »die Gewerkschaften in Abteilungen dieser oder jener Partei« umgewandelt werden[26].
Durch Hineintragen parteipolitischer Gegensätze in die Gewerkschaften sahen die Menschewiki und Sozialrevolutionäre offensichtlich deren Aktionsfähigkeit gefährdet, angesichts der – von ihnen zweifellos überschätzten – Stärke des bürgerlichen Lagers sicher eine ernste Gefahr. Die Gewerkschaften sollten sich daher ausschließlich auf den ökonomischen Kampf konzentrieren und den politischen den Sowjets und den sozialistischen Parteien überlassen. »Wir teilen diese Gebiete nur unter dem Aspekt der Zweckmäßigkeit«, erklärte Grinevič[27]. Strikte Neutralität gegenüber parteiinternen Streitigkeiten biete zudem die Möglichkeit, auch parteilose Arbeiter in die Gewerkschaften zu ziehen. Dadurch würde sich bei gleichzeitiger Bewahrung der organisatorischen Einheit die Durchschlagskraft der gewerkschaftlichen Aktionen beträchtlich erhöhen.
Die Bolschewiki lehnten parteipolitisch neutrale Gewerkschaften ab. Sie motivierten ihren Standpunkt mit der Verschärfung des Klassenkampfes und mit dem Hinweis auf die nahende sozialistische Revolution, die nur bei kompromißloser Unterstützung jener Parteien durch die Gewerkschaften möglich sei, die für sie kämpften – also in erster Linie die bolschewistische Partei. Im Hinblick auf eine bessere Koordination und Information zwischen Gewerkschaften und sozialistischen Parteien schlug Zinov'ev seitens der »Gruppe der Internationalisten« vor, gegenseitig sogar Mitarbeiter auszutauschen[28]. Angesichts des prinzipiellen Führungsanspruchs der bolschewistischen Partei über die Gewerkschaften dürfte dieser Vorschlag weniger eine gegenseitige loyale Information und Hilfestellung als vielmehr die Revolutionierung der Gewerkschaften und ihre Unterordnung unter die Bolschewiki beabsichtigt haben.
Eng verknüpft mit dem Verhältnis von Gewerkschaften und sozialistischen Parteien war die Frage, welche der sozialistischen Parteien die Gewerkschaften bei den Wahlen zur Konstituierenden Versammlung im Spätherbst unterstützen sollten. Wie nicht anders zu erwarten, gab es auch hier geteilte Meinungen. Die rechtssozialistischen Gewerkschafter hielten die Wahl nur jener Parteien für politisch vertretbar, die für die »demokrati-

[26] a. a. O., S. 137
[27] a. a. O., S. 86
[28] a. a. O., S. 476

sche Republik und maximal mögliche Errungenschaften für die werktätigen Klassen« eintreten[29]. Gemeint waren damit nur jene Parteien, deren politische und ökonomische Forderungen den Rahmen der demokratischen Gesellschaftsordnung nicht sprengten – auf keinen Fall also die bolschewistische Partei. Die Bolschewiki ihrerseits erklärten, die Gewerkschaften dürfen nur jene Parteien unterstützen, die, wie Rjazanov es formulierte, »mittels des revolutionären Klassenkampfes gegen die herrschenden Klassen unermüdlich für die Klasseninteressen des Proletariats und die sofortige Beendigung des Krieges eintreten« – auf keinen Fall also rechtssozialistische Parteien wie die Menschewiki und Sozialrevolutionäre[30].

Es fällt auf, daß die Wahlempfehlung der »Gruppe der Internationalisten« recht allgemein gehalten war. Weder wurde auf die Arbeiterkontrolle als Nahziel noch auf die sozialistische Revolution als Fernziel Bezug genommen; dem Wortlaut nach intendierte die Wahlempfehlung jedenfalls keine Veränderung der bestehenden Gesellschaftsordnung. Offensichtlich versprachen sich die Bolschewiki von einem Wahlkampf unter der Losung »Sofortiger Friede« größere Chancen als unter der Parole »Arbeiterkontrolle über die Produktion« – vielleicht ein indirektes Eingeständnis, daß sie die Durchschlagskraft dieser Parole im Sommer 1917 noch nicht allzu hoch einschätzten. Einmal an der Macht, konnten die linkssozialistischen Parteien, vorab die Bolschewiki, ihre vorläufig zurückgestellten Ziele dann immer noch verwirklichen.

Die Wahlempfehlung der Menschewiki an die Gewerkschaften zeigt, daß das Prinzip politischer Neutralität der Gewerkschaften angesichts der unüberwindlichen Gegensätze zu den Bolschewiki in der Praxis nicht eingehalten werden konnte. Denn sonst hätten die Menschewiki der bolschewistischen Propaganda kampflos das Feld überlassen und sich selbst jeder politischen Einflußnahme auf die Gewerkschaften beraubt.

Von nicht geringer Bedeutung war auch die Klärung des Verhältnisses der Gewerkschaften zu den Sowjets. Erwartungsgemäß gab es auch hier tiefgehende Differenzen. Die rechtssozialistischen Gewerkschafter, deren Parteien die Sowjets noch beherrschten, riefen die Arbeiter natürlich zu ihrer »allseitigen

---

[29] a. a. O., S. 480, Punkt 11 der Thesen von Grinevič »Über die Aufgaben der Gewerkschaften«

[30] a. a. O., S. 162

Unterstützung« auf. Mit einer gewissen Einschränkung allerdings: Sollten die Sowjets in einer späteren Phase der Revolution »die Arbeiter zu Aktionen aufrufen ... die nicht der Stimmung der Massen entsprechen«, sei es Pflicht der Gewerkschaften, gegen die Sowjets Stellung zu beziehen und ihre Mitglieder unter Hinweis auf die Verhandlungsdisziplin von solchen Aktionen abzuhalten[31]. Es wurde also das passive Widerstandsrecht der Gewerkschaften gegen die auch von den Menschewiki als politische Führungsorgane der Arbeiterklasse anerkannten Sowjets propagiert. Dies kann nur so erklärt werden, daß die Menschewiki eine Radikalisierung, d. h. Linksschwenkung der Sowjets befürchteten. In der Tat waren solche Bedenken nicht mehr ganz unbegründet. Denn am 1. Juni hatte die Arbeitersektion des Petrograder Sowjets erstmals die Forderung nach sofortiger Machtübernahme der Sowjets erhoben[32]. So zeigte die Haltung der Menschewiki gegenüber den Sowjets einmal mehr, daß im aufgeheizten politischen Klima des Sommers 1917 von politischer Neutralität der Gewerkschaften nicht einmal in der Theorie die Rede sein konnte.

Aber auch die Bolschewiki brachten Einwände gegen eine bedingungslose Unterstützung der Sowjets vor: Die Gewerkschaften sollten sich nur dann hinter die Sowjets stellen, wenn ihre Politik auf die »Festigung der sozialen Errungenschaften des Proletariats« gerichtet sei[33]. Im Klartext hieß das Arbeiterkontrolle über die Produktion und Machtübernahme der Sowjets. Solange sich die Sowjets aber diesen Forderungen widersetzten, lehnten die Bolschewiki auch ihre bedingungslose Unterstützung ab. Menschewiki und Bolschewiki zeichnete somit die gleiche, nur mit anderen Vorzeichen versehene Grundhaltung zu den Sowjets aus: Sie werden nur solange als Bundesgenossen akzeptiert, wie ihre Politik in Einklang mit den eigenen politischen und ökonomischen Vorstellungen steht.

Erneut brachen politische Gegensätze auf, als über die Gründung einer neuen Internationale diskutiert wurde. Daß die Zweite Internationale versagt hatte, nachdem die sozialistischen Parteien für die Kriegskredite gestimmt hatten, stand für alle russischen Sozialisten außer Frage. Gerade weil die Internationale an der patriotischen Haltung ihrer Mitgliedsparteien zugrunde

---

[31] a. a. O., S. 87
[32] Chamberlin, a. a. O., Bd. 1, S. 143
[33] Tret'ja Vserossijskaja konferencija, S. 172

gegangen war, wollten die Bolschewiki in die neu zu gründende Internationale nur solche Parteien aufnehmen, die den Krieg bedingungslos ablehnten. Allein die strikte Trennung von »Staatssozialisten«, die die Bourgeoisie unterstützt hatten und noch unterstützten, und internationalistisch gesinntem Proletariat garantiere, daß die Dritte Internationale nicht das gleiche Schicksal erleide wie ihre Vorgängerin. Nach dem gleichen Prinzip sollte bei der Errichtung einer Gewerkschaftsinternationalen verfahren werden[34].

Die Menschewiki wehrten sich aus zwei Gründen gegen die bedingungslose Ablehnung des Krieges als conditio sine qua non für die Aufnahme sozialistischer Parteien in die Internationale. Erstens hielten sie es für nicht vertretbar, einer sozialistischen Partei das Recht abzusprechen, für die Verteidigung ihres Landes im Falle eines Angriffs einzutreten. Zweitens befürchteten sie eine endgültige Spaltung der internationalen Arbeiterbewegung. Mochte die internationale Bourgeoisie auch augenblicklich durch den Krieg geschwächt und verfeindet sein, so argumentierten sie, nach dem Krieg jedenfalls würde sie wieder einen »Bund gegen die Arbeiter aller Länder schließen[35]. Dieser Gefahr glaubten die Menschewiki durch eine starke, alle sozialistischen Parteien umfassende Internationale begegnen zu können.

5. *Zur Organisationsfrage*

Die zersplitterte Gewerkschaftsbewegung, darauf hatten ihre Führer wiederholt hingewiesen, müsse früher oder später nach einheitlichen Gesichtspunkten organisiert und zusammengeschlossen werden, wolle sie ihren Führungsanspruch gegenüber den Betriebskomitees durchsetzen und die ökonomischen Interessen der Arbeiter gegenüber dem Kapital mit Erfolg vertreten. Die Dritte Gewerkschaftskonferenz mit Delegierten aus ganz Rußland bot hierfür eine gute Gelegenheit.

Zur Organisationsfrage sprach der Menschewik P. N. Kolokol'nikov. Die bürgerlich-demokratische Phase der Revolution, so begann er seine Ausführungen, führe zu immer größerer Konzentration des Kapitals, zu mächtigen Trusts und Kartellen, eine Entwicklung, die auch durch den gegenwärtigen Rückgang der

[34] a. a. O., S. 164
[35] a. a. O., S. 165

Produktion nicht aufgehalten werden könne. Im Gegenteil, die zu erwartende staatliche Regelung der Produktion werde diesen Prozeß eher noch beschleunigen. Mit der wachsenden Macht des Kapitals verschärften sich die Klassengegensätze, damit aber auch die Notwendigkeit für die Arbeiter, mächtige Gewerkschaften aufzubauen, was nur auf der Grundlage des Produktionsprinzips möglich sei. Als zweites Merkmal des gewerkschaftlichen Aufbaus nannte Kolokol'nikov den »demokratischen Zentralismus«, d. h. die demokratische Wahl der Leitung bei zentralistischer Führung des Verbandes. Die Leitung kleinerer Gewerkschaften sollte unmittelbar auf der allgemeinen Mitgliederversammlung, die größerer durch eine Delegiertenversammlung gewählt werden. Da nach dem Produktionsprinzip aufgebaute Gewerkschaften mehrere Berufszweige umfassen, hielt Kolokol'nikov es für notwendig, Sektionen zu bilden, die jedoch in allen Fragen grundsätzlicher Natur der Zentralleitung des Verbandes unterstellt sein müßten.

Als weitere Maßnahme, um der wachsenden Konzentration des Kapitals erfolgreich zu begegnen, nannte Kolokol'nikov den Zusammenschluß der lokalen in regionale und nationale Verbände. Parallel zur vertikalen Vereinigung müsse auch eine horizontale nach Zentralbüros beziehungsweise Zentralräten stattfinden. Gelte für den vertikalen Zusammenschluß das Prinzip des demokratischen Zentralismus, so stehe für den horizontalen der föderative Gesichtspunkt im Vordergrund. Aufgabe der Zentralräte sei es, jene Bereiche gewerkschaftlicher Tätigkeit zu koordinieren, die alle Verbände gleichermaßen beträfen wie Kultur- und Aufklärungsarbeit, Rechtshilfe und dergleichen. Für den ökonomischen Kampf seien hingegen allein die Gewerkschaften und nicht die Zentralräte zuständig.

Im letzten Abschnitt seiner Rede schnitt Kolokol'nikov das Problem an, ob die Mitgliedschaft in den Gewerkschaften auf dem Prinzip der Freiwilligkeit oder des Zwangs beruhen sollte. Entschieden sprach er sich für ersteres Prinzip aus, denn sonst würden die Gewerkschaften nicht gestärkt, sondern demoralisiert werden. »Die ganze Macht der Arbeiterorganisationen beruhte bis jetzt – und wird auch weiterhin beruhen – auf freiwilliger Disziplin; eine solche Disziplin ist jedoch nur bei freiwilliger, überzeugter Mitgliedschaft möglich.«[36]

---

[35] a. a. O., S. 189

Auch die anschließende Diskussion drehte sich vor allem um die Frage der freiwilligen oder verpflichtenden Mitgliedschaft. Die rechtssozialistischen Gewerkschafter lehnten das Zwangsprinzip aus praktischen wie theoretischen Überlegungen ab. In schwachen und schlecht organisierten Gewerkschaften könne es nicht verwirklicht werden, seien sie aber konsolidiert, bedürfte es nicht der Zwangsmitgliedschaft. Wozu überhaupt die Debatte, fragte Kolokol'nikov[37]. Ein weiteres Argument lautete: Wie kann die Streikdisziplin eingehalten werden, wenn die Arbeiter wider ihren Willen Mitglieder der Gewerkschaft sind und sich mit den Zielen des Streiks nicht solidarisch erklären? »Die erzwungene Bindung der Arbeiter an die Gewerkschaften«, folgerte Garvi, »kann unsere auf dem Klassenstandpunkt stehende Gewerkschaftsbewegung zugrunde richten.«[38] Nicht zuletzt sahen die Menschewiki in den Gewerkschaften »Schulen des Sozialismus«, eine Funktion, die sie nur bei freiwilliger Mitgliedschaft ausüben konnten[39].

Für das Zwangsprinzip sprachen sich die Bolschewiki aus. Denn es schwäche weder die Gewerkschaften noch stoße es auf Widerstand der Arbeiter. Die Erfahrung habe gezeigt, daß die Masse der gewerkschaftlich Organisierten durchaus nicht immer klassenbewußt sei, trotzdem aber die Aktionen der Gewerkschaften unterstütze. Und noch aus einem anderen Grund forderten die Bolschewiki das Zwangsprinzip: Da sie die Revolution bereits in der sozialistischen Übergangsphase glaubten und damit auch der Zeitpunkt nicht mehr fern war, wo die Arbeiter die Produktionsmittel in die eigenen Hände nehmen würden, bedurfte es Organisationen, die geeignet waren, nach der sozialistischen Revolution die Produktion zu verwalten. Diese Aufgabe hatten sie den Gewerkschaften zugedacht. Das Problem für sie war nur, daß die sozialistische Revolution rascher heranzureifen schien, als sich die Gewerkschaften die notwendige Massenbasis verschaffen konnten. Da es aber noch Jahrzehnte dauern konnte, bis die Arbeiterschaft freiwillig in die Gewerkschaften eingetreten war, wollten die Bolschewiki den Gewerkschaften mit Hilfe des Zwangsprinzips jene Massenbasis verschaffen, die für die Lösung der ökonomischen Aufgaben in der sozialistischen Übergangsphase notwendig war. »Wenn wir für die Regulierung der Produktion

[37] a. a. O., S. 230
[38] a. a. O., S. 227
[39] a. a. O., S. 230

kämpfen«, meinte A. M. Bachutov, ein Metallarbeiter aus Moskau, »wie kann man da eine Massenorganisation auf freiwilliger Basis aufbauen wollen?«[40] Dieses Problem wurde von der Konferenz allerdings nicht entschieden, da die Resolution über die Organisationsfrage zum Zwangsprinzip überhaupt nicht Stellung nahm. Im übrigen faßte die Resolution das zusammen, was Kolokol'nikov in seinem Referat ausgeführt hatte[41].

Ihre zentralistische Haltung in der Organisationsfrage unterstrich die Konferenz durch die Bildung eines über den einzelnen Verbänden stehenden »Gesamtrussischen Zentralrates der Gewerkschaften« *(Vserossijskij Central'nyj Sovet Professional'nych Sojuzov = VCSPS).* Seine Aufgaben waren: die Tätigkeit der gesamtrussischen Verbände wie auch der Zentralräte zu koordinieren, die Bildung neuer Verbände zu fördern, Verbindung mit ausländischen Gewerkschaften aufzunehmen, die Interessen der Gewerkschaftsbewegung gegenüber dem Staat zu vertreten, Musterstatute auszuarbeiten etc. Die Zahl der Mitglieder des Rates wurde mit 35 festgesetzt: je 15 aus Petrograd und Moskau sowie 5 aus der Provinz. Sein Exekutivkomitee wurde aus arbeitstechnischen Gründen nur mit Vertretern der beiden Hauptstädte besetzt. Zum Vorsitzenden des Exekutivkomitees wurde der Menschewik Grinevič gewählt, zu Mitgliedern V. G. Čirkin, M. Kamermacher, Kol'cov, I. G. Volkov (Menschewiki), Bachutov, Glebov-Avilov, Rjazanov (Bolschewiki) sowie A. S. Lozovskij (Sozialdemokrat-Internationalist)[42]. Die annähernd paritätische Zusammensetzung des Rates aus gemäßigten und radikalen Sozialisten entsprach zwar dem Kräfteverhältnis in den Gewerkschaften, sie barg aber die Gefahr in sich, daß in Grundsatzfragen, besonders politischer Natur, keine Einigung erzielt werden konnte – wie es in der Folge dann auch geschehen ist.

Organisatorische Fragen von geringerer Bedeutung wurden in Ausschüssen besprochen. Dazu gehörte vor allem die Stellung der nichtrussischen Völkerschaften in der Gewerkschaftsbewegung. Im Interesse ihrer Einheit lehnte die Konferenz die Bildung von nationalen Gewerkschaften ab, hielt autonome Sektionen jedoch für zulässig. Diese Sektionen sollten die Agitation und Propaganda in der jeweiligen nationalen Sprache führen,

---

[40] a. a. O., S. 197

[41] a. a. O., S. 446–448

[42] a. a. O., S. 469, 470

Mitglieder werben und die nichtrussischen Arbeiter mit dem Sozialismus bekannt machen[43].

Die Dritte Gesamtrussische Gewerkschaftskonferenz legte nicht allein die allgemeinen Organisationsprinzipien für den weiteren Aufbau der Gewerkschaften fest. In der sitzungsfreien Zeit verhandelten die aus allen Teilen des Landes nach Petrograd angereisten Delegierten zudem über die Konstituierung gesamtrussischer Verbände. Die Metallarbeiter wählten ein provisorisches Gesamtrussisches Zentralkomitee mit A. G. Šljapnikov (Bolschewik) an der Spitze, dem die Vorbereitung eines gesamtrussischen Kongresses aufgetragen wurde. Die Druckereiarbeiter einigten sich auf eine Konferenz bis spätestens Ende August. Ähnliche Beschlüsse faßten die Textil- und Nahrungsmittelarbeiter[44].

Mit diesen Beschlüssen legte die Konferenz den Grundstein für mächtige zentralistische Produktionsgewerkschaften. Dies war nur möglich, weil die russischen Gewerkschaften, im Gegensatz zu den westeuropäischen, nicht auf historisch entwickelten Organisationsformen aufbauten. So konnte durch einfache Beschlüsse die Reorganisation beziehungsweise Organisation nach »modernsten« Gesichtspunkten vorgenommen werden. Die russischen Gewerkschaften sind demnach als »spezifisch unhistorische, spezifisch zweckrationale Machtgebilde« anzusehen[45].

---

[43] a. a. O., S. 465, 466

[44] a. a. O., S. 485–496

[45] Koch. W., Die bol'ševistischen Gewerkschaften. Eine herrschaftssoziologische Studie, Jena 1932, S. 29

V. Die Radikalisierung der Arbeiter

In der zweiten Jahreshälfte nahm die ökonomische Zerrüttung des Landes katastrophale Ausmaße an. Die Produktion von Eisen, Kohle, Stahl und Erdöl befand sich in raschem Niedergang, die Zahl der betriebsuntüchtigen Lokomotiven und Waggons stieg von Monat zu Monat, und der Güteraustausch zwischen Stadt und Land stockte[1]. Die Provisorische Regierung stand der drohenden Katastrophe hilflos gegenüber. Einen Separatfrieden glaubte sie aus politischen Gründen – ebenso wie die rechtssozialistischen Parteien – nicht verantworten zu können, für eine wirkungsvolle Kontrolle der Industrie aber war sie zu schwach. Angesichts dieser Situation war eine Eskalation des ökonomischen Kampfes unvermeidlich. Streiks, die in den ersten Monaten nach der Revolution kaum vorgekommen waren, traten immer häufiger an die Stelle der friedlichen Schlichtung von Lohnkonflikten. Dabei ging es nicht mehr allein um ökonomische Forderungen: Immer öfter ertönten im Herbst 1917 die bolschewistischen Parolen »Alle Macht den Sowjets« und »Arbeiterkontrolle über die Produktion«.

1. Tarifkampagne und Streikbewegung

Im zweiten Halbjahr verschlechterte sich die materielle Lage der Arbeiter rapide. Die Löhne stiegen von Februar bis Oktober 1917 im Durchschnitt zwar um 53 Prozent, die Lebenshaltungskosten aber um 112 Prozent; die Preissteigerung für Roggenbrot betrug 150, für Kleider und Schuhe 170 und für Kartoffeln sogar 175 Prozent[2]. Inwieweit Preistreiberei und Sabotage der

[1] Zur Wirtschaftsentwicklung Rußlands im zweiten Halbjahr 1917, vgl. Lozinskij, a. a. O., S. 12–18

[2] Pankratova, Fabzavkomy, S. 218

Unternehmer oder tatsächlicher Rohstoffmangel die Teuerung verursacht haben, kann im einzelnen nicht festgestellt werden. Im Herbst herrschte jedenfalls in 20 der 43 Gouvernements des europäischen Rußlands Hungersnot. In Moskau und Umgebung wurden von Monat zu Monat kleinere Portionen Mehl an die Bevölkerung ausgegeben: im Juli 23, im August 20 und im September 19 Pfund, während in Friedenszeiten der durchschnittliche Verbrauch pro Kopf 34,4 Pfund betrug. Fleisch, Grütze, Teigwaren und andere Grundnahrungsmittel waren rationiert oder auf dem freien Markt nicht zu kaufen[3].

Die Metallarbeiter von Petrograd eröffneten die Tarifkampagne, die im Sommer und Herbst 1917 beinahe auf sämtliche Berufs- und Produktionszweige übergriff. Die Arbeiter in der Metallindustrie wurden wegen ihrer hohen Qualifikation im allgemeinen besser bezahlt als die anderer Berufszweige, dennoch gab es auch hier einen hohen Prozentsatz von schlechtbezahlten Hilfsarbeitern. Während des Krieges waren Tausende von Facharbeitern an die Front abkommandiert worden, ihre Plätze hatten ungelernte, meist vom flachen Land zugewanderte Arbeiter eingenommen. Mitte August waren zum Beispiel unter den etwa 26 000 Beschäftigten der Putilov-Werke 10 000 Hilfsarbeiter[4]. Schlecht bezahlt und bei Produktionsschwierigkeiten als erste entlassen, stellten sie eine Quelle permanenter sozialer Unruhen dar, die sich in zahlreichen unkontrollierten und spontanen Ausständen niederschlugen. Derartige Unruhen wurden zwischen Mai und August in 180 Petrograder Betrieben der metallverarbeitenden Industrie registriert[5].

Nach wiederholten Weigerungen des Arbeitsministeriums und des Unternehmerverbandes, die Löhne anzuheben, waren die Arbeiter der Putilov-Werke am 19. Juni in einen Warnstreik getreten. »Es herrschte eine explosive Stimmung. In allen Abteilungen wurden Flugblätter verteilt, die zum sofortigen bewaffneten Aufstand aufriefen – nicht allein zur Wahrung der eigenen Interessen, sondern generell gegen die Provisorische Regierung«[6]. Nur mit Mühe gelang es der Leitung der Metallarbeitergewerkschaft, ein Überspringen des Funkens auf andere Betriebe

---

[3] Volobuev, a. a. O., S. 457, 462; Bereits im März 1917 wurden in Moskau Lebensmittelkarten für Mehl eingeführt, im Juni für Graupen, im Juli für Fleisch und im August für Milch. Vgl. Strumilin, a. a. O., Bd. 3, S. 376

[4] Putilovec v trech revoljucijach, a. a. O., S. 362

[5] Professional'noe dviženie v Petrograde, S. 35

zu verhindern. Die Arbeiter der Putilov-Werke wurden aufgefordert, ihre Unzufriedenheit solange zu beherrschen, bis die materiellen und organisatorischen Voraussetzungen für einen allgemeinen Streik geschaffen seien. Der Warnstreik hatte seine Wirkung dennoch nicht verfehlt. Wenige Tage später erklärte sich der Unternehmerverband bereit, auf der Grundlage des von der Gewerkschaft ausgearbeiteten Tarifvertrages zu verhandeln[7]. Über die Dauer der Arbeitszeit und die Lohnhöhe konnte relativ rasch Einigung erzielt werden. Zu Meinungsverschiedenheiten kam es jedoch in der Frage des Lohnmodus. Die Unternehmer bestanden auf Stücklohn und garantierter minimaler Arbeitsleistung, und zwar mit der Begründung, daß stundenweise Bezahlung sich nachteilig auf die Produktion auswirke. Der gesamtstädtische Delegiertenrat der Metallarbeiter, das oberste Beschlußgremium der Gewerkschaft, bestand dagegen auf dem Zeitlohnprinzip. Auf Drängen der Gewerkschaftsleitung, die die Unternehmer aus Produktionsrücksichten in der Frage des Lohnmodus unterstützte, nahm der Delegiertenrat von seiner Forderung schließlich Abstand. Am 7. August wurde der Tarifvertrag unterzeichnet[8].

Der Tarifvertrag bestimmte, daß die Arbeit überall dort, wo es technisch möglich war, nach dem Stücklohnprinzip durchgeführt wurde. Die Festsetzung der Produktionsnormen wurde paritätisch zusammengesetzten Schätzungskommissionen übertragen. Hielt der Arbeiter aus eigenem Verschulden die Norm nicht ein, wurden ihm nur zwei Drittel des Lohnes, bei Fremdverschulden wie etwa Rohstoffmangel der volle Lohn ausbezahlt. Bei grober Fahrlässigkeit war die Schätzungskommission befugt, den Arbeiter in eine niedrigere Lohnkategorie zu versetzen. Die über der Norm geleistete Arbeit wurde prämiert. Wurde ein Betrieb stillgelegt, war der Unternehmer verpflichtet, den Arbeitern in den ersten zwei Wochen zwei Drittel des Lohnes auszubezahlen. Der Tarifvertrag galt für sämtliche Berufe der metallverarbeitenden, elektronischen, Maschinenbau- und Schiffbauindustrie[9].

Obwohl die Gültigkeit des Tarifvertrages nur auf Petrograd

---

[6] Putilovec v trech revoljucijach, a. a. O., S. 344, 345
[7] Meller, Pankratova, S. 195
[8] Trudy I Vserossijskogo s'ezda Sovetov Narodnogo Chozjajstva. Stenografičeskij otčet, Moskva 1918, S. 380 (In der Folge als Trudy I zitiert)
[9] Text des Tarifvertrages bei Meller, Pankratova, S. 197–200

und Umgebung beschränkt war, erlangte er weit über die Hauptstadt hinaus Bedeutung. Nach seinem Vorbild wurden Tarifverträge für die Metallindustrie in Moskau, Tula, Kolomna, Caricyn, Tver' und anderen Städten ausgearbeitet[10].

Doch trotz Abschluß neuer Tarifverträge besserte sich die Lage der Arbeiter nicht. Angesichts der galoppierenden Inflation holten die Preise die Löhne innerhalb kürzester Zeit wieder ein, ja, liefen ihnen förmlich davon. Die offene Unzufriedenheit bildete einen guten Nährboden für die Propaganda der Bolschewiki. Immer mehr Arbeiter sahen jetzt in der Machtübernahme der Sowjets den einzigen Ausweg aus der verfahrenen Situation. Forciert durch politische Ereignisse wie die Juliunruhen, den Kornilov-Putsch und die Staatsberatung (vgl. Kapitel VI), kam es zwangsläufig zur Verquickung von ökonomischen und politischen Forderungen, die die Revolutionierung von Staat und Gesellschaft intendierten. So heißt es in einem Beschluß der Petrograder Metallarbeitergewerkschaft von Mitte September:

»Unser ökonomischer Kampf muß unmittelbar ein Kampf für politische Machtergreifung der Sowjets werden. Jeder organisierte Arbeiter muß wissen, daß außerhalb dieses Kampfes jeder Streik zur Unfruchtbarkeit verurteilt ist. Unser Schlag muß ein umfassender, blitzartiger sein, der von der Arbeiterklasse in Form eines allgemeinen und organisierten Streiks geführt wird.« [11]

Im Moskauer Gebiet, mit seiner Textil-, Leder- und Metallindustrie wohl das größte Industrierevier des Landes, verlief die Entwicklung ähnlich. Zwischen Mai und Oktober 1917 wurden hier allein 125 Streiks gezählt[12]. Auch hier schlugen im Verlauf der Tarifbewegung die ökonomischen Forderungen immer häufiger in politische um oder traten gleichrangig neben sie. Streiks nahmen so den Charakter politischer Aktionen an, wie beispielsweise der Ausstand von etwa 80 000 Metallarbeitern in Moskau während der Juliunruhen[13]. Nachdem im Herbst der Moskauer Sowjet eine bolschewistische Position bezogen hatte, forderten einzelne Gewerkschaften des Gebietes den sofortigen bewaffneten Aufstand – ehe noch das Zentralkomitee der bolschewisti-

---

[10] a. a. O., S. 204

[11] Zit. nach Lozovskij, A., Oktjabr'skaja revoljucija i professional'nye sojuzy, Moskva 1919, S. 9

[12] Krasnaja letopis', 1925, Nr. 2 (13), S. 242

[13] Meller, Pankratova, S. 207–211

schen Partei hierzu aufgerufen hatte. Am 5. Oktober proklamierte die Textilarbeitergewerkschaft, die 250 000 Mitglieder zählte, den offenen Kampf gegen die Provisorische Regierung: »Man muß ... über die revolutionären Arbeiterorganisationen das gesamte Proletariat zum sofortigen Aufstand aufrufen.«[14] Am selben Tag drängte die Delegiertenversammlung der Moskauer Metallarbeitergewerkschaft den Petrograder Sowjet, »unverzüglich den Weg der revolutionären Organisation der Wirtschaft des Landes zu gehen«[15], d. h. die Provisorische Regierung zu stürzen.

Unter »revolutionärer Organisation der Wirtschaft« verstanden die bolschewistisch kontrollierten Gewerkschaften in erster Linie Arbeiterkontrolle im gesamtstaatlichen Maßstab. Verschiedentlich tauchte auch die Forderung nach einer Nationalisierung der Schlüsselindustrien – Kohle, Erdöl und Metall – auf[16]. Einige Gewerkschaften gingen damit bereits weit über das von den Bolschewiki auf der Dritten Gewerkschaftskonferenz entwickelte Programm hinaus, das nur die Zwangssyndizierung der wichtigsten Industriezweige vorgesehen hatte.

Auch im Süden des Landes, in Char'kov und Ekaterinoslav (dem heutigen Dnjepropetrovsk), steuerten die Arbeiter, vorab in der Metallindustrie, einen offen revolutionären Kurs. Bereits Ende Juni hatte in Char'kov eine Konferenz der Betriebskomitees angedroht, ihre ökonomischen Forderungen »kraft eigener revolutionärer Macht« durchzusetzen, falls die Unternehmer nicht nachgeben sollten. Da letztere aber unnachgiebig blieben, traten Mitte Juli die Arbeiter von etwa 300 Betrieben in den Streik, in dessen Verlauf es zu Ausschreitungen gegen das Verwaltungspersonal und zur Beschlagnahme von Betrieben durch die Arbeiter kam. Die Unruhen dauerten den ganzen August und September an und konnten erst Anfang Oktober durch Vermittlung der Regierung beigelegt werden[17]. Ende September drohte in Ekaterinoslav eine Konferenz von Betriebskomitees der metallverarbeitenden Industrie, alle Betriebe den Arbeiterorganisationen zur Selbstverwaltung zu übergeben, falls die Unternehmer die Löhne nicht den Preisen angleichen[18].

---

[14] Podgotovka i pobeda Oktjabr'koj revoljucii v Moskve. Dokumenty i materialy, Moskva 1957, Dokument Nr. 249

[15] Zit. nach Garvi, a. a. O., S. 26

[16] Meller, Pankratova, S. 305, 306

[17] a. a. O., S. 215–217

[18] a. a. O., S. 314

Chaotisch, unorganisiert und von wilden Ausschreitungen begleitet, verlief ein Streik der Bergleute im Donbass. Anzeichen von Unruhe hatten sich bereits Anfang Juli bemerkbar gemacht. Mit der anhaltenden Verteuerung der Lebenshaltungskosten sowie der Weigerung der Unternehmer, die Löhne zu erhöhen, kam es immer häufiger zu Arbeitsniederlegungen, Grubenbesetzungen und Übergriffen gegen Verwaltungspersonal. Über das Ausmaß der Ausschreitungen heißt es in einem Telegramm der südrussischen Unternehmervereinigung an die Provisorische Regierung von Ende September:

»In der Region von Bokovo-Chrustal'sk wurde der Leiter eines Bergwerkes ... auf einer Sitzung des örtlichen Sowjets der Arbeiterdeputierten auf Geheiß des Vorsitzenden verprügelt ... Es ist üblich, daß bei den Angestellten der Bergwerke in der Region Hausdurchsuchungen durchgeführt, sie eigenmächtig entlassen und terrorisiert werden. Aus allen Teilen des Donbass laufen gleichfalls Nachrichten über eine Zunahme von Exzessen, Verprügelungen und Bergwerksplünderungen ein. Dies gibt zur Befürchtung Anlaß, daß sich diese pogromistische Bewegung über das gesamte Donbass ausbreitet. Die lokalen Gewalten sind vollkommen machtlos.« [19]

Wieso es gerade im Donbass zu solchen Ausschreitungen kam, ist schwer zu erklären. Es ist durchaus möglich, daß sich die Gewerkschaften, ob bolschewistisch oder menschewistisch orientiert, nicht immer mit den Forderungen der Arbeiter solidarisierten. Dann war zu erwarten, daß die Arbeiter ihre Ziele auf eigene Faust, sozusagen im »Nahkampf« mit den Unternehmern, durchzusetzen versuchten. Zum anderen steht fest, daß die Gewerkschaften unter den Arbeitern im Donbass weit weniger verwurzelt waren als in übrigen Gebieten. Als Ursache nannte ein örtlicher Gewerkschaftsfunktionär den »wachsenden Einfluß des Anarchismus unter den Bergleuten.«[20]

Durch den Einsatz von Kosaken versuchten die lokalen Behörden, der Unruhen Herr zu werden. Daraufhin traten die Bergleute jener Bezirke in den Streik und erklärten, sich »mit allen Mitteln bis zum Terror« verteidigen zu wollen. Angesichts der massiven Proteste hielten es die Behörden schließlich für ratsamer, die Kosaken wieder in ihre Quartiere zu beordern[21]. Ver-

---

[19] a. a. O., S. 229, 230
[20] Professional'nyj vestnik, 1917, Nr. 7, S. 8
[21] Meller, Pankratova, S. 230–233

folgte der Streik der Bergleute im Donbass – der erst nach der Oktoberrevolution beendet wurde – auch keine originär sozialistischen Ziele, seiner Intention nach war er jedenfalls eindeutig gegen die bestehende Betriebsstruktur und die kapitalistische Gesellschaftsordnung gerichtet.
Eine wesentliche Rolle im Radikalisierungsprozeß der Arbeiter spielte auch die Sorge um den Arbeitsplatz, bedingt durch die von Monat zu Monat zunehmende Zahl stillgelegter Betriebe. Wegen zu geringer Profite oder als Reaktion auf die revolutionären Forderungen der Arbeiter, stellten nicht wenige Unternehmer vorsätzlich und ohne zwingende Gründe die Produktion ein. So erklärte der linke Kadett V. A. Stepanov in einem Memorandum an die Provisorische Regierung zur gegenwärtigen Wirtschaftslage, daß sich bei den Unternehmern in zunehmendem Maße die Neigung bemerkbar mache, »die Produktion aufzuhalten«, da sie ihr Vertrauen in die Stabilität der Konjunktur verloren hätten[22]. In weit schärferer Form behauptete dies der damals in Rußland weilende amerikanische Journalist J. Reed[23]. Auf vorsätzliche Stillegungen von Betrieben deutet auch ein Artikel in der bürgerlichen *Torgovo-promyšlennaja gazeta* von Anfang September hin:

»Auf seiten der Betriebsbesitzer ist eine wachsende Abnahme des Interesses an ihrer eigenen Sache, der Versorgung der Unternehmungen mit Materialien, Brennstoff und allem Notwendigen zu bemerken. Das alles schafft die Grundlage für die weitere Schließung von Unternehmen.« [24]

Den Umfang der Produktionsverkürzung mögen folgende, allerdings unvollständige Zahlen verdeutlichen. Nach Angaben von *»Promyšlennost' i Torgovlja«*, dem Organ des gesamtrussischen Unternehmerverbandes, wurden im August und September 231

---

[22] Zit. nach Lorenz, a. a. O., S. 32
[23] John Reed schreibt: »Der Sekretär der Petrograder Organisation der Kadettenpartei erzählte mir, daß der Zusammenbruch des ökonomischen Lebens ein Teil der Kampagne war, die die Revolution diskreditieren sollte ... Ich weiß von gewissen Kohlebergwerken in der Nähe von Char'kov, die von ihren Besitzern in Brand gesteckt und unter Wasser gesetzt wurden, von Textilfabriken, deren Ingenieure vor ihrer Flucht die Maschinen zerstört hatten, von hohen Eisenbahnbeamten, die von den Arbeitern dabei ertappt wurden, als sie Lokomotiven zu zerstören im Begriff waren ...« Reed, J., Zehn Tage, die die Welt erschütterten, Berlin 1957, S. 43, 44
[24] Zit. nach Lozinskij, a. a. O., S. 45

Betriebe mit zusammen 61 000 Arbeitern geschlossen, nachdem einer Enquete des Ministeriums für Handel und Industrie zufolge im Zeitraum März bis Juli schon einmal 568 Unternehmen mit zusammen 104 372 Arbeitern ihre Produktion eingestellt hatten[25]. Im Donbass waren im Oktober 200 Gruben mit 100 000 Bergleuten stillgelegt[26]. Im selben Monat waren im Moskauer Gebiet 50 000 Arbeiter der Textilindustrie, in Kolomna 12 000 Metallarbeiter und in Astrachan 25 000 Arbeiter verschiedener Berufe arbeitslos[27].

Vor diesem Hintergrund müssen die Forderungen nach Arbeiterkontrolle über die Produktion gesehen werden. Die meisten Arbeiter dürften die bolschewistischen Losungen weniger aus politischer Überzeugung als vielmehr aus Sorge um ihren Arbeitsplatz unterstützt haben. Schließlich versprachen die Bolschewiki ihnen eine Gesellschaftsordnung ohne Arbeitslosigkeit. Mit den Worten Suchanovs: »Die Massen, die die Bolschewiki unterstützten, dachten nicht an Sozialismus.«[28]

Die Streiks wurden im allgemeinen von den Gewerkschaften beziehungsweise ihren Streikkomitees geführt. Nur sie verfügten – im Gegensatz zu den Betriebskomitees – über die für den Streik notwendigen Voraussetzungen wie Kommunikationsmittel, geschulte Mitarbeiter, vor allem aber materielle Rücklagen in Form von Streikfonds. Das heißt aber nicht, daß die Komitees während der Streiks funktionslos waren. Ihnen oblag es, die Verbindung zwischen der Gewerkschaft und der Belegschaft aufrechtzuerhalten sowie für Ruhe und Ordnung in den Betrieben zu sorgen[29]. Dank dieser engen Zusammenarbeit verliefen die Streiks diszipliniert und organisiert – von einigen Ausnahmen abgesehen, wie etwa im Süden des Landes. Die Streikbewegung während der Monate März bis Oktober 1917 zeigt, im Überblick betrachtet, folgendes Bild[30]:

---

25 a. a. O., S. 19
26 Meller, Pankratova, S. 228
27 a. a. O., S. 286, 287
28 Suchanov, N., Zapiski o revoljucii, Berlin 1923, S. 23. Vgl. dazu auch Volin, S., Dejatel'nost men'ševikov v profsojuzov pri Sovjetskoj vlasti, New York 1962, S. 15 (Inter University. Project on the History of the Menshevik Movement, Paper 13)
29 Meller, Pankratova, S. 180, 181
30 Krasnaja letopis', 1925, Nr. 2, S. 242

	Streiks	Unruhen
März – April	3	8
Mai – Juni	14	5
Juli – August	240	112
September – Oktober	210	67
gesamt	467	190

Eindrucksvoller als jede Beschreibung vermitteln diese Zahlen eine Vorstellung von den ungeheuren sozialen Spannungen in Rußland im Sommer und Herbst 1917. Die Streikbewegung legte praktisch nicht nur das gesamte Wirtschaftsleben lahm, sondern untergrub auch die Autorität der Provisorischen Regierung, da die meisten Streiks unter den bolschewistischen Losungen »Alle Macht den Sowjets« und »Arbeiterkontrolle über die Produktion« durchgeführt wurden. Der Boden für die Machtübernahme der Bolschewiki war bestens vorbereitet.

2. *Die Betriebskomitees bis zur Oktoberrevolution*

Mit der Verschärfung des Klassenkampfes im Spätsommer und Herbst versuchten die Betriebskomitees immer häufiger, in die Produktionssphäre und Unternehmensverwaltung einzugreifen. Ihre Forderungen bezogen sich meist auf die Kontrolle über die Rohstoffvorräte, die Einstellung und Entlassung von Personal sowie auf die Produktionsziele selbst. Konnten sie nachweisen, daß die Unternehmer ihre Betriebe ohne zwingende Gründe geschlossen hatten oder schließen wollten, intervenierten sie bei den staatlichen Behörden. Verschiedentlich gelang es den Komitees auf diese Weise, die Wiederaufnahme der Produktion durchzusetzen[31]. Ließen die Behörden jedoch keine entsprechenden Weisungen ergehen, nahmen einzelne Komitees die Verwaltung selbst in die Hand. Waren die Vorräte tatsächlich erschöpft, versuchten die Komitees, sie auf eigene Faust zu beschaffen; Petrograder Komitees scheuten selbst den Weg ins mehrere tausend Kilometer entfernte Donbass nicht[32]. Die Betriebskomitees be-

[31] Meller, Pankratova, S. 186; Professional'noe dviženie v Petrograde, S. 82; Professional'nyj vestnik, 1917, Nr. 1, S. 10
[32] Kovalenko, a. a. O., S. 91, 95

gannen sich so als Herren der Betriebe zu betrachten. Životov, ein Mitglied des Petrograder Zentralrates der Betriebskomitees, erklärte denn auch ganz offen: »Mit Hilfe der Komitees werden die Arbeiter erreichen, daß die Kapitalisten verschwinden.«[33]
Eine Arbeiterkontrolle, wie die Komitees sie verstanden, ließ den Unternehmern in der Tat wenig Spielraum für freie Entscheidungen. Das zeigt mit aller Deutlichkeit das von der Zweiten Konferenz der Petrograder Betriebskomitees (Anfang August) angenommene Organisationsstatut für die Betriebskomitees. Darin heißt es, daß bei allen Komitees zehn Kontrollkommissionen gebildet werden sollen, und zwar für die Schlichtung von Konflikten, Normierung des Arbeitslohnes, Verteilung der Arbeitskräfte, kulturell-aufklärende Tätigkeit, Aufschub vom Militärdienst, Finanzen, technische Fragen, Arbeitsbedingungen und Ernährung[34]. Eine Kontrolle über diese Bereiche lief praktisch auf die Entmachtung des Unternehmers hinaus. Denn setzten die Komitees den Lohn fest, kontrollierten sie den Endpreis und damit auch die Konkurrenzfähigkeit der Produkte, bestimmten sie die Zahl der im Betrieb beschäftigten Arbeitskräfte, kontrollierten die Quantität und gegebenenfalls auch die Qualität der Produktion etc.. In diesem Zusammenhang sei noch einmal darauf hingewiesen, daß die Arbeiterkontrolle nicht die Enteignung der Betriebe bedeutete, sondern nur ihre faktische Kontrolle im Interesse der Arbeiter.
Daß sich die Unternehmer mit einer solchen Kontrolle, die sie zu Angestellten ihres eigenen Betriebes machte, nicht abfinden würden, war zu erwarten. Mitte August kündigte der Zweite Gesamtrussische Unternehmerkongreß in Petrograd »Richtlinien für die Beseitigung der Einmischung der Betriebskomitees in die Verwaltung« an[35]. Es ist denkbar, daß diese Ankündigung in Zusammenhang mit den beiden Zirkularen des Arbeitsministeriums von Ende August steht, in denen die erkämpften Rechte der Komitees eingeschränkt wurden. Das Zirkular vom 23. August verbot den Komitees, eigenmächtig Arbeiter und Angestellte einzustellen beziehungsweise zu entlassen, das Zirkular vom 28. August erklärte Sitzungen während der Arbeitszeit für unerlaubt[36].

---

[33] Oktjabr'skaja revoljucija i fabzavkomy, Teil 1, a. a. O., S. 144
[34] Rabočij kontrol' Dokument Nr. 69
[35] Zit. nach Meller, Pankratova, S. 103
[36] Rabočij kontrol', Dokument Nr. 130, 135

Beide Zirkulare lösten bei den Komitees Unruhe und Empörung aus, zumal sie zeitlich mit der Vorbereitung des Kornilov-Putsches zusammenfielen (vgl. Kapitel VI). Sie beschuldigten die Provisorische Regierung, Kornilov und mit ihm die reaktionären Kreise des Landes zu unterstützen und das Arbeitsministerium in ein »Ministerium zum Schutz kapitalistischer Interessen« umzuwandeln. In zahlreichen Protestresolutionen und -versammlungen, vereinzelt sogar durch Proteststreiks, forderten die Petrograder Arbeiter die sofortige Annulierung der Zirkulare und statt dessen die gesetzliche Anerkennung der Rechte der Betriebskomitees, wie sie sie derzeit auf der Grundlage des revolutionären Gewohnheitsrechtes ausüben[37].
Ende Oktober, wenige Tage vor der bolschewistischen Machtergreifung, fand in Petrograd die Erste – und einzige – Gesamtrussische Konferenz der Betriebskomitees statt. Von den 137 Delegierten waren 86 Bolschewiki, 8 Menschewiki, 22 Sozialrevolutionäre, 6 Maximalisten, 11 Anarcho-Syndikalisten und 4 Parteilose[38]. Obwohl die Bolschewiki klar dominierten, stellten sie im Vergleich zur Ersten Petrograder Stadtkonferenz verhältnismäßig weniger Delegierte – was vermuten läßt, daß sie in der Provinz nicht in dem Maße die Komitees beherrschten wie in den Städten. Die Konferenz beschäftigte sich mit der politischen Lage, dem Güteraustausch zwischen Stadt und Land, der Lage der Industrie sowie Organisationsfragen. Vor allem aber ging es um die Arbeiterkontrolle.
Trockij referierte zur politischen Lage. Ein ökonomisches Desaster, erklärte er, könne nur durch die Arbeiterkontrolle im gesamtstaatlichen Maßstab verhindert werden. Voraussetzung hierfür sei die Machtübernahme der Sowjets. Mit Wirtschaftsreformen bis zur Konstituierenden Versammlung zu warten, hielt er für gefährlich, da weder die Regierung noch irgendeine der bürgerlichen Parteien garantieren könne, daß die Konstituante auch tatsächlich einberufen werde. Da nur die Sowjets ein Interesse an der Konstituante hätten, müsse das Proletariat sie in ihrem Kampf um die Macht unterstützen. Trockij schloß seine Rede mit den prophetischen Worten: »Man kann die historische Entwicklung nicht künstlich in eine friedliche Bahn lenken ... Ein Bürgerkrieg ist unvermeidlich ... Das Proletariat

---

37 a. a. O., Dokument Nr. 142, 157. Weitere Protestresolutionen bei Meller, Pankratova, S. 119–121
38 Oktjabr'skaja revoljucija i fabzavkomy, Teil 2, a. a. O., S. 114

muß die Macht ergreifen[39].« Trockijs Aufruf zur Machtergreifung – die Komitees wußten nicht, daß das bolschewistische Zentralkomitee den bewaffneten Aufstand bereits am 10. Oktober auf die Tagesordnung gesetzt hatte – wurde von der Konferenz mit großer Mehrheit gebilligt.
Nachdem Trockij die politischen Grundpositionen dargelegt hatte, entwickelte Miljutin das wirtschaftspolitische Konzept. Als Mitglied des bolschewistischen Zentralkomitees von der geplanten Machtergreifung unterrichtet, ging er bei seinen Ausführungen von der Annahme aus, daß die Sowjets die Macht bereits übernommen hätten. Erste Maßnahme der neuen Staatsmacht müsse die Nationalisierung der Schlüsselindustrien und die Kontrolle der Banken, gegebenenfalls ihre Nationalisierung sein. Mit Hilfe der Arbeiterkontrolle, die in den einzelnen Betrieben und Unternehmen durch die Betriebskomitees und in den Industriezweigen durch Organe, die zu zwei Dritteln aus Arbeitern bestehen sollten, durchzuführen sei, glaubte Miljutin, die Wirtschaft des Landes planmäßig organisieren zu können. Er gab sich zuversichtlich, daß die Arbeiter diese Aufgabe meistern könnten.

»Unser Weg ist ein neuer, ein zukunftsweisender – wir verdrängen die Klasse der Eigentümer. Vielleicht wird dieses System am Anfang einige negative Resultate zeitigen, doch gibt die bei uns beobachtete Praxis allen Anlaß zu Optimismus.« [40]

Auch in Ju. Larins Rede, die die technischen Einzelheiten der Arbeiterkontrolle zum Inhalt hatte, lag der Schwerpunkt auf den künftigen Aufgaben der Betriebskomitees. Er wies ihnen die Versorgung der Betriebe mit Rohstoffen, Aufträgen und Arbeitskräften zu, doch dürfe es ihnen nicht gestattet sein, Betriebe eigenmächtig zu nationalisieren beziehungsweise Beschlüsse der Betriebsleitung eigenmächtig abzuändern. Dieses Recht bleibe ausschließlich den staatlichen Kontrollorganen vorbehalten[41]. Larins Vorschläge, obwohl sie von der Konferenz gebilligt wurden, zielten ganz klar auf die Entmachtung der Betriebskomitees, ohne sie aber formell aufzulösen. Unabhängige Komitees paßten nun einmal nicht in das bolschewistische Konzept einer straff zentralisierten Arbeiterkontrolle unter staatlicher Aufsicht

[39] a. a. O., S. 159
[40] a. a. O., S. 170

– eines Staates, den sie selbst zu lenken gedachten. Mit anderen Worten: Die Betriebskomitees sollten als mögliche Konkurrenten bei der Leitung der Wirtschaft ausgeschaltet werden.
Und noch aus einem anderen Grund drängte Larin auf die Entmachtung der Betriebskomitees: Nach der Machtübernahme der Sowjets sollte die kapitalistische Wirtschaft zwar durch proletarische staatliche Organe kontrolliert, nicht aber sofort sozialisiert werden – was bei unabhängigen Komitees kaum gewährleistet schien. Mit Hilfe eines für alle Betriebe verbindlichen staatlichen Wirtschaftsplans wollte Larin den »anarchischen« Charakter der kapitalistischen Warengesellschaft beseitigen, dabei auf die Initiative und Erfahrung der Unternehmer aber nicht verzichten. Bei diesem Modell hatte er zweifellos die deutsche Kriegswirtschaft vor Augen – für die er unter den Bolschewiki als Experte galt –, die straffe Zentralisierung und staatliche Kontrolle der Produktion mit privater Unternehmerinitiative vereinte[42]. Mit Erfolg konnten diese Prinzipien auf die russische Wirtschaft aber nur übertragen werden, wenn sich die Komitees jeder eigenmächtigen Einmischung in den Produktionsprozeß enthielten.
Wie stellten sich nun die Bolschewiki die praktische Durchführung der Arbeiterkontrolle im gesamtstaatlichen Maßstab vor? Das von Šmidt entwickelte Kontrollschema sah vor, daß der – noch zu bildende – Gesamtrussische Zentralrat der Betriebskomitees, ergänzt durch Vertreter des Gesamtrussischen Zentralrates der Gewerkschaften und der gesamtrussischen Gewerkschaftsverbände, als oberstes Kontrollorgan für die Industrie beim Gesamtrussischen Gewerkschaftsrat installiert werden sollte. Ähnlich sollte die Produktion auf regionaler und lokaler Ebene geregelt werden, indem die Kontrollabteilungen der Zentralräte der Betriebskomitees für die einzelnen Industriezweige als Kontrollorgane der entsprechenden Gewerkschaften anerkannt werden[43].
Dieses von der Konferenz mit großer Mehrheit verabschiedete Schema deckte sich im wesentlichen mit den Vorschlägen, die Glebov-Avilov bereits auf der Dritten Gewerkschaftskonferenz entwickelt hatte. Damit hatten die Bolschewiki erreicht, worauf

---

41 a. a. O., S. 188
42 Zur deutschen Kriegswirtschaft aus der Sicht der Bolschewiki, vgl. Larin, Ju., Trudovaja provinnost' i rabočij kontrol', Petrograd 1918
43 Oktjabr'skaja revoljucija i fabzavkomy, Teil 2, a. a. O., S. 193

sie auf der Ersten Petrograder Stadtkonferenz der Betriebskomitees aus taktischen Gründen verzichtet und auf der Dritten Gewerkschaftskonferenz infolge der für sie ungünstigen Mehrheitsverhältnisse erfolglos bestanden hatten: die Komitees in Fragen der Arbeiterkontrolle den Gewerkschaften unterzuordnen.

Daß die Komitees von sich aus auf die gesamtstaatliche Regelung der Produktion verzichteten, dürfte aber nicht allein auf den Druck der Partei zurückzuführen sein. Offenbar waren sie selbst zu einer nüchternen Einschätzung der Möglichkeiten der Arbeiterkontrolle gekommen. Nach dem im allgemeinen mißlungenen Versuch, die Finanzoperationen der Betriebe zu kontrollieren, hatten sie erkannt, so Amosov vom Petrograder Zentralrat der Betriebskomitees, »daß einzelne Komitees nicht in der Lage sind, infolge der Abhängigkeit der Betriebe von den Banken, die volle Kontrolle zu verwirklichen«[44]. Nicht zuletzt hatten wohl auch die Gewerkschaften im Zuge der Streikbewegung die Komitees von der Notwendigkeit einer engeren Zusammenarbeit überzeugen können. Denn vereinzelt war es im Herbst sogar schon zur Verschmelzung von Gewerkschaften und Betriebskomitees gekommen[45]. Da wohl nur wenige Delegierte über den Beschluß des bolschewistischen Zentralkomitees vom 10. Oktober, die Macht zu ergreifen, informiert waren, konnten die Komitees nicht mit dem baldigen Sturz der Provisorischen Regierung rechnen, also auch nicht erwarten, daß in absehbarer Zeit die Unternehmer entmachtet werden.

Leider enthält das Konferenzprotokoll keine Angaben über die Zahl der Betriebe mit Komitees und ihrer Verbreitung nach Industriegebieten und -zweigen. Durch Auswertung der »Berufs- und Industriezählung« vom August 1918, die ausführliche Angaben aus der Zeit vor der Oktoberrevolution enthält, kann diese Lücke jedoch gefüllt werden. Die Zählung erstreckte sich auf 31 Gouvernements des europäischen Rußland – Ural und Sibirien blieben unberücksichtigt – und erfaßte 4398 Unternehmen. Ende Oktober 1917 verteilten sich die Betriebe mit Komi-

[44] a. a. O., S. 178
[45] Meller, Pankratova, S. 314; Professional'nyj vestnik, 1917, Nr. 1–2, S. 20
[46] Untersucht wurden insgesamt 9750 Betriebe, von denen aber nur 4398 auf die Frage, ob ein Betriebskomitee gebildet wurde, antworteten. Die Tabelle ist übernommen von Drobižev, V. Z., Socialističeskoe obobščestvlenie promyšlennosti v SSSR, in: Voprosy istorii, 1964, Nr. 6, S. 52

tees auf die einzelnen Industriegebiete – unabhängig davon, ob sie die Produktion kontrollierten oder nicht – folgendermaßen[46]:

Industriegebiete	Betriebe mit Komitees am 31. 8. 1918	Betriebe mit Komitees am 25. 10. 1917	in %
Zentr. Industriegebiet	2212	1455	65,8
(davon im Mosk. Gouv.	1276	826	65,0
N-W europ. Teil	473	273	57,7
(davon im Petrogr. Gouv.	394	244	61,9
W-europ. Teil	133	43	32,3
N-europ. Teil	65	21	32,3
Mittleres Wolgagebiet	551	127	23,0
Unteres Wolgagebiet	386	103	26,7
Zentr. Schwarzerdegebiet	279	101	36,2
Vjatka Region	99	28	28,3
gesamt	4398	2151	48,9

Demnach hatten im Oktober 1917 die Arbeiter in 48,9 Prozent der Betriebe des europäischen Teils des Landes Betriebskomitees gebildet. Diese Zahl ist natürlich nur ein Näherungswert, da sie auf der Grundlage der im August 1918 noch produzierenden Betriebe ermittelt wurde, d. h. die zwischen Oktober 1917 und August 1918 stillgelegten Betriebe nicht berücksichtigte; der Tendenz nach dürfte sie aber richtig sein. Im industriell hochentwickelten Petrograder und Moskauer Gouvernement gab es prozentual mehr Betriebe mit Komitees als in den Agrargebieten Rußlands: Hatten die Arbeiter dort in über 60 Prozent der Betriebe Komitees gebildet, so hier nur in durchschnittlich 30 Prozent der Betriebe. Der Grund für die unterschiedliche territoriale Verbreitung liegt auf der Hand: In den hochindustriell entwickelten Gebieten herrschten Großbetriebe vor, die zum größten Teil Rüstungsgüter produzierten, in den weniger industrialisierten Gebieten jedoch Klein- und Mittelbetriebe[47], oft in ungünstiger Verkehrslage und mit geringerer Rentabilität.

Längst nicht in allen Betrieben mit Betriebskomitees war die Ar-

[47] Vgl. dazu die Ergebnisse der Industrie- und Berufszählung von August 1918, in: Vserossijskaja promyšlennaja i professional'naja perepis' 1918 goda. Predvaritel'naja svodka dannych, Moskva 1920, Tabelle 1

beiterkontrolle jedoch auch tatsächlich durchgeführt, wie folgende Tabelle zeigt[48]:

Industriegebiete	Betriebe mit Komitees am 25. 10. 1917	davon hatten die Arbeiterkontrolle durchgeführt	in %
Zentr. Industriegebiet	1455	182	13,2
(davon im Mosk. Gouv.	826	112	13,5
N-W europ. Teil	273	53	19,6
(davon im Petrogr. Gouv.	244	51	21,2
W-europ. Teil	43	7	17,5
N-europ. Teil	21	5	25,1
Mittleres Wolgagebiet	127	20	16,6
Unteres Wolgagebiet	103	24	24,0
Zentr. Schwarzerdegebiet	101	10	10,0
Vjatka Region	28	5	16,9
gesamt	2151	469	17,7

Zu ergänzen wäre diese Tabelle durch eine Mitteilung des Petrograder Zentralrates der Gewerkschaften, der zufolge Mitte Oktober im Donbass 259 Gruben von den Arbeitern kontrolliert wurden[49].

Von den 2151 Betrieben mit Betriebskomitees wurden Ende Oktober 1917 also nur 469 oder 17,7 Prozent von den Arbeitern kontrolliert. Dieser Prozentsatz dürfte tatsächlich jedoch größer gewesen sein, besonders in Petrograd, weil – wie gesagt – die zwischen Oktober 1917 und August 1918 stillgelegten Betriebe nicht berücksichtigt wurden. Trotzdem muß die ökonomische Bedeutung der Arbeiterkontrolle insgesamt geringer gewesen sein, als bisher angenommen wurde. Ihre eigentliche Bedeutung war vielmehr eine politische – Ausdruck der Forderung nach Revolutionierung von Staat und Gesellschaft. Mit den Worten Pankratovas:

»Die Arbeiterkontrolle war in höchstem Maße ein Kampfmittel, ein Mittel des Selbstschutzes, eine politische Losung, aber kein praktisch zu verwirklichendes System der Wirtschaft.« [50]

---

[48] Drobižev, a. a. O., S. 52

[49] Professional'nyj vestnik, 1917, Nr. 5–6, S. 9

[50] Pankratova, Fabzavkomy, S. 238. Volobuev vertritt die gleiche Ansicht, wenn er schreibt, daß man »das Ausmaß und die allgemeinen Resultate der Bewegung für die Arbeiterkontrolle vor der Oktoberrevolution nicht überschätzen darf.« In: Voprosy istorii, 1962, Nr. 6, S. 55

VI. Gewerkschaften und Betriebskomitees in der Arena des politischen Kampfes

Das vielleicht bedeutendste innenpolitische Ereignis während der etwa achtmonatigen Amtszeit der Provisorischen Regierung waren die Juliunruhen (3. bis 6. Juli). Nach Lenins Worten »beträchtlich mehr als eine Demonstration, aber weniger als eine Revolution[1]«, wurden sie ausgelöst von kriegsmüden Petrograder Soldaten und unzufriedenen Arbeitern, die unter der Parole »Alle Macht den Sowjets« zum Teil bewaffnet gegen die Regierung demonstrierten[2]. An den Demonstrationen nahmen nach zeitgenössischen bolschewistischen Schätzungen etwa 300 000 Arbeiter teil. Ihre Forderungen legten sie in einer von den 54 größten Petrograder Betrieben unterschriebenen Resolution nieder: energische Maßnahmen gegen die Einschränkungen der Produktion und gegen die Aussperrungen sowie Verbesserung der Ernährungslage. Initiatoren dieser Resolution waren die Betriebskomitees[3].

Der Ablauf der Ereignisse im einzelnen soll hier nicht erörtert werden, wohl aber, welche Rolle die Gewerkschaften und Betriebskomitees dabei spielten. Es ist auffällig, daß weder die Gewerkschaften noch ihr Zentralrat in Petrograd versuchten, durch Aufrufe oder sonstige Aktionen die Ereignisse in irgendeiner Weise zu beeinflussen, denn schließlich beherrschten die Bolschewiki seit Mai den Zentralrat. Vermutlich jedoch waren die Gewerkschaftsführer, die in der Regel auch höhere Parteimitglieder waren, mit agitatorischen und technischen Aufgaben befaßt: die Bolschewiki, um die Demonstrationen zu organisieren, die

---

[1] Lenin, PSS, Bd. 32, S. 430

[2] Zum allgemeinen Verlauf der Juliunruhen, vgl. Chamberlin, Bd. 1, a. a. O., S. 153–175; ferner die Spezialuntersuchung von Znamenskij, O. N., Ijul'skij krizis 1917 goda, Moskva/Leningrad 1964

[3] Znamenskij, a. a. O., S. 93, 100

Menschewiki, um sie zu verhindern. Vielleicht wurden die Gewerkschafter von den Ereignissen auch einfach überrollt.
Mit der Veröffentlichung von Dokumenten, die Lenin als deutschen Agenten denunzierten, gelang es der Provisorischen Regierung, die während der Unruhen neutral verbliebenen Truppeneinheiten der Petrograder Garnison auf ihre Seite zu ziehen. Wieder im Besitz realer Machtmittel, konnte die Regierung dann rasch Herr der Lage werden. Entschlossen, die Gefahr von links ein für allemal zu bannen, erließ sie Haftbefehle gegen prominente Bolschewiki, darunter auch Lenin, ordnete die Schließung bolschewistischer Druckereien an und löste probolschewistische Regimenter auf. Diese Maßnahmen konnten die Gewerkschaften nicht gleichgültig lassen, schien es doch, als habe die Reaktion im Verein mit der Regierung zum Gegenangriff geblasen. Wenige Tage nach den Unruhen protestierte der Petrograder Zentralrat der Gewerkschaften gegen die »schändliche Jagd ... auf Lenin und andere sozialistische Politiker«, forderte alle Gewerkschaftsmitglieder auf, »mit eisernen Kräften gegen die Reaktion zu kämpfen« sowie jene Zeitungen zu boykottieren, die die Verleumdungskampagne gegen Lenin unterstützt hatten. Der drohenden Konterrevolution, erklärte der Zentralrat weiter, könne nur erfolgreich begegnet werden, wenn die Arbeiter sich entschieden hinter die Sowjets, die sozialistischen Parteien und die Gewerkschaften stellten[4]. Offensichtlich befürchtete der Zentralrat wirklich einen Rechtsrutsch von Regierung und öffentlicher Meinung, denn sonst hätte er die Arbeiter wohl kaum aufgefordert, alle sozialistischen Parteien und nicht nur die bolschewistische zu unterstützen. Gleiches gilt in Hinblick auf die Sowjets, die größtenteils menschewistisch orientiert waren und sich sogar geweigert hatten, die Macht zu übernehmen.
Auch im übrigen Land traten die Gewerkschaften während der Juliunruhen nicht in Aktion. Eine Ausnahme bildete Moskau, wo der Metallarbeiterverband seine Mitglieder zur Unterstützung der vom bolschewistischen Stadtkomitee ausgegebenen Parole »Alle Macht den Sowjets« aufrief. Größeren Anteil an der Vorbereitung von Protestaktionen hatten hingegen die Betriebskomitees. In Ivanovo-Voznesensk und in Orechovo-Zuev (Moskauer Gebiet) zum Beispiel mobilisierten sie unter bolschewistischen Parolen die Textilarbeiter gegen die Regierung. In der Re-

[4] Professional'noe dviženie v Petrograde, S. 48

gel ging die Initiative zu den Demonstrationen von den bolschewistischen Parteikomitees und bolschewistischen Sowjetfraktionen aus[5].

Nach den Juliunruhen setzte sich bei den Bolschewiki die Einsicht durch, daß die Provisorische Regierung weder auf friedliche Weise noch durch die Sowjets mit ihren derzeitigen menschewistischen Mehrheiten gestürzt werden konnte. Besonders Lenin forderte, die Losung »Alle Macht den Sowjets« aufzugeben oder zumindest auf Eis zu legen.

»Diese Parole war in der unwiederbringlich vergangenen Periode unserer Revolution vom 28. Februar bis zum 4. Juli richtig. Die Parole hat jetzt offensichtlich ihre Gültigkeit verloren... Der Kern der Sache ist, daß es nun bereits unmöglich ist, die Macht friedlich zu übernehmen... Keine Macht außer dem revolutionären Proletariat kann den Sturz der konterrevolutionären Bourgeoisie vollbringen.« [6]

Gleicher Meinung war der Sechste Parteitag der Bolschewiki (26. Juli bis 3. August), der die Parole »Alle Macht den Sowjets« zugunsten der unbestimmteren, aber augenblicklich politisch klügeren Formel »Diktatur des Proletariats und der Dorfarmut« verwarf[7].

Geeignete Organe für die Verwirklichung dieses Zieles schienen den Bolschewiki die Betriebskomitees zu sein, die zumindest in Petrograd, wie die Juliunruhen einmal mehr gezeigt hatten, beinahe ausnahmslos unter ihrer politischen Führung standen. Wiederum war es Lenin, der der Partei die Bedeutung der Komitees als mögliche Organe des bewaffneten Aufstandes verdeutlichte:

»Wir müssen das Schwergewicht unserer Aufmerksamkeit auf die Betriebskomitees legen. Wir müssen unsere Losung ändern und anstatt ›Alle Macht den Sowjets‹, ›Alle Macht den Betriebskomitees‹ sagen.« [8]

Lenin läßt dabei keinen Zweifel aufkommen, daß »unsere Partei... die politische Vorherrschaft zu behaupten bestrebt ist«[9]. Diese taktische Schwenkung von den Sowjets zu den Betriebs-

---

[5] Znamenskij, a. a. O., S. 137, 139

[6] Lenin, PSS, Bd. 34, S. 10

[7] Šestoj s'ezd RSDRP (b). Avgust' 1917 goda. Protokoly, Moskva 1964, S. 256

[8] Zit. nach Ordžonikidze, D. K., Izbrannye stati i reči 1911–1937, Moskva 1939, S. 124

[9] Lenin, PSS, Bd. 34, S. 134

komitees zeigt, daß es Lenin weniger um die Errichtung einer Sowjetdemokratie ging als vielmehr um die Herrschaft der Partei. Ohne Zögern ist er daher bereit, aus taktischen Gründen eine Losung durch eine andere zu ersetzen.

Die Provisorische Regierung blieb indes auch nicht untätig. Nachdem ein großer Teil von Arbeitern und Soldaten ihr in den Juliunruhen offen das Mißtrauen ausgesprochen hatte, versuchte Ministerpräsident F. A. Kerenskij auf einer Konferenz aller gesellschaftlicher Organisationen die Einheit der Nation wiederherzustellen und das ramponierte Prestige der Regierung aufzupolieren. Obwohl auf der Staatsberatung (12. bis 15. August), wie die offizielle Bezeichnung der Konferenz lautete, die Arbeiter durch Sowjets, Gewerkschaften und Kooperative vertreten waren, dominierten eindeutig die bürgerlichen Kräfte. Große Teile der Arbeiterschaft lehnten die Staatsberatung daher als ein Akklamationsforum für die Politik der Regierung ab. Vollends suspekt erschien sie, als Gerüchte auftauchten, die Staatsberatung diene der Vorbereitung eines monarchistischen Putsches[10].

Auch die Gewerkschaften fühlten sich durch die Staatsberatung herausgefordert. Der Moskauer Zentralrat – Moskau war Tagungsort der Konferenz – beriet am 9. August in Anwesenheit der Vertreter von 41 Gewerkschaftsleitungen über mögliche Gegenaktionen. Nach hitzigen Debatten, in denen sich die Menschewiki für eine gewerkschaftliche Teilnahme an der Staatsberatung aussprachen, verabschiedete die Versammlung eine von den Bolschewiki eingebrachte Resolution, in der die Staatsberatung als ein »Nest der Konterrevolution« gebrandmarkt wurde und die Arbeiter Moskaus zu Protestversammlungen und eintägigem Proteststreik aufgerufen wurden; allerdings sollte der Streik vom Stadtsowjet der Arbeiter- und Soldatendeputierten sanktioniert werden[11]. Nachdem dies vom Sowjet mit 364 gegen 304 Stimmen abgelehnt worden war[12], forderte das bolschewistische Parteikomitee die Arbeiter auf, dennoch zu streiken. Diesem Aufruf wurde fast geschlossen Folge geleistet, denn am Eröff-

---

[10] Die Behörden von Moskau stellten wegen dieser Gerüchte sogar die Großfürsten Paul und Michail Alcksandrovic vorübergehend unter Hausarrest. Vgl. dazu Chamberlin, Bd. 1, a. a. O., S. 185

[11] Rabočij kontrol', Dokument Nr. 167

[12] Meller, Pankratova, S. 254

nungstag der Staatsberatung streikten etwa 400 000 Arbeiter und öffentliche Bedienstete[13].

Der Streik machte deutlich, daß die Moskauer Arbeiterschaft die Versöhnungspolitik des Stadtsowjets mit der Provisorischen Regierung nicht mehr unterstützte. Seine Weigerung, sich an die Spitze der Protestbewegung zu setzen, beantworteten die Arbeiter zahlreicher Betriebe mit der Forderung nach Neuwahlen[14], d. h. sie erkannten den menschewistischen Sowjet nicht mehr als ihr politisches Führungsorgan an. Da die Gewerkschafter nach dem negativen Bescheid des Sowjets in der Streikfrage keine neue Sitzung abhielten, bleibt die Frage offen, ob sie auch dann noch zum Streik aufgerufen hätten. Die schroffe Formulierung der Protestresolution deutet allerdings daraufhin. Mit Sicherheit läßt sich jedoch sagen, daß die bolschewistische Partei dank ihrer kompromißlosen Ablehnung der Staatsberatung ihren Einfluß auf die Arbeiterschaft weiter festigen konnte. Ebenso gewiß ist, daß die Gewerkschaften ihre passive Haltung, die sie noch während der Juliunruhen an den Tag legten, jetzt aufgegeben hatten.

Bemerkenswert an den Ereignissen in Moskau ist, daß in der Regel die Arbeiter nicht unter der Parole »Alle Macht den Sowjets« gegen die Provisorische Regierung und die Staatsberatung protestierten. Offensichtlich waren die Arbeiter von den Bolschewiki, die die Bewegung steuerten, entsprechend instruiert worden. Ganz sicher ist hier ein Zusammenhang mit dem Beschluß des Sechsten Parteitages der Bolschewiki, die Parole »Alle Macht den Sowjets« zugunsten der unbestimmteren Formel »Diktatur des Proletariats und der Dorfarmut« aufzugeben, zu vermuten. Daß auch diese Losung nicht aufgegriffen wurde, mag damit zu erklären sein, daß sie bei den protestierenden Arbeitern lange nicht so populär war wie die alte Parole. Im übrigen konnten die Bolschewiki getrost auf eine bestimmte Losung verzichten. Die Protestaktionen gegen die Staatsberatung intendierten ohnehin den Kampf gegen die Provisorische Regierung.

Zu Protesten gegen die Staatsberatung kam es auch in Petrograd, allerdings nicht in der spektakulären Form von Streiks. Der Zentralrat der Gewerkschaften lehnte am 10. August nicht

---

13 Raboči kontrol', Dokument Nr. 170

14 Meller, Pankratova, S. 258

nur jede Beteiligung der Gewerkschaften ab, sondern beauftragte auch drei seiner Mitglieder, auf der Staatsberatung eine Protestresolution zu verlesen[15]. In nicht minder scharfer Form protestierte die Zweite Stadtkonferenz der Betriebskomitees (7. bis 12. August) gegen die Staatsberatung als »einen Versuch, die Konterrevolution zu organisieren, die öffentliche Meinung zu verfälschen und die Konstituante zu hintertreiben«. Ihrem Aufruf, Protestversammlungen abzuhalten, leisteten die Arbeiter fast aller größeren Betriebe Folge[16].

Die Befürchtungen der Petrograder Betriebskomitees, die Staatsberatung gefährde die Konstituierende Versammlung, obwohl jene nur beratenden und nicht legislativen Charakter hatte, war nicht ganz unbegründet. Infolge allzu gründlicher Vorbereitung der Wahlen zur Konstituante hatte die Linkspresse schon mehrmals den Verdacht geäußert, die Regierung verzögere absichtlich ihre Einberufung aus Furcht, die sozialistischen Parteien könnten die Mehrheit erhalten. Die Staatsberatung konnte demnach als Vorwegnahme der Konstituante erscheinen, zumal auf ihr die bürgerlichen Kräfte dominieren. Wenn das Gerücht stimmte, daß die Staatsberatung der Vorbereitung eines monarchistischen Putsches diente, und die Arbeiter hatten keinen Grund, daran zu zweifeln, würde das neue Regime die Konstituante sicher nicht einberufen. Kerenskijs Absicht, die Einheit der Nation mit Hilfe der Staatsberatung wiederherzustellen und die Regierung moralisch aufzuwerten, war jedenfalls auf der ganzen Linie gescheitert. Statt dessen gelang es den Bolschewiki, unter den Arbeitern ihren Einfluß, der nach dem Fiasko der Juliunruhen erheblich gelitten hatte, wieder zu festigen.

Kaum war die Staatsberatung beendet, erschütterte ein neues innenpolitisches Ereignis das Prestige der Regierung. Gemeint ist der Putsch Kornilovs, jener Versuch des von Kerenskij selbst ernannten Oberkommandierenden der russischen Streitkräfte, durch militärische Besetzung Petrograds die Staatsmacht an sich zu reißen. Kerenskij enthob Kornilov zwar sofort seines Postens und rief Armee und Bevölkerung zum Kampf gegen den General auf. Den von den Bolschewiki ausgestreuten Verdacht, die Regierung habe ihre Hand mit im Spiel gehabt, konnte er

---

15 Professional'noe dviženie v Petrograde, S. 52

16 Rabočij kontrol', Dokument Nr. 117; Meller, Pankratova, S. 253, 254, 259, 260; Professional'nyj vestnik, 1917, Nr. 1–2, S. 17

mit dieser Maßnahme dennoch nicht zerstreuen. Denn schließlich hatten die konservativen Kreise auf der Staatsberatung, die von Kerenskij selbst einberufen worden war, Kornilov noch als Retter Rußlands gehuldigt. Und bedeutete nicht der Plan der Regierung, aus Petrograd einen Teil der Industrie und damit Tausende von Arbeitern aus militärischen Gründen zu evakuieren, eine bewußte Schwächung des revolutionären Potentials der Hauptstadt, um Kornilovs Unterfangen zu erleichtern[17]? Noch ein weiterer Umstand schien zu beweisen, daß Kerenskij gemeinsame Sache mit Kornilov machte: der Fall von Riga, der letzten größeren Festung westlich von Petrograd, am 21. August. Es ging das Gerücht um, die Regierung habe Riga den Deutschen absichtlich in die Hände gespielt, um angesichts der militärischen Bedrohung einen Vorwand für die Evakuierung Petrograds zu haben[18].

Noch am selben Tag, als die ersten Nachrichten über Kornilovs Putschversuch in Petrograd eintrafen, am 27. August, berieten die beiden Zentralräte der Betriebskomitees und Gewerkschaften über mögliche Gegenmaßnahmen. Es wurde beschlossen, zum Schutz der Hauptstadt bewaffnete Arbeitermilizen aufzustellen und ein »Komitee zur Verteidigung Petrograds gegen die Konterrevolution« zu bilden. Seine Aufgabe sollte die Evakuierung der Zivilbevölkerung, Bewachung der Industrieanlagen, Kontrolle der staatlichen Organe und Verteidigung der Hauptstadt sein[19]. Beide Zentralräte mißtrauten offensichtlich der Regierung, da sie die Verteidigung Petrograds in die Hände der Arbeiter legen wollten. Ähnlich dachten die Arbeiter selbst. Auf zahlreichen Betriebsversammlungen forderten sie die Bildung einer »revolutionären Macht« und »allgemeine Bewaffnung

---

[17] Um zu verhindern, daß den Deutschen im Falle einer möglichen Einnahme Petrograds auch dessen Industriepotential in die Hände falle, erörterte die »Besondere Beratung für Verteidigung« erstmals am 7. April mögliche Maßnahmen zur Evakuierung von Industrieanlagen. Am 7. August setzte die Provisorische Regierung eine Kommission ein, die wenige Tage vor dem Kornilov-Putsch vorschlug, 47 größere Betriebe samt Arbeitern in die südlichen und östlichen Gebiete des Landes auszulagern. Die Bolschewiki nützten die Evakuierungspläne der Regierung für ihre Propaganda aus, indem sie den Arbeitern einredeten, das revolutionäre Potential der Hauptstadt solle mit diesen Maßnahmen geschwächt werden. Vgl. dazu Stepanov, a. a. O., S. 94–102

[18] Vgl. dazu Lenins »Entwurf einer Resolution zur gegenwärtigen politischen Lage« von Anfang September 1917, in: Lenin, PSS, Bd. 34, S. 146

[19] Meller, Pankratova, S. 274, 275

der Arbeiter«[20]. Die Taktik von Gewerkschaften und Betriebskomitees war dabei folgende: Kampf gegen Kornilov ohne dabei die Provisorische Regierung zu unterstützen.
Die gleiche Taktik propagierte die bolschewistische Partei. Lenin selbst machte auf die Gefahr aufmerksam, daß die Regierung eine Kooperation mit den Arbeitern bei der Niederschlagung des Kornilov-Putsches zur Festigung ihrer eigenen Position ausnützen könnte. Aus seinem Versteck in Finnland, wo er sich seit den Juliunruhen verborgen hielt, forderte er die bolschewistischen Organisationen in Petrograd auf, den Kampf gegen Kornilov unter der Losung zu führen: »Wir kämpfen gegen Kornilov, unterstützen aber nicht Kerenskij, sondern entlarven seine Schwäche.«[21]
Am 28. August griff auch der Petrograder Sowjet, der noch immer von Menschewiki und Sozialrevolutionären beherrscht war, die Forderung nach Bewaffnung der Arbeiter auf. Zu diesem Zweck bildete er ein »Komitee für den Volkskampf gegen die Konterrevolution«, dem er die Befehlsgewalt über die zu bewaffnenden Arbeiter übertrug. Die Arbeitermilizen, insgesamt 8000 Mann stark, sollten nicht als selbständige Einheiten aufgestellt, sondern der Stadtmiliz eingegliedert werden. Die Hauptlast der Verteidigung gegen Kornilov sollten demnach die der Provisorischen Regierung unterstellten regulären Truppen der Garnison tragen. Mit diesen Maßnahmen wollte der Sowjet verhindern, daß die Arbeitermilizen unter den Einfluß der Bolschewiki gerieten und von diesen eines Tages gegen ihn selbst eingesetzt werden. Die Hauptlast der Verteidigung Petrograds lag bei den »Roten Garden«, den von den Bezirkssowjets, bolschewistischen Parteizellen und Betriebskomitees spontan bewaffneten Arbeitereinheiten. Am 1. September zählten sie bereits 40 000 Mann. Besonders aktiv waren die Betriebskomitees, die nicht nur auf eigene Faust Waffen, Transportmittel und Schlafgelegenheiten organisierten, öffentliche Speisungen und fliegende Ambulanzen einrichteten, sondern auch einen bewaffneten Betriebsschutz aufstellten und Schützengräben in den Außenbezirken Petrograds aushoben[22].

[20] Stepanov, a. a. O., S. 171
[21] Lenin, PSS, Bd. 34, S. 120
[22] Stepanov, a. a. O., S. 172–180 und 227; Velikaja Oktjabr'skaja socialističeskaja revoljucija. Chronika sobytij, Moskva 1960, Bd. 3, S. 340–346, 364–369, 389–392 (in der Folge als Velikaja revoljucija zitiert)

Eine weniger spektakuläre Rolle spielten die Gewerkschaften bei der Niederschlagung des Kornilov-Putsches. Zwar waren sie in den für die Bildung der »Roten Garden« zuständigen Komitees bei den Bezirkssowjets vertreten. Da die Arbeiter jedoch in den meisten Fällen auf Betriebsebene bewaffnet wurden, blieb für größere Aktivität wenig Gelegenheit. Ganz untätig blieben die Gewerkschaften indes nicht. Der Metallarbeiterverband assignierte 50 000 Rubel für die militärische Ausrüstung der »Roten Garden«; bedeutendere Summen stellten auch die Verbände der Nahrungsmittel- und Holzarbeiter zur Verfügung[23]. Wichtiger als die relativ unbedeutenden finanziellen Zuwendungen war die Tatsache, daß die Gewerkschaften rückhaltlos die »Roten Garden« unterstützten. Und zwar nicht im Sinne zahlenmäßig begrenzter Reserveeinheiten der Stadtmiliz, wie es der Sowjet beabsichtigte, sondern im Sinne einer allgemeinen Bewaffnung der Arbeiter.

Obwohl der Putsch des Generals Kornilov zusammenbrach, ohne daß ein Schuß abgegeben wurde, und sich seine Truppen dank der massiven propagandistischen Beeinflussung seitens der Arbeiter von selbst auflösten, kam es zu einer weiteren Linksschwenkung der Arbeiterschaft in Petrograd. Am 31. August nahm der Sowjet erstmals seit seinem Bestehen eine bolschewistische Resolution an, in der neben der »Bildung einer Macht aus Vertretern des revolutionären Proletariats und der Bauernschaft« auch die Übergabe des Bodens an die Bauern und die Arbeiterkontrolle über die Produktion gefordert wurde[24]. Damit kontrollierten die Bolschewiki in Petrograd jetzt alle wichtigen Arbeiterorganisationen – Sowjets, Gewerkschaften und Betriebskomitees.

Kornilovs Marsch auf Petrograd mobilisierte auch im übrigen Land die Arbeiter. In Moskau forderte der Zentralrat der Gewerkschaften am 29. August die »vollständige Bewaffnung der Arbeiter und Bildung Roter Garden«[25]. Zum entschiedenen Kampf riefen auch die Gewerkschaften von Poltava, Kursk, Krasnojarsk und anderer Städte auf. Auch hier ging die Initia-

[23] Stepanov, a. a. O., S. 173

[24] Velikaja Oktjabr'skaja socialističeskaja revoljucija. Dokumenty i materialy. Oktjabr'skoe vooružennoe vosstanie v Petrograde, Moskva 1957, Dokument Nr. 24

[25] Professional'nyj vestnik, Oktjabr' 1917–oktjabr' 1918, S. 15

tive meist von den Sowjets, Betriebskomitees und bolschewistischen Parteizellen aus[26].

Nach dem mißglückten Putsch von Kornilov verlor die Provisorische Regierung zusehends an Autorität. Jene Parteien, die sie bisher unterstützt hatten – Menschewiki, Sozialrevolutionäre und Kadetten –, waren in raschem Niedergang begriffen[27]. Andererseits gingen immer mehr Sowjets zu den Bolschewiki über und sprachen der Regierung ihr Mißtrauen aus: am 3. September in Moskau, einen Tag darauf in Krasnojarsk, am 5. September in Ekaterinburg, wenig später auch in den meisten Städten des Donbass, des Wolgagebietes und der Ukraine. Mitte September unternahm Kerenskij einen neuerlichen Versuch, das Vertrauen der wichtigsten gesellschaftlichen Organisationen, ausgenommen die der besitzenden Schichten, wiederzugewinnen. Zu diesem Zweck berief er die sogenannte Demokratische Konferenz ein, deren Aufgabe vor allem darin bestand, eine neue Koalition zwischen den gemäßigten sozialistischen Parteien und den Kadetten zustandezubringen, nachdem letztere aus Protest gegen Kerenskijs eigenmächtiges Vorgehen gegen Kornilov ihre Mitarbeit in der Regierung aufgekündigt hatten. Die Zusammensetzung der Demokratischen Konferenz unterschied sich grundsätzlich von der der Staatsberatung. Hatten auf dieser die besitzenden Schichten, höheren Beamten und Militärs den rechten Flügel repräsentiert, so nahmen ihren Platz jetzt die Vertreter von Genossenschaften, Städten und Bauernsowjets ein. Den linken Flügel bildeten die Gewerkschaften und die Sowjets der Arbeiterdeputierten.

Im Mittelpunkt der Beratungen stand die Frage nach einer neuen Koalition zwischen Kadetten und rechtssozialistischen Parteien. Sie wurde zwar von der Konferenz mit knapper Mehrheit bejaht, von den insgesamt 172 Gewerkschaftsdelegierten stimmten jedoch 139 gegen und nur 32 für eine solche Koalition. Die wenigen Ja-Stimmen kamen von den Vertretern der

---

[26] Velikaja revoljucija, Bd. 3, S. 336, 354, 362, 386, 397

[27] Die Wahlen in die Moskauer Stadtduma im Oktober 1917 brachten im Vergleich zum Juli 1917 folgende Ergebnisse (Stimmen und Sitze):

	Juli		Oktober	
Menschewiki	76 407	(12)	15 887	(4)
Bolschewiki	75 409	(11)	198 320	(51)
Kadetten	108 781	(17)	101 106	(16)
Sozialrevolutionäre	374 885	(58)	54 374	(14)

Chamberlin, Bd. 1, a. a. O., S. 257

Gewerkschaften der Eisenbahner, Post- und Telegraphenangestellten, Druckereiarbeiter und Handels- und Gewerbeangestellten – alle seit jeher Hochburgen der Menschewiki[28]. Dieses Votum zeigt mit aller Klarheit, daß die Menschewiki in den Gewerkschaften kaum noch Einfluß hatten. Angesichts der Tatsache, daß weder eine Regierung nur aus Vertretern der gemäßigten sozialistischen Parteien möglich war – da sie sich weigerten, die alleinige Regierungsverantwortung zu übernehmen – noch eine Regierung nur aus Vertretern der Kadetten, der Partei der Bourgeoisie, implizierte eine Ablehnung der Koalition gleichzeitig die Forderung nach einer Machtübernahme der Sowjets.
Anders als im Juli stellte jetzt im Herbst 1917 die Losung »Alle Macht den Sowjets« eine tödliche Bedrohung für die Regierung dar, da sie nicht allein von der bolschewistischen Partei propagiert wurde, sondern die Sowjets selbst sie forderten. Unterstützt wurden die Sowjets dabei von den Gewerkschaften mit ihren Hunderttausenden von Mitgliedern. Es bedurfte nur noch des Signals zum Kampf gegen die Provisorische Regierung.

[28] Professional'nyj vestnik, 1917, Nr. 3–4, S. 2
Nach Organisationen stimmten in der Koalitionsfrage:

	für	gegen	enth.
Sowjets der Arbeiter- und Soldatendeputierten	83	192	4
Sowjets der Bauerndeputierten	102	70	12
Stadtvertretungen	114	101	8
Wirtschaftsverbände	34	16	1
Gewerkschaften	32	139	1
Kooperative	140	23	1
Militärorganisationen	64	54	7

Puti revoljucii. Stati, materialy, vospominanija, Berlin 1923, S. 349

VII. Gewerkschaften und Oktoberrevolution

1. Die Beteiligung der Gewerkschaften am Sturz der Provisorischen Regierung

Nachdem die Sowjets fast aller größeren Städte und Industriezentren als Reaktion auf den Kornilov-Putsch eine bolschewistische Position bezogen hatten, hielt Lenin den Augenblick für den Sturz der Provisorischen Regierung gekommen. In einem vom 13. September datierten Brief an das Zentralkomitee der Partei mit dem Titel »Marxismus und Aufstand« schrieb er: »Alle objektiven Voraussetzungen für den erfolgreichen Aufstand sind gegeben.«[1] Und in einem weiteren Schreiben vom 7. Oktober warnte er das Zentralkomitee: »Jetzt nicht die Macht ergreifen, warten, im *CIK* (gemeint war das Zentrale Exekutivkomitee des Petrograder Sowjets; der Verf.), reden – heißt die Revolution zugrunde richten.«[2]

Es war aber nicht das Zentralkomitee, das die Initiative zum bewaffneten Aufstand ergriff, sondern der Petrograder Sowjet. Um die Verteidigungsbereitschaft der Garnison angesichts der vorrückenden deutschen Truppen zu erhöhen, brachten die Menschewiki am 9. Oktober den Antrag ein, ein Militärisches Revolutionskomitee *(Voenno-revoljucionnyj komitet = VRK)* zu bilden. Durch Zusatzanträge gelang es den Bolschewiki aber, seine Kompetenzen so zu erweitern, daß es in seiner endgültigen Form nichts anderes als den leitenden Stab des bewaffneten Aufstandes darstellte[3]. Ihm gehörten auch Vertreter der Betriebskomitees und der Gewerkschaften an[4].

Offensichtlich unter dem Eindruck der Resolution des Petrogra-

---

[1] Lenin, PSS, Bd. 34, S. 245
[2] Lenin, PSS, Bd. 35, S. 66, 67
[3] Pietsch, a. a. O., S. 29, 30
[4] Egorova, a. a. O., S. 202

der Sowjets vom 9. Oktober entschloß sich am 10. Oktober auf Drängen Lenins auch das bolschewistische Zentralkomitee für den bewaffneten Aufstand[5]. Die Tatsache, daß nicht die Partei, sondern der Sowjet das Signal zum Kampf gegen die Provisorische Regierung gab, läßt vermuten, daß »zu diesem Zeitpunkt das Zentralkomitee eher in den Sog einer Massenbewegung geriet, als daß es selbst an der Spitze dieser Bewegung stand«[6]. Nachdem sich das Zentralkomitee für den bewaffneten Aufstand ausgesprochen hatte, traf die Partei in aller Eile die notwendigen organisatorischen Vorbereitungen, vor allem sondierte sie die Stimmung in den von ihr kontrollierten Arbeiterorganisationen. Zu diesem Zweck berief das Petrograder Parteikomitee am 15. Oktober eine Sitzung ein. Vertreter des Zentralrates der Gewerkschaften, die mit beratender Stimme teilnahmen, schätzten die Kampfbereitschaft der Gewerkschaften zwar nicht hoch ein, erklärten aber, sie würden den Sowjet jederzeit unterstützen, falls er zu Aktionen gegen die Regierung aufrufen sollte. Ein namentlich nicht genanntes Mitglied des Zentralrates erklärte:

»Es gibt keinen Verband, wo unser Einfluß nicht gewachsen wäre. Entschiedene kämpferische Stimmung wird nicht beobachtet. Wenn seitens der Konterrevolution ein Angriff droht, wird Widerstand geleistet werden, von selbst aber gehen die Massen nicht zum Angriff über. Wenn der Petrograder Sowjet zum Angriff bläst, werden die Massen ihm folgen.« [7]

Wesentlich optimistischer zeigte sich der Gewerkschafter Anceliovič. Er plädierte dafür, sich bei der Machtergreifung vor allem auf die Gewerkschaften zu stützen. Sie seien, wie der Kornilov-Putsch gezeigt habe, entschieden bolschewistisch eingestellt. Erst in zweiter Linie solle sich die Partei auf die Betriebskomitees stützen[8]. Vertreter von Betriebskomitees nahmen an der Beratung nicht teil, doch dürfte über ihre positive Einstellung zur Machtergreifung kein Zweifel bestanden haben. Dies bewiesen die »Roten Garden«, deren Aufbau nach dem Kornilov-Putsch von den Komitees fast aller größeren Betriebe Petrograds verstärkt vorangetrieben worden war und die dem Petrogra-

[5] Protokoly Central'nogo Komiteta RSDRP (b). Avgust' 1917–fevral' 1918, Moskva 1958, S. 86 (In der Folge als Protokoly CK RSDRP (b) zitiert)
[6] Pietsch, a. a. O., S. 30
[7] Peterburgskij komitet, S. 315
[8] a. a. O., S. 316

der Sowjet, seit er von den Bolschewiki kontrolliert wurde, wiederholt ihre Loyalität versichert hatten[9]. Das Petrograder Parteikomitee konnte also, falls die Macht im Namen der Sowjets ergriffen wurde, mit der Unterstützung der Betriebskomitees und Gewerkschaften rechnen. Technische Einzelheiten wurden auf der Sitzung nicht geklärt, die Vertreter der Gewerkschaften aber aufgefordert, laufend Kontakt mit der Parteizentrale zu halten[10].

Einen Tag später, am 16. Oktober, befaßte sich das Zentralkomitee der Partei mit der Frage der Machtergreifung. Neben Vertretern des Gewerkschaftsrates nahmen diesmal auch Vertreter der Betriebskomitees teil. Šmidt und Šljapnikov schätzten die Kampfbereitschaft der Gewerkschaften, obwohl sie in ihrer Mehrheit bolschewistisch orientiert waren, nicht übermäßig hoch ein. Šmidt erklärte:

»Die Stimmung ist so, daß aktive Aktionen nicht erwartet werden können, besonders aus Angst vor Entlassungen. Auf Grund der gegenwärtigen wirtschaftlichen Verhältnisse kann für die nächste Zeit eine kolossale Arbeitslosigkeit erwartet werden; in Zusammenhang damit ist die Haltung eine abwartende.« [11]

Wesentlich revolutionärer und offensiver beurteilte Skrypnik vom Zentralrat der Betriebskomitees die Stimmung der Arbeiter. Seiner Ansicht nach machte sich »überall ein Zug zu praktischen Maßnahmen« bemerkbar. Resolutionen, erklärte er, befriedigten nicht mehr. Die Gewerkschaftsführer schätzten die Stimmung nicht richtig ein, da sie »konservativer« als die Massen seien. Wenn die Bolschewiki jetzt nicht handelten, gingen die Arbeiter zu den Anarcho-Syndikalisten über, die schon beträchtlich an Einfluß gewonnen hätten[12].

Für die unterschiedliche Einschätzung der Kampfbereitschaft der Arbeiter durch Šmidt und Šljapnikov einerseits und Skrypnik andererseits bieten sich drei mögliche Erklärungen an:

---

[9] In Petrograd gab es Ende September in fast jedem größerem Betrieb eine Rote Garde. In den Putilov-Werken betrug ihre Stärke 2000 Mann, in der Fabrik Trubočnyj 800 Mann, in der Fabrik Treugol'nik 500 Mann. Unterstellt waren die Roten Garden, die Ende September etwa 8000–12 000 Mann zählten, der »Zentralen Kommandantur der Roten Garden« beim Petrograder Sowjet. Vgl. dazu Stepanov, a. a. O., S. 221–238

[10] Peterburgskij komitet, S. 317

[11] Protokoly CK RSDRP (b), S. 96

[12] a. a. O.

1. Die Betriebskomitees waren tatsächlich radikaler eingestellt als die Gewerkschaften. Dafür spricht, daß sie in ständigem Kleinkrieg mit den Unternehmern lagen, wobei es immer weniger um ökonomische Fragen als um die Verfügungsgewalt über die Produktionsmittel ging. Die Forderung der Komitees nach Arbeiterkontrolle über die Produktion konnte aber nur realisiert werden, wenn die Provisorische Regierung gestürzt wurde und damit die politische Stütze der Unternehmer wegfiel.
2. Die Gewerkschaftsführer schätzten die Stimmung der Arbeiter nicht richtig ein. Dafür spricht, daß sie in weniger engem Kontakt zu den Arbeitern standen als die Betriebskomitees, die ähnlich einem Seismographen jede Stimmungsschwankung in der Arbeiterschaft registrieren und ihrem Zentralrat darüber berichten konnten. Diese Möglichkeit hatten die Gewerkschaftsführer nicht, es sei denn bei Neuwahlen der Gewerkschaftsleitungen, auf Demonstrationen oder auf Verbandsversammlungen. Vor diesem Hintergrund muß Skrypniks Behauptung, die Gewerkschaftsführer seien »konservativer« als die Massen, gesehen werden.
3. Die Masse der Arbeiter hatte tatsächlich wenig Interesse an Kampfmaßnahmen gegen die Provisorische Regierung. Wie aber die massenhafte Beteiligung von Arbeitern an den anläßlich des »Tages des Petrograder Sowjets« am 22. Oktober abgehaltenen Demonstrationen zeigte, war das nicht der Fall[13]. Die Vermutung liegt somit nahe, daß nicht Šmidt und Šljapnikov, sondern Skrypnik die Kampfbereitschaft der Arbeiter Petrograds richtig einschätzte.

Mit großer Mehrheit bestätigte die Beratung die Resolution des bolschewistischen Zentralkomitees vom 10. Oktober zur Machtergreifung. Weiter wurde beschlossen, beim Militärischen Revolutionskomitee des Petrograder Sowjets ein fünfköpfiges Gremium für die politische Leitung des Aufstandes zu bilden, womit sich die bolschewistische Partei an die Spitze der organisatorischen und politischen Vorbereitung des Aufstandes setzte[14].

Unterdessen wurden auch in anderen Städten des Landes Militärische Revolutionskomitees gebildet. Wie in Petrograd gehörten ihnen Vertreter von Gewerkschaften und Betriebskomitees an. Besonders aktiv war der Gewerkschaftsrat in Moskau. Er

[13] Chamberlin, Bd. 1, S. 279
[14] Protokoly CK RSDRP (b), S. 104

delegierte nicht nur drei Mitglieder in das Militärische Revolutionskomitee, wählte nicht nur ein neunköpfiges Kollegium – *devjatka* genannt – für die Koordinierung der Aufstandsvorbereitungen mit dem Stadtsowjet und dem Parteikomitee, sondern rief auch die Gewerkschaften der Stadt auf, »die Tätigkeit des Militärischen Revolutionskomitees ... in jeder Weise zu unterstützen«[15].

Am Morgen des 24. Oktober kündigte in Petrograd Sirenengeheul den Rotgardisten und den in die Aufstandsvorbereitungen eingeweihten Truppenteilen an, sich in Kampfbereitschaft zu halten; am Abend des selben Tages begann dann die militärische Besetzung von strategisch wichtigen Punkten der Stadt – Brücken, Bahnhöfen, öffentlichen Gebäuden usw. In den Morgenstunden des 25. Oktober gab das Militärische Revolutionskomitee in einem von Lenin verfaßten Aufruf den Sturz der Provisorischen Regierung bekannt, die sich zu diesem Zeitpunkt noch im Winterpalais verschanzt hatte. Am Abend gelang es schließlich den Rotgardisten unter geringen Verlusten, das Palais zu stürmen und die Provisorische Regierung gefangenzunehmen.

Trotz der Mitarbeit einzelner Gewerkschaftsvertreter in den Militärischen Revolutionskomitees hatten die Gewerkschaften an der Oktoberrevolution nur geringen Anteil. Eine größere Rolle spielten dagegen die Betriebskomitees. Sie hatten in den letzten entscheidenden Tagen den Aufbau von Roten Garden forciert, auf eigene Faust Waffen organisiert, die Betriebe Tag und Nacht bewacht und in ständiger Verbindung mit dem Militärischen Revolutionskomitee gestanden[16]. Die geringe Aktivität der Gewerkschaften ergab sich aus der Form der Machtergreifung selbst, die als generalstabsmäßig geplante Operation durchgeführt wurde und für die nur bewaffnete Arbeitereinheiten in Frage kamen, über die aber die Gewerkschaften nicht verfügten. Dem menschewistischen Gewerkschafter Garvi kann daher beigepflichtet werden, wenn er behauptet:

»Der Anteil der ... Gewerkschaften an der Vorbereitung des Oktoberumsturzes war weder entscheidend noch dominierend noch richtungsweisend.« [17]

---

[15] Podgotovka i pobeda Oktjabr'skoj revoljucii v Moskva, a. a. O., Dokument Nr. 288

[16] Egorova, a. a. O., S. 204, 205; Stepanov, a. a. O., S. 258–282

[17] Garvi, a. a. O., S. 23

2. *Die Haltung der bolschewistischen Gewerkschaften zur Oktoberrevolution*

In den späten Abendstunden des 25. Oktober, als die Provisorische Regierung bereits gestürzt war, trat der Zweite Gesamtrussische Sowjetkongreß im Taurischen Palais zusammen. Von den Bolschewiki eindeutig beherrscht, billigte er den Umsturz und setzte eine neue Regierung ein, den Rat der Volkskommissare *(Sovet Narodnych Komissarov = SNK)*, dem nur Bolschewiki angehörten und der dem Gesamtrussischen Zentralen Exekutivkomitee des Sowjetkongresses *(Vserossijskij Central'nyj Ispolnitel'nyj Komitet = VCIK)* verantwortlich war.

Obwohl die bolschewistischen Gewerkschaften im Herbst einmütig die Machtübernahme der Sowjets gefordert hatten, zeigten sie sich nach der Regierungsbildung zunächst enttäuscht, ja vereinzelt machte sich sogar Ablehnung bemerkbar. Denn ungeachtet der leichten und nahezu unblutigen Machteroberung glaubten sie nicht, daß eine Einparteienregierung genügend Rückhalt bei den Arbeitern habe, um die Macht auch behaupten zu können. Mehr noch, sie befürchteten, daß der Ausschluß der übrigen sozialistischen Parteien von der Regierungsverantwortung zum »Bruderkrieg« innerhalb der Arbeiterklasse und damit zum Untergang der Revolution führen werde. Daher drängten sie auf die sofortige Versöhnung der sozialistischen Parteien mit dem Ziel einer Koalitionsregierung. Nur bei einer Erweiterung der Regierungsbasis, nur wenn sich alle politischen Parteien der Arbeiterklasse hinter die Regierung stellten, könnten »die konterrevolutionären Absichten der besitzenden Klassen, die jetzt ihr Haupt erheben und ... alle Errungenschaften der Revolution bedrohen werden«, vereitelt werden[18]. Diese Ansicht der Petrograder Lederarbeitergewerkschaft wurde auch von anderen bolschewistischen Gewerkschaftsgremien geteilt, wie zum Beispiel von der Leitung der Metallarbeitergewerkschaft und dem Zentralrat der Gewerkschaften[19]. Selbst bolschewistische Parteimitglieder warben unter den Arbeitern für die Idee einer Koalitionsregierung. So heißt es in einem Bericht des Parteikomitees von Narva, eines Petrograder Bezirks:

[18] Zit. nach Professional'noe dviženie v Petrograde, S. 144, 145
[19] Professional'nyj vestnik, 1917, Nr. 3–4, S. 10

»Eine Anzahl von Genossen, Mitglieder unserer Parteiorganisation, führen im Bezirk eine Vereinigungskampagne durch, indem sie auf Versammlungen mit dem Aufruf zur Vereinigung aller sozialistischen Parteien einschließlich der Menschewiki-Vaterlandsverteidiger auftreten.« [20]

Der Ruf der Gewerkschaften nach einer Regierung aus allen sozialistischen Parteien bedeutete keineswegs die Aufgabe der Losung »Alle Macht den Sowjets«. Im Gegenteil, sie wollten eine Koalitionsregierung nur dann anerkennen, wenn sie dem Sowjetkongreß verantwortlich sei, die Dekrete über den Frieden und die Bodenaufteilung anerkenne und die sofortige Einführung der Arbeiterkontrolle über die Produktion beschließe. Anerkennung der Sowjets als oberste politische Instanzen und Bildung einer Koalitionsregierung – nur unter diesen Voraussetzungen könne sich die »proletarisch-bäuerliche Revolution« weiterentwickeln[21].

Indem die Gewerkschaften auf einer Koalitionsregierung aus allen sozialistischen Parteien bestanden, gaben sie zu erkennen, daß sie die Sowjets als politische Organe der Arbeiterklasse insgesamt, als Sammelbecken aller sozialistischen Parteien und nicht als Organe nur einer Partei verstanden. Daher stand eine Regierung aus Vertretern nur einer Partei, mochte diese auch die stärkste Fraktion auf dem Sowjetkongreß stellen, im Widerspruch zum Räteprinzip. Ganz in diesem Sinne erklärte die Leitung der Metallarbeitergewerkschaft des Moskauer Gebiets:

»Notwendig ist eine Regierung, um die sich die breitesten Schichten der Demokratie scharen ... Eine solche Macht ist eine Sowjetregierung, keine Einparteienregierung. Deshalb muß eine Macht aus Vertretern aller im Sowjet vertretenen Parteien geschaffen werden.« [22]

Gerade weil die Losung »Alle Macht den Sowjets« bei den Massen so populär war, hatten die Bolschewiki die Vorbereitungen zum Sturz der Provisorischen Regierung unter dieser Parole durchgeführt. Sie hatten die Oktoberrevolution niemals als das Werk ihrer Partei, sondern immer als die Tat des Proletariats und der ärmsten Bauernschaft, organisiert in den Sowjets, hin-

---

[20] Zit. nach Putilovec v trech revoljucijach, a. a. O., S. 410
[21] Meller, Pankratova, S. 310. Resolution des Petrograder Delegiertenrates der Metallarbeiter
[22] Professional'nyj vestnik, 1917, Nr. 3–4, S. 10

gestellt. Kein Wunder also, wenn die Arbeiter jetzt auch eine wirkliche Sowjetregierung forderten.

Es ist bemerkenswert, daß in den ersten Stellungnahmen der Gewerkschaften – wie auch in den Aufrufen des Sowjetkongresses und in den Verlautbarungen anderer revolutionärer Organisationen – der gesellschaftliche Charakter der Oktoberrevolution zunächst nicht näher präzisiert wurde. Es wurde nur von »Revolution« oder »proletarisch-bäuerlicher Revolution« gesprochen, nie aber von »sozialistischer Revolution«. Diese von der Forschung bisher nicht beachtete Tatsache interpretiert Walther Pietsch so, daß die Bolschewiki den Sturz der Provisorischen Regierung zunächst als Vollendung der demokratischen Revolution betrachteten. Als sich dann in den Koalitionsverhandlungen mit den Menschewiki und rechten Sozialrevolutionären zeigte (vgl. das folgende Kapitel), daß sie den Umsturz ablehnten, die linken Sozialrevolutionäre aber eine abwartende Haltung einnahmen, »mußten die Bolschewiki eine Einparteienregierung bilden und zur Rechtfertigung dieser Maßnahme die Flucht nach vorne antreten, indem sie ihre Sache mit der des Proletariats identifizierten und nun die Revolution zu einer sozialistischen erklärten«[23].

Es ist aber nicht allein auf diesen Umstand zurückzuführen, daß die bolschewistischen Gewerkschaften sich schließlich für eine Einparteienregierung aussprachen. Machtpolitische Gründe haben ebenfalls eine Rolle gespielt. Nach der Niederlage General Krasnovs am 31. Oktober auf den Höhen von Pulkovo bei Petrograd durch bolschewistische Matrosen und dem Sieg der Revolution nach blutigen Kämpfen in Moskau am 2. November war das neue Regime zunächst nicht mehr unmittelbar bedroht. Zudem hatte die Haltung der gemäßigten sozialistischen Parteien in den Koalitionsverhandlungen erhebliche Zweifel aufkommen lassen, ob sie an einer Versöhnung mit den Bolschewiki überhaupt interessiert waren. Am 9. November beriet der Petrograder Zentralrat der Gewerkschaften in Anwesenheit von Vertretern fast aller Gewerkschaften der Stadt erneut über die politische Lage. Diesmal stellte sich der Zentralrat mit der überwältigenden Mehrheit von 112 gegen 31 Stimmen hinter die neue Regierung und sprach ihr sein unbedingtes Vertrauen aus[24]. Im-

[23] Pietsch, a. a. O., S. 69
[24] Professional'noe dviženie v Petrograde, S. 56

plizit bedeutete dieses Votum, daß die Gewerkschaften die Oktoberrevolution nun als eine sozialistische Revolution anerkannten. Ein ähnlicher Stimmungsumschwung zeichnete sich in Moskau ab. Auch hier versprach der von den Bolschewiki kontrollierte Zentralrat der Gewerkschaften, die Regierung bedingungslos zu unterstützen[25].

3. *Die Vikžel-Affäre und die Spaltung der Eisenbahnergewerkschaft*

Seit ihrem konstituierenden Kongreß im August 1917 waren die Eisenbahner in einem gesamtrussischen Verband vereinigt. An seiner Spitze stand das *Vikžel* (Abkürzung von *Vserossijskij ispolnitelnyi komitet železnodorožnikov* = Gesamtrussisches Exekutivkomitee der Eisenbahner), dem 14 radikale und 25 gemäßigte Sozialisten angehörten. Dieses politische Kräfteverhältnis mag auch die Haltung des *Vikžel* zur Oktoberrevolution erklären: Es lehnte sie prinzipiell nicht ab, bestand jedoch auf einer »gesamtsozialistischen Regierung von den Bolschewiki bis zu den Volkssozialisten (eine rechtssozialistische Partei; der Verf.) einschließlich«. Nur eine solche Regierung, erklärte das *Vikžel,* könne einen blutigen Bürgerkrieg verhindern und das Land sicher zur Konstituierenden Versammlung führen[26]. Da weder der Rat der Volkskommissare noch das Gesamtrussische Zentrale Exekutivkomitee auf die Forderung des *Vikžel* reagierten, drohte es am 29. Oktober mit einem Generalstreik der Eisenbahner, falls bis Mitternacht desselben Tages keine Koalitionsverhandlungen eingeleitet seien[27].

Ein Generalstreik der Eisenbahner hätte dem Ansehen der Bolschewiki zweifellos geschadet. Aus zweierlei Gründen: 1. Durch ihr Beharren auf einer Einparteienregierung wären sie als die moralisch Schuldigen am Streik erschienen. 2. Sie wären auf eindrucksvolle Weise der Verletzung des Sowjetgedankens angeklagt worden. Da sowohl einige Mitglieder des bolschewistischen

---

[25] Ljubimov, I. N., Revoljucija 1917 goda. Chronika sobytij. Bd. 6, Moskva/Leningrad 1930, S. 86 (In der Folge abgekürzt als Ljubimov, Revoljucija zitiert)

[26] Lenin, V. I., Sočinenja. Izdanie tret'e. Moskva/Leningrad 1928 ff., Bd. 22, S. 578 (In der Folge abgekürzt als Lenin, Sočinenija zitiert)

[27] Ljubimov, Revoljucija, Bd. 6, S. 436, 437

Zentralkomitees als auch die linken Sozialrevolutionäre, die zweitstärkste Fraktion auf dem Sowjetkongreß, auf eine Erweiterung der Regierungsbasis drängten, erklärte sich das Zentralkomitee schließlich zu Verhandlungen mit den übrigen sozialistischen Parteien bereit. Am Abend des 29. Oktober fanden erste Kontaktgespräche beim *Vikžel* statt. Dieses zog darauf seine Streikdrohung zurück, befahl den Streikkomitees aber, auf dem Posten zu bleiben[28].

Die Koalitionsverhandlungen begannen vielversprechend. Konnte auch keine Einigung bezüglich der Person des Regierungschefs erzielt werden, so herrschte doch Einmütigkeit im Hinblick auf die Erweiterung des *VCIK* zu einem »Provisorischen Volkssowjet«, dem die neue Regierung verantwortlich sein sollte. Kamenev, als Vertreter des bolschewistischen Zentralkomitees, erklärte sich sogar bereit, den Menschewiki und Sozialrevolutionären die Hälfte der Ministerposten zu überlassen. Die Gespräche wurden jedoch von zwei Seiten torpediert: von Lenin, der nicht bereit war, die Macht zu teilen – auf die Auseinandersetzungen im Zentralkomitee soll hier nicht eingegangen werden[29] –, und von den gemäßigten sozialistischen Parteien selbst, die auf einer Regierung ohne Bolschewiki bestanden[30]. Offenbar ging es Menschewiki und Sozialrevolutionären auch gar nicht um eine Versöhnung. Sie wollten Zeit gewinnen, bis Kerenskij mit Hilfe regulärer Truppen Petrograd zurückerobert und die Provisorische Regierung wieder eingesetzt haben würde. Für diese Annahme spricht die Erklärung F. A. Dans vom menschewistischen Zentralkomitee, man wolle sich bei einer Annahme von Forderungen der gemäßigten sozialistischen Parteien bei Kerenskij dafür einsetzen, weder Gewalt gegen bolschewistische Arbeiter anzuwenden noch Truppen in die Arbeiterviertel zu schicken. Die menschewistische Verzögerungstaktik nutzte wenig, denn Lenin setzte am 4. November den Abbruch der Koalitionsgespräche durch[31].

---

[28] a. a. O., S. 21

[29] Zu den Forderungen der gemäßigten sozialistischen Parteien im einzelnen vgl. Vompe, P., Dni Oktjabr'skoj revoljucii i železnodorožnikov, Moskva 1924, S. 26–32

[29] Zu den Verhandlungen im bolschewistischen Zentralkomitee vgl. Pietsch, a. a. O., S. 51–53

[30] Zu den Forderungen der gemäßigten sozialistischen Parteien im einzelnen vgl. Vompe, a. a. O., S. 26–32

[31] Ljubimov, Revoljucija, Bd. 6, S. 39

Die Versöhnungspolitik des *Vikžel* fand keineswegs ungeteilte Zustimmung bei den Eisenbahnern. Besonders die unteren Ränge erhoben Protest. Als *Vikžel*-Vertreter am 28. Oktober im Petrograder Bezirk Železnodorožnyj für den Generalstreik agitierten, wurden sie von erbosten Eisenbahnern kurzerhand eingesperrt[32]. Meistens aber ließen die Arbeiter es bei Protestkundgebungen gegen die Politik des *Vikžel* bewenden. So begründete die allgemeine Eisenbahnerversammlung der Petrograder-Baltischen Eisenbahn ihre Absicht, mit allen Mitteln einen Streik zu unterbinden, weil die Politik des »*Vikžel* nicht die Meinung des Eisenbahnerproletariats widerspiegelt«. Resolutionen ähnlichen Inhalts verabschiedeten auch Moskauer Eisenbahner, wenngleich hier die Stimmung im allgemeinen weniger *vikžel*-feindlich war[33].

Die Spaltung der Eisenbahnergewerkschaft war auch nicht durch die förmliche Anerkennung der Regierung seitens des *Vikžel* am 20. November aufzuhalten. Immer lauter erscholl der Ruf nach Neuwahlen und Einberufung eines außerordentlichen Eisenbahnerkongresses[34]. Die bolschewistischen Eisenbahnerkomitees von Petrograd und Moskau ergriffen von sich aus die Initiative und beriefen für den 12. Dezember einen solchen Kongreß nach Petrograd ein. Vornehmlich von Bolschewiki und linken Sozialrevolutionären besucht, war dieser Kongreß als Gegendemonstration zu dem vom *Vikžel* für den 18. Dezember einberufenen Gesamtrussischen Kongreß der Eisenbahnangestellten, -handwerker und -arbeiter gedacht[35].

Die Bolschewiki maßen diesem Kongreß große Bedeutung bei. Lenin selbst hielt die Begrüßungsansprache, Zinov'ev erläuterte die außen- und innenpolitischen Grundsätze des Rates der Volkskommissare[36]. Den Standpunkt der wenigen Menschewiki erläuterte Astrov: Weder das Dekret über den Grund und Boden

---

[32] Peterburgskij komitet, S. 331

[33] Zit. nach Ljubimov, Revoljucija, Bd. 6, S. 40, 60

[34] a. a. O., S. 279

[35] a. a. O., S. 331

[36] Lenin unterstrich den sozialistischen Charakter der Oktoberrevolution und forderte die Eisenbahner auf, alles in ihren Kräften Stehende zu tun, um den Zusammenbruch des Transportwesens abzuwenden. Lenin, PSS, Bd. 35, S. 167, 168; Zinov'ev ging in seiner Rede auf die Friedenspolitik und die ersten wirtschaftspolitischen Dekrete (Arbeiterkontrolle, Nationalisierung der Banken) ein, in denen er die »ersten historischen Momente der gegenwärtigen sozialistischen Revolution« erblickte. Zit. nach Ljubimov, Revoljucija, Bd. 6, S. 350

noch das über die Arbeiterkontrolle können darüber hinwegtäuschen, daß der Oktoberumsturz keine sozialistische Revolution sei. Wichtig sei im Augenblick allein, die brennenden politischen und ökonomischen Probleme des Landes zu lösen, wofür nur die Konstituierende Versammlung in Frage komme. Astrov konnte den Kongreß nicht überzeugen; mit großer Mehrheit billigte er die Politik der Regierung, verurteilte die Losung »Alle Macht der Konstituante« als eine Losung der »bürgerlich-großgrundbesitzenden Konterrevolution« und sprach dem *Vikžel* mit 150 gegen 5 Stimmen das Mißtrauen aus[37]. Genau das dürfte auch die Absicht der Initiatoren des Kongresses gewesen sein: klare Fronten unter den Eisenbahnern zu schaffen und sich der Unterstützung ihres bolschewistischen Teils zu vergewissern. Der Gegenkongreß deutet zudem auf die Absicht der Bolschewiki hin, den Eisenbahnerverband, sollte er sich auf dem vom *Vikžel* einberufenen Kongreß gegen die neue Regierung aussprechen, zu spalten und einen probolschewistischen Verband zu gründen.
Zur offenen Kraftprobe zwischen Anhängern und Gegnern des neuen Regimes kam es am 18. Dezember auf dem vom *Vikžel* einberufenen Kongreß, auf dem die Vertreter der gemäßigten sozialistischen Parteien ein leichtes Übergewicht hatten[38]. Die unüberbrückbaren Gegensätze machten jede sachliche Arbeit unmöglich, der Kongreß glich eher einem politischen Diskussionsklub als einem Forum zur Erörterung gewerkschaftlicher und ökonomischer Fragen. Die Auseinandersetzung drehte sich – wie nicht anders zu erwarten – in erster Linie um die Frage, ob die einzuberufende Konstituierende Versammlung oder der Sowjetkongreß als höchste politische Autorität in Rußland anerkannt werden sollte. Die Bolschewiki wollten die Konstituante nur anerkennen, wenn sie die Beschlüsse des Zweiten Sowjetkongresses akzeptierte – kein Wunder, denn sie hatten bei den Wahlen zur Konstituante im November nur 25 Prozent der

---

[37] Vestnik professional'nych sojuzov, 1918, Nr. 4, S. 9

[38] Der gemäßigte Flügel war vertreten durch 40 Menschewiki, 100 Sozialrevolutionäre und etwa 150 Parteilose, der radikale Flügel hingegen durch 120 Bolschewiki, 80 linke Sozialrevolutionäre und 60 Sozialdemokraten-Internationalisten. Ljubimov, Revoljucija, Bd. 6, S. 372

[39] Bei den Wahlen zur Konstituierenden Versammlung entfielen von den 703 Sitzen auf die Bolschewiki 168. die Menschewiki 18. die Kadetten 15, die Russischen Sozialrevolutionäre 299, die Ukrainischen Sozialrevolutionäre 81, die linken Sozialrevolutionäre 39 und der Rest auf konservative Parteien und Nationalitätengruppen. Vgl. dazu Radkey, O. H., The Election of the Russian Constitutent Asssembly of 1917, Cambridge/Mass. 1950, S. 16

Stimmen erhalten[39]. Demgegenüber bestanden die Menschewiki und Sozialrevolutionäre darauf, daß die Entscheidung über die künftige Staatsform und Gesellschaftsordnung nicht durch Beschlüsse des Sowjets präjudiziert werden dürfe. Sollten die Bolschewiki die Konstituante hintertreiben, werden die Eisenbahner, so erklärte V. M. Černov, der Führer der Sozialrevolutionäre, ihre Einberufung notfalls mit Gewalt erzwingen[40]. Mit der knappen Mehrheit von 273 gegen 261 Stimmen entschied sich der Kongreß für eine von den Menschewiki und Sozialrevolutionären eingebrachte Resolution, die die Oktoberrevolution als Machtusurpation und die Ausübung der Regierungsgewalt durch den Rat der Volkskommissare als unrechtmäßig verurteilte. Eine Aufschlüsselung der abgegebenen Stimmen zeigt, daß die gemäßigten sozialistischen Parteien sich vornehmlich auf das höhere Verwaltungspersonal, die radikalen hingegen auf die Arbeiter und mittleren Angestellten stützten. Dies bedeutete praktisch die Spaltung des Eisenbahnerverbandes[41].

Die Entscheidung des Eisenbahnerkongresses war ohne Bedeutung für die weitere politische Entwicklung Rußlands. Warum sollten die Bolschewiki die Autorität der Konstituierenden Versammlung anerkennen, wenn erstens die Massen der Eisenbahner – und nicht nur diese – einem Aufruf zum Kampf gegen die Regierung nicht folgen würden, was die Abstimmung erneut bewiesen hatte, und sie zweitens in diesem Gremium nicht die Mehrheit hatten? Genaugenommen hat die bolschewistische Partei den Stab über die Konstituante schon zu jenem Zeitpunkt gebrochen, als sie den Oktoberumsturz, dessen gesellschaftlichen Charakter sie zunächst nicht näher präzisiert hatte, zu einer sozialistischen Revolution deklamierte. Von diesem Moment an maßen die Bolschewiki der Konstituante nur noch untergeordnete Bedeutung bei, selbst wenn sie bei den Wahlen die absolute Mehrheit bekommen hätten, da die künftige Gesellschaftsordnung bereits präjudiziert war.

---

[40] Trudy Vserossijskogo črezvyčajnogo s'ezda železnodorožnikov služaščich, masterovych i rabočich. Protokoly, Moskva 1918, S. III

[41] Im einzelnen stimmten:

	für	gegen
Arbeiter und Handwerker	88	183
Büroangestellte	52	35
Verwaltungsangestellte	43	8
ungeklärte Berufe	18	4
Personen mit Exekutivfunktionen	72	31
gesamt	273	261

Vestnik professional'nych sojuzov, 1918, Nr. 4, S. 10

Der Sieg der Menschewiki und Sozialrevolutionäre war ein Pyrrhussieg, denn sofort nach der Abstimmung verließ der linke Flügel unter Absingen der »Internationale« geschlossen den Sitzungssaal und konstituierte sich am 23. Dezember als »Außerordentlicher Gesamtrussischer Kongreß der Eisenbahnangestellten, -handwerker und -arbeiter«. Die weitere Arbeit des Kongresses – der bis Mitte Januar 1918 tagte – soll hier nur soweit interessieren, wie organisatorische Fragen betroffen waren. Hierzu gehörten die Konstituierung eines neuen probolschewistischen Eisenbahnerverbandes und die Wahl eines neuen Exekutivkomitees mit der Bezeichnung *Vikželdor (Vserossijskij ispolnitel'nyj komitet železnodorožnikov* = Gesamtrussisches Exekutivkomitee der Eisenbahner), in dem die Bolschewiki 25 der 40 Sitze innehatten[42]. Damit war die Spaltung der Eisenbahnergewerkschaft organisatorisch und juristisch perfekt, und die Regierung anerkannte hinfort nur noch das *Vikželdor* als Sprecher der Eisenbahner. Über das weitere Schicksal des *Vikžel* liegen keine Nachrichten vor, doch kann angenommen werden, daß es von den Bolschewiki aufgelöst wurde.

4. *Die Oktoberrevolution aus der Sicht der menschewistischen Gewerkschaften*

Die Einschätzung der Oktoberrevolution durch die menschewistischen Gewerkschaften entsprach ziemlich genau der der menschewistischen Partei. Zum besseren Verständnis soll daher kurz auf die Strömungen in der Partei eingegangen werden. Rechter und linker Flügel waren sich einig, daß die bolschewistische Machtergreifung auf Grund der ökonomischen Rückständigkeit des Landes und des damit bedingten Überwiegens der bäuerlichen Schichten keine sozialistische Revolution gewesen sein könne. Dieser Anschauung lag eine orthodoxe Interpretation des Marxismus zugrunde, wonach eine Gesellschaftsformation erst dann untergehe, wenn in ihrem Schoß die objektiven Voraussetzungen für den Übergang zu einer neuen, höheren geschaffen seien. Mit den Worten Martovs:

---

[42] Trudy Vserossijskogo čresvyčajnogo s'ezda železnodorožnikov slušaščich, masterovych i rabočich, sostojašegosja v Petrograde s 5 po 30 janvarja 1918 g., Petrograd 1918, S. 244 (In der Folge abgekürzt als Trudy s'ezda železnodorožnikov zitiert)

»Die Bolschewiki irren sich grausam, wenn sie glauben, in Rußland jetzt den Sozialismus verwirklichen zu können. Es ist vollkommen klar, daß das Land hierfür noch nicht reif ist.« [43]

Waren die Menschewiki über den sozialen Charakter der Revolution einer Meinung, so hatten sie über ihren politischen Charakter unterschiedliche Auffassungen. Die linken Menschewiki um Martov betrachteten den Oktoberumsturz als eine Weiterführung der demokratischen Revolution, mehr noch, »sie sahen in ihm sogar eine historische Notwendigkeit« – als Resultat der Passivität, Kraftlosigkeit und Machtlosigkeit der Koalition sozialistischer und bürgerlicher Elemente in der Provisorischen Regierung der Februarrevolution[44]. Sie forderten daher eine Regierung aus allen auf dem Zweiten Sowjetkongreß vertretenen Parteien mit dem Ziel, den Staat weiter zu demokratisieren und das Land sicher zur Konstituierenden Versammlung zu führen. Als der Sowjetkongreß jedoch eine rein bolschewistische Regierung bestätigte, verließen sie ihn unter Protest[45]. Vollends in die Opposition zur Regierung gingen die linken Menschewiki, als die Bolschewiki die Oktoberrevolution als eine sozialistische Revolution interpretierten.
Die rechten Menschewiki, besonders die Vaterlandsverteidiger – die ultrarechte Gruppe um Plechanov war völlig bedeutungslos – lehnten jede Versöhnung mit den Bolschewiki ab. Sie verurteilten den Umsturz als politisches und militärisches Abenteuer und forderten die Wiedereinsetzung der Provisorischen Regierung. Am 1. November, als die Koalitionsverhandlungen noch in vollem Gange waren, traten Garvi, Skobolev, Kolokol'nikov und andere aus Protest gegen die Versöhnungspolitik aus dem Zentralkomitee ihrer Partei aus[46]. Wie ihre Genossen vom linken Flügel vertraten auch sie die Ansicht, nur die Konstituierende Versammlung könne die anstehenden Probleme im Interesse aller Bevölkerungsschichten lösen.
Die unterschiedliche Einschätzung der bolschewistischen Macht-

[43] Zit nach Ljubimov, Revoljucija, Bd. 6, S. 82
[44] Getzler, I., Martov. A political Biography of a Russian Social-Democrat, Melbourne 1967, S. 168
[45] Eine Versammlung von 225 Menschewiki-Vaterlandsverteidigern begrüßte diesen »mutigen Schritt der Genossen ZK-Mitglieder, die das Zentralkomitee wegen seiner Kapitulation vor den Elementen des Bolschewismus verlassen haben«. Zit. nach Ljubimov, Revoljucija, Bd. 6, S. 48
[46] Volin, a. a. O., S. 16

ergreifung seitens des rechten und linken Flügels der Partei fand ihren Niederschlag auch in den menschewistisch kontrollierten Gewerkschaften, wozu in erster Linie die der staatlichen Angestellten und Beamten, Druckereiarbeiter sowie Handels- und Gewerbeangestellten zählten. Während die linken Menschewiki in den Gewerkschaften eine Kooperation mit den – bolschewistisch beherrschten – Sowjets befürworteten, waren die rechtsmenschewistischen Gewerkschaftsführer um Grinevič solange dagegen, bis die Konstituierende Versammlung über das künftige politische Schicksal des Landes entschieden haben würde[47]. Unterschiedliche Auffassungen hatten die menschewistischen Gewerkschaften auch zum Streik als politisches Kampfmittel gegen die neue Regierung. Die Gewerkschaften, in denen die linken Menschewiki dominierten, lehnten politische Streiks rundweg ab, aus Furcht, eine Schwächung der neuen Regierung könne der Konterrevolution Vorschub leisten. Dieser Gesichtspunkt spielte zwar auch im politischen Kalkül der rechten Menschewiki eine Rolle, trotzdem aber riefen sie die von ihnen kontrollierten Gewerkschaften zu Proteststreiks gegen die Regierung auf. So streikten die staatlichen Angestellten und Beamten zum Teil bis in den Januar 1918 hinein. Der Streik hatte zur Folge, daß die Volkskommissare in fast leeren Räumen saßen, ohne Sekretäre und Schreibkräfte auskommen mußten und keinen Zugang zu den Dokumenten hatten. Daß »die Mehrheit der organisierten Angestellten sich unter dem Einfluß der Menschewiki und Sozialrevolutionäre« befand, bestätigte auch D. Antoškin, der spätere bolschewistische Vorsitzende des Verbandes[48].

Eine ähnliche Haltung nahm die Mehrzahl der Druckereiarbeitergewerkschaften ein. Neben grundsätzlichen politischen Bedenken gegen die Oktoberrevolution erhoben die Druckereiarbeiter vor allem Protest gegen die Einschränkung der Pressefreiheit. Wurde vorerst auch nur einigen bürgerlichen Zeitungen die Drucklizenz entzogen, so sahen die Drucker in diesen Maßnahmen dennoch einen Rückfall in politische Barberei, wie sie unter dem zaristischen Regime geherrscht hatte. Sollte die Regierung die Freiheit des Wortes nicht unverzüglich wiederherstellen, drohte der Petrograder Druckereiarbeiterverband,

---

[47] a. a. O., S. 28

[48] Antoškin, D., Professional'noe dviženie slušaščich 1917–1924, Moskva 1927, S. 28

werde er »alle ihm zur Verfügung stehenden Machtmittel« gegen die Regierung einsetzen. Der Verband zeigte sich auch dann nicht bereit, seine Drohung zurückzuziehen, als die Regierung erklärte, kein Druckereiarbeiter werde durch die Einschränkung der Pressefreiheit materielle Nachteile erleiden[49]. Einzelne Druckereien traten auch in den Streik, die meisten Druckereigewerkschaften im Lande beschränkten sich jedoch auf Protesterklärungen und Streikdrohungen[50].

Die staatlichen Angestellten und Beamten sowie die Druckereiarbeiter unterstützten praktisch als einzige Gewerkschaften die Menschewiki aktiv, sieht man von einzelnen lokalen Verbänden im Land ab[51]. Ihre Möglichkeiten, die politische Entwicklung nach der Oktoberrevolution entscheidend zu beeinflussen, waren demnach gering, besonders nach der Spaltung der Eisenbahnergewerkschaft. Die positive oder zumindest neutrale Haltung der Arbeitermassen zur Oktoberrevolution dokumentierte noch einmal eindrucksvoll den Verlust des menschewistischen Einflusses in den Gewerkschaften.

5. Gesamtrussischer Zentralrat der Gewerkschaften und Oktoberrevolution

Seit seiner Gründung im Juni 1917 war der Gesamtrussische Zentralrat der Gewerkschaften kaum in Erscheinung getreten. So hieß es in einem Brief aus dem Donbass von Anfang Oktober: »Wahrlich, er läßt wenig von sich hören. Nicht nur den breiten Massen, sogar Gewerkschaftsführern ist der Gesamtrussische Rat manchmal unbekannt.«[52] Daß das Plenum des Gesamtrussischen Zentralrates kaum an die Öffentlichkeit trat, war eine Folge des territorialen Vertretungsprinzips, denn seine Mitglieder wohnten oft Tausende Kilometer voneinander entfernt. Fast ebenso nachteilig wirkte sich die nahezu paritätische Zusammensetzung seines Exekutivkomitees aus gemäßigten und radikalen Sozialisten aus. Es war daher kein Zufall, daß das Exekutivkomitee des Rates weder zum Kornilov-Putsch noch zur Staatsberatung oder zur Demokratischen Konferenz Stel-

---

[49] Professional'nyj vestnik, 1917, Nr. 7, S. 10
[50] Volin, a. a. O., S. 23–26
[51] a. a. O., S. 26–33
[52] Professional'nyj vestnik, 1917, Nr. 7, S. 15

lung bezog. Auch die Oktoberrevolution sah das Exekutivkomitee als stummen Zeugen – im Gegensatz zu den einzelnen Gewerkschaftsverbänden. Hierbei darf aber nicht übersehen werden, daß die politische Lage in Petrograd nach dem Umsturz zunächst noch offen schien. Kerenskij befand sich an der Front, um Truppen gegen die aufständischen Arbeiter und Soldaten zu organisieren. Die vorläufig entscheidende Schlacht auf den Höhen von Pulkovo war noch nicht geschlagen, zudem herrschte weder Klarheit über den gesellschaftlichen Charakter der Revolution, noch war die Frage Einparteien- oder Sowjetregierung entschieden. Es ist daher möglich – wenn auch wenig wahrscheinlich –, daß das Exekutivkomitee zuerst die politische Entwicklung abwarten wollte, ehe es mit einer Stellungnahme an die Öffentlichkeit trat.

Einzelne Mitglieder des neunköpfigen Exekutivkomitees versuchten dennoch, nach dem Umsturz auf das politische Leben Einfluß zu nehmen. So nahmen Rjazanov und Lozovskij an den vom *Vikžel* eingeleiteten Verhandlungen teil und forderten eine Koalitionsregierung »von den Bolschewiki bis zu den Volkssozialisten einschließlich«[53]. In Moskau agitierte Grinevič, der Vorsitzende des Exekutivkomitees des Gesamtrussischen Gewerkschaftsrates, unter den Druckereiarbeitern gegen die Bolschewiki. Über Aktionen der übrigen Mitglieder des Exekutivkomitees liegen keine Nachrichten vor, doch ist ihre Einstellung zur Revolution und zur bolschewistischen Regierung bekannt. Grinevičs Haltung kann hier als repräsentativ für die übrigen vier menschewistischen Mitglieder Čirkin, Volkov, Kol'cov und Kamermacher angesehen werden, denn sie alle gehörten dem rechten Flügel der Partei an. Bleiben noch die beiden bolschewistischen Mitglieder des Exekutivkomitees Bachutov und Glebov-Avilov. Als Volkskommissar für das Post- und Telegraphenwesen dürfte Glebov-Avilov die Politik des Zentralkomitees seiner Partei voll und ganz unterstützt haben[54], über die Haltung Bachutovs ist nichts bekannt. Sieben der neun Mitglieder des Exekutivkomitees lehnten, wenn nicht die Revolution, so doch die bolschewistische Einparteienregierung ab. Weiter kann gesagt werden, daß zwei Drittel des Exekutivkomitees – die Menschewiki und Lozovskij – den sozia-

---

[53] Ljubimov, Revoljucija, Bd. 6, S. 58
[54] a. a. O., S. 38, 69

listischen Charakter der Oktoberrevolution verneinten. Mit den Worten eines hohen bolschewistischen Parteimitglieds:

»Der Gesamtrussische Gewerkschaftsrat war in den Händen von Personen, die sich zur sozialistischen Revolution entweder neutral, skeptisch oder gar feindlich verhielten.«[55]

6. *Exkurs: Lozovskijs Kritik an der Oktoberrevolution*

A. S. Lozovskij (Pseudonym für A. S. Drizdo)[56] wurde auf der Dritten Gesamtrussischen Gewerkschaftskonferenz zum Sekretär des *VCSPS* gewählt. Bis zu seinem Übertritt zu den Bolschewiki im Juli 1917 gehörte er dem Interdistriktskomitee *(Mežrajonnyj komitet)* an, das in grundsätzlichen politischen Fragen mit den Bolschewiki übereinstimmte, jedoch ihre straffen Organisationsprinzipien ablehnte. Auch als Parteimitglied lehnte es Lozovskij ab, sich der Parteidisziplin zu unterwerfen, die – das sei in Parenthese angemerkt – 1917 bei weitem lockerer war als heute.

Nach Lozovskij lag die Ursache der Oktoberrevolution in der Unfähigkeit der Provisorischen Regierung, den Krieg zu beenden, eine Bodenreform durchzuführen sowie den Zusammenbruch der Industrie zu verhindern. Trotzdem war er weit davon entfernt, in der Oktoberrevolution eine sozialistische Revolution zu sehen. In diesem Punkt hielt er wie die Menschewiki am klassischen marxistischen Revolutionsschema fest, wonach eine sozialistische Revolution nur in industriell hochentwickelten Ländern möglich sei. Ein Aufbau des Sozialismus in Rußland sei daher »im jetzigen Stadium der ökonomischen Entwicklung objektiv unmöglich«. Wenn es in nächster Zeit in irgendeinem

---

[55] Osinskij in: Narodnoe Chozjajstvo, 1918, Nr. 11, S. 12

[56] S. A. Lozovskij wurde 1878 geboren. Seit 1901 Mitglied der RSDRP, nahm er an der Revolution von 1905 teil. Von 1909 bis 1917 lebte er in der Emigration. Während des ersten Krieges arbeitete er in der internationalen Gruppe der Französischen Sozialistischen Partei und in der Gewerkschaftsbewegung mit. 1917 Rückkehr nach Rußland. Im Januar 1918 wurde er wegen seiner Angriffe auf die Regierungspolitik aus der Partei ausgeschlossen, im Dezember 1919 jedoch wieder aufgenommen. 1920 Vorsitzender des Moskauer Gewerkschaftsrates. 1921–1937 Generalsekretär der Profintern. 1939–1946 Stellvertreter des Volkskommissars für Auswärtige Angelegenheiten. 1952 wurde Lozovskij von Stalin wegen seiner jüdischen Abstammung liquidiert. Vgl. dazu Voprosy istorii KPSS, 1966, Nr. 7, S. 105

Land zur sozialistischen Revolution kommen sollte, erklärte er, dann nur in Deutschland, England oder Frankreich. Rußland dagegen stünden »noch Jahre der bürgerlich-demokratischen Existenz« bevor. Lozovskij interpretierte die Oktoberrevolution als Vollendung der demokratischen Revolution[57]. Die vorrangige Aufgabe der Revolution bestehe nicht in einer Veränderung der Produktionsverhältnisse, sondern in der Demokratisierung des Staates.

Nach Lozovskijs Ansicht konnten sich die Arbeiter in einer durch kapitalistische Produktionsverhältnisse gekennzeichneten Gesellschaft, in der die am Bestehen dieser Ordnung interessierten Schichten – die mittlere Bauernschaft – zudem zahlenmäßig weit überlegen waren, nur dann an der Macht halten und radikale politische Reformen durchführen, wenn die verschiedenen sozialistischen Parteien eine Koalitionsregierung »von den Bolschewiki bis zu den Volkssozialisten einschließlich« bildeten[58]. Er war überzeugt, daß die bolschewistische Regierung sich nicht lange werde behaupten können, da sie sich nur auf einen Teil der Arbeiter und Soldaten stütze. Das Scheitern der Koalitionsverhandlungen betrachtete er als »die Tragödie der russischen Revolution«. Entweder Versöhnung der sozialistischen Parteien oder Untergang der Revolution – eine andere Alternative sah Lozovskij nicht[59].

Mit großer Sorge betrachtete Lozovskij die weitere innenpolitische Entwicklung. Die zunehmend schärfere Gangart der Revolution, die nicht nur gegen bürgerliche Politiker und Parteien, sondern auch gegen die nichtbolschewistischen Arbeiter gerichtet war, schien seine Furcht zu bestätigen, daß die Bolschewiki, nur um an der Macht zu bleiben, eine Spaltung der Arbeiterklasse und den Untergang der Revolution riskierten. Damit aber war die radikale Demokratisierung des Staates auf das Schwerste gefährdet und, was noch schwerer wog, die Idee des Sozialismus bei den werktätigen Massen diskreditiert. Am 5. Dezember 1917 wandte sich Lozovskij mit einer leidenschaftlichen Protesterklärung an die bolschewistische Fraktion des vom Zweiten Gesamtrussischen Sowjetkongreß gewählten Zentralen Exekutivkomitees.

---

[57] Professional'nyj vestnik, 1917, Nr. 5–6, S. 2
[58] Professionalnyj vestnik, 1917, Nr. 7, S. 10
[59] Professional'nyj vestnik, 1917, Nr. 5–6, S. 2

»Ich kann nicht im Namen der Parteidisziplin schweigen, wenn ich mit jeder Fiber meiner Seele fühle, daß die Taktik des Zentralkomitees zur Isolierung des Proletariats und seiner Avantgarde führt, zum Bürgerkrieg innerhalb der werktätigen Klassen und zum Untergang der Revolution.
Ich kann nicht im Namen der Parteidisziplin schweigen, wenn die andersdenkende Presse zerschlagen wird, wenn Häuser durchsucht und willkürlich Verhaftungen vorgenommen werden, die in der Bevölkerung ein dumpfes Murren hervorrufen und bei den werktätigen Massen den Eindruck erwecken, dieses Regime der Bajonette und Säbel sei jene Diktatur des Proletariats, die die Sozialisten seit Jahren vorausgesagt haben.
Ich kann nicht im Namen der Parteidisziplin schweigen, wenn einer der Volkskommissare streikende Arbeiter mit Gewehren bedroht, sie entläßt und an die Front schickt, ... wenn das in blutigem Kampf erworbene Koalitionsrecht der Arbeiter abgeschafft wird, ... wenn Marxisten wider alle Vernunft objektive Bedingungen nicht berücksichtigen, ... wenn dem Persönlichkeitskult gehuldigt wird, ... wenn jeder Tag des blutigen Kampfes an der inneren revolutionär-demokratischen Front die Spaltung der Arbeiterklassen vertieft.«

Gleichzeitig mit diesem flammenden Protest kündigte Lozovskij an, im bolschewistischen Zentralkomitee, in den lokalen Parteiorganisationen und auf Arbeiterversammlungen gegen die Politik des Rates der Volkskommissare und für die Einberufung eines außerordentlichen Parteikongresses zu agitieren, der darüber befinden sollte, ob »die bolschewistische Partei eine marxistische Partei der Arbeiterklasse bleibt oder sich endgültig auf einen Weg begibt, der mit dem revolutionären Marxismus nichts gemein« habe[60].
Lozovskijs Attacken gegen die bolschewistische Politik waren ohne Beispiel; selbst A. I. Rykov, Kamenev, Miljutin und V. P. Nogin, die am 4. November aus Protest gegen die Einschränkung der Pressefreiheit aus dem Zentralkomitee ausgetreten waren, schlugen nicht solche Töne an. Lozovskijs Drohung, unter den Arbeitern gegen den Rat der Volkskommissare und damit gegen das Zentralkomitee selbst zu agitieren, konnte die Partei nicht gleichgültig lassen. Nicht, daß sie befürchten mußte, Lozovskij könnte es gelingen, die Einberufung eines außerordentlichen Parteitages durchzusetzen; dazu war sein Wirkungsbereich, nämlich Petrograd, zu klein. Gefahr drohte von Lo-

[60] Zit. nach Ljubimov, Revoljucija, Bd. 6, S. 424, 425

zovskij vielmehr in seiner Eigenschaft als Sekretär des Gesamtrussischen Gewerkschaftsrates und geachteter Gewerkschaftsfunktionär mit einer großen Anhängerschaft. Als solcher konnte er dem Ansehen der Partei durchaus schaden, sie bei den Arbeitern in Mißkredit bringen und, ohne es vielleicht zu wollen, die Position der Menschewiki und Sozialrevolutionäre stärken.

Es sprach für die lockere Disziplin in der Partei, daß sie Lozovskij nicht sofort ausschloß. Dabei war seine Erklärung im *VCIK* vom 5. Dezember nicht die letzte Attacke gegen die Partei, bzw. den Rat der Volkskommissare. Nachdem die neue Regierung am 14. November die Arbeiterkontrolle eingeführt hatte, zog er nun gegen den »Dekretsozialismus« zu Felde. Da er der Oktoberrevolution einen sozialistischen Charakter absprach, hielt er es nicht nur für sinnlos, sondern auch für gefährlich, Dekrete zu erlassen, die die sozialistische Umgestaltung der Produktionsverhältnisse intendierten; gefährlich deshalb, weil Dekrete wie das über die Arbeiterkontrolle bei den Massen den Eindruck erweckten, die Verwirklichung des Sozialismus stehe unmittelbar bevor. Angesichts der fehlenden ökonomischen Voraussetzungen, noch dazu bei der augenblicklichen chaotischen Lage der Wirtschaft, konnte seiner Ansicht nach nur ein »Sozialismus der Armut« aufgebaut werden. »Eine solche Art von Sozialismus«, meinte er sarkastisch, »ist aber nicht das Ideal der revolutionären Sozialdemokratie.«[61]

Mit solchen Angriffen hatte Lozovskij die Toleranzgrenze der Partei endlich überschritten, denn indem er die Möglichkeit des sozialistischen Aufbaus in Rußland bestritt, stellte er auch die ideologische Begründung der bolschewistischen Herrschaft in Frage. Am 11. 1. 1918 wurde er aus der Partei ausgeschlossen. In der Ausschlußbegründung heißt es, daß

»Genosse Lozovskij seit Beginn der Oktoberrevolution Ansichten vertreten hat, die von jenen der Partei radikal abweichen, Ansichten, die nichts gemein haben mit den Vorstellungen des revolutionären Proletariats und in den wesentlichen Punkten mit der kleinbürgerlichen Verleumdung gegen die Diktatur des Proletariats als notwendige Übergangsstufe zum Sozialismus übereinstimmen.«[62]

---

[61] Professional'nyj vestnik, 1917, Nr. 7, S. 3

[62] Zit. nach Bunyan, J., Fisher H. H., The Bolshevik Revolution 1917–1918, Stanford 1934, S. 636, 637

Daß die Bolschewiki Lozovskij erst in der zweiten Januarwoche aus der Partei ausschlossen, scheint kein Zufall gewesen zu sein, denn zu diesem Zeitpunkt tagte gerade der Erste Gesamtrussische Kongreß der Gewerkschaften. Offensichtlich wollte die Partei Lozovskij bei den Delegierten in Mißkredit bringen und seine Wiederwahl in den Gesamtrussischen Gewerkschaftsrat verhindern. Diese Rechnung ging auch auf: Ungeachtet seiner Verdienste um die Gewerkschaftsbewegung – und er war einer ihrer agilsten Mitarbeiter – wurde Lozovskij nicht wieder in den *VCSPS* gewählt.

VIII. Das Dekret über die Arbeiterkontrolle und seine Auslegung durch Betriebskomitees und Gewerkschaften

Im Gegensatz zu ihrem Aktionsprogramm vor der Oktoberrevolution verzichteten die Bolschewiki nach der Machtübernahme zunächst auf die Nationalisierung ganzer Industriezweige. Gestützt auf einige Schwerpunkte – Bankwesen, Transport, einzelne Großunternehmen –, versuchte die neue Regierung, der ökonomischen Zerrüttung durch die Einführung der Arbeiterkontrolle Herr zu werden, d. h. mit kapitalistischen Methoden, ohne die Produktionsverhältnisse zunächst zu verändern. Die Arbeiterkontrolle war als zeitlich nicht genau fixierte Übergangsmaßnahme gedacht, die erst in der Perspektive auf die Errichtung einer sozialistischen Gesellschaftsordnung abzielte.

1. Das Dekret vom 14. November

Nachdem die Bolschewiki seit dem ersten Tag der Revolution immer wieder versichert hatten, die Arbeiterkontrolle über die Produktion einzuführen[1], erließ der Rat der Volkskommissare am 14. November endlich ein entsprechendes Dekret. Im »Interesse der planmäßigen Regulierung der Volkswirtschaft« sollte in allen Betrieben, soweit sie Lohnarbeiter beschäftigen, die Arbeiterkontrolle eingeführt werden. Als Kontrollorgane sollten die von den Arbeitern gewählten Betriebskomitees, ergänzt durch Vertreter der Angestellten und des technischen Personals, fungieren; ihre Entscheidungen waren nach Ablauf einer dreitägigen Einspruchsfrist bei den höheren Kontrollinstanzen für die Unternehmer bindend. Nach § 10 waren die Mitglieder der Komitees wie auch die Unternehmer selbst gegenüber

[1] Über die Vorgeschichte des Dekrets vgl. Lorenz, a. a. O., S. 93–95

dem Staat »für strengste Ordnung, Disziplin und Erhaltung des Vermögens« verantwortlich. Den Kontrollorganen der Arbeiter wurde das Recht übertragen, alle die Führung des Betriebes betreffenden Unterlagen einzusehen. Analog zum politischen Rätesystem sollten in allen Städten, Gouvernements und Gebieten als Wirtschaftsabteilungen der Sowjets Räte für Arbeiterkontrolle gebildet werden. Bis zur Einberufung eines gesamtrussischen Kongresses war vorgesehen, in Petrograd einen Gesamtrussischen Rat für Arbeiterkontrolle zu bilden, dem Instruktionen und Pläne für die örtlichen Kontrollorgane auszuarbeiten sowie deren Beziehungen untereinander zu regeln oblag. Die Regierung behielt sich jedoch die endgültige Regelung der Kompetenzen zwischen dem Gesamtrussischen Rat und allen anderen mit der Wirtschaftslenkung befaßten Organen vor[2].

Das Dekret fand keineswegs die einhellige Zustimmung im *VCIK*. Besonders Lozovskij bemängelte die ungenügende Integration der Arbeiterkontrolle in ein System gesamtstaatlicher Wirtschaftsplanung, denn infolge zu großer Vollmachten der Betriebskomitees trage die Arbeiterkontrolle eher zur Dezentralisation der Kontrolle der Wirtschaft anstatt zu ihrer Zentralisierung und Lenkung nach gesamtgesellschaftlichen Gesichtspunkten bei. Offensichtlich befürchtete er das Aufkommen von Betriebsegoismus, vielleicht auch die organisatorische und technische Unfähigkeit der Arbeiter, die Produktion selbst zu verwalten. Eindringlich warnte Lozovskij vor der Illusion, daß Arbeiterkontrolle identisch sei mit Sozialismus; um die Arbeiter vor solchen Illusionen zu bewahren, würden »die Gewerkschaften in die Organe der Arbeiterkontrolle eintreten und die Angelegenheit dort so regeln, wie es die Interessen der Arbeiter« erforderten[3]. Ein anderer Vertreter der *VCSPS* kritisierte die ungenügende Verklammerung des Gesamtrussischen Rates für Arbeiterkontrolle mit den übrigen Wirtschaftsorga-

---

[2] Dekrety sovetskoj vlasti, Bd. 1, Moskva 1964, S. 78–81. Dem Gesamtrussischen Rat für Arbeiterkontrolle sollten angehören: je 5 Vertreter vom VCIK, VCSPS, Zentralrat der Betriebskomitees und Gesamtrussischen Verband der Ingenieure und Techniker; je 2 Vertreter vom Gesamtrussischen Verband der Agronomen, vom Petrograder Zentralrat der Gewerkschaften, von den Arbeiterkooperativen und jenen Gewerkschaften, die mehr als 100 000 Mitglieder haben; je 1 Vertreter von jenen Gewerkschaften, die weniger als 100 000 Mitglieder haben.

[3] Zit. nach Ljubimov, Revoljucija, Bd. 6, S. 142

nen, was die »Kontrolle zersplittert anstatt sie zu zentralisieren«[4].

Diese wenigen Äußerungen einiger Gewerkschaftsführer enthalten in nuce bereits die ganze Problematik der Arbeiterkontrolle. Es war mehr als wahrscheinlich, daß die Unternehmer einer Kontrolle, die sie in jeder Beziehung von den Betriebskomitees abhängig machte, energischen Widerstand entgegensetzen würden. In diesem Fall war eine Verschärfung des Klassenkampfes unausweichlich, wenn nicht sogar – angesichts des von den Bolschewiki postulierten sozialistischen Charakters der Oktoberrevolution – die eigenmächtige Enteignung von Betrieben durch die Komitees. Mit anderen Worten: Die »planmäßige Regulierung der Volkswirtschaft«, wie sie das Dekret intendierte, war nur möglich, wenn es den staatlichen Lenkungsorganen gelang, die Betriebskomitees fest in den Griff zu bekommen. Da hinter der Staatsmacht die bolschewistische Partei stand, waren Friktionen zwischen dieser und den Komitees zu erwarten. Zum anderen ließ die reservierte Haltung der Gewerkschaftsführer erkennen, daß sie die Aktivität der Komitees bremsen würden, was wiederum Zusammenstöße zwischen Betriebskomitees und Gewerkschaften zur Folge haben mußte.

2. *Die Instruktionen des Petrograder Zentralrats der Betriebskomitees*

Am 15. und 16. November tagte in Petrograd die Fünfte Stadtkonferenz der Betriebskomitees. Im Mittelpunkt der Beratungen stand das Problem der Arbeiterkontrolle. In einer nahezu einstimmig angenommenen Resolution begrüßte die Konferenz enthusiastisch das Dekret vom 14. November, weil es der »schöpferischen Tätigkeit des Proletariats im Kampf gegen die Sabotage der Kapitalisten und den von ihnen verursachten Zusammenbruch der Wirtschaft große Möglichkeiten« eröffne. Da das Dekret die Kompetenzen der Komitees im einzelnen aber nicht genau festgelegt hatte, wurde der Zentralrat der Betriebskomitees beauftragt, detaillierte Ausführungsbestimmungen auszuarbeiten[5].

[4] Zit. nach Venediktov, a. a. O., S. 90
[5] Novyj put', 1918, Nr. 3–4, S. 25, 26

Ende November, knapp zwei Wochen später, veröffentlichte der Petrograder Zentralrat eine Instruktion zum Dekret vom 14. November. In der Einleitung heißt es, daß die Arbeiterkontrolle als »Übergangsstufe zur Organisation des gesamten ökonomischen Lebens des Landes auf sozialistischen Grundlagen« anzusehen sei. Die Arbeiterkontrolle dürfe nicht als passive Kontrolle verstanden werden, sondern

»im weiten Sinn als Einmischung in die Anordnungen des Unternehmers über Kapital, Inventar sowie in der Fabrik vorhandene Rohstoffe und Fertigwaren, als aktive Aufsicht über die Richtigkeit und Zweckmäßigkeit von Auftragserfüllung sowie Ausnützung von Energie und Arbeitskräften, als unmittelbare Teilnahme an der Organisation der Produktion nach rationellen Gesichtspunkten.« [6]

Kontrolle in diesem Sinn sei nur möglich, so heißt es in der Instruktion weiter, wenn die Komitees in jedem Betrieb Unterabteilungen für die folgenden Bereiche bildeten: Organisation der Produktion, Demobilisierung der Industrie sowie Versorgung mit Roh- und Heizstoffen.

Zweck der Instruktion mit dem Untertitel »Praktische Anleitung für die Durchführung der Arbeiterkontrolle« war es, die Komitees auf die verschiedenen Aspekte der Kontrolle aufmerksam zu machen, sie jedoch nicht in ein gesamtstaatliches Kontrollsystem zu integrieren. Deshalb verzichtete die Instruktion bewußt auf eine Regelung der Beziehungen zwischen Betriebskomitees und staatlichen Organen; gleiches galt für das Verhältnis Komitees – Gewerkschaften, hier allerdings mit der Begründung, daß letztere nicht für die Arbeiterkontrolle, sondern nur für den Lohnkampf zuständig seien. Dieser Hinweis auf die Funktion der Gewerkschaften zeige, daß der Petrograder Zentralrat die Arbeiterkontrolle ausschließlich als eine Angelegenheit der Betriebskomitees ansah, unabhängig davon, wie diese in ein gesamtstaatliches Lenkungssystem integriert werden sollten.

Wenige Tage nach dieser Instruktion veröffentlichte der Zentralrat ein Musterstatut für die Betriebskomitees sowie einen neuen »Entwurf einer Instruktion zum Dekret über die Arbeiterkon-

---

[6] Text der Instruktion in: Nacionalizacija promyšlennosti v SSSR. Sbornik dokumentov i materialov 1917–1920 gg., Moskva 1954, S. 78 (In der Folge als Nacionalizacija promyšlennosti zitiert)

trolle«, die im Unterschied zu der von Ende November die Funktionen der Komitees innerhalb eines gesamtstaatlichen ökonomischen Kontrollsystems festlegte. Die neue Instruktion und das Musterstatut wurden Mitte Januar 1918 in »Novyj put'«, der Zeitschrift des Petrograder Zentralrates der Betriebskomitees, veröffentlicht.

Das Statut für die Betriebskomitees umfaßte insgesamt 65 Paragraphen und wiederholte, was ihre Funktionen anbelangte, noch einmal in ausführlicherer Form die entsprechenden Bestimmungen der Instruktion von Ende November 1917. Hatte sich diese aber noch mit dem allgemeinen Hinweis begnügt, die Arbeiterkontrolle sei »im weiteren Sinn als Einmischung in die Anordnungen des Unternehmers« zu verstehen, so heißt es jetzt im Statut unter § 34:

»Ohne Wissen und Zustimmung des Betriebskomitees darf keine Anordnung der Verwaltung oder des Unternehmers, die sich auf die Führung des Betriebes bezieht, ausgeführt werden.« [7]

Sollte sich die Verwaltung oder der Unternehmer nicht an diese Bestimmung halten, stand es den Komitees frei, bei den staatlichen Organen die Konfiskation des Betriebes zu beantragen.

Das Statut tangierte zwar de jure nicht die Verfügungsgewalt der Unternehmer über die Produktionsmittel, de facto aber lief es auf die »stille Nationalisierung« der Betriebe und Unternehmen hinaus, da es sämtliche Verwaltungsfunktionen den Komitees übertrug. Die Unternehmer wurden so zu bezahlten Angestellten degradiert, da sie jede Anordnung vom Betriebskomitee gegenzeichnen lassen mußten, dieses umgekehrt ihre Anweisungen jedoch nicht.

Im »Entwurf einer Instruktion zum Dekret über die Arbeiterkontrolle« entwickelte der Petrograder Zentralrat das Modell eines ökonomischen Rätesystems. Gleich den Sowjets sollten in allen Bezirken, Städten, Gouvernements und Gebieten Volkswirtschaftsräte *(Sovet Narodnogo Chozjajstva)* errichtet werden, deren leitende Kollegien auf Konferenzen der Betriebskomitees gewählt werden sollten. Für die Wählbarkeit in die Kollegien, so heißt es im Instruktionsentwurf, sei allein die Mitgliedschaft in den Betriebskomitees entscheidend. An der Spitze

---

[7] Text des Statuts in: Novyj put', 1918, Nr. 1–2, S. 7–12

des ökonomischen Rätesystems sollte ein Oberster Volkswirtschaftsrat stehen, gewählt auf jährlichen Kongressen der Volkswirtschaftsräte und dem *VCIK* verantwortlich für seine Tätigkeit[8].

Die autonome Lenkung wie überhaupt die Verwaltung der Wirtschaft durch ein gesamtstaatliches System ökonomischer Räte, die an der Basis von den Betriebskomitees gewählt werden und auf deren Zusammensetzung die Partei keinen Einfluß hat, wäre zwar von ungeheurer Wirkung für den emanzipatorischen Prozeß der Arbeiter gewesen, hätte aber den uneingeschränkten ökonomischen und politischen Führungsanspruch der bolschewistischen Partei gefährdet. Nicht sie oder die von ihr kontrollierten Staatsorgane organisierten und verwalteten dann die Wirtschaft, sondern die Betriebskomitees in Gestalt der ökonomischen Räte. Damit wären die Betriebskomitees ein ernster Konkurrent für die Partei geworden, denn wer an den Schalthebeln der ökonomischen Macht saß, hatte auch bestimmenden Einfluß auf die politischen Entscheidungsprozesse. Kein Wunder also, daß der Rat der Volkskommissare den Entwurf des Petrograder Zentralrats ablehnte.

3. Die Instruktion des Gesamtrussischen Rats für Arbeiterkontrolle

Wie bereits erwähnt, sah das Dekret vom 14. November die Bildung eines Gesamtrussischen Rats für Arbeiterkontrolle vor. Da eine Reihe von Arbeiterorganisationen von ihrem Vertretungsrecht aber nicht Gebrauch machte, gelang es den Gewerkschaften, den Rat zu majorisieren. Der Rat trat nur zweimal zusammen: Auf der ersten Sitzung wurde eine Instruktion zum Dekret über die Arbeiterkontrolle ausgearbeitet, die dem Volkskommissariat für Arbeit zur Bestätigung vorgelegt werden sollte; auf der zweiten Sitzung vom 5. Dezember – am gleichen Tag verfügte die Regierung die Eingliederung des Rats für Arbeiterkontrolle in das Plenum des Obersten Volkswirtschaftsrats – wurde beschlossen, auf eine Diskussion über die inzwischen redigierte Instruktion zu verzichten und sie statt dessen in der Presse zu veröffentlichen, damit »alle Organisa-

---

[8] Text der Instruktion; a. a. O., S. 5–7

tionen sie kennenlernen und entsprechende Verbesserungen und Ergänzungen anbringen können«[9].

Am 13. Dezember wurde die Instruktion in der *Izvestija* veröffentlicht. In einigen Punkten unterschied sie sich ganz erheblich vom Dekret über die Arbeiterkontrolle. Das galt besonders für jene Passagen, in denen es darum ging, daß die Betriebskomitees die Finanzgebarung der Betriebe kontrollieren sollten und ihre Entscheidungen für die Unternehmensverwaltungen bindend sein müßten. In der Instruktion des Rats für Arbeiterkontrolle lauten die entsprechenden Paragraphen hingegen so:

§ 7 »Die Verfügungsgewalt über die Verwaltung des Betriebes, seinen Gang und seine Tätigkeit bleiben beim Besitzer. Die Kontrollkommissionen beteiligen sich nicht an der Verwaltung des Betriebes und tragen auch keine Verantwortung dafür; diese liegt beim Besitzer.

§ 8 Die Kontrollkommissionen befassen sich nicht mit der Finanzierung; treten entsprechende Fragen auf, werden sie den staatlichen Lenkungsorganen übergeben.«

Bedeutungsvoll ist auch der § 9 der Instruktion, der den Betriebskomitees untersagt, Konflikte mit den Unternehmern bzw. mit den Betriebsleitungen selbst zu entscheiden. Nur staatliche Organe sollten befugt sein, Konflikte zu schlichten und Unternehmer, die gegen das Gesetz über die Arbeiterkontrolle verstießen, zur Rechenschaft zu ziehen.

Noch in einem weiteren Punkt weicht die Instruktion vom Dekret ab: Die Betriebskomitees sollten nicht den lokalen Räten für Arbeiterkontrolle unterstellt sein, sondern sogenannten »Kommissionen für Kalkulation und Distribution« bei den lokalen Gewerkschaftsverbänden, die zur Hälfte von den Komitees des entsprechenden Produktionszweiges gewählt und zur Hälfte von den Gewerkschaften ernannt wurden. Diese Bestimmung intendierte nichts anderes, als die Komitees in Vollzugsorgane der gewerkschaftlichen Kommissionen umzuwandeln, zumal letzteren noch das Recht eingeräumt wurde, Neuwahlen der Komitees zu erzwingen und bei den staatlichen Organen die Stillegung unrentabler Betriebe zu beantragen[10].

Mit dieser Instruktion wollte der Gesamtrussische Rat für Ar-

---

[9] Narodnoe chozjajstvo, 1922, Nr. 8, S. 44; Venediktov, a. a. O., S. 92
[10] Text der Instruktion in: Narodnoe chozjajstvo, 1918, Nr. 1, S. 26–28

beiterkontrolle erreichen, daß sich die Komitees nicht in die Verwaltung der Produktion einmischten beziehungsweise selbst Unternehmerfunktionen übernahmen. Lozovskij, der maßgeblich an der Ausarbeitung der Instruktion beteiligt war, erklärte warum: Die Sozialisierung der Produktion stehe vorerst noch »nicht auf der Tagesordnung der Revolution«, daher dürfe die Arbeiterkontrolle auch nicht die »Grundlagen des Kapitalismus« in Frage stellen und das »unverletzliche Eigentum an den Produktionsmitteln« antasten[11]. Genau dieser Konzeption entsprachen die §§ 7 und 8: Der Unternehmer und nicht das Betriebskomitee sollte auch nach der Einführung der Arbeiterkontrolle für die Produktion verantwortlich zeichnen. Dazu mußte jener seine Entscheidungen unabhängig vom Komitee fällen können und nicht für jede Anordnung dessen Zustimmung einholen müssen. Von hier erklärt sich das Bestreben des Gesamtrussischen Rats für Arbeiterkontrolle, die Betriebskomitees den gewerkschaftlichen Kontrollkommissionen und damit den Gewerkschaften unterzuordnen.

Den Betriebskomitees standen somit drei praktische Anleitungen für die Arbeiterkontrolle zur Auswahl: eine des Gesamtrussischen Rats für Arbeiterkontrolle, die gemäßigt war und ihnen lediglich Revisionsrechte übertrug, sowie zwei des Petrograder Zentralrats, die radikal waren und ihnen Rechte einräumten, die sie praktisch zu Herren der Betriebe machten. Vor die Wahl gestellt, entschieden sich die meisten Betriebskomitees für die Instruktionen des Zentralrats. So druckte der Rat für Arbeiterkontrolle des Moskauer Gebiets in seiner Monatsschrift *»Rabočij Kontrol'«* die Instruktion des Gesamtrussischen Rats für Arbeiterkontrolle ohne die entscheidenden §§ 7 bis 9 ab, die den Komitees die Übernahme von Verwaltungsfunktionen, die Finanzkontrolle und die eigenmächtige Konfiszierung von Betrieben untersagten[12]. Und in einer an die Betriebskomitees des Moskauer Gebiets verteilten Informationsbroschüre des gleichen Rats wurde zwar der volle Wortlaut der Instruktion gebracht, im Anhang jedoch jener Passus der Instruktion des Petrograder Zentralrats von Ende November beigefügt, der die Arbeiterkontrolle »im weiten Sinn als Einmischung in die Anordnungen des Unternehmers« durchzuführen forderte[13]. Auch die Petro-

---

[11] Lozovskij, A., Rabočij kontrol', Petrograd 1918, S. 24, 25
[12] Rabočij kontrol', 1918, Nr. 1, S. 11, 12
[13] Zit. nach Venediktov, a. a. O., S. 95

grader Stadtkonferenz der Betriebskomitees der Metallindustrie lehnte die Instruktion des Gesamtrussischen Rats mit der Begründung ab, daß sie im revolutionären Kampf zwischen Arbeit und Kapital »die Hände der Arbeiter fesselt«, die Instruktionen des Petrograder Zentralrats hingegen »den Arbeitern große Selbständigkeit einräumt und sie praktisch zu Herren der Betriebe macht«[14].
Allen drei Instruktionen aber war das Bestreben gemeinsam, die Komitees zentralen Organen zu unterstellen, seien es nun die gewerkschaftlichen »Kommissionen für Kalkulation und Distribution« oder die Volkswirtschaftsräte innerhalb eines ökonomischen Rätesystems. Da es aber weder den Gewerkschaften noch den Betriebskomitees unter den Bedingungen des verschärften Klassenkampfes, der fortschreitenden ökonomischen Zerrüttung und nicht zuletzt wegen der gegenseitigen Konkurrenz gelang, lokale und regionale Kontrollmechanismen zu bilden, wurde die Arbeiterkontrolle von den einzelnen Betriebskomitees planlos, isoliert und nach eigenem Gutdünken durchgeführt. Anstatt zur planmäßigen gesamtstaatlichen Kontrolle und Lenkung führte die Arbeiterkontrolle zur weiteren Desorganisation und Dezentralisierung der Wirtschaft.

---

[14] Rabočij kontrol', Dokument Nr. 205

IX. Die Auswirkungen des Dekrets über die Arbeiterkontrolle

Die Hoffnung der Bolschewiki, mit Hilfe der Arbeiterkontrolle die Wirtschaft in gesamtgesellschaftlichem Rahmen planmäßig zu lenken, erfüllte sich nicht. Denn eigenmächtig enteigneten die Betriebskomitees nach der staatlichen Anerkennung der Arbeiterkontrolle Hunderte von Betrieben und Unternehmen. Die Komitees, ohne deren Zustimmung schon vor der Oktoberrevolution wenig unternommen werden konnte, entwickelten sich nun immer mehr zu alleinigen Herren der Betriebe. »Dazu führte die gesamte Entwicklung der Revolution, das war das unvermeidliche Resultat des entfalteten Klassenkampfes«[1] Die erst im Aufbau befindlichen zentralen staatlichen Organe sahen sich zunächst außerstande, den spontanen Vergesellschaftungsprozeß der Industrie zu unterbinden. Der Rat der Volkskommissare glich nach Trockijs Worten in den ersten Wochen nach der Revolution eher einem Propagandastab als dem Zentrum der Staatsmaschinerie[2]. Zudem war die bolschewistische Wirtschaftspolitik in jenen Tagen widersprüchlich. Auf der einen Seite rief die Regierung die Arbeiter wiederholt zur Offensive gegen das Kapital auf, ja übertrug ihnen wie im Falle der Eisenbahner sogar die Verwaltung eines ganzen Wirtschaftszweiges. Auf der anderen Seite versuchte die Regierung, durch den Aufbau staatlicher Lenkungsorgane, den Volkswirtschaftsräten, selbst die Kontrolle über die ökonomischen Prozesse zu übernehmen und damit die Spontaneität und Selbsttätigkeit der Arbeiter zu bremsen. Infolge der schweren organisatorischen Mängel des staatlichen Apparats, des Zusammenbruchs des Transport- und Nachrichtenwesens sowie der offen syndikali-

---

[1] Stepanov-Skvorcov, I. I., Ot rabočego kontrolja k rabočemu upravleniju, Moskva 1918, S. 5

[2] Trotzki, L., Mein Leben. Versuch einer Autobiographie, Berlin 1930, S. 238

stischen Tendenzen unter den Betriebskomitees waren diese Versuche vorerst jedoch zum Scheitern verurteilt. Die eigentlichen Machtträger im Lande waren in diesen ersten Wochen die lokalen Sowjets in politischer und die Betriebskomitees in ökonomischer Hinsicht.

1. Die Betriebskomitees in der Offensive

Es wurde bereits kurz angedeutet, daß die bolschewistische Wirtschaftspolitik widersprüchliche Elemente enthielt. Zentralisierungsbestrebungen und Kooperationswilligkeit mit den Unternehmern standen neben der Förderung von Eigeninitiative und Spontaneität der Arbeiter. Besonders Lenin pries in den ersten Wochen nach der Revolution die klassenkämpferische Position, den Enthusiasmus und die Selbsttätigkeit der Betriebskomitees, da er der Meinung war, daß die alte Ordnung in kürzester Zeit zerschlagen und durch eine sozialistische ersetzt werden könne. Diese »Luxemburg'sche Phase« im Denken Lenins illustriert deutlich ein Aufruf vom 4. Dezember in der Arbeitersektion des Petrograder Sowjets:

»Brechen wir ein für allemal mit dem Vorurteil, daß die Staatsgeschäfte, die Leitung der Banken und Unternehmen Aufgaben seien, die die Arbeiter nicht bewältigen könnten ... Möge sich jedes Betriebskomitee nicht nur mit Angelegenheiten seines Betriebes beschäftigen, sondern sich auch als organisatorische Zelle betrachten, die das gesamte staatliche Leben in Gang hält.«

Überzeugt, daß die Arbeiterorganisationen, vorab die Betriebskomitees, die Wirtschaft auf spontane Weise organisieren könnten, ja Spontaneität und Selbständigkeit geradezu das Unterpfand für das Gelingen dieser Aufgabe seien, fügt Lenin hinzu:

»Einen konkreten Plan für die Organisation des ökonomischen Lebens gibt es nicht und kann es nicht geben. Niemand kann ihn geben. Nur die Masse kann dies tun, auf Grund der Erfahrung. Es werden natürlich Direktiven gegeben und die Wege angedeutet, doch muß man zugleich von oben und unten beginnen.«[8]

Lenin stand mit dieser seiner Überzeugung nicht allein. Als

[8] Lenin, PSS, Bd. 35, S. 147, 148

nach der Veröffentlichung der Instruktionen des Gesamtrussischen Rats für Arbeiterkontrolle und des Petrograder Zentralrats der Betriebskomitees Unklarheit herrschte über die praktische Durchführung der Arbeiterkontrolle, entschieden sich das bolschewistische Zentralkomitee und das Volkskommissariat für Arbeit für die radikalere Variante der Arbeiterkontrolle. Das Zentralkomitee wies nach der Anfrage einer Arbeiterdelegation aus Tver' den Petrograder Zentralrat an, »den Genossen zu antworten, wie sie handeln sollen«. Gleichzeitig forderte es vom Zentralrat einige Exemplare der Instruktion (von Ende November) an, um sie »bei Anfragen von Arbeitern in die Provinz« verschicken zu können[4]. Im gleichen Sinn antwortete das Volkskommissariat für Arbeit auf eine entsprechende Anfrage des Betriebskomitees der Nevskij-Fabrik in Petrograd am 15. Dezember[5]. Und wenn Arbeiter Lenin baten, Betriebe in eigener Regie weiterführen zu dürfen, weil ihre Besitzer sich weigerten, die Arbeiterkontrolle anzuerkennen, antwortete er:

»Ihr seid die Macht, tut alles, was Euch wünschenswert erscheint, nehmt alles, was Ihr braucht, wir werden Euch unterstützen. Sorgt aber für die Produktion, sorgt dafür, daß Nützliches produziert wird.« [6]

Eine so weitreichende Interpretation der Arbeiterkontrolle stieß natürlich auf den entschiedenen Widerspruch der Menschewiki. Zwar lehnten sie nun die Arbeiterkontrolle nicht mehr prinzipiell ab, wehrten sich aber dagegen, daß die Betriebskomitees, angesichts der vermeintlichen Unmöglichkeit, in Rußland den Sozialismus aufzubauen, administrative Funktionen übernehmen. Kamermacher, Mitglied des Gesamtrussischen Zentralrats der Gewerkschaften, erklärte prophetisch, wenn man das Dekret vom 14. November im Sinne des Petrograder Zentralrats auslege, werde es den »Bürgerkrieg in den Betrieben entfesseln« und damit die Wirtschaft vollends ruinieren[7]. Gleicher Meinung

---

[4] Gladkov, I. A., Očerki stroitel'stva sovetskogo chozjajstva v 1917–1918 gg., Moskva 1950, S. 45
[5] Rabočij kontrol', Dokument Nr. 272
[6] Lenin, PSS, Bd. 35, S. 275
[7] Moskovskij metallist, 1918, Nr. 6, zit. nach Avrich, P. H., The Bolshevik Revolution and Workers Control in Russian Industry, in: Slavic Review, Vol. XXII, Nr. 1, S. 50

war der Parteikongreß der Menschewiki von Ende November, der die Arbeiter aufforderte, in den Organen der Arbeiterkontrolle nur mitzuwirken, wenn sie nicht »zur Besitzergreifung von Betrieben« übergehen[8].

Da die Betriebskomitees in der Regel die Arbeiterkontrolle »im weiten Sinn als Einmischung in die Anordnungen des Unternehmers« verstanden, dürften sich die Menschewiki nur selten an ihr beteiligt haben. Vereinzelt versuchten sie sogar, die Arbeiter an der Übernahme administrativer Funktionen zu hindern. »Leider«, so heißt es in einem Rechenschaftsbericht des Moskauer Sowjets, »gibt es in den Betrieben unter den Arbeitern menschewistische Rädelsführer, die die Kontrolle hintertreiben«[9]. Angesichts der revolutionären Dynamik der Betriebskomitees dürften solche Versuche der Menschewiki nicht allzu erfolgreich gewesen sein.

Wirksameren Widerstand leisteten die Unternehmer. Nicht bereit, einer Kontrolle zuzustimmen, die sie zu Befehlsempfängern der Betriebskomitees degradierte, versuchten sie anfangs durch Proteste, und als diese nichts fruchteten, durch Sperrung der für die Produktion notwendigen Gelder oder durch Stilllegung der Betriebe die Arbeiter an der Übernahme von Verwaltungsfunktionen zu hindern. So erklärte der Gesamtrussische Kongreß der Unternehmerverbände Anfang Dezember 1917, daß jene »Betriebe, in denen die Kontrolle in Form der aktiven Einmischung in die Verwaltung durchgeführt wird, geschlossen werden[10]«. Allerdings konnten die Unternehmer nicht verhindern, daß die Komitees dann die Führung der Betriebe übernahmen und sie in eigener Regie weiterführten. Die Expropriationen waren somit eine unmittelbare Folge des verschärften Klassenkampfes und resultierten nicht aus ökonomischen Überlegungen. Miljutin erklärt hierzu:

»Mehr als 70 Prozent der Betriebe wurden konfisziert oder nationalisiert, weil ihre Besitzer entweder das Dekret über die Arbeiterkontrolle nicht befolgten oder die Betriebe schlossen bzw. im Stich ließen.«[11]

---

[8] Zit. nach Ljubimov, Revoljucija, Bd. 6, S. 283

[9] Nacionalizacija promyšlennosti, S. 145

[10] Zit. nach Ljubimov, Revoljucija, Bd. 6, S. 314. Eine ähnliche Resolution verabschiedete Ende November 1918 die Konferenz der Bergbauindustriellen des Ural. Nacionalizacija promyslennosti, S. 152

[11] Trudy I, S. 88

Die Regierung hatte mit einer derartigen Zuspitzung des Klassenkampfes nicht gerechnet. Denn das Dekret vom 14. November hatte die Betriebskomitees nicht als juristische Personen anerkannt, was notwendig gewesen wäre, um bei den Banken Kredite aufnehmen zu können. Die Folge war, daß viele Komitees Inventar oder Rohstoffe veräußern mußten, um die Arbeiter bezahlen zu können. Erst am 6. Dezember veröffentlichte der Rat der Volkskommissare einen Dekretentwurf, der die lokalen Sowjets ermächtigte, den Betriebskomitees den Status juristischer Personen zu verleihen[12]. Mit der Nationalisierung der Banken am 15. Dezember wurde dieser Entwurf jedoch hinfällig.

Nach der Form der Vergesellschaftung sowie den Organen, die sie legalisierten, bot sich für die Monate November 1917 bis März 1918, der Periode der »rotgardistischen Attacke gegen das Kapital«, folgendes Bild[13]:

	nationalisiert	konfisziert	sozialisiert*	gesamt
Rat der Volkskommissare	27	1	–	28
Oberster Volkswirtschaftsrat	16	1	–	17
lokale Sowjets	344	27	137	508
lokale Volkswirtschaftsräte	64	8	8	80
Gewerkschaften	17	4	21	42
andere Organisationen	117	4	30	151
gesamt	585	45	196	826**

* Unter Nationalisierung ist die Enteignung des Betriebes zugunsten des Staates, unter Sozialisierung die Enteignung zugunsten der Belegschaft und unter Konfiszierung die Enteignung ohne vorläufige Klärung der Besitzverhältnisse gemeint.

** Die Zahlen beziehen sich wahrscheinlich auf Betriebe, d. h. organisatorisch-technisch selbständige Produktionseinheiten, nicht auf Unternehmen, d. h. ökonomisch-juristische Einheiten.

[12] Text des Dekretentwurfs in: Rabočij kontrol', Dokument Nr. 252

[13] Drobižev, a. a. O., S. 63

Auffällig an der Tabelle ist der geringe Anteil der zentralen staatlichen Organe, d. h. des Rats der Volkskommissare und des Obersten Volkswirtschaftsrats am Vergesellschaftungsprozeß der Produktion. Es wurde bereits darauf verwiesen, daß die Bolschewiki zunächst auf die Nationalisierung ganzer Industriezweige verzichteten in der Hoffnung, die Wirtschaft unter Ausnützung der organisatorischen und technischen Fähigkeiten der Unternehmer, aber unter Kontrolle der Arbeiter lenken zu können. Die zentralen Organe enteigneten daher nur Betriebe von gesamtstaatlicher Bedeutung, und auch dann nur bei offener Sabotage der Besitzer. Hierzu gehörten zum Beispiel die Putilov-Werke in Petrograd und die Betriebe in den Bergbaurevieren des Ural, wo der Klassenkampf besonders scharfe Formen angenommen hatte[14].

»Der Prozeß der Nationalisierung fand von unten statt, und die sowjetische Führung beeilte sich nicht, ihn in ihre Hände zu nehmen.« [15]

Das Gros der Betriebe bzw. Unternehmen, 508 oder 61,5 Prozent, wurde von den lokalen Sowjets vergesellschaftet, obwohl, wie Miljutin bemerkte, »nicht wenig Befehle gegeben wurden, die den lokalen Organisationen die Nationalisierung verboten«[16]. Doch die zentralen Staatsorgane hatten eben nicht die Möglichkeit, die Ereignisse in der Provinz entscheidend zu beeinflussen. Hinzu kam, daß die Revolution den lokalen Sowjets ein hohes Maß an politischer Unabhängigkeit gegeben hatte. Der Zusammenbruch des Verkehrs- und Nachrichtenwesens, nicht zuletzt aber auch die bolschewistische Parole »Alle Macht den Sowjets« hatte dazu geführt, daß »allerorten die Tendenz auftrat, ohne sich von Sowjetrußland absondern zu wollen, das Gesamtrussische Sowjetzentrum zu ignorieren und alle durch die Revolution aufgeworfenen Fragen mit lokalen Kräften zu lösen«[17]. Radikaler gesinnt als die Regierung und ohne gesamtgesellschaftliche Notwendigkeiten zu berücksichtigen, legalisierten die Sowjets die von den Arbeitern und den

---

[14] Im Frühjahr 1918 waren bereits alle 8 Bergbaureviere nationalisiert. Dekrety sovetskoj vlasti, Bd. 1, S. 181, 194, 212, 291

[15] Miljutin in: Narodnoe chozjajstvo, 1918, Nr. 5, S. 6

[16] a. a. O.

[17] Antonov-Saratovskij, V. (Hrsg.), Sovety v epochu Voennogo kommunizma, Bd. 1, Moskva 1928, S. 95

Betriebskomitees spontan enteigneten Betriebe. Daß dies nur bei 137 Betrieben oder 26,7 Prozent zugunsten der Belegschaften geschah, bei 344 Betrieben oder 66,4 Prozent aber zugunsten des Staates, hatte in der Praxis wenig Bedeutung. Denn solange es in der Provinz keine zentralen Staatsorgane gab, lief die Nationalisierung fast immer auf die Übernahme der Betriebe durch die Komitees hinaus.

Diese syndikalistische Vergesellschaftung der Produktion beschleunigte wesentlich den Zusammenbruch der Wirtschaft, weil regionale und überregionale Wirtschaftseinheiten und -beziehungen zerschlagen wurden. Ihre politische Bedeutung war jedoch gewaltig, da die letzte Bastion der bürgerlichen Gesellschaftsordnung fiel: die Verfügungsgewalt über die Produktionsmittel. Die Oktoberrevolution entmachtete die Bourgeoisie in politischer Hinsicht, die Betriebskomitees und örtlichen Sowjets in ökonomischer Hinsicht. »Ende 1917 gab es in der russischen Industrie kein wirksames Unternehmertum mehr.«[18]

Hand in Hand mit der Legalisierung der Arbeiterkontrolle und der spontanen Vergesellschaftung der Produktion fand ein forcierter Aufbau der Betriebskomitees statt. Nach der »Berufs- und Industriezählung« vom August 1918 wurden zwischen November 1917 und März 1918 in 34 Prozent aller – im August 1918 noch produzierenden – Betriebe des europäischen Landesteils Komitees gebildet[19]. Die 48,9 Prozent von Betrieben mit Betriebskomitees vor der Oktoberrevolution mitgerechnet, gab es damit im März 1918 in 82,9 Prozent der Betriebe Komitees.

Der verstärkte Aufbau von Betriebskomitees sprach zwar für das politische Bewußtsein der Arbeiter, der weitere Rückgang der Produktion konnte durch sie aber nicht verhindert werden. Meist auf die Vorteile des eigenen Betriebes bedacht, trugen die Komitees zur Auflösung des ökonomischen Gesamtmechanismus in kleine und kleinste Produktionseinheiten wesentlich bei. Wegen der Rohstoffknappheit, die infolge des Zusammenbruchs des Transportwesens katastrophale Formen annahm – Kohle, Eisen, Erdöl und Baumwolle zum Beispiel mußten oftmals Tausende von Kilometern aus den rohstoffördernden in die rohstoffverarbeitenden Gebiete transportiert

---

[18] Maynard, J., Russia in Flux, New York 1951, S. 52
[19] Drobižev, a. a. O., S . 52

werden –, gaben die Komitees vorhandene Überschüsse entweder nur zu erhöhten Preisen ab oder tauschten sie gegen Nahrungsmittel oder Fertigwaren ein, um damit die Arbeiter zu bezahlen. Andere Komitees wiederum veräußerten Teile des Inventars, um dafür Rohstoffe einzutauschen. Partikulare Interessen mußten angesichts einer solchen Wirtschaftsweise zwangsläufig die Oberhand über regionale und gesamtstaatliche Interessen gewinnen.

»Die Konkurrenz und der Versuch, sich gegenseitig die spärlichen Rohstoffe abzujagen, die den Fortgang der Produktion sicherstellten, führte dazu, daß die Betriebskomitees sich gegenseitig bekämpften und die Betriebe sich in autonome Föderationen halbanarchistischen Charakters umwandelten.« [20]

Die Effizienz der Arbeiterkontrolle im Sinne der »planmäßigen Regulierung der Volkswirtschaft«, wie es das Dekret vom 14. November intendiert hatte, war somit gleich Null. Als die Bolschewiki dies in aller Klarheit erkannt hatten, versuchten sie mit allen Mitteln, die Betriebskomitees zu entmachten. Drei Möglichkeiten boten sich an: die Betriebskomitees aufzulösen, sie den Gewerkschaften unterzuordnen oder sie in Anhängsel des staatlichen Apparates umzuwandeln. Die Bolschewiki entschieden sich für die zweite Möglichkeit.

2. *Die Dezentralisierung der Eisenbahnverwaltung*

Wie die Arbeiter anderer Industriezweige hatten auch die Eisenbahner bereits vor der Oktoberrevolution ein Mitspracherecht bei der Verwaltung ihres Wirtschaftszweiges gefordert. Auf ihrer Gesamtrussischen Konferenz von April 1917 hatte der Sozialrevolutionär M. F. Krušinskij unter dem Beifall der Delegierten erklärt, daß in einer Demokratie den Eisenbahnern das Recht auf Selbstverwaltung zugestanden werden müsse. Der Erste Gesamtrussische Kongreß von Anfang August hatte diese Forderung dann zum Programm erhoben, indem er auf der »Teilnahme des Verbandes an der Organisation der Arbeit, Verwaltung und Wirtschaft der Eisenbahnen ... im Interesse

---

[20] Pankratova, Fabzavkomy, S. 238

der Demokratie mit beratender Stimme« bestand[21]. Verständlicherweise hatte sich die Provisorische Regierung gegen die Forderung der Eisenbahner jedoch gesperrt: Mehr als die Hälfte des russischen Eisenbahnnetzes, 43 000 km von etwa 80 000 km, war im Besitz privater Gesellschaften[22].

Nach der gesetzlichen Anerkennung der Arbeiterkontrolle wiederholten die Eisenbahner ihre Forderung. So beanspruchte das *Vikžel,* bis zur Konstituierenden Versammlung als höchstes Organ für die Eisenbahnverwaltung anerkannt zu werden, d. h. sowohl das leitende Kollegium des Volkskommissariats für Verkehrswesen als auch den Volkskommissar selbst zu wählen. Angesichts der ungünstigen innenpolitischen Konstellation für die rechtssozialistischen Kräfte nach der Oktoberrevolution kann die Forderung des *Vikžel* nicht allein mit seiner demokratischen Einstellung erklärt werden. Eine wesentliche Rolle dürfte dabei auch die Überlegung gespielt haben, über die Kontrolle der strategisch und ökonomisch wichtigen Eisenbahnen die Bolschewiki zur Einberufung der Konstituante zu drängen. Der Rat der Volkskommissare war mit der Selbstverwaltung der Eisenbahnen prinzipiell einverstanden, erklärte aber, er könne das *Vikžel* angesichts des nach der Revolution unter den Eisenbahnern eingetretenen Stimmungsumschwungs nicht als legitimen Sprecher der Eisenbahner anerkennen[23]. Da der Ruf nach Selbstverwaltung auf den Eisenbahnen immer lauter erscholl, überließ die Regierung am 6. Dezember dem *Vikžel* drei Sitze im Kollegium des Volkskommissariats für Verkehrswesen, was politisch nicht weiter ins Gewicht fiel[24]. Mit dieser Maßnahme wollten die Bolschewiki wahrscheinlich jene Eisenbahner zur loyalen Mitarbeit gewinnen, die die Autorität ihres gewählten zentralen Exekutivkomitees, ungeachtet – oder besser wegen – seiner antibolschewistischen Haltung anerkannten. Das waren in erster Linie die menschewistisch und sozialrevolutionär orientierten mittleren und höheren Angestellten und Beamten sowie das technische Personal.

Solange an der Spitze der Eisenbahnergewerkschaft das *Vikžel*

---

[21] Lozovskij auf dem Zweiten Gewerkschaftskongreß im Januar 1919. Vtoroj Vserossijskij s'ezd professional'nych sojuzov. Stenografičeskij otčet, Moskva 1921, S. 63 (In der Folge als Vtoroj s'ezd professional'nych sojuzov zitiert).

[22] Vestnik professional'nych sojuzov, 1918, Nr. 3, S. 8

[23] Trudy s'ezda železnodorožnikov, S. 28

[24] Ljubimov, Revoljucija, Bd. 6, S. 181

stand, konnten die Bolschewiki ihre erklärte Bereitschaft, den Eisenbahnern die Verwaltung der Eisenbahnen zu übertragen, nicht in die Tat umsetzen. Denn es war nicht sicher, ob die menschewistisch-sozialrevolutionäre Mehrheit des *Vikžel* seine neue Machtstellung dann nicht gegen die Regierung ausnützen werde. Als mit der Bildung des *Vikželdor* ein bolschewistisch orientiertes Zentralkomitee an der Spitze der Eisenbahnergewerkschaft stand und machtpolitische Bedenken gegen eine Eisenbahnselbstverwaltung gegenstandslos wurden, bestätigte die Regierung die vom bolschewistisch beherrschten Kongreß der Eisenbahnangestellten, -handwerker und -arbeiter (22. Dezember 1917 bis 17. Januar 1918) verabschiedete »Verordnung über die Verwaltung der Eisenbahnen«[25].

Die Verordnung sieht vor, auf allen Eisenbahnlinien und Teilstrecken Räte der Eisenbahndeputierten für die »Führung der Eisenbahnangelegenheiten in ökonomischer, technischer und administrativer Hinsicht« zu bilden. Diese Eisenbahnräte, die analog zu den politischen Räten unmittelbar gewählt, hierarchisch gegliedert und kollegial verwaltet werden sollten, sollten auf jährlich stattfindenden gesamtrussischen Kongressen ein zentrales Exekutivkomitee *(Vikželdor)* und ein ihm beigeordnetes Kollegium für die Verwaltung der Eisenbahnen im gesamtrussischen Maßstab wählen. Das Verhältnis zwischen *Vikželdor* und *VCIK* als – nominell – höchster politischer Instanz sollte so geregelt werden, daß diesem das Recht zusteht, vom Kongreß oder *Vikželdor* vorgeschlagene Kandidaten für das Kollegium des Volkskommissariats für Verkehrswesen abzulehnen, jenem aber das Recht, Delegierte in das *VCIK* zu schicken[26].

Was mag die Bolschewiki bewogen haben, dieser Verordnung – E. H. Carr nennt sie die »offenste syndikalistische Maßnahme, die es jemals in der sowjetischen Gesetzgebung gab«[27] – zuzustimmen, die sie fast jedes Einflusses auf die strategisch und ökonomisch so wichtigen Eisenbahnen beraubt und angesichts der offen syndikalistischen Tendenzen in der Arbeiterschaft die Gefahr der Dezentralisierung der Eisenbahnverwaltung heraufbeschwor? Dieser Schritt der Regierung ist um so erstaunlicher,

---

[25] a. a. O., S. 282

[26] Es scheint, daß die Regierung die Verordnung stillschweigend anerkannt hat, denn ein entsprechendes Dekret wurde nie verabschiedet.

[27] Text der Verordnung in: Trudy s'ezda železnodorožnikov, S. 3–9

als sie zur gleichen Zeit den Aufbau staatlicher Wirtschaftsorgane vorantrieb, die mit der Struktur eines ökonomischen Rätesystems nur wenig gemein hatten. Folgende mögliche Erklärungen bieten sich an: Die Bolschewiki trauten dem alten, noch aus der Zeit des Zarismus und der Provisorischen Regierung stammenden Verwaltungsapparat der Eisenbahnen nicht. Indem sie den Eisenbahnräten die Verwaltung übertrugen, neutralisierten sie diesen Apparat und gewannen Zeit für den Aufbau eines neuen, ihnen loyal ergebenen. Nicht ganz von der Hand zu weisen ist auch die Überlegung, daß die Übergabe der Eisenbahnverwaltung an die Eisenbahnräte in Zusammenhang mit der Auflösung der Konstituierenden Versammlung am 6. Januar 1918 stand: Die neue Regierung wollte der Gefahr von Proteststreiks seitens menschewistischer Eisenbahner, vielleicht sogar der Möglichkeit einer bewaffneten Konterrevolution zuvorkommen, die für den Einsatz von Truppen gegen bolschewistische Machtzentren auf die Eisenbahnen angewiesen war.
Der allgemeine Niedergang der Arbeitsproduktivität und -disziplin infolge der bürgerkriegsähnlichen Zustände in den Betrieben, des Rohstoffmangels, der Abnutzung der Maschinen und der schlechten Ernährung der Arbeiter ließ den Versuch der Eisenbahnarbeiter, die Eisenbahnen nach den Prinzipien des ökonomischen Rätesystems effektiv zu verwalten, scheitern. Besonders nachteilig scheint sich dabei die vorrangige Beachtung von Betriebsinteressen und lokalen Interessen für die gesamtstaatliche Verwaltung ausgewirkt zu haben.

»Jedes Gebiet, jedes Gouvernement, jedes verkümmerte Kreisstädtchen, jedes zentrale und jedes örtliche Eisenbahnkomitee schaut auf den Wohlstand der eigenen Eisenbahn ... und vergißt dabei die Interessen des Ganzen.« [28]

Die Folge war, daß die Eisenbahnerräte auf einzelnen Linien die Reparaturleistung von Lokomotiven und Waggons zwar steigern konnten, auf ganz Rußland bezogen sank sie aber rapide[29].

[28] Carr, E. H., The Bolshevik revolution, 1917–1923, Bd. 2, London 1952, S. 396
[29] Vestnik putej soobščenija, 1918, Nr. 2, S. 12

Als die Regierung nach Abschluß des Brester Friedens eine Schwenkung in der Wirtschaftspolitik vornahm und zur strengsten Rechnungsführung, staatlicher Kontrolle und Einsetzung bevollmächtigter Kommissare überging, waren die Stunden der Selbstverwaltung der Eisenbahner gezählt. Mit Wirkung vom 23. März 1918 trat ein Dekret in Kraft, das die Eisenbahnverwaltung straff zentralisierte und staatlichen Kommissaren unterstellte (vgl. Kapitel XIII/3).

[30] Protokoly zasedanij Vserossijskogo Komiteta Central'nogo Komiteta 4-go sozyva. Stenografičeskij otčet, Moskva 1920, S. 371 (In der Folge abgekürzt als Protokoly VCIK zitiert).

X. Die sozial-ökonomischen Folgen der Revolution

1. Der Rückgang der Arbeitsproduktivität

Die Bolschewiki konnten ihr Versprechen, die Wirtschaft vor dem Zusammenbruch zu bewahren, nicht einlösen. Im Gegenteil, nach der Oktoberrevolution sank die Produktion schneller als je zuvor. Die Ursachen waren vielfältiger Art. Angesichts der bürgerkriegsähnlichen Situation in den meisten Betrieben sank die Arbeitsdisziplin auf ein Minimum. Nicht minder nachteilig wirkte sich die Rückkehr zum Zeitlohnprinzip aus und die von den Arbeitern auf revolutionärem Weg durchgesetzte Entmachtung des – meist bürgerlichen – technischen Personals, das bis dahin die Arbeit kontrolliert hatte. »Der Arbeiter«, berichtet Šljapnikov, »stand bei der Werkbank, arbeitete oder arbeitete nicht. Keiner kann es kontrollieren.«[1] Schweren Schaden erlitt die Produktion auch durch die wider alle ökonomische Vernunft durchgeführte Enteignung Hunderter von Betrieben. Mit der Betriebsführung kaum vertraut, konnte die Arbeiterverwaltung die alte Administration nur selten voll ersetzen, zumal sich zahlreiche Spezialisten weigerten, mit den neuen Herren, den Komitees, zusammenzuarbeiten[2]. Ebenso nachteilig für die Produktion wirkte sich der katastrophale Mangel an flüssigen Mitteln aus.

Der Bedarf an Geldzeichen hatte während des Krieges infolge der galoppierenden Inflation ständig zugenommen. Trotzdem schränkten die Bolschewiki die Emission von Geldzeichen in den ersten vier Monaten ihrer Herrschaft ein[3]. Ob dies aus ideologischen oder technischen Gründen geschah, sei dahinge-

[1] Šljapnikov am 20. 3. 1918 im VCIK. Protokoly VCIK, S. 46
[2] Lebedev, N., Die Textilarbeiter in Sowjetrußland, Berlin 1920, S. 9
[3] Trudy I, S. 119

stellt, jedenfalls verfügten die lokalen Banken nicht über die erforderlichen Geldmittel, die die Betriebe brauchten, um Rohstoffe und Arbeiter zu bezahlen. »Wegen Geldmangel«, berichtet Andronikov, ein Gewerkschafter aus dem Ural, »sank im Dezember 1917 und Januar 1918 die Arbeitsproduktivität in den meisten Unternehmen katastrophal.«[4] Gleiches traf für das Moskauer Industriegebiet zu, wo »alle Betriebe teilweise chronisch, teilweise vorübergehend mit finanziellen Schwierigkeiten zu kämpfen hatten, was den Produktionsprozeß in der schlimmsten Weise zerrüttete«[5].

Besonders betroffen vom Rückgang der Arbeitsproduktivität war das Eisenbahnwesen, das Rückgrat der russischen Wirtschaft. Die Zahl der reparaturbedürftigen Lokomotiven stieg von 3500 oder 17 Prozent des Gesamtparks im November 1917 auf 6559 oder 31 Prozent im Januar 1918. Auf einzelnen Linien wurden sogar 65 bis 80 Prozent nicht einsatzfähiger Lokomotiven gezählt[6]. Der desolate Zustand des Transportwesens brachte damit den Güteraustausch zwischen den einzelnen Industriegebieten fast vollständig zum Erliegen.

Ähnlich lagen die Verhältnisse im Bergbau, der wichtigsten Energiequelle der Industrie. Hier spielten allerdings auch außenpolitische Gründe mit, da nach der Separation der Ukraine von Sowjetrußland die Bolschewiki von den reichen Kohlenvorkommen im Donbass abgeschnitten waren[7]. Zur Deckung ihres Bedarfs blieb ihnen noch der Ural mit seiner schwer verhüttbaren und das Moskauer Gebiet mit seiner kalorienarmen Kohle. Um so schwerer wog daher der Rückgang der Arbeitsproduktivität. Die durchschnittlich geförderte Kohlen-

---

[4] a. a. O., S. 222. Den Geldmangel im Ural möge folgende Tabelle verdeutlichen:

1918	erforderliche Lohnsumme in Millionen Rubel	davon ausbezahlt
Januar	137	30
Februar	106	52
März	112	22
April	164	88
Gesamt	519	162

Narodnoe chozjajstvo, 1919, Nr. 8, S. 19

[5] Lomov, A., Die Produktivität der Arbeit in Sowjetrußland, Zürich 1919, S. 6

[6] Trudy II Vserossijskogo s'ezda Sovetov Narodnogo Chozjajstva. Stenografičeskij otčet, Moskva 1919, S. 153 (In der Folge abgekürzt als Trudy II zitiert).

[7] Vestnik Narodnogo Komissariata Truda, 1918, Nr. 1, S. 148

menge im Moskauer Gebiet, umgelegt auf einen Hauer, betrug im Oktober 1917 noch 379 Pud (1 Pud = 16,38 kg) pro Tag, bis Januar 1918 sank die Förderungsleistung auf 283 Pud und bis Mai sogar auf 185 Pud[8].

S. G. Strumilin hat versucht, die Ursachen für die sinkende Arbeitsproduktivität im einzelnen zu berechnen. Er kam zu folgendem Ergebnis[9]:

Physische Erschöpfung der Arbeiter	44 Prozent
Lockerung der Arbeitsdisziplin	22 Prozent
Übergang zum Zeitlohn	19 Prozent
Defekte in der Arbeitsorganisation	6 Prozent
Verknappung der Rohstoffe	6 Prozent
Abnutzung der Maschinen	4 Prozent

Mag eine solche prozentuale Aufschlüsselung der Ursachen angesichts ihrer Interdependenz auch problematisch sein, so dürfte sie der Tendenz nach doch stimmen. Die physische Erschöpfung der Arbeiter, bedingt durch ihre unzureichende Ernährung, war demnach der Hauptgrund für den Rückgang der Arbeitsproduktivität.

2. *Die materielle Lage der Arbeiter*

Die Umstellung der Industrie auf die Anforderungen des Krieges hatte bereits unter dem Zaren und der Provisorischen Regierung zu einem akuten Mangel an Bedarfsgütern geführt. Die in chaotischen Formen durchgeführte Demobilisierung der Industrie, d. h. die Umstellung von der Rüstungs- auf die Bedarfsgüterproduktion verschlechterte eher noch die Lage[10]. Da die Bauern auf dem Markt keine Industrieprodukte kaufen konnten, weil sie entweder zu teuer waren oder überhaupt nicht angeboten wurden, hielten sie ihr Getreide zurück: In den Städten machte sich eine fühlbare Verknappung der Lebensmittel bemerkbar. Um die Ernährung der Bevölkerung, besonders der Arbeiter, sicherzustellen, gingen die lokalen Behörden dazu über, einen Teil des Arbeitslohnes in Naturalien zu vergelten. Trotz dieses *paek*-Systems, wie die rationierte Zuteilung

[8] Professional'nyj vestnik, 1918, Nr. 15–16, S. 9
[9] Strumilin, Bd. 3, a. a. O., S. 361
[10] Döring, a. a. O., S. 106 ff

genannt wurde, zeichnete sich keine Verbesserung der materiellen Lage der Arbeiter ab. In Petrograd zum Beispiel erhielten Schwerstarbeiter im Oktober 1917 eine durchschnittliche Tagesration von 1705 Kalorien, im Dezember 1162, im Januar 1918 771, im März 1082 und im April 1013 Kalorien[11]. Daß die Petrograder Stadtbehörden den *paek* zwischen Dezember und April trotz immer geringerer Nahrungsvorräte nicht wesentlich zu kürzen brauchten, ist auf die Abnahme der Arbeiterbevölkerung zurückzuführen. Tausende, in erster Linie qualifizierte Arbeiter verließen Petrograd wegen der herrschenden Hungersnot und Arbeitslosigkeit und versuchten, auf dem flachen Land eine Existenz zu finden. Da nach Strumilin der Mensch bei leichter Arbeit täglich 2600, bei mittelschwerer 3100 und bei schwerer Arbeit 3600 Kalorien braucht, reichte aber der *paek* selbst für die zurückgebliebenen Arbeiter nicht aus[12].

Neben dem *paek* erhielt der Arbeiter noch seinen regulären Lohn ausbezahlt. Davon konnte er sich jedoch nicht die fehlenden Lebensmittel kaufen, da das Preisniveau weit über dem Lohnniveau lag. Im Moskauer Gebiet – für Petrograd liegen keine Angaben vor – stiegen die Löhne von Dezember 1917 bis Mai 1918 für Hilfsarbeiter um durchschnittlich 123 und für qualifizierte Arbeiter um 154 Prozent, die Preise im gleichen Zeitraum jedoch um 248 Prozent[13]. Katastrophal war die Lage der ungelernten Arbeitskräfte. Ein Hilfsarbeiter verdiente in der Stadt Moskau im Mai etwa 280 Rubel, während die Lebenshaltungskosten bei 902 Rubel lagen[14]. Mittels fester Preise für Bedarfsgüter, vorab Getreide und Textilien, versuchte die Regierung der Spekulation entgegenzuwirken. Da Lebensmittel mit einem Gehalt von 3600 Kalorien offiziell 23,8 Rubel kosteten, der Tagesverdienst eines Facharbeiters nur 20 Rubel und der eines Hilfsarbeiters sogar nur 12 Rubel betrug, waren die Arbeiter gezwungen, auf dem schwarzen Markt zu kaufen[15]. Jene, die in den Städten blieben, fuhren daher in kürzeren oder längeren Abständen aufs Land, um ein paar Kilogramm Mehl zu kaufen oder gegen Gebrauchsgegenstände

---

[11] Strumilin, Bd. 3, a. a. O., S. 361

[12] a. a. O., S. 336

[13] Protokoly II s'ezda komissarov truda i predstavitelej birž truda i strachovych kass, Moskva 1918, S. 49 (In der Folge abgekürzt als Protokoly II s'ezda komissarov truda zitiert)

[14] Strumilin, Bd. 3, a. a. O., S. 339

[15] Statistika truda, 1918, Nr. 3–4, S. 17

einzutauschen. Der Mann mit dem Sack auf dem Rücken, *mešočnik* (Hamsterer) genannt, wurde zum Symbol des hungernden Arbeiters. Nicht selten kam es sogar zu Hungerkrawallen und Plünderungen. »Die Arbeiterschaft war nicht nur in der Fabrik tätig, sondern zog auch auf Straßenraub aus.«[16] Daß unter solchen Umständen die Arbeitsproduktivität enorm zurückging, liegt auf der Hand. In den Städten blieben die Arbeiter massenweise der Arbeit fern. Und selbst in den Betrieben ländlicher Gegenden wie in den Gouvernements Kaluga und Orel fehlten manchmal 30 bis 40 Prozent der Belegschaft[17]. Dennoch wurde das Hamstern von den lokalen Behörden mehr oder minder toleriert, war es doch das einzig wirksame Mittel zur Bekämpfung der Hungersnot. Dieser unheilvolle Zustand, der den Aufbau des Sozialismus ernsthaft gefährdete, konnte nur überwunden werden, wenn es den Bolschewiki gelang, sowohl die Nahrungsversorgung der Arbeiter sicherzustellen als auch die Arbeitsproduktivität und -disziplin zu heben. Für die beiden letzten Aufgaben zog die Regierung die Gewerkschaften heran.

3. Die Auflösung der Arbeitsdisziplin

Das Dekret über die Arbeiterkontrolle hatte die Revolution unmittelbar in die Betriebe hineingetragen. Zu Schauplätzen erbitterten Klassenkampfes geworden, in dem es um die Entmachtung der Unternehmer und die Festigung der Herrschaft der Arbeiter ging, war an disziplinierte und geregelte Arbeit natürlich nicht zu denken. Nachdem die Aufsicht der alten Betriebsadministration weggefallen war, versuchten besonders die weniger qualifizierten Arbeiter die chaotischen Verhältnisse in den Betrieben für persönliche Interessen auszunützen. So heißt es in einem Bericht des Betriebskomitees der Putilov-Werke:

»Unter dem Deckmantel des politischen Kampfes und ökonomischer Forderungen findet ein Kampf einzelner Gruppen statt, die sich gegen die Arbeiterorganisationen und sogar gegen Individuen richten. Es kommt zu Streiks und Disziplinlosigkeiten auf Grund kleinbürgerlicher Forderungen. Es mangelt gänzlich an Kollektivgefühl.« [18]

---

[16] Lomov, a. a. O., S. 7
[17] Narodnoe chozjajstvo, 1918, Nr. 5, S. 37
[18] Putilovec v trech revoljucijach, a. a. O., S. 419, 420

Obwohl die mangelnde Arbeitsdisziplin wesentlich zum Niedergang der Produktion beitrug, lehnten die Gewerkschaften die Unterstützung staatlicher Organe ab. Nicht weil es solche noch nicht oder erst im Ansatz gab, sondern weil die Gewerkschaften die Ansicht vertraten, daß die Arbeitsdisziplin nur durch gewerkschaftliche Agitation und Propaganda, nicht aber durch staatliche Zwangsmaßnahmen wiederhergestellt werden könne. Da nach der Machtübernahme durch die Sowjets die Arbeit nicht mehr den Unternehmerinteressen diene, sondern den Arbeitern selbst, werde das Proletariat freiwillig proletarische Selbstdisziplin *(proletarskaja samodisciplina)* üben. V. G. Kozelev, Mitglied des Gesamtrussischen Gewerkschaftsrates, charakterisierte sie als »freiwillige demokratische Disziplin und Unterordnung unter die Entscheidungen der Arbeiter selbst« in Gestalt der Gewerkschaften. Sollten die Gewerkschaften aber einmal Zwangsmaßnahmen anwenden müssen, so handle es sich weder um Polizeimethoden noch um militärische Disziplin, sondern um »Selbstzwang« der Arbeiterklasse, ausgeübt durch ihre eigenen Organisationen, die Gewerkschaften[19].

Ähnlicher Meinung waren Larin und S. V. Kosior, beide an verantwortlicher Stelle im Obersten Volkswirtschaftsrat tätig. Auch sie glaubten, daß nach der proletarischen Revolution auf Zwangsmaßnahmen bei der Wiederherstellung der Arbeitsdisziplin weitgehend verzichtet werden könne. Gründete Larin seine Hoffnung auf den moralischen Druck der »öffentlichen Meinung der eigenen Klasse«, so glaubte Kosior an die Einsicht der Arbeiter in ihre »gesellschaftliche Verpflichtung« – zwei Formulierungen eines Gedankens: Im Interesse des sozialistischen Aufbaus werden die Arbeiter freiwillig die Arbeitsdisziplin einhalten.

Auf den ersten Blick mag es scheinen, als ob die Gewerkschaften daran dachten, das Problem der Wiederherstellung der Arbeitsdisziplin in die Hände der Arbeiter selbst zu legen. Doch dieser Eindruck täuscht, wenn man nach den Kriterien der proletarischen Selbstdisziplin fragt. Proletarische Selbstdisziplin, so wurde versichert, sei jene Form von Arbeitsdisziplin, die in Einklang stehe mit der gesellschaftlichen Verpflichtung und der öffentlichen Meinung der Arbeiterklasse. Wer aber definierte nun diese Verpflichtung und wer brachte die öffentliche Mei-

[19] Professional'nyj vestnik, 1918, Nr. 5–6, S. 5–9

nung des Proletariats zum Ausdruck? Sicher nicht die Arbeiter selbst. Hier gibt es nur eine Antwort: die bolschewistische Partei. Sie beanspruchte von ihrem Selbstverständnis als revolutionäre Avantgarde des Proletariats her die »richtigen« und »falschen« Interessen der Arbeiter zu erkennen und verbindlich festzulegen. Wenn sie auch noch nicht die Möglichkeit hatte, die von ihr als richtig erkannten Interessen des Proletariats zu verbindlichen Normen zu erheben, so deutete sich hier doch bereits ihre Absicht an, dies mit Hilfe ihr loyal ergebener Organisationen, vorab den Gewerkschaften, zu versuchen. Proletarische Selbstdisziplin war nach Auffassung der Partei und Gewerkschaften also gleichbedeutend mit gewerkschaftlicher Selbstdisziplin, d. h. Disziplinierung der Arbeiter durch die Gewerkschaften.

Von den Arbeitern selbst wurde die proletarische Selbstdisziplin indes anders interpretiert, und zwar als autonome Gestaltung der individuellen Arbeit, als Selbstverantwortung für die Organisation der Arbeit am Arbeitsplatz, allerdings im Rahmen der betrieblichen Gesamtproduktion. So heißt es in einer Instruktion an die Betriebskomitees zur Arbeitsdisziplin, herausgegeben vom Moskauer Rat für Arbeiterkontrolle im Januar 1918:

»Jedem Arbeiter muß die Möglichkeit gegeben werden, seine Individualität voll zur Geltung zu bringen; möge jeder Arbeiter an der Werkbank so arbeiten, wie er es für richtig hält. Ohne besondere Notwendigkeit darf man sich nicht in seine Arbeit einmischen, es sei denn, daß nachteilige Folgen für die Gesamtproduktion zu befürchten sind.« [20]

Diese Hoffnung auf proletarische Selbstdisziplin zerbrach indes an der rauhen russischen Wirklichkeit, denn um die Jahreswende 1917/18 erreichte die Arbeitsdisziplin den absoluten Tiefpunkt. Auch den Betriebskomitees war es nicht verborgen geblieben, daß die meisten Arbeiter auf Appelle an ihr sozialistisches Bewußtsein nicht reagierten. Sie begannen daher, Disziplinverletzungen mit strengen Maßnahmen zu ahnden, die der verhaßten »kapitalistischen Stockdisziplin« in nichts nachstanden. Einige Beispiele sollen das verdeutlichen: Das Betriebs-

---

[20] Zit. nach Genkin, L. B., Roždenie socialističeskoj discipliny truda (konec 1917 – leto 1918), in: Istorija SSSR, 1965, Nr. 1, S. 14

[21] Rabočij kontrol', 1918, Nr. 1, S. 3

komitee der »Radiotelegraphischen Fabrik« in Petrograd bestrafte vorzeitiges Verlassen des Arbeitsplatzes mit einer Woche Arbeitsentzug[22], das Komitee der Petrograder Baumwollspinnerei »Nevka« drohte an, alle Arbeiter dem revolutionären Gericht zu übergeben, die vorzeitig die Arbeit niederlegen, und sei es auch nur für fünf Minuten[23].

Ähnlich drastische Strafen drohten auch die Gewerkschaften den Arbeitern an. Da sie aber zunächst noch wenig Einfluß in den Betrieben hatten, verpflichteten sie die Betriebskomitees, »Maßnahmen zur Aufrechterhaltung der Disziplin unter den Arbeitern zu ergreifen«, wie es in einem Beschluß des Ersten Gesamtrussischen Gewerkschaftskongresses von Anfang Januar 1918 hieß[24]. Ganz in diesem Sinne forderte die Gewerkschaft der Holzarbeiter von Archangel'sk die Komitees auf, jeden Arbeiter, der ohne Entschuldigung der Arbeit fernbleibe, mit drei Tagen Arbeitsentzug zu bestrafen; bei dreimaligem Arbeitsversäumnis sollte der Arbeiter fristlos entlassen werden, ebenso bei »fahrlässiger Einstellung zur Arbeit«. Außerdem wies die Gewerkschaft die Betriebskomitees an, keine Arbeiter einzustellen, die nachweislich wegen Verletzung der Arbeitsdisziplin ihren Arbeitsplatz verloren hatten[25]. Angesichts der wachsenden Arbeitslosigkeit hatte ein aus disziplinären Gründen entlassener Arbeiter also kaum eine Chance, wieder eingestellt zu werden (vgl. Kapitel XIV).

Die ersten Maßnahmen zur Festigung der Arbeitsdisziplin erfolgten mehr oder minder spontan. Meist zeichneten die Betriebskomitees dafür verantwortlich, darüber können auch entsprechende Aufrufe der Gewerkschaften nicht hinwegtäuschen. Weder der Gesamtrussische Zentralrat der Gewerkschaften noch die einzelnen Gewerkschaftsverbände und am wenigsten die staatlichen Organe hatten zunächst Einfluß auf die Arbeitsdisziplin. »Die Initiative zur Arbeitsdisziplin ging von den einzelnen Betrieben aus«, bemerkt Miljutin, und meinte damit zweifellos die Betriebskomitees[26].

---

[22] Rabočij kontrol', Dokument Nr. 342

[23] Nacionalizacija promyšlennosti i organizacija socialističeskogo proizvodstva v Pedrograde 1917–1920, Teil 2, Leningrad 1960, S. 170

[24] Pervyi Vserossijskij s'ezd professional'nych sojuzov. Stenografičeskij otčet, Moskva 1918, S. 374 (In der Folge als Pervyj s'ezd professional'nych sojuzov zitiert)

[25] Nacionalizacija promyšlennosti, S. 247

[26] Trudy I, S. 55

Die Passivität des *VCSPS* bis Januar 1918 mag auf seine Arbeitsunfähigkeit infolge der politisch heterogenen Besetzung mit Bolschewiki und Menschewiki zurückzuführen sein; danach, bis Mitte März, war der Gesamtrussische Zentralrat der Gewerkschaften mit der Verlegung des Regierungsapparats von Petrograd nach Moskau, der neuen Hauptstadt, beschäftigt[27]. Die einzelnen Gewerkschaftsverbände waren zur Untätigkeit verurteilt, solange in den Betrieben die Betriebskomitees herrschten. Die staatlichen Organe aber versuchten erst gar nicht, aktiv auf die Wiederherstellung der Arbeitsdisziplin einzuwirken, da sie diese undankbare Aufgabe den Gewerkschaften überließen.

[27] Vtoroj s'ezd professional'nych sojuzov, S. 18

XI. Der Erste Gesamtrussische Kongreß der Gewerkschaften (7. – 14. 1. 1918)

Die sowjetische Geschichtsschreibung bezeichnet den Zeitraum zwischen Oktober 1917 und Januar 1918 als die Periode des »triumphalen Vormarsches« der Revolution. In wenigen Strichen skizziert, sah die Lage etwa so aus: Die Sowjets hatten praktisch im ganzen Land auf mehr oder minder unblutige Weise die Macht erobert, die Gefahr einer bewaffneten Konterrevolution schien gebannt. Die bolschewistische Partei hatte ihre Herrschaft gefestigt, die Konstituante war Anfang Januar auseinandergejagt worden, ohne daß es zu nennenswerten Unruhen gekommen war. Der Rat der Volkskommissare wurde von der Masse der Arbeiter, Bauern und Soldaten als rechtmäßige Regierung anerkannt, darüber hinaus hatte die Masse der Arbeiter und damit die überwiegende Mehrzahl der Gewerkschaften auch den Oktoberumsturz als sozialistische Revolution anerkannt. Die Friedensverhandlungen mit dem Deutschen Reich eröffneten Sowjetrußland die Perspektive eines von äußeren Feinden ungestörten Aufbaus des Sozialismus, für den Lenin voller Optimismus nicht mehr als »eine gewisse Zeitspanne, mindestens einige Monate« veranschlagte[1]. Unter diesen Umständen trat Anfang Januar 1918 der Erste Gesamtrussische Kongreß der Gewerkschaften zusammen, um über die neuen politischen und ökonomischen Aufgaben nach der Oktoberrevolution zu beraten.

1. Zum Verhältnis von Gewerkschaften und proletarischer Staatsmacht

Einen Tag nach der gewaltsamen Auflösung der Konstituierenden Versammlung am 7. Januar 1918 wurde in Petrograd der

[1] Lenin, PSS, Bd. 35, S. 244

Erste Gesamtrussische Kongreß der Gewerkschaften eröffnet. 416 Delegierte – 306 von radikalen und 110 von gemäßigten sozialistischen Parteien – vertraten 2 252 600 gewerkschaftlich organisierte Arbeiter[2]. Wie nicht anders zu erwarten, tagte der Kongreß in einer feindseligen Atmosphäre voller persönlicher und politischer Ressentiments. Im Mittelpunkt der Auseinandersetzungen standen die künftigen Beziehungen der Gewerkschaften zur Sowjetmacht sowie ihre Stellung und Aufgaben in der Übergangsphase vom Kapitalismus zum Sozialismus.

Die Bolschewiki maßen dem Kongreß eminente Bedeutung bei, denn sonst hätte wohl kaum Zinov'ev, der Mitglied des Zentralkomitees der Partei war, mit gewerkschaftlichen Fragen aber wenig zu tun hatte, das politische Grundsatzreferat gehalten. Seine Aufgabe war es offensichtlich, die Gewerkschaften noch einmal vom sozialistischen Charakter der Oktoberrevolution zu überzeugen und sie auf ihre neuen ökonomischen und politischen Aufgaben hinzuweisen. Rußland, so erklärte er, sei im ganzen betrachtet zwar ein rückständiges Land, dank der fortgeschrittenen Entwicklung des Bankwesens und der Konzentration der Produktion könne es aber dennoch den Anstoß zur Weltrevolution geben. Selbst wenn Rußland vom westlichen Proletariat vorläufig noch isoliert sei, stelle das keinen Gegenbeweis dar, zumal sich bei Marx und Engels kein Hinweis darauf fände, daß der Übergang vom Kapitalismus zum Sozialismus in mehreren Ländern gleichzeitig vonstatten gehen müsse. Die Machtübernahme der Sowjets, die Zinov'ev als »organisatorische Hülle, in der die sozialistische Revolution vollendet wird«, bezeichnete[3], sowie die Gärung unter der westeuropäischen Arbeiterschaft seien Beweise genug, daß sich auch die hochindustrialisierten Länder Europas auf die sozialistische Revolution zubewegten.

Mit dem Übergang zum Sozialismus, fuhr Zinov'ev fort, müßten die Gewerkschaften sowohl ihr Verhältnis zur neuen Staatsmacht überdenken als auch ihre traditionellen Aufgaben grundlegend ändern. Zunächst komme es darauf an, die Sowjetmacht in jeder Weise zu unterstützen, da nur sie die politischen Voraussetzungen für den Aufbau des Sozialismus garan-

[2] Pervyi s'ezd professional'nych sojuzov, S. 338
[3] a. a. O., S. 72

tiere. Um die Produktionsverhältnisse umzugestalten und neue ökonomische Lenkungsorgane zu schaffen, sei die Sowjetmacht allein allerdings zu schwach. Hier bedürfe es der tatkräftigen Unterstützung und Mitarbeit der Gewerkschaften. »Diese Rolle muß den Gewerkschaften zukommen, ohne sie werden wir machtlos sein«, erklärte Zinov'ev[4]. Natürlich dachte Zinov'ev nicht daran, den Gewerkschaften die Organisation und Verwaltung der Produktion in eigener Verantwortung zu übertragen. Vielmehr sollten sie als Hilfsorgane der staatlichen Lenkungsorgane fungieren. Mögliche Einwände, daß dann die Gewerkschaften nicht mehr die materiellen Interessen der Arbeiter vertreten können, besonders in der ersten Phase des sozialistischen Aufbaus, in der noch nicht alle Produktionsmittel vergesellschaftet seien, versuchte Zinov'ev mit dem Versprechen zu zerstreuen, die Regierung werde die Gewerkschaften bei dieser Aufgabe unterstützen. Auch Tomskij, der in der Gewerkschaftsbewegung eine immer größere Rolle spielte, forderte die Gewerkschaften in seinem Referat auf, ihren traditionellen Aufgaben, die die Sowjetmacht qua proletarische Macht viel besser wahrnehmen könnte, abzuschwören, und sich für eine sozialistische Organisation der Wirtschaft zu engagieren. Die enge Zusammenarbeit mit der Staatsmacht werde dann automatisch zur Umwandlung der Gewerkschaften in staatliche Wirtschaftsorgane führen – »nicht durch Dekrete, sondern durch das reale Leben selbst«[5].

Nun würde die Heranziehung der Gewerkschaften zur Organisation der Produktion wie überhaupt der Aufbau des Sozialismus gewiß einige Zeit in Anspruch nehmen. Selbst wenn die Gewerkschaften sich nur noch ephemer als ökonomische Kampforgane verstanden, mußte die Frage geklärt werden, wie und mit welchen Mitteln sie die materiellen Interessen der Arbeiter verteidigen sollten. Das war deshalb von Bedeutung, weil hier das Verhältnis der Gewerkschaften zur proletarischen Staatsmacht berührt wurde, die ja direkt oder indirekt die ökonomischen Prozesse steuerte. Ganz konkret ging es um die Frage, ob die Gewerkschaften ihre ökonomischen Forderungen mit Hilfe von Streiks durchsetzen durften oder nicht. Zwar erklärte G. V. Cyperovič, daß Streiks legitim seien, solange die Produk-

[4] a. a. O., S. 75
[5] a. a. O., S. 119

tionsmittel nicht vollständig vergesellschaftet und die volle Interessenidentität zwischen proletarischer Staatsmacht und Arbeitern nicht hergestellt sei[6], einer klaren Stellungnahme wich der Kongreß jedoch aus. Aus verständlichen Gründen: Da erst ein kleiner Teil der Industrie vergesellschaftet war und die Regierung vorerst auch nicht die Absicht bekundete, zur planmäßigen Nationalisierung ganzer Industriezweige überzugehen, hätte eine »Freigabe« des Streiks angesichts der katastrophalen Lage der Arbeiter möglicherweise verheerende ökonomische Folgen gehabt.

Von weit größerer Relevanz für die ökonomischen und politischen Aufgaben der Gewerkschaften war ihr künftiges Verhältnis zur Sowjetmacht. Erwartungsgemäß billigte der Kongreß die von Zinov'ev und Tomskij aufgezeigte Neuorientierung der Gewerkschaften. In der entsprechenden Resolution »Über die neuen Aufgaben der Gewerkschaften« heißt es dazu:

»Das Schwergewicht der Arbeit der Gewerkschaften muß jetzt auf das organisatorisch-wirtschaftliche Gebiet verlagert werden. Die Gewerkschaften, . . . aufgebaut nach dem Produktionsprinzip, müssen die Hauptarbeit bei der Organisation der Produktion und der Wiederherstellung der zerstörten Produktivkräfte des Landes auf sich nehmen.« [7]

Und weiter heißt es in der Resolution, daß die enge Kooperation mit der Staatsmacht auf ökonomisch-organisatorischem Gebiet automatisch zur »Verstaatung« *(ogosudarstvlenie)*, d. h. Umwandlung der Gewerkschaften in staatliche Organe führe. Punkt 9 der Resolution lautet:

»In der weiteren Perspektive, im Prozeß der sozialistischen Revolution, müssen die Gewerkschaften Organe der sozialistischen Macht werden, die als solche im Zusammenwirken mit den anderen Organen der sozialistischen Macht am Aufbau der neuen organisatorischen Grundlagen des wirtschaftlichen Lebens arbeiten.« [8]

Diese Formulierung umreißt zwar den künftigen Status der Gewerkschaften und ihre Stellung in der sozialistischen Gesellschaftsordnung, sagt aber wenig über ihr augenblickliches Verhältnis zur Staatsmacht aus. Die Resolution verschob, wie Lo-

---

[6] a. a. O., S. 367
[7] a. a. O., S. 364
[8] a. a. O.

zovskij bemerkte, »die praktische Lösung dieser Frage in die unbestimmte Zukunft«[9]. In der Tat war dieser Passus ein Kompromiß zwischen denen, die die Gewerkschaften sofort in staatliche Organe umwandeln wollten, und jenen, die einen solchen Schritt noch als verfrüht ansahen. Vom raschen Aufbau des Sozialismus in Rußland überzeugt, hatte ein Teil der Delegierten »die sofortige Ausrufung der Gewerkschaften zu Organen der sozialistischen Macht« gefordert. Auf Drängen weniger optimistisch gesinnter Bolschewiki wurde diese Formulierung dann zugunsten der oben zitierten aufgegeben[10].

Die Kontroverse über die Verstaatung der Gewerkschaften muß vor dem Hintergrund der marxistischen Theorie vom Absterben des Staates gesehen werden. Nach Marx und Engels sollte der Staat, verstanden als Repressionsorgan der herrschenden Klassen zur Aufrechterhaltung ihrer politischen und ökonomischen Vormachtstellung, nach der sozialistischen Revolution absterben.

»Der erste Akt, worin der Staat wirklich als Repräsentant der ganzen Gesellschaft auftritt – die Besitzergreifung der Produktionsmittel im Namen der Gesellschaft –, ist zugleich sein letzter. Das Eingreifen der Staatsgewalt in gesellschaftliche Bereiche wird auf einem Gebiet nach dem anderen überflüssig und schläft dann von selbst ein ... Der Staat wird nicht abgeschafft, er stirbt ab.« [11]

Die sofortige Verstaatung der Gewerkschaften hätte demnach bedeutet, daß das Absterben des Staates und damit die Verwirklichung des Sozialismus unmittelbar bevorstand. In diesem Fall hätten sowohl die Arbeiterorganisationen die Produktion übernehmen als auch der von den Bolschewiki unter großen Schwierigkeiten aufgebaute und kontrollierte Staatsapparat aufgelöst werden müssen. Damit aber hätte die bolschewistische Partei auch ihren Herrschaftsanspruch aufgegeben. Diese Konsequenz hatten offensichtlich jene Bolschewiki, die für die sofortige Verstaatung der Gewerkschaften eintraten, nicht bedacht.

Weit vorteilhafter war es dagegen für die Bolschewiki, die Ge-

---

[9] Protokoly l-go Vserossijskogo s'ezda professional'nych sojuzov tekstil'ščikov i fabričnych komitetov, o. O. (Moskva), o. J. (1918), S. 11

[10] Professional'nyj vestnik, 1918, Nr. 5–6, S. 3

[11] Engels, F., Herrn Eugen Dührings Umwälzung der Wissenschaft (Anti-Düring), in: Marx-Engels-Werke, Bd. 20, S. 272

werkschaften nicht zu verstaaten, zumindest nicht sofort, sondern sie statt dessen auf die Unterstützung der Regierung festzulegen. Punkt 5 der Resolution lautet:

»In allen Fragen, die im Prozeß der Revolution auftreten, . . . müssen die Gewerkschaften in jeder Weise die Politik der sozialistischen Sowjetmacht, geführt vom Rat der Volkskommissare, unterstützen.«[12]

Punkt 5 und 9 zusammen interpretiert, lassen sogar noch weiter reichende Absichten der Bolschewiki als nur eine Unterstützung der Regierung erkennen. Punkt 9 sprach von der Umwandlung der Gewerkschaften in Organe der sozialistischen Macht. Da aber die Politik des Rates der Volkskommissare im bolschewistischen Zentralkomitee gemacht wurde, intendierte die Verstaatung der Gewerkschaften realiter nichts anderes als ihre Unterwerfung unter die Partei – ein Ziel, das die Bolschewiki schon vor der Oktoberrevolution angestrebt hatten.
Auch die linken Sozialrevolutionäre maßen den Gewerkschaften »in höchstem Maße wichtige staatliche Aufgaben zu, die sich auf die energische und allseitige Teilnahme an der Lenkung der Industrie und der Durchführung der Arbeiterkontrolle beziehen«[13]. Diese Aufgaben sollten die Gewerkschaften nicht in eigener Verantwortung, sondern als der Sowjetmacht untergeordnete Organe durchführen. Denn nur so sei ihre Umwandlung in zuverlässige Organe für die Organisation der Produktion gewährleistet. Die Position der linken Sozialrevolutionäre unterschied sich demnach kaum von der der Bolschewiki – mit einer wichtigen Einschränkung: Unter Sowjetmacht verstanden sie nicht die Herrschaft einer Partei, sondern die Herrschaft der Sowjets, d. h. der Arbeiterklasse insgesamt. Offensichtlich waren sie der Meinung, daß es der bolschewistischen Partei nicht gelingen werde, die Sowjets gleichzuschalten.
Als entschiedener Gegner einer sofortigen Verstaatung der Gewerkschaften trat Lozovskij auf. Solange die Staatsmacht keine »rein sozialistische Diktatur« sei, weil sie infolge der ökonomischen Rückständigkeit Rußlands auch die Interessen der Bauernschaft vertrete und vertreten müsse, würde die Umwandlung der Gewerkschaften in staatliche Organe unvermeidlich Friktionen zwischen den Arbeitern und den Gewerkschaf-

[12] Pervyj s'ezd professional'nych sojuzov, S. 364
[13] a. a. O., S. 87

ten und damit auch zwischen den Arbeitern und der Staatsmacht zur Folge haben. Mehr noch, die Staatsmacht würde sich von den Arbeitern isolieren, da sie deren Interessen nur bedingt vertreten konnte. Solange es in Rußland keine »echte Diktatur der Arbeiterklasse« gebe, solange die »Sozialisierung der gesamten Wirtschaft« nicht durchgeführt sei, warnte Lozovskij, sei die Verstaatung der Gewerkschaften ein »kolossaler historischer Fehler«, gleichbedeutend mit dem »eigenen Todesurteil«[14].

Noch ungünstiger beurteilten die Menschewiki die Chance einer baldigen Verstaatung der Gewerkschaften. Wie alle Sozialisten waren auch sie der Meinung, daß die Arbeiter im Sozialismus keiner besonderen Organisationen zur Wahrung ihrer ökonomischen Interessen bedürfen. Auf Grund der ökonomischen Rückständigkeit Rußlands glaubten sie jedoch nicht an die baldige Verwirklichung des Sozialismus, denn zuvor müsse sich erst der Kapitalismus entfalten. Erst wenn der »Kapitalismus so in das gesamte Volksleben eingedrungen ist, daß er alle Produzenten erfaßt, sei es der selbständige Heimarbeiter, sei es der Bauer«, erklärte Martov, der Sprecher der Menschewiki, könne in Rußland an den Aufbau des Sozialismus gedacht werden[15]. Jeder Versuch, zum Sozialismus »hinüberzuspringen«, wie die Bolschewiki es versuchten, habe für die Arbeiter »schrecklich ungünstige Verhältnisse« zur Folge. Außerdem sei die Sowjetmacht keine reine Arbeitermacht, sondern eine Macht der »buntscheckigen Masse der Werktätigen, proletarischer und halbproletarischer Elemente«. Als solche vertrete sie nicht die Interessen der Arbeiter allein, sondern auch die anderer Bevölkerungsschichten, besonders der Bauernschaft. Die Gewerkschaften unter solchen Umständen zu verstaaten, warnte Martov, bedeute den Verzicht auf die Wahrung der Arbeiterinteressen überhaupt[16]. Noch aus einem anderen Grund trat Martov für unabhängige Gewerkschaften ein. Überzeugt, daß die Politik der Regierung im Widerspruch zu den wirklichen Interessen der Arbeiter stehe, beabsichtigen die Menschewiki, über die Gewerkschaften Druck auf die Staatsgewalt auszuüben, um »Verbesserungen an den Plänen der Macht anzubringen«[17].

---

[14] a. a. O., S. 98
[15] a. a. O., S. 81
[16] a. a. O., S. 116
[17] a. a. O., S. 82

Für die weitere Entwicklung der russischen Gewerkschaften war der Erste Gewerkschaftskongreß von historischer Bedeutung. Denn hier wurde nicht nur im Prinzip ihre Umwandlung in staatliche Wirtschaftsorgane beschlossen, sondern darüber hinaus auch ihr Schicksal untrennbar mit dem der Sowjetmacht, die tendenziell mit der Parteiherrschaft identisch war, verknüpft.

2. *Das wirtschaftspolitische Konzept der Gewerkschaften*

Das Problem des realen Aufbaus des Sozialismus wurde in der marxistischen Theorie bis 1918 kaum reflektiert. Dies mag erklären, warum die Bolschewiki bei ihrem Machtantritt zunächst kein verbindliches und umfassendes Konzept für die sozialistische Umgestaltung der Gesellschaft vorgelegt hatten. Es blieb den Gewerkschaften beziehungsweise dem Gewerkschaftskongreß somit unbenommen, eigene Vorstellungen zu entwickeln und als beispielhaft hinzustellen.

In den großen Linien unterschied sich das Konzept der bolschewistischen Gewerkschaften kaum von dem der Regierung. Denn auch sie hofften, die zerrüttete Wirtschaft mit Hilfe der Arbeiterkontrolle wieder in den Griff zu bekommen, und scheuten vor der planmäßigen Nationalisierung ganzer Industriezweige zurück. Cyperovič, offizieller Sprecher des linken Flügels und von Beruf Professor für Nationalökonomie, hielt die Syndizierung und staatliche Lenkung der Kohleindustrie für die vorerst wichtigste Aufgabe. »Wenn ihr die Kohleindustrie beherrscht«, rief er den Delegierten zu, »wenn es euch gelingt, sie zu drei Viertel wiederherzustellen, seid ihr bereits Herren der Lage; mit Hilfe der Kohle könnt ihr die Arbeitsbedingungen der gesamten Industrie diktieren[18].« Eindringlich warnte Cyperovič vor einer vorschnellen Nationalisierung der Industrie, nicht nur der Kohleindustrie. Da die Regierung weder über die erforderlichen finanziellen Mittel noch über ausreichende Kader qualifizierter Arbeiter, Techniker und Ingenieure verfüge, sei ein solcher Schritt »der größte Fehler«. Erst nach der erfolgreichen Vertrustung der Kohleindustrie und der Lösung des Kaderproblems könnten die übrigen Produktions-

[18] a. a. O., S. 189

zweige vertrustet und in weiterer Perspektive nationalisiert werden. Bis dahin sei nur eine Kontrolle der Verteilung möglich, um der zunehmenden Spekulation Einhalt zu gebieten.
Die von der linken Mehrheit des Kongresses angenommene Resolution bezeichnete die staatliche Syndizierung und Vertrustung der wichtigsten Industriezweige (Kohle, Erdöl, Eisen, Chemie) als »unumgängliches Vorbereitungsstadium auf dem Weg zur Nationalisierung der Produktion«. Als nächster Schritt sollte dann die Nationalisierung der Kohle- und Eisenindustrie folgen. Als Grundlage der staatlichen Wirtschaftslenkung bezeichnete die Resolution die Arbeiterkontrolle, die die gewünschten Erfolge nur zeitigen könnte, wenn sie von den Gewerkschaften zentralisiert durchgeführt werde. Ebenso könnten nur die Gewerkschaften die Organisation des Arbeitsmarktes übernehmen[19].
Im Anschluß an Cyperovič legte Gastev einen langfristigen ökonomischen Entwicklungsplan vor, der eine »totale industrielle Rekonstruktion Rußlands« intendierte. Im Süden des Landes sollte die metallurgische Industrie, in der Mitte und im Norden mit den Zentren Petrograd und Moskau die metallverarbeitende Industrie und in Sibirien und im Schwarzerdegebiet, den Kornkammern des Landes, die landwirtschaftliche Maschinenproduktion angesiedelt werden. Dieser Plan konnte nach Meinung von Gastev nur mit Hilfe ausländischen Kapitals verwirklicht werden. »Wir müssen unbedingt einsehen, daß wir ohne die Hilfe des ausländischen Finanzkapitals diese industrielle Rekonstruktion nicht durchführen können.«[20] Weiter sollte die bisher geübte Praxis der wahllosen Gewährung von Subsidien an Industriebetriebe durch die gezielte finanzielle Unterstützung einiger weniger, dafür leistungsstarker Betriebe ersetzt werden. Sei die technische und kommerzielle Rekonstruktion der Industrie eine Aufgabe des Staates, so müsse es Aufgabe der Gewerkschaften sein, für höhere Arbeitsproduktivität zu sorgen. In diesem Zusammenhang schlug Gastev vor, die Löhne für qualifizierte Arbeiter zu erhöhen, das Taylor-System »in seinem vollen Umfang« einzuführen, die Arbeitsdisziplin zu festigen und die Arbeitskräfte entsprechend den industriellen Anforderungen ohne Rücksicht auf Entlassungen neu zu vertei-

---

[19] a. a. O., S. 368
[20] a. a. O., S. 166

len. Die Reorganisation der Industrie, so erklärte Gastev, dürfe nicht vom Standpunkt sozialer Gerechtigkeit betrachtet werden, sondern ausschließlich unter dem Aspekt der Produktionssteigerung[21].

Die von Gastev vorgelegte Resolution wurde vom Kongreß mit großer Mehrheit angenommen, allerdings nach Abänderung jenes Punktes, der den Import ausländischen Kapitals gefordert hatte. Statt dessen sollten nur Produktionsmittel »auf der Basis neuer Wirtschaftsabkommen unter der Kontrolle der Arbeiterklasse der einzelnen Staaten und nach Bestätigung durch einen internationalen Gewerkschaftskongreß« eingeführt werden[22].

Ob nun die Einfuhr ausländischen Kapitals oder nur ausländischer Produktionsmittel vorgesehen war, das wirtschaftspolitische Konzept der Gewerkschaften führte ihre eigene These, die Oktoberrevolution sei eine sozialistische Revolution gewesen, auf jeden Fall ad absurdum, da es keine Veränderung der Produktionsverhältnisse vorsah, zumindest nicht in absehbarer Zeit. Es stand damit in augenfälligem Gegensatz zu den Versuchen der Betriebskomitees, die Produktion zu nationalisieren und eine sozialistische Wirtschaft auf der Basis des ökonomischen Rätesystems aufzubauen.

Grinevič entwickelte das Programm der rechten Minderheit. Die ökonomische Zerrüttung, so führte er aus, könne nur durch die staatliche Lenkung der Produktion überwunden werden. Angesichts der objektiven Unmöglichkeit, in Rußland den Sozialismus aufzubauen, müßten in den Leitungsorganen neben Arbeitern auch Unternehmer sowie Vertreter aller übrigen Schichten der revolutionären Demokratie vertreten sein. Eine Kontrolle der Produktion im Interesse der gesamten Bevölkerung sei nur gewährleistet, wenn die Konstituierende Versammlung als oberste gesetzgebende Macht im Lande anerkannt werde. Ihre Auflösung durch die Bolschewiki, so prophezeite Grinevič, werde »Rußland in die Flammen des Bürgerkrieges stürzen und jene Grundlagen vernichten, auf denen die Lenkung stattfinden könne«[23]. Sollte die Regierung versuchen, ihre »sozialistischen Experimente« mit Hilfe der Ge-

---

[21] a. a. O., S. 169
[22] a. a. O., S. 372
[23] a. a. O., S. 204

werkschaften durchzuführen, würden die Menschewiki »bis zur letzten Möglichkeit kämpfen, um sie (die Gewerkschaften; U. B.) auf den richtigen Weg zu bringen«[24].
Das menschewistische Konzept unterschied sich also nicht wesentlich von dem der Bolschewiki. Es lehnte ebenfalls die Nationalisierung der Produktion ab. Trotz dieser Kongruenz war das Programm der Menschewiki für den linken Flügel des Kongresses nicht annehmbar, da es erstens die Arbeiterkontrolle im Sinne der Einmischung in die Anordnungen des Unternehmers verwarf und zweitens die Anerkennung der Konstituante forderte und damit sowohl den sozialistischen Charakter der Oktoberrevolution leugnete als auch die Herrschaft der Bolschewiki in Frage stellte.

3. Die Kampfansage der Gewerkschaften an die Betriebskomitees

Nach der Oktoberrevolution brach der Gegensatz zwischen Betriebskomitees und Gewerkschaften in aller Schärfe wieder auf. Streitpunkt war – wie bereits geschildert – die unterschiedliche Auslegung der Arbeiterkontrolle. Der Petrograder Zentralrat der Betriebskomitees hatte unmittelbar nach dem 14. November erklärt, der Beschluß der Ersten Gesamtrussischen Konferenz der Betriebskomitees, mit den Gewerkschaften im Bereich der Arbeiterkontrolle zusammenzuarbeiten, sei »ein historischer und durch die Wendung im ökonomisch-politischen Leben Rußlands endgültig aufgehoben«[25]. Ähnlich hatten sich die Komitees im übrigen Land von den Gewerkschaften distanziert, ja es schien sogar, als ob die Betriebskomitees hinsichtlich des Einflusses auf die Arbeiterschaft den Gewerkschaften den Rang ablaufen würden.
Der Gewerkschaftskongreß reagierte mit äußerster Schärfe auf die Herausforderung der Betriebskomitees. Lozovskij warf dem Petrograder Zentralrat der Betriebskomitees vor, seine Instruktion zur Arbeiterkontrolle von Ende November 1917 habe wesentlich zur Desorganisation und Dezentralisierung der Industrie beigetragen. Besonders die Aufforderung, die Arbeiter-

---

[24] a. a. O., S. 205
[25] a. a. O., S. 234

kontrolle »im weiten Sinn als Einmischung in die Anordnungen des Unternehmers« zu verstehen, habe in der Praxis zur Übernahme der Betriebe durch die Komitees geführt und damit jede staatliche Lenkung unmöglich gemacht. Ausdrücklich betonte Lozovskij, daß die Gewerkschaften die Arbeiterkontrolle nicht prinzipiell ablehnen, sondern sich allein gegen ihre Praktizierung durch die Komitees und die Gleichsetzung von Arbeiterkontrolle und Sozialismus wenden. Solange die sozialistische Revolution nicht in den höher entwickelten Ländern Westeuropas gesiegt habe, sei in Rußland nur eine staatliche Lenkung der Wirtschaft, günstigstenfalls die Nationalisierung einiger weniger Industriezweige möglich. Unabhängig davon, ob sich der Kongreß für ein wirtschaftspolitisches Maximal- oder Minimalprogramm entscheiden werde, müßten die Betriebskomitees auf jeden Fall den Gewerkschaften untergeordnet werden, weil sie eine planmäßige Lenkung der Wirtschaft verhinderten[26].

Lozovskijs Angriffe gegen die Betriebskomitees in dieser scharfen Form datierten zwar erst seit dem Ersten Gewerkschaftskongreß, implizit waren sie aber bereits in seiner Kritik am Dekret über die Arbeiterkontrolle und in seiner positiven Stellungnahme zur Instruktion des Gesamtrussischen Rates für Arbeiterkontrolle enthalten. Überzeugt, daß in Rußland der Sozialismus wegen fehlender ökonomischer Voraussetzungen noch nicht aufgebaut werden könne, hatte er schon damals starke Bedenken gegen allzu weitreichende Vollmachten der Betriebskomitees angemeldet und sich für die staatliche Lenkung der Produktion mit Hilfe der Gewerkschaften eingesetzt. Denn die spontane Vergesellschaftung der Produktion durch die Komitees führte seiner Meinung nach zum totalen Zusammenbruch der Wirtschaft und nicht zum Sozialismus. Seine Forderung nach Entmachtung der Betriebskomitees resultierte somit aus rein ökonomischen Überlegungen. Man kann mit Sicherheit sagen, daß Lozovskijs Attacken gegen die Komitees nicht beabsichtigten, die Herrschaft der Partei zu festigen, denn er hatte wiederholt, und zwar in schärfster Form, gegen den unumschränkten Machtanspruch der Bolschewiki protestiert. Außerdem war er seit dem 11. Januar nicht mehr Parteimitglied.

Noch schärfer ging Rjazanov mit den Komitees ins Gericht.

---

[26] a. a. O., S. 193

Wohl billigte er ihnen zu, die Bedeutung der Arbeiterkontrolle als erste erkannt zu haben, bestritt aber entschieden, daß sie dieser Aufgabe gerecht geworden seien. Er warf den Komitees vor, aus ihrer »Froschperspektive« heraus die Interessen ihrer Betriebe mit denen der gesamten Volkswirtschaft zu identifizieren und dadurch eine staatliche Regelung der Produktion zu verhindern. Ja, Rjazanov behauptete sogar, daß die Komitees »in der Mehrzahl mit den Unternehmern zusammenarbeiteten[27]«. Deshalb und im Interesse der planmäßigen sozialistischen Umgestaltung der Produktion müßten die Komitees schnellstens den Gewerkschaften untergeordnet werden.

War Rjazanovs Vorwurf, die Komitees arbeiteten in der Mehrzahl mit den Unternehmern zusammen, angesichts des erbitterten Klassenkampfes in den Betrieben auch noch so verleumderisch, so war die Absicht nicht zu verkennen: Die Komitees sollten nicht nur bei den Gewerkschaftsdelegierten, sondern bei den Arbeitern insgesamt in Mißkredit gebracht werden. Hier muß allerdings gefragt werden, ob dies allein aus ökonomischen Überlegungen geschah. Mögen diese auch eine gewisse Rolle gespielt haben, entscheidend ist zweifellos der machtpolitische Aspekt gewesen, und zwar in zweifacher Hinsicht: Erstens stellten unabhängige Komitees eine permanente Bedrohung des ökonomischen Führungsanspruches der Gewerkschaften dar. Zweitens, und dieser Gesichtspunkt dürfte noch wichtiger gewesen sein, gefährdeten unabhängige Betriebskomitees den Herrschaftsanspruch der bolschewistischen Partei. Auf die politischen Implikationen des von den Betriebskomitees geforderten ökonomischen Rätesystems wurde bereits verwiesen. Selbst wenn es den Komitees nicht gelänge, ein Lenkungssystem nach ihren Vorstellungen aufzubauen, ihre Unabhängigkeit verwehrte es den Bolschewiki dennoch, die Wirtschaft zu kontrollieren. Kontrolle über die Wirtschaft aber war unerläßlich für die politische Machtbehauptung. Für die Entmachtung der Betriebskomitees boten sich den Bolschewiki die Gewerkschaften an. Gerade diese hatten wiederholt betont, die Lenkung der Produktion wie überhaupt der Aufbau des Sozialismus könne nur durch staatliche Organe bewerkstelligt werden. Staatliche Organe aber waren der verlängerte Arm der Partei. An der Loyalität der Gewerkschaften – zumindest der bol-

---

[27] a. a. O., S. 236

schewistisch orientierten – bestand kein Zweifel. Indem die Partei die Entmachtung der Betriebskomitees den Gewerkschaften übertrug, blieb sie selbst außerhalb der Schußlinie jeglicher Kritik.

Die Betriebskomitees unmittelbar stattlichen Organen unterzuordnen, war für die Partei weniger günstig, denn an Stelle einer Organisation, den Gewerkschaften, hätte sie dann zwei Organisationen, Betriebskomitees und Gewerkschaften, kontrollieren müssen. Verstaatet werden konnten die Komitees auch schlecht, und zwar aus dem gleichen Grund, wie die Partei dies in bezug auf die Gewerkschaften für nicht opportun hielt. Noch ein dritter Punkt sprach gegen die Unterordnung der Komitees unter Staatsorgane: Die Betriebskomitees waren Organisationen mit Rätecharakter und als solche bei den Arbeitern äußerst populär. Ihre Umwandlung in staatliche Organe hätte sie ihres Rätecharakters beraubt, und zwar nicht verschleiert, wie bei einer Unterordnung unter die Gewerkschaften, sondern ganz offen. Davor scheute die Partei offensichtlich zurück.

Zugunsten unabhängiger Betriebskomitees traten lediglich die Anarcho-Syndikalisten mit ihrem Sprecher G. P. Maksimov auf. Wie Rjazanov den Komitees nur ein historisches Verdienst zugebilligt hatte, billigte Maksimov ein gleiches den Gewerkschaften zu. Der Sozialismus, erklärte er, könne nur durch »Unabhängigkeit und Selbsttätigkeit der Massen« aufgebaut werden. Für die Verwaltung der nationalisierten Betriebe dürften daher weder die Gewerkschaften herangezogen werden, die »eine besondere Art von Beamten, eine besondere Art von Arbeiteraristokratie« züchteten[28], noch die staatlichen Organe.

»Das werktätige Volk organisiert sich mittels ... der Betriebskomitees auf föderalistischer Grundlage in industriellen Vereinigungen, die ihrerseits ... polyindustrielle Räte für die Leitung des wirtschaftlichen Lebens bilden.« [29]

In einem solchen Konzept war in der Tat weder für die Gewerkschaften noch für die staatlichen Organe Platz.

Die Gewerkschaften bezeichnete Maksimov als »lebende

[28] a. a. O., S. 240
[29] a. a. O., S. 217

Leiche«, die zumindest auf dem Sektor der Organisation der Industrie keine Aufgaben mehr zu erfüllen hätte. Ihre Initiativlosigkeit in der Wirtschaftslenkung seit der Oktoberrevolution habe das klar bewiesen – womit Maksimov nicht ganz unrecht hatte.

»Man muß zur Einsicht kommen, daß das einzige Gebiet gewerkschaftlicher Tätigkeit gegenwärtig unzweifelhaft auf dem Gebiet der Medizin, Versicherung und teilweise dem Gebiet der kulturellen Aufklärung liegt, ferner auf dem Gebiet der Versorgung ..., besonders dort, wo die Arbeiterkooperative noch nicht gefestigt sind. Das ist die Sphäre der Gewerkschaften. Alles, was außerhalb liegt, gehört nicht zum Wirkungskreis der Gewerkschaften.«

Daß der Kongreß die Resolution der Anarcho-Syndikalisten ablehnte, die eine offene Kampfansage an die Gewerkschaften wie an die staatlichen Organe darstellte, lag auf der Hand. Mit großer Mehrheit billigte der Kongreß statt dessen eine von Lozovskij vorgelegte Resolution, die betonte, daß die Arbeiterkontrolle sich nur positiv auf die Produktion auswirken könne, wenn erstens die Komitees sich an die Instruktion des Gesamtrussischen Rates für Arbeiterkontrolle hielten und zweitens die Gewerkschaften berechtigt seien, »jeden Beschluß der Betriebskomitees zu prüfen« und eigene Vertreter in die Komitees zu delegieren. Abschließend hieß es in der Resolution, die Betriebskomitees müßten »mit der Entwicklung und Festigung der Produktionsverbände Organe der entsprechenden Gewerkschaften werden«[30].

[30] a. a. O., S. 374

XII. Der Anteil der Gewerkschaften am Aufbau des staatlichen Wirtschaftsapparates

Seit den Tagen der Pariser Kommune gehörte die Vorstellung, daß das Proletariat nach seiner Machtübernahme den alten bürgerlichen Staatsapparat zerschlagen und einen eigenen aufbauen müsse, zur Überzeugung jedes revolutionären Marxisten. Dieser neue proletarische Machtapparat, die »revolutionäre Diktatur des Proletariats«, sei indes kein eigentlicher Staat mehr, da ihm das wesentlichste Merkmal fehle, nämlich die Unterdrückung der Mehrheit der Bevölkerung durch eine Minderheit. Im Sozialismus schließlich sterbe der Staat ab und verliere damit endgültig seinen repressiven Charakter. Auch Lenin hatte diesen Gedanken in seiner Schrift »Staat und Revolution« vertreten, jedoch einschränkend erklärt, daß nach der Machtübernahme des Proletariats ein zentraler Lenkungsapparat für eine bestimmte Zeit noch notwendig sei.
Um die Macht zu behaupten, konzentrierten die Bolschewiki ihre Aufmerksamkeit zunächst auf den Aufbau eines politischen Leitungssystems; die Bildung eines ökonomischen Leitungssystems geriet dadurch zwangsläufig etwas ins Hintertreffen. Zudem scheint es, als wollte die Regierung anfänglich überhaupt auf die staatliche Lenkung der Wirtschaft verzichten. »Vielen schwebte vor«, bemerkte Osinskij, »die ökonomische Diktatur des Proletariats in der ersten Zeit auf die Arbeiterkontrolle zu beschränken[1].« Daß die Bolschewiki sich schließlich entschlossen, die Wirtschaft mittels staatlicher Organe zu lenken, hatte seine Ursache wohl weniger in der unter gesamtstaatlichen Aspekten betrachteten chaotischen Durchführung der Arbeiterkontrolle als vielmehr in der Furcht vor den politischen Implikationen eines von den Betriebskomitees getragenen ökonomischen Rätesystems.

---

[1] Narodnoe chozjajstvo, 1918, Nr. 11, S. 11

1. Der Aufbau der Volkswirtschaftsräte

Das Dekret über die Arbeiterkontrolle hatte die Frage nach den neuen staatlichen Lenkungsorganen für die Wirtschaft offengelassen. Denn es hieß dort lediglich, daß der Gesamtrussische Rat für Arbeiterkontrolle seine Tätigkeit »mit allen anderen Einrichtungen für die Organisation der Volkswirtschaft« koordinieren sollte. Offensichtlich hatte die Regierung noch keine klaren Vorstellungen über Struktur und Funktionsweise der zu errichtenden staatlichen Wirtschaftsorgane. Es blieb den Gewerkschaften und Betriebskomitees daher unbenommen, eigene Pläne für den Aufbau ökonomischer Leitungsorgane zu entwickeln.

Der Petrograder Zentralrat der Gewerkschaften befaßte sich am 10. November mit der Bildung einer für ganz Rußland zuständigen Wirtschaftsbehörde. Die Grundzüge seines Planes bestanden darin, bei allen örtlichen Zentralräten der Gewerkschaften »Ökonomische Arbeiterräte« aus Vertretern von Gewerkschaften, Betriebskomitees und Sowjets zu bilden, in deren Zuständigkeitsbereich alle mit der Organisation der Produktion zusammenhängenden Fragen fallen sollten. Für die Leitung der Wirtschaft im gesamtstaatlichen Maßstab sollte ein »Hauptwirtschaftsrat« gebildet werden, bestehend aus Vertretern der lokalen ökonomischen Arbeiterräte und jener Volkskommissariate – als Repräsentanten der staatlichen Macht –, die sich mit ökonomischen Fragen beschäftigten. Weiter sah der Plan vor, daß die schon zur Zeit des Zaren und der Provisorischen Regierung gegründeten Lenkungsorgane, die sogenannten Produktionsberatungen, nicht aufgelöst werden, sondern ihre Tätigkeit unter der Leitung des Hauptwirtschaftsrates weiterführen sollten[2].

Die wesentlichen Merkmale dieses ökonomischen Leitungssystems waren demnach folgende: 1. Die Gewerkschaften ordnen sich den staatlichen Organen bei der Lenkung der Wirtschaft unter; 2. die staatlichen Organe stützen sich in erster Linie auf die Gewerkschaften, nicht auf die Betriebskomitees; 3. im Kampf gegen den Niedergang der Produktion kann die Regierung auf die Mitarbeit der Unternehmer nicht verzichten; also nicht die Nationalisierung der Produktion wurde ange-

[2] Professional'noe dvizenie v Petrograde, S. 298, 299

strebt, sondern nur ihre staatliche Leitung. Der Plan des Petrograder Zentralrates der Gewerkschaften enthielt in nuce sowohl das spätere wirtschaftspolitische Konzept der Gewerkschaften, wie es vom Ersten Gewerkschaftskongreß erarbeitet wurde, als auch – wie noch zu zeigen sein wird – die Hauptmerkmale des staatlichen ökonomischen Leitungssystems.

Am 11. November befaßte sich der Gesamtrussische Gewerkschaftsrat mit der Organisation der Produktion. Auch er war der Meinung, dieses Problem könne mit Hilfe der Arbeiterkontrolle allein nicht gelöst werden. Gastev, Gol'cman, Antipov, Lozovskij und andere wurden beauftragt, eine Abteilung für die Organisation der Industrie einzurichten[3]. Diese Abteilung nahm ihre Arbeit jedoch nie auf, wahrscheinlich wurde sie gar nicht gebildet.

Ende November legte auch der Gesamtrussische Verband der Metallarbeiter einen Plan für die Reorganisation und zentrale Lenkung der Metallindustrie vor, dessen Kernpunkte staatliche Kontrolle der Banken, Umwandlung des Kohlenhandelsmonopols in ein Produktionsmonopol, Konzentration der metallurgischen Industrie und Sanierung des Transportwesens waren. Diese von der Metallarbeitergewerkschaft vorgeschlagenen Maßnahmen tangierten praktisch die gesamte Volkswirtschaft, zumal vorgesehen war, die »Besondere Beratung für Verteilung« – jene bereits unter dem Zaren geschaffene Institution für die Rohstoffversorgung der Rüstungswerke – in einen »Gesamtrussischen Industrierat« umzuwandeln[4]. Mochte sich dieser Industrierat in seiner Zusammensetzung auch erheblich von dem »Hauptwirtschaftsrat«, wie ihn der Petrograder Zentralrat der Gewerkschaften vorgeschlagen hatte, unterscheiden, so sollten doch in beiden Institutionen die Unternehmer maßgeblich vertreten sein und unter Aufsicht der proletarischen Staatsmacht an der planmäßigen Lenkung der Industrie mitwirken.

Ebenfalls am 11. November befaßte sich die Regierung mit dem Aufbau eines zentralen ökonomischen Lenkungssystems. Osinskij, V. M. Smirnov und M. A. Savelev wurden beauftragt, eine »Oberste Wirtschaftsberatung« *(Vysšee Ėkonomičeskoe Soveščanie)* zu organisieren[5]. Savelev nahm Verbindung zum

---

[3] Ljubimov, Revoljucija, Bd. 6, S. 124
[4] Professional'nyj vestnik, 1917, Nr. 8, S. 13
[5] Dekrety sovetskoj vlasti, Bd. 1, S. 73

Petrograder Zentralrat der Betriebskomitees auf und gewann Skrypnik, dessen Vorsitzenden, zur Mitarbeit. Außerdem wurden noch Larin, Miljutin und Bucharin – der Savelev und Osinskij ablöste, als diese mit der Reorganisation des Bankwesens beauftragt wurden – hinzugezogen. Am Statut des von der Provisorischen Regierung im Juni 1917 gegründeten Hauptwirtschaftsrates orientiert, waren die organisatorischen Prinzipien der neuen staatlichen Wirtschaftsverbände bald gefunden. Um ein straff zentralisiertes, der Regierung unterstelltes Lenkungssystem zu schaffen, wollten Bucharin und seine Mitarbeiter weder dem Gesamtrussischen Gewerkschaftsrat noch dem Petrograder Zentralrat der Betriebskomitees entscheidenden Einfluß in dem neuen Organ einräumen[6].

Am 5. Dezember veröffentlichte die Regierung das Dekret über den Obersten Volkswirtschaftsrat *(Vysšij Sovet Narodnogo Chozjajstva = VSNCh).* Zusammengesetzt aus den Mitgliedern des Gesamtrussischen Rates für Arbeiterkontrolle, Vertretern aller Volkskommissariate und kooptierten Spezialisten, wurde ihm die »Organisation der Volkswirtschaft und der Staatsfinanzen« übertragen. Für die wichtigsten Produktionszweige sollten besondere Abteilungen gebildet werden mit dem Zweck, Wirtschaftspläne zu erstellen, vor allem aber die bestehenden zentralen und lokalen ökonomischen Lenkungsorgane wie die Volkskommissariate, Räte für Arbeiterkontrolle, Wirtschaftsabteilungen der Sowjets, Gewerkschaften, Betriebskomitees und die – noch von den Unternehmern kontrollierten – Besonderen Beratungen zu leiten und zu koordinieren[7].

Diese Aufgaben konnte der Oberste Volkswirtschaftsrat zunächst in keiner Weise erfüllen. Weder hatte er Klarheit, wie und nach welchen Prinzipien die Volkswirtschaft im einzelnen organisiert werden sollte, noch verfügte er über genügend Fachkräfte für den Aufbau eines eigenen Apparates. Hinzu kam, daß seine Anordnungen wegen des Zusammenbruchs des Verkehrs- und Nachrichtenwesens über Petrograd hinaus kaum bekannt wurden. Er konnte daher die spontane Vergesellschaftung der Produktion durch die Betriebskomitees weder beeinflussen noch verhindern. Mehr mit theoretischen als praktischen Fragen befaßt, wurde der Rat am 23. Dezember von der Re-

---

[6] Ėkonomičeskaja žizn', 1918, Nr. 1, S. 2
[7] Dekrety sovetskoj vlasti, Bd. 1, S. 172

gierung aufgefordert, »sich unverzüglich aus einem Diskussionsforum in ein Organ für die praktische Leitung der Industrie umzuwandeln«[8].

Die Diskussion im Obersten Volkswirtschaftsrat, die den Unmut der Regierung erweckte, hatte wahrscheinlich die Zentralisierung der vielen mit der Produktionskontrolle befaßten Organe und Schaffung eines einheitlichen, dem *VSNCh* unterstellten Systems zum Gegenstand. Ebenso dürfte die Frage, ob die Kontrolle und Lenkung der Wirtschaft von oben – dirigistisch durch den Staat – oder von unten – autonom durch die Arbeiterorganisationen – durchgeführt werden sollte, eine Rolle gespielt haben. Als Sprecher eines von den Arbeiterorganisationen getragenen Leitungssystems trat der Petrograder Zentralrat der Betriebskomitees auf. In einem dem Obersten Volkswirtschaftsrat vorgelegten »Projekt über die Bezirksvolkswirtschaftsräte« forderte er die konsequente Verwirklichung des ökonomischen Rätesystems, indem die Konferenzen der Betriebskomitees die örtlichen Volkswirtschaftsräte und diese wiederum auf jährlichen Kongressen den Obersten Volkswirtschaftsrat wählen sollten.[9] Der Bildung lokaler Volkswirtschaftsräte stimmte der *VSNCh* zu, jedoch sperrte er sich dagegen, sie von den Betriebskomitees wählen zu lassen.

Am 23. Dezember erließ der Oberste Volkswirtschaftsrat die »Verordnung über die Bezirksvolkswirtschaftsräte«. Darin heißt es, daß die örtlichen Volkswirtschaftsräte nicht allein von den Betriebskomitees, sondern gemeinsam mit den Gewerkschaften, Sowjets, Kooperativen und dem technisch-administrativen Personal der Betriebe zu wählen seien. Im übrigen hält sich die Verordnung weitgehend, zum Teil sogar wörtlich, an die Vorschläge des Petrograder Zentralrates der Betriebskomitees. Die Volkswirtschaftsräte werden in 14 Sektionen unterteilt; ihre Kompetenzen reichen von der Registrierung der Rohstoffe bis zur Nationalisierung von Betrieben und Unternehmen. Die Betriebs- und Unternehmensleitungen, gleichgültig ob sie von den Unternehmern oder den Arbeitern kontrolliert werden, sind verpflichtet, den Anordnungen der Volkswirtschaftsräte unbedingt Folge zu leisten[10].

---

[8] Zit. nach Baevskij, a. a. O., S. 6

[9] Novyj put', 1918, Nr. 1–2, S. 19

[10] Text der Verordnung in: Vestnik Narodnogo Komissariata Truda, 1918, Nr. 2–3, S. 240–242

Die lokalen Volkswirtschaftsräte wie der Oberste Volkswirtschaftsrat selbst hatten nur noch bedingt Rätecharakter, denn dieser war praktisch von der Regierung ernannt worden und jene sollten nicht von den Arbeitern selbst, sondern von den leitenden Gremien der Arbeiterorganisationen gewählt werden. Die Betriebskomitees hatten daher nur sehr wenig Möglichkeiten, auf die Volkswirtschaftsräte Einfluß zu nehmen, wie es bei einer konsequenten Verwirklichung des ökonomischen Rätesystems der Fall gewesen wäre. Andererseits konnte die Partei auf Grund ihrer dominierenden Stellung in den Sowjets und Gewerkschaften die Wahl von Delegierten in die lokalen Volkswirtschaftsräte wesentlich beeinflussen.
Die Verordnung über die Bezirksvolkswirtschaftsräte wurde von der Regierung am 3. Januar 1918 bestätigt. Sie legte den Grundstein für den Aufbau eines zentralisierten staatlichen Lenkungssystems für die Wirtschaft. Eine Ausnahme bildete lediglich Moskau, wo sich bereits Ende Dezember 1917 ein Gouvernements- sowie ein Gebietsvolkswirtschaftsrat konstituiert hatten. Dem Gebietsvolkswirtschaftsrat *(Moskovskij Rajonnyj Ėkonomičeskij Komitet = MRĖK)*, der sieben Gouvernements umfaßte, gehörten im Widerspruch zur Verordnung vom 3. Januar auch Unternehmer an. Seine Sektionen waren nach dem Prinzip der Drittelparität zwischen Unternehmern, Gewerkschaftern und Mitgliedern des Plenums des *MRĖK* aufgebaut. Am 14. Januar bestätigte der Oberste Volkswirtschaftsrat das *MRĖK* als ökonomisches Zentrum des Moskauer Gebietes[11].
Der Volkswirtschaftsrat des Gouvernements Moskau, der dem *MRĖK* untergeordnet war, wurde am 31. Dezember auf einer Konferenz von Vertretern der Wirtschaftsabteilung des Sowjets, der Gewerkschaften und des Arbeitskommissariates der Stadt Moskau gebildet. Ihm gehörten nur Arbeiter an, ungeachtet der Einwände der Menschewiki, daß die Arbeiter wegen »ihrer Unorganisiertheit und zahlenmäßigen Schwäche« nicht ohne die Unterstützung der Unternehmer auskommen können. Von den 24 Sitzen im Volkswirtschaftsrat erhielt der Zentralrat der Gewerkschaften fünf zugesprochen, die übrigen entfielen auf den Sowjet sowie auf den Technikerverband[12].

---

[11] Ljubimov, Revoljucija, Bd. 6, S. 418
[12] Rabočij kontrol', 1918, Nr. 4, S. 9

Auch im übrigen Land nahmen die Gewerkschaften regen Anteil am Aufbau der Volkswirtschaftsräte. Šmidt, Mitglied des Petrograder Zentralrates der Gewerkschaften, der im Dezember 1917 im Donbass weilte, um dort die Gewerkschaftsbewegung zu organisieren, regte die Bildung eines Volkswirtschaftsrates für das Gebiet Südrußland an[13]. Generell kann gesagt werden, daß die Volkswirtschaftsräte aus Vertretern der regionalen und lokalen Arbeiterorganisationen – Sowjets, Gewerkschaften, Betriebskomitees, Arbeitskommissariate, Kooperative etc. – gebildet wurden. Als Richtschnur diente die Verordnung vom 3. Januar 1918, wenngleich die Zusammensetzung der Räte entsprechend den lokalen Verhältnissen nicht selten modifiziert wurde. Im Volkswirtschaftsrat von Vladimir, gegründet Mitte Februar, dominierten die Vertreter der Betriebskomitees und Gewerkschaften[14], in dem von Nižnyj-Novgorod, gegründet Mitte März, die Vertreter des Sowjets, von Tula, gegründet Ende Januar, wiederum die Vertreter der Betriebskomitees und Gewerkschaften[15]. Mitte März bestimmte das *MRĖK*, daß die Industriesektionen aller künftigen Volkswirtschaftsräte im Moskauer Gebiet ausschließlich mit Vertretern von Gewerkschaften zu besetzen seien[16].

In Petrograd ging die Initiative zur Bildung des Volkswirtschaftsrates vom Zentralrat der Betriebskomitees aus. Um die Jahreswende berief er gemeinsame Konferenzen von Komitees und Gewerkschaften ein, die ihrerseits die Sektionen für den Volkswirtschaftsrat wählten; als Gebietsrat war er für sieben Gouvernements des nördlichen Rußlands zuständig. Da seine Aufgaben denen der Bezirksräte nach der Verordnung vom 3. Januar entsprachen und er dem Obersten Volkswirtschaftsrat zudem untergeordnet war, kann angenommen werden, daß es der Partei gelungen war, sich den Zentralrat, den wohl entschiedensten Verfechter des ökonomischen Rätesystems, zu unterwerfen[17].

Die Konstituierung von Volkswirtschaftsräten vergrößerte vorerst noch die Vielfalt der ökonomischen Lenkungsorgane, die voneinander unabhängig häufig gleiche Aufgaben wahrnah-

---

[13] Vestnik Narodnogo Komissariata Truda, 1918, Nr. 1, S. 148
[14] Nacionalizacija promyšlennosti, S. 541
[15] Rabočij kontrol', 1918, Nr. 4, S. 7, 8
[16] Rabočij kontrol', 1918, Nr. 4, S. 9
[17] vgl. dazu Döring, a. a. O., S. 76 ff

men. Die Volkswirtschaftsräte versuchten daher, sich diese Organe unterzuordnen, in erster Linie die autonom agierenden Räte für Arbeiterkontrolle. Sie wurden vielfach geschlossen als Abteilungen für Arbeiterkontrolle übernommen[18]. Gleiches galt zum Teil für die Zentralräte der Betriebskomitees[19], sofern sie nach der Eingliederung der Komitees in die Gewerkschaften nicht ohnehin schon aufgelöst worden waren. Unterstützt wurden die Volkswirtschaftsräte in ihrem Bestreben, die Produktionskontrolle in ihren Händen zu konzentrieren, von den Gewerkschaften. So erklärte Ende Januar 1918 der Moskauer Metallarbeiterverband:

»Zwecks Beseitigung des schädlichen Parallellismus bei der Durchführung der Arbeiterkontrolle zwischen den Arbeiterorganisationen und der erfolgreichen Kontrolle und Organisation der Volkswirtschaft muß der lokale Rat für Arbeiterkontrolle beim Volkswirtschaftsrat organisiert werden.« [20]

In der Gründungsphase, den Monaten Januar bis März 1918, waren am Aufbau der Volkswirtschaftsräte praktisch alle mit ökonomischen Fragen befaßten Arbeiterorganisationen beteiligt. Allmählich begannen die Gewerkschafter die Volkswirtschaftsräte jedoch zu majorisieren – deutlich sichtbar am Beispiel des Obersten Volkswirtschaftsrates: Ende März waren von den 80 Mitgliedern des Plenums bereits 45 Gewerkschafter[21]. Über die lokalen Volkswirtschaftsräte liegen zwar keine Angaben vor, zieht man aber in Betracht, daß in der Provinz jene Arbeiter, die organisatorische Aufgaben übernehmen konnten, meist den Gewerkschaften angehörten, so kann der Anteil der Gewerkschafter in den lokalen Volkswirtschaftsräten nicht geringer gewesen sein[22].

Die allmähliche Majorisierung der Volkswirtschaftsräte durch Gewerkschaftsmitglieder muß in erster Linie vor dem Hintergrund des Beschlusses des Ersten Gewerkschaftskongresses gesehen werden, die Betriebskomitees den Gewerkschaften und

---

[18] Nacionalizacija promyšlennosti, S. 222; Rabočij kontrol', 1918, Nr. 3, S. 12

[19] Novyj put', 1918, Nr. 6–8, S. 20

[20] Rabočij kontrol', 1918, Nr. 2, S. 12

[21] Vestnik Narodnogo Komissariata Truda, 1918, Nr. 2–3, S. 27

[22] »Sowohl im Obersten Volkswirtschaftsrat wie in den Gebiets- und Gouvernementvolkswirtschaftsräten«, erklärte Rykov Ende Mai 1918, »gehört die Mehrzahl der Vertreter den Arbeiterorganisationen an, den Gewerkschaften und Betriebskomitees.« Trudy I, S. 91

damit auch den staatlichen Wirtschaftsorganen zu unterwerfen. In dem Maße, wie es gelang, diesen Beschluß durch direkten Druck der Partei auf die Gewerkschaften und Betriebskomitees einerseits und durch indirekten Druck der staatlichen Organe auf die Betriebskomitees andererseits zu realisieren, nahm der Anteil der Gewerkschafter in den Volkswirtschaftsräten zu.
Der Aufbau der Volkswirtschaftsräte – Ende Mai gab es bereits 8 Gebiets-, 30 Gouvernements- und 30 Stadträte[23] – und ihre »Auffüllung« mit bolschewistischen Gewerkschaftern sicherte der Partei und den von ihr kontrollieren staatlichen Organen die Herrschaft über die Wirtschaft des Landes.

2. *Die Bildung von zentralen Lenkungsorganen für einzelne Industriezweige*

Das Dekret über den Obersten Volkswirtschaftsrat hatte Abteilungen für die Lenkung der einzelnen Industriezweige vorgesehen, ihre Funktionen, Kompetenzen und Zusammensetzung vorerst aber offengelassen. Osinskij, der Vorsitzende des Rates, schlug vor, die Struktur der Abteilungen den bereits vorhandenen ökonomischen Lenkungsorganen anzupassen, um den gesamten bürgerlichen Apparat übernehmen zu können. Dieser Vorschlag wurde abgelehnt, wahrscheinlich schien er keine zentralisierte Lenkung der Wirtschaft durch den Rat zu gewährleisten. Amosov und Larin hingegen wollten die einzelnen Produktionsbereiche mit Hilfe von kollegial verwalteten, jedoch mit großen Vollmachten ausgestatteten und dem Präsidium des Rates unterstellten Hauptkomitees (*(Glavnyj komitet = Glavk)* und Zentralverwaltungen *(Central'noe upravlenie = Centr)* lenken. Die *Glavki* und *Centry* sollten die Verwaltung aller volkswirtschaftlich wichtiger Betriebe eines bestimmten Produktionsbereiches in einer Hand vereinigen; ihre Tätigkeit sollte entsprechend den Produktionsbereichen von den Industrieabteilungen des Obersten Volkswirtschaftsrates, zum Beispiel der Abteilung für Metall, koordiniert werden. Larin und Amosov setzten sich mit ihrem Vorschlag durch, der im wesentlichen auf eine zentrale bürokratische Lenkung der einzelnen Wirtschaftszweige hinauslief[24].

---

[23] a. a. O., S. III
[24] Narodnoe chozjajstvo, 1918, Nr. 1, S. 12, 13

Obwohl sich bei der Konstituierung der zentralen Lenkungsorgane für einzelne Industriezweige eine enge Kooperation mit den Gewerkschaften geradezu aufdrängte, basierten doch beide auf dem Produktionsprinzip, waren die »geschäftlichen Verbindungen zu den Gewerkschaften, die Mitarbeiter stellen sollten, schwach«, wie Osinskij bemerkte[25]. Selbst die Metallarbeiter, die sich als Avantgarde der Gewerkschaftsbewegung verstanden, zeigten vorerst wenig Bereitschaft zur Zusammenarbeit mit dem Obersten Volkswirtschaftsrat. Auf ihrem Ersten Gesamtrussischen Kongreß von Mitte Januar 1918 forderte Larin die Metallarbeiter auf, doch aktiver als bisher im Obersten Volkswirtschaftsrat mitzuarbeiten. »Eure Verpflichtung und die Verpflichtung des Zentralkomitees (des Metallarbeiterverbandes; U. B.) ist es, die Abteilung für Metall zu organisieren.«[26]
Die passive Haltung eines Teils der Gewerkschaften gegenüber den Bemühungen des Obersten Volkswirtschaftsrates mag befremdend erscheinen, waren doch auch sie dezidierte Anhänger einer staatlich zentralisierten Wirtschaftslenkung. Organisatorische Schwierigkeiten mögen daher eher die Ursache gewesen sein als prinzipielle Meinungsverschiedenheiten. Bereits vor der Gründung des Obersten Volkswirtschaftsrates hatten einzelne Gewerkschaften mit dem Aufbau eigener Wirtschaftskommissionen begonnen, den sogenannten Kommissionen für Kalkulation und Distribution, um die spontane Vergesellschaftung durch die Betriebskomitees unter Kontrolle zu bringen. Dies galt sowohl für die Metallarbeiter- als auch die Textilarbeitergewerkschaften[27]. Nicht alle Gewerkschaften hatten zudem ihre Zentrale in Petrograd, dem Sitz des Obersten Volkswirtschaftsrates; die Zentralkomitees der Textil- und Lederarbeiter befanden sich zum Beispiel in Moskau. Verkehrsschwierigkeiten und die militärische Bedrohung Petrograds mögen ebenfalls manchen Gewerkschafter aus der Provinz abgehalten haben, sich dem *VSNCh* zur Verfügung zu stellen. Noch ein anderer gewichtiger Umstand muß berücksichtigt werden: Der Oberste Volkswirtschaftsrat wurde erst sechs Wochen nach den Volkskommissariaten gegründet, die bereits einen Teil jener

---

[25] Narodnoe chozjajstvo, 1918, Nr. 11, S. 12
[26] Protokoly Vserossijskogo učreditel'nogo s'ezda sojuzov rabočich-metallistov, a. a. O., S. 69
[27] Rabočij kontrol', Dokument Nr. 234; Nacionalizacija promyšlennosti, S. 215

Gewerkschafter, die für Führungsaufgaben in Frage kamen, und das waren sicher nicht allzu viele, »absorbiert« hatten.

Obwohl die Gewerkschaften auf ihrem Ersten Gesamtrussischen Kongreß beschlossen hatten, das »Schwergewicht der Arbeit ... auf das organisatorisch-ökonomische Gebiet« zu verlagern, ging der Aufbau von Hauptkomitees und Zentralverwaltungen nur schleppend voran. Mitte Februar wurde die Zentralverwaltung für die Textilindustrie *(Centrotekstil')* eingerichtet – von Rykov als »der Stolz der russischen Revolution« bezeichnet[28] –, nachdem eine entsprechende Verordnung Ende Januar vom Gesamtrussischen Kongreß der Textilarbeiter erarbeitet worden war. Zu den Aufgaben des *Centrotekstil'* gehörten neben der Kontrolle über die Finanzierung der Unternehmen, der Registrierung von Rohstoffen, Halbfertig- und Fertigwaren auch die Aufstellung von Produktionsplänen sowie die Requirierung von Rohstoffen und die Konfiszierung und Nationalisierung von Betrieben. Von den insgesamt 72 Sitzen im *Centrotekstil'* wurden den Unternehmern 15 zugesprochen, während den gesamtrussischen Kongressen der Textilarbeiter das Recht zustand, 30 Delegierte, die sogenannte Arbeitergruppe, zu wählen. Die übrigen Sitze verteilten sich auf verschiedene staatliche Institutionen wie Volkskommissariate, *VCIK* und *VSNCh* sowie auf andere Gewerkschaften[29].

Die Zusammensetzung von *Centrotekstil'* war in mehrfacher Hinsicht charakteristisch für die Wirtschaftspolitik der Regierung. Die Beteiligung von Regierungsvertretern zeigte einmal mehr, daß die Bolschewiki nicht gewillt waren, einer Lenkung der Wirtschaft nach den Prinzipien des ökonomischen Rätesystems zuzustimmen. Die Aufnahme von Unternehmervertretern erschien zweckmäßig, solange die Industrie nicht nationalisiert war. Der große Anteil von Gewerkschaftern im *Centrotekstil'* schließlich stand in Einklang mit der Absicht der Bolschewiki, die Gewerkschaften zur Organisation der Produktion unter der Führung des Staates, d. h. der Partei heranzuziehen.

Die Kontrolle der Textilindustrie war vorerst wenig erfolgreich. Geldmangel und fehlende statistische Unterlagen waren gleichermaßen schuld daran. *Centrotkan*, eine Unterabtei-

---

[28] Rykov, A. I., Stati i reči, Bd. 1, Moskva/Leningrad 1927, S. 85

[29] Text der Verordnung in: Protokoly I–go Vserossijskogo s'ezda professional'nych sojuzov tekstil'ščikov i fabričnych komitetov, a. a. O., S. 91–94

lung von *Centrotekstil'* und für die Verteilung fertiger Gewebe verantwortlich, erfaßte von den über 1000 Textilbetrieben nur etwas mehr als 200, von denen aber wiederum nur 40 regelmäßig Bericht erstatteten[30]. Wahrscheinlich weigerten sich die Betriebskomitees, Angaben über Produktion und Vorräte zu machen. Erst nachdem das *Centrotekstil'* im Mai auf breiter Front zur Registrierung und Requirierung von Rohstoffen übergegangen war, gestützt auf bewaffnete Arbeitereinheiten oder unter Androhung staatlicher Gewaltanwendung, zeigten sich die Betriebe, ob nationalisiert oder nicht, zur Zusammenarbeit mit ihm bereit[31]. Wurden im Mai erst 346 Betriebe erfaßt, so waren es im Juli bereits 860[32]. Als weiteres Druckmittel hatte das *Centrotekstil'* die Vergabe von Krediten zur Hand, ohne die die Betriebe kaum weiterproduzieren konnten. Alle anderen in der ersten Jahreshälfte 1918 gegründeten Hauptkomitees und Zentralverwaltungen waren ähnlich aufgebaut wie das *Centrotekstil'*, wenn auch die personelle Zusammensetzung von Produktionszweig zu Produktionszweig verschieden war. Das am 18. März gegründete Hauptkomitee für die Papierindustrie, *Glavbum* genannt, war nach dem Prinzip der Drittelparität von Unternehmern, Vertretern des Obersten Volkswirtschaftsrats und der Papierarbeitergewerkschaft aufgebaut[33]. Von den 33 Delegierten des im Mai gegründeten Hauptkomitees für die Zündholzindustrie, *Glavspič*, stellten die Gewerkschaften 11, die Unternehmer 4 und der Oberste Volkswirtschaftsrat 6; die übrigen Sitze entfielen auf verschiedene Volkskommissariate, Kooperative und Techniker[34]. Ähnlich war die Zusammensetzung der Hauptkomitees für die Zukkerindustrie *(Glavsachar)*, für die Gummiindustrie *(Glavrezin)* und für die Forstindustrie *(Glavles)*[35].

Der Aufbau der Hauptkomitees und Zentralverwaltungen ermöglichte der Regierung die mehr oder minder zentrale Lenkung der einzelnen Industriezweige. Darüber hinaus hatte die Regierung die Möglichkeit, die nach dem Produktionsprinzip aufgebauten Gewerkschaften ohne größere Schwierigkeiten für

[30] a. a. O., S. 19, 20
[31] Voprosy istorii KPSS, 1963, Nr. 4, S. 103, 104
[32] Narodnoe chozjajstvo, 1918, Nr. 5, S. 28
[33] Narodnoe chozjajstvo, 1918, Nr. 6–7, S. 25, 26
[34] Narodnoe chozjajstvo, 1918, Nr. 4, S. 59
[35] Narodnoe chozjajstvo, 1918, Nr. 4, S. 57–59 und Nr. 5, S. 72, 73

die Verwaltung der Industrie heranzuziehen und, falls von der Partei erwünscht, in staatliche Wirtschaftsorgane umzuwandeln. Die organisatorischen Voraussetzungen waren mit den *Glavki* und *Centry* jedenfalls geschaffen.

3. Die Verwaltung und Leitung der nationalisierten Betriebe

In der Regel wurden jene Betriebe, die nicht von den zentralen Staatsorganen enteignet wurden – und das war nur ein kleiner Bruchteil aller nationalisierten Betriebe –, durch eine von den Betriebskomitees selbst gewählte kollegiale Leitung verwaltet. Ihr gehörten neben einer Mehrheit von Arbeitern – meist Mitglieder des Komitees – auch Vertreter des administrativen und technischen Personals an. Unterstützt und kontrolliert wurde die Leitung des nationalisierten Betriebes von den Kontrollkommissionen des Betriebskomitees selbst, das seinerseits, wenn überhaupt, vom lokalen Rat für Arbeiterkontrolle, vom Zentralrat der Betriebskomitees oder von der Kommission für Kalkulation und Distribution der entsprechenden Gewerkschaft kontrolliert wurde.

Obwohl die Gewerkschaften die spontane Vergesellschaftung der Industrie durch die Betriebskomitees zu bremsen versuchten, versuchten sie andererseits doch Einfluß auf die Zusammensetzung der neuen Arbeiterleitungen zu nehmen, um sie den gewerkschaftlichen Kommissionen für Kalkulation und Distribution zu unterwerfen. Nur unter dieser Voraussetzung konnte nach Meinung der Gewerkschaften die Tätigkeit der nationalisierten Betriebe koordiniert und in Einklang mit der ökonomischen Gesamtlage der betreffenden Industriezweige gebracht werden[36].

Dieser Versuch der Gewerkschaften, die Betriebskomitees der nationalisierten Betriebe ihren Kontrollkommissionen zu unterwerfen, muß unter zweifachem Aspekt gesehen werden: Erstens beanspruchten sie, allerdings unter der Oberleitung des Staates, die führende Rolle bei der Wirtschaftsverwaltung, und zweitens wollten sie den für die Partei gefährlichen Aufbau eines ökonomischen Rätesystems verhindern.

Trotzdem konnte im Ural das ökonomische Rätesystem in beinahe idealtypischer Form verwirklicht werden. Warum dies

[36] Vestnik Narodnogo Komissariata Truda, 1918, Nr. 2–3, S. 127

gerade hier gelang, ist nicht eindeutig zu klären. Fest steht jedenfalls, daß hier die Produktion, die zum größten Teil in Händen weniger Bergwerksgesellschaften lag, bereits im Januar 1918 fast zur Gänze nationalisiert war[37]. Weiter ist bekannt, daß sich die lokalen Sowjets im Ural zu einer von der Regierung weitgehend unabhängigen Verwaltungseinheit mit einem eigenen Rat der Volkskommissare konstituiert hatten[38]. Auch stellte der Ural eine relativ abgeschlossene ökonomische Einheit dar, da hier die dominierende metallurgische Industrie auf Grund lokaler Kohle- und Erzvorkommen nicht im gleichen Maße auf die Zufuhr von Rohstoffen angewiesen war wie andere Industriegebiete[39]. Alle diese Faktoren sowie die Tatsache, daß der Gebietsrat der Volkskommissare von sich aus den Aufbau des ökonomischen Rätesystems förderte, mögen zur Sonderentwicklung im Ural beigetragen haben.

Am 7. Januar versammelten sich in Petrograd die Vertreter aller nationalisierten Betriebe des Ural, die zusammen mehr als 300 000 Arbeiter repräsentierten, um ein Organisationsschema für die Verwaltung der nationalisierten Betriebe auszuarbeiten. Die von der Konferenz nach fast vierzehntägiger Beratung beschlossene Verordnung sah für jeden Betrieb einen von den Arbeitern gewählten Bevollmächtigtenrat *(Sovet Upol'nomočennych)* aus 25 bis 60 Personen vor, dem auch Vertreter des technischen und administrativen Personals angehören sollten. Dieser Bevollmächtigtenrat sollte aus seiner Mitte eine Betriebsleitung von 3 bis 15 Personen als Exekutivorgan bestellen. In direkter Wahl sollten dann die nächsthöheren Leitungsinstanzen gewählt werden, die Kreis- und Bezirksräte der Bevollmächtigten, und als oberstes Organ für die Verwaltung der nationalisierten Industrie des Ural ein Zentraler Bergbaurat. Auch das der Räteidee eigene Prinzip der Abwählbarkeit von Delegierten wurde in der Verordnung verankert:

»Jedes Mitglied der Leitung eines Betriebes, eines Kreises oder Bezirkes kann von jener Organisation, die es gewählt hat, vorzeitig abberufen und seiner Vollmachten enthoben werden.« [40]

---

[37] Vgl. Anmerkung 14, Kapitel IX

[38] Pietsch, a. a. O., S. 76, 77

[39] Über die Wirtschaftsentwicklung im Ural vgl. Socialističeskoe stroitel'stvo na Urale. Sbornik statej, Sverdlovsk 1957; Nacionalizacija promyšlennosti na Urale (Okt. 1917 g.-ijul' 1918 g.). Sbornik dokumentov, Sverdlovsk 1958

[40] Text der Verordnung in: Narodnoe chozjajstvo, 1918, Nr. 1, S. 14–17

Hier war das ökonomische Rätesystem in beinahe idealtypischer Form verwirklicht, da nicht nur die staatlichen Organe, sondern auch die Gewerkschaften qua Organisationen von der Verwaltung der Industrie ausgeschlossen waren. Und dieses System funktionierte auch, im Gegensatz zur Eisenbahnverwaltung, die bis zu ihrer Reorganisation am 23. März 1918 nach dem gleichen Prinzip aufgebaut war. Nach Aussage von Andronikov auf dem Ersten Kongreß der Volkswirtschaftsräte mußten die staatlichen Behörden zwischen Januar und Mitte Mai nur zweimal in die Tätigkeit der Arbeiterselbstverwaltungen korrigierend eingreifen[41].

Im krassen Gegensatz zu den Bestrebungen der Arbeiter, die Betriebsleitungen selbst nach dem Kollegialprinzip zu wählen, standen die Versuche der staatlichen Wirtschaftsorgane, Kommissare mit besonderen Vollmachten für die Leitung der Betriebe einzusetzen. Der Oberste Volkswirtschaftsrat gab am 1. März eine »Verordnung über die Verwaltung der nationalisierten Betriebe« heraus, die die *Glavki* und *Centry* verpflichtete, eine Troika aus administrativem Direktor, technischem Direktor und Regierungskommissar zu bilden. Dem technischen Direktor oblag die Führung des Betriebes in technischer Hinsicht; seine Entscheidungen waren für das Betriebskomitee bindend und konnten nur vom Regierungskommissar aufgehoben werden. Gleiches galt vom administrativen Direktor in bezug auf die administrativ-wirtschaftliche Führung des Betriebes. Als formales Zugeständnis an das Kollegialprinzip kann die Bestimmung gewertet werden, daß dem administrativen Direktor ein »administrativ-wirtschaftlicher Rat«, bestehend aus Vertretern des lokalen Sowjets, des Zentralrats der Gewerkschaften sowie der Arbeiter, Angestellten und des technischen Personals des jeweiligen Betriebs, zur Seite gestellt wurde. Der letzte Punkt der Verordnung schließlich forderte die Gewerkschaften, Volkswirtschaftsräte und Sowjets auf, sofort nach der Vergesellschaftung eines Betriebes einen provisorischen Kommissar zu ernennen. Nur in außergewöhnlichen Fällen durften die Arbeiter des nationalisierten Betriebes bis zur Einsetzung der Troika durch die zentralen Wirtschaftsorgane provisorisch eine Betriebsleitung selbst wählen[42].

---

41 Trudy I, S. 221

42 Text der Verordnung in: Narodnoe chozjajstvo, 1918, Nr. 2, S. 45–47

Es ist wenig wahrscheinlich, daß die Leitungen in den nationalisierten Betrieben gemäß dieser Verordnung organisiert wurden. Im Ural zum Beispiel war dies ganz sicher nicht der Fall, da hier die staatlichen Organe die Selbstverwaltung der Arbeiter tolerierten. Aber auch dort, wo der Arm der Regierung hinreichte, war es fraglich, ob die nationalisierten Betriebe von Regierungsbeamten geleitet wurden, da der Oberste Volkswirtschaftsrat weder einen genauen Überblick über den Prozeß der Vergesellschaftung der Produktion noch genügend Regierungskommissare sowie administrative und technische Direktoren zur Verfügung hatte. Wo aber Regierungsbeamte eingesetzt wurden, empfingen die Arbeiter sie mit äußerster Feindschaft, zumal unter ihnen nicht wenige bürgerliche Spezialisten, ja sogar ehemalige Unternehmer waren[43].

Bis zum Frieden von Brest-Litovsk mit den Mittelmächten am 3. März 1918 hatte die Partei nur indirekt und mittelbar über die von ihr kontrollierten staatlichen Organe Einfluß auf die Wirtschaftspolitik genommen. Jedenfalls hatte sie es unterlassen, mit programmatischen Erklärungen vor die Öffentlichkeit zu treten. Bestrebt, die durch den Brester Frieden eingehandelte »Atempause« *(peredyška)* im Kampf gegen die kapitalistischen Staaten für die Konsolidierung der Wirtschaft auszunutzen, setzte sich die Partei nun öffentlich und mit ihrer ganzen Autorität für eine straffe Zentralisierung und strengste staatliche Kontrolle der ökonomischen Prozesse ein. In seiner »Ersten Skizze eines Parteiprogrammentwurfs« vom 9. März erklärte Lenin, daß die »sozialistische Organisation der Produktion im gesamtstaatlichen Maßstab« nur »unter der allgemeinen Führung der Sowjetmacht, die allein souverän ist«, möglich sei[44]. Das war eine verklausulierte Kampfansage an jede Art von Arbeiterselbstverwaltung, wenn man bedenkt, daß Lenin unter Sowjetmacht primär die von den Bolschewiki kontrollierten staatlichen Organe verstand.

Eine offenere Sprache führte Trockij. Am 27. März erklärte er auf der Moskauer Parteikonferenz, die Selbstverwaltung der Arbeiter sei unmittelbar nach der Oktoberrevolution notwendig gewesen, um die Macht des Kapitals zu brechen und die Sabotage des technischen Personals zu verhindern, jetzt aber, wo

---

[43] Rudzutak auf dem Ersten Kongreß der Volkswirtschaftsräte im Mai 1918. Trudy I, S. 355

[44] Lenin, PSS, Bd. 36, S. 74

diese Gefahren weitgehend gebannt seien und der jungen Sowjetrepublik sich die Perspektive einer längeren friedlichen Entwicklung eröffne, stehe »die Selbstbeschränkung der Arbeiterklasse« auf der Tagesordnung der Revolution. Denn schließlich wisse das Proletariat genau, »wann den Technikern und Spezialisten, die über ein bestimmtes Wissen verfügen, das entscheidende Wort überlassen werden muß, und wann ihren gewählten Vertretern«. Es sei daher unumgänglich, forderte Trockij weiter, »überall die politische kollegiale Sowjetkontrolle einzuführen, die Ausübung von Exekutivfunktionen aber ... Spezialisten und Technikern zu übertragen«[45]. Unter »kollegialer Sowjetkontrolle« verstand Trockij zweifellos nicht die Kontrolle durch die Arbeiter der Betriebe selbst, sondern eine Kontrolle durch die staatlichen Organe. Bezeichnenderweise verlor er denn auch kein Wort darüber, wer die Spezialisten und Techniker absetzen durfte und wem sie rechenschaftspflichtig waren.

In seiner Schrift »Die nächsten Aufgaben der Sowjetmacht« von Ende April, die in mehrfacher Hinsicht als programmatisch für die Neuorientierung der bolschewistischen Wirtschaftspolitik nach dem Brester Frieden gelten kann, befaßte sich Lenin ausführlich mit dem Problem der Wirtschaftsverwaltung. Damit die Wirtschaft mit der »Genauigkeit eines Uhrwerks« funktioniere, schrieb er, müßten die gewählten Kollegialverwaltungen in den nationalisierten Betrieben durch verantwortliche Leiter mit unbeschränkten Vollmachten ersetzt werden. »Bei der geringsten sich bietenden Gelegenheit müssen wählbare verantwortliche Personen bestimmt werden, die die persönliche Verfügungsgewalt über den gesamten Wirtschaftsmechanismus haben.«[46]

Am 29. April erörterte Lenin seine wirtschaftspolitischen Grundsätze im *VCIK*. Nach zum Teil stürmischen Debatten billigte das *VCIK* seine Ausführungen und verabschiedete sie in Form von sechs Thesen. Was die Verwaltung von nationalisierten Betrieben anbelangt, forderte Punkt 6 von den Arbeitern »die Unterordnung, und zwar die unbedingte Unterordnung während der Arbeit, unter die einzelverantwortlichen Leiter, die Direktoren, seien sie nun gewählt oder von Sowjetinstitu-

[45] Trockij, L. D., Sočinenija, Bd. 17/1, Moskva/Leningrad 1926, S. 163
[46] Lenin, PSS, Bd. 36, S. 158

tionen ernannt, die mit diktatorischen Vollmachten ausgestattet sind«[47].

Es ist nicht anzunehmen, daß die Bolschewiki die verantwortlichen Leiter von den Arbeitern selbst wählen lassen wollten. Darauf deutet schon die Verordnung des Obersten Volkswirtschaftsrates vom 1. März über die Verwaltung der nationalisierten Betriebe hin. Wahrscheinlich sollten die Direktoren und Kommissare von den leitenden Gremien der Gewerkschaften oder von den Sowjets gewählt oder einfach von den staatlichen Organen ernannt werden. Beide Verfahren waren nicht nur technisch einfacher, sondern garantierten auch ein – im Sinne der Bolschewiki – höheres Maß an Zuverlässigkeit. Wer immer aber die verantwortlichen Leiter bestellen sollte, eines stand fest: Die Leiter waren den Arbeitern gegenüber nicht rechenschaftspflichtig und konnten von ihnen auch nicht abgewählt werden. Damit hatte die Partei die beiden wichtigsten Prinzipien des Rätegedankens aufgegeben: die Kollegialverwaltung und das Recht auf Abberufung gewählter Vertreter.

Es wäre nun Aufgabe des Obersten Volkswirtschaftsrates gewesen, zu den Thesen des *VCIK* detaillierte Ausführungsbestimmungen zu erlassen. Dies geschah jedoch nicht, da es im Rat »bezüglich der Organisation der Verwaltung der nationalisierten Betriebe zwei Meinungen« gab, wie es in einem Sitzungsprotokoll heißt[48]. Warum der Oberste Volkswirtschaftsrat jetzt zögerte, den unmißverständlichen Auftrag des *VCIK* vom 29. April in die Tat umzusetzen, nachdem er sich bereits am 1. März in der Verordnung über die nationalisierten Betriebe für die kommissarische Verwaltung ausgesprochen hatte, ist nicht ganz einsichtig. Denkbar ist natürlich, daß die Verordnung vom 1. März im Alleingang von irgendeiner Abteilung des Rates verabschiedet wurde, ohne zuvor im Plenum erörtert worden zu sein. Wie immer die Verordnung auch zustande gekommen sein mag, die Differenzen im Obersten Volkswirtschaftsrat nach dem Beschluß des *VCIK* vom 29. April deuten darauf hin, daß es Kräfte im Rat gab, die sich gegen eine kommissarische Verwaltung der nationalisierten Betriebe verwahrten.

Zur entscheidenden Auseinandersetzung zwischen Anhängern

---

[47] a. a. O., S. 280
[48] Narodnoe chozjajstvo, 1918, Nr. 6–7, S. 31

und Gegnern der kommissarischen Verwaltung kam es auf dem Ersten Gesamtrussischen Kongreß der Volkswirtschaftsräte, der vom 26. Mai bis 4. Juni in Moskau tagte. Zwar sprach sich der Kongreß für den Übergang von der planlosen Nationalisierung einzelner Betriebe zur planmäßigen Nationalisierung ganzer Industriezweige aus, die Meinungen über die Prinzipien der Verwaltung dieser Betriebe differierten jedoch beträchtlich[49]. Osinskij, der als Miljutins Korreferent über »Die wirtschaftliche Lage und die Wirtschaftspolitik der Sowjetmacht« sprach, eröffnete die Diskussion. Er polemisierte vor allem gegen Lenin und dessen staatskapitalistisches Programm, wonach sich die Regierungsführung und Kontrolle der Produktion in Händen der Regierung, die Verwaltung der einzelnen Betriebe und Unternehmen aber in Händen von Unternehmern und Spezialisten befinden sollte (vgl. Kapitel XIII/2). Lenins Staatskapitalismus-Konzept sei utopisch, weil es in der Periode der Diktatur des Proletariats keine Kooperation zwischen Arbeitern und Unternehmern qua Klassen geben könne. Vor allen Dingen verstoße es gegen die Prinzipien des Sozialismus, da es die Arbeiter von der Verwaltung der Produktion ausschließe. Osinskijs Forderung lautete:

»Die Verwaltung der Betriebe der Republik muß auf dem Prinzip der Wählbarkeit der Leitungen durch die Arbeiterorganisationen basieren, wobei auch Vertreter des administrativen und technischen Personals zu nicht mehr als einem Drittel hinzugezogen werden müssen. Den höchsten Verwaltungsorganen muß das Recht der Aufsicht, der Bestätigung der Kandidaten und des Aufhaltens einzelner Beschlüsse zustehen, nicht aber das Recht, Kommissare oder gar Leitungen zu ernennen – außer in besonderen Fällen.«[50]

Selbstverwaltung war für Osinskij eine conditio sine qua non für den emanzipatorischen Prozeß der Arbeiter und damit für den Aufbau des Sozialismus, verstanden als Erziehung der Arbeiter zur bewußten und verantwortungsvollen Teilnahme am Produktionsprozeß. Daher sollte nur in Ausnahmefällen von diesem Prinzip abgegangen werden, vermutlich dann, wenn es in Kollision mit gesamtstaatlichen Interessen geriet. Letztlich

---

[49] Von den 75 Delegierten des Kongresses waren 52 Bolschewiki, 6 linke Sozialrevolutionäre, 3 Sozialdemokraten-Internationalisten, 3 Menschewiki und 11 Parteilose. Trudy I, S. IV

[50] a. a. O., S. 89

wollte also auch Osinskij die Souveränität der staatlichen Organe nicht eingeschränkt wissen.
Die eigentliche Auseinandersetzung über die Struktur und die Kompetenzen der Betriebsverwaltung fand nicht im Plenum statt, sondern in der Sektion für die Organisation der Produktion. Hier trat als entschiedener Gegner des radikaldemokratischen Prinzips G. D. Vajnberg auf, ein Mitglied des Obersten Volkswirtschaftsrates. Die bisherige Praxis der Wahl der Betriebsleitungen durch die Arbeiter bezeichnete er als syndikalistisch. Da jeder Betrieb nach seiner Nationalisierung in das Eigentum des Staates und nicht der Arbeiter übergehe, müßten auch die meisten Mitglieder der Leitung von den staatlichen Organen, den Volkswirtschaftsräten, ernannt werden; nur die Minderheit dürfe von den Gewerkschaften gewählt werden. Dabei hielt er es für wünschenswert, daß die Leitung aus ihrer Mitte einen oder mehrere Direktoren wähle und mit administrativen und technischen Exekutivfunktionen ausstatte[51].
Vajnbergs Ausführungen sind typisch für jene Bolschewiki, die unter Hinweis auf eine vorgebliche Identität der Interessen von Arbeitern und Regierung die Forderung der Arbeiter nach Selbstverwaltung ablehnten. Wenn daher die Regierung als sozialistische Macht – und von der Mehrzahl der Arbeiter wurde sie zweifellos als eine solche anerkannt – die unumschränkte Kontrolle über die Wirtschaft für sich beanspruchte, mußte sie die Arbeiterselbstverwaltung als unsozialistisch, als syndikalistisch verketzern. Daß Vajnberg nicht vom Eigentum der Gesellschaft oder der Arbeiter, sondern vom Eigentum des Staates sprach, kann vielleicht als ein Indiz für die tendenzielle Verselbständigung des Staatsapparates, d. h. seiner Loslösung vom sozialen Substrat gewertet werden. Bemerkenswert in dieser Beziehung ist auch, daß er die Verwaltung der Betriebe durch die Arbeiter nicht mit dem Hinweis auf ihre organisatorische und technische Unerfahrenheit ablehnte, was denkbar gewesen wäre. Offensichtlich wollten die Bolschewiki an einer Kontrolle der Wirtschaft durch den Staat auch dann festhalten, wenn die Arbeiter sich das für die Verwaltung der Betriebe notwendige Wissen angeeignet haben würden.
Die Einwände gegen Vajnberg waren vielfältiger Art, sie liefen jedoch alle auf mehr Rechte für die Arbeiter bei der Bildung

---

[51] a. a. O., S. 338–342

der Betriebsleitungen hinaus. Die weitestgehende Forderung stellte Smirnov, der den linken Kommunisten zugerechnet wurde. Der einzelne Betrieb, so argumentierte er, sei nach seiner Nationalisierung keine kommerzielle, sondern eine »technische« Einheit, die sich nicht mit dem Verkauf der Produktion befasse, sondern sie an die staatlichen Wirtschaftsorgane zur zentralen Verteilung abliefere. Da die Betriebe vom Staat zentral mit Rohstoffen, Geld etc. versorgt würden, würden auch betriebsegoistische Interessen nicht aufkommen. Ohne Gefahr für den staatlichen Wirtschaftsplan könnte daher den Arbeitern die Verwaltung überlassen werden. Allerdings, und hier stimmte Smirnov mit Vajnberg überein, müßten die Zentralorgane, die *Glavki* und *Centry*, berechtigt sein, die Tätigkeit der Betriebsleitungen zu kontrollieren und notfalls auch abzusetzen[52].

Smirnovs Modell der beschränkten Arbeiterdemokratie wurde von einer Reihe von Gewerkschaftsvertretern, besonders aus dem Ural, lebhaft begrüßt. Die kommissarische Verwaltung, so wurde erklärt, sei ineffektiv, weil sie das Verantwortungsbewußtsein der Arbeiter für die Produktion untergrabe und gefährlich, weil sie zu einem »Bruch zwischen Arbeitern und Leitung« führen könne[53]. Andronikov, ein Gewerkschafter aus dem Ural und Hauptkritiker Vajnbergs, machte daher den Vorschlag, zwei Drittel der Mitglieder der Betriebsleitungen von den Arbeitern wählen zu lassen, davon ein Drittel auf Vorschlag der Gewerkschaften; das restliche Drittel, die Vertreter des administrativen und technischen Personals, sollte von den Gewerkschaften ernannt werden. Bestätigt werden sollten die Leitungen ebenfalls von den Gewerkschaften, aufgelöst jedoch nur von den *Glavki* oder *Centry*. Damit wollte auch Andronikov die Verfügungsgewalt der zentralen Wirtschaftsorgane über die einzelnen Betriebe letztlich nicht eingeschränkt wissen. Der größere Einfluß der Gewerkschaften auf die Bildung der Betriebsleitungen hat die Sektion wahrscheinlich bewogen, Andronikovs Konzept anzunehmen[54].

Dieser Beschluß der Sektion mußte noch vom Plenum des Kongresses bestätigt werden, um rechtskräftig zu werden. Dazu kam es jedoch nicht. Noch vor der entscheidenden Abstimmung telefonierte Vajnberg mit Lenin und unterrichtete ihn über die

---

[52] a. a. O., S. 342–345
[53] a. a. O., S. 347
[54] a. a. O., S. 362

Resolution der Sektion für die Organisation der Produktion. Lenin sprach sofort mit Rykov, dem Vorsitzenden des Obersten Volkswirtschaftsrates und verhinderte die Annahme der Resolution durch das Plenum[55].

»Dies ist nicht jenes Projekt, das in der Sektion beraten wurde, sondern ein Projekt, das von einer Kommission aus Vertretern des Rates der Volkskommissare, Lenin, und des Obersten Volkswirtschaftsrates, Rykov, Vajnberg, überarbeitet wurde.« [56]

Daß Lenins Vorgehen von Erfolg gekrönt war, ist sicher nicht auf seine politische Autorität in der Partei zurückzuführen. Sonst hätten die Mitglieder der Sektion erst gar keinen Beschluß gefaßt, der den Unwillen des Parteiführers erregt hätte, denn schließlich waren Lenins Ansichten über die Organisationsprinzipien der Betriebsverwaltung allgemein bekannt, entweder durch seine Schrift »Die nächsten Aufgaben der Sowjetmacht« oder durch seine Rede im *VCIK* vom 29. April. Die einzige Erklärung ist ein massiver Druck der Partei auf die Mitglieder der Sektion, die bis auf Lozovskij alle Bolschewiki waren. Auch zeigt die Tatsache, daß Lenin als Regierungschef dem Vorsitzenden des Obersten Volkswirtschaftsrates, Rykov, die Weisung erteilte, die Annahme der Resolution zu verhindern, daß die Volkswirtschaftsräte kaum noch unabhängig von der Regierung Entscheidungen fällen konnten.

Einwände erhob Lenin vor allem gegen die Ausschaltung der Volkswirtschaftsräte bei der Wahl der Betriebsleitungen, besonders im Hinblick auf das technische Personal. Wahrscheinlich befürchtete er, die Arbeiter könnten die Spezialisten nach ihrer politischen Gesinnung, und weniger nach ihren Fähigkeiten wählen. Ganz im Geiste seiner Schrift »Die nächsten Aufgaben der Sowjetmacht« forderte Lenin sogar, die Betriebe Kommissaren mit unbeschränkten Vollmachten zur Verwaltung zu übergeben. Über die Vorstellungen des Präsidiums des Kongresses, d. h. Lenins und Rykovs, schreibt Osinskij:

»Das Projekt des Präsidiums sah vor, die volle Machtfülle in den Betrieben und Unternehmen Kommissaren zu übertragen und die von den Betriebskomitees eingesetzten Leitungen in Hilfsorgane dieser

[55] Leninskij sbornik, Bd. 21, Moskva 1935, S. 130, 131
[56] Erklärung von Andronnikov. Trudy I, S. 259

Kommissare umzuwandeln. Die Diktatur des Proletariats auf ökonomischem Gebiet verstanden die Autoren des Projekts als Diktatur einzelner Personen.« [57]

Die Vertreter der Sektion, größtenteils Gewerkschafter, hielten jedoch am Kollegialprinzip fest. Lenin und Rykov konnten sich daher mit ihren Absichten nicht ganz durchsetzen. Man einigte sich schließlich auf einen Kompromiß, der als »Verordnung über die Verwaltung der nationalisierten Betriebe« vom Plenum des Kongresses bestätigt wurde.
Diese Verordnung sieht vor, daß zwei Drittel der Mitglieder der Leitung, einschließlich des technischen Personals, von den Volkswirtschaftsräten ernannt und das restliche Drittel von den gewerkschaftlich organisierten Arbeitern des Betriebes gewählt werden. Die Gewerkschaften dürfen dabei die Hälfte der von den Volkswirtschaftsräten ernannten Mitglieder vorschlagen. Für die Dauer von sechs Monaten gewählt, kann die Leitung jedoch nur nach Rücksprache mit der für den Betrieb zuständigen Gewerkschaft abgesetzt werden[58].
Diese Bestimmungen sicherten den Gewerkschaften vorerst ein Mitspracherecht bei der Bildung der Betriebsleitungen. Doch war nicht ausgeschlossen, daß eines Tages Kommissare die Leitung der Betriebe übernehmen würden. Einflußreiche Kräfte in der Partei, besonders Lenin, wirkten jedenfalls in diese Richtung. Und wie die weitere innenpolitische Entwicklung Sowjetrußlands unter den Bedingungen des Bürgerkriegs und ausländischer Intervention zeigte, setzten sich diese Kräfte schließlich auch durch.

4. Die Entmachtung der Betriebskomitees

Der Aufbau staatlicher ökonomischer Leitungsorgane war natürlich nur möglich gewesen, weil es der Partei, beziehungsweise den Gewerkschaften gelungen war, die Betriebskomitees zu entmachten. Als wichtigste Ursache dieses Prozesses muß ein zunehmender Druck der staatlichen Organe auf die Komitees angenommen werden. Nachdem die lokalen Ressourcen, die ökonomische Grundlage der Komitees, erschöpft waren,

---

[57] Osinskij, N., Stroitel'stvo socializma, Moskva 1918, S. 99
[58] Trudy I, S. 477–481

brauchten die Betriebskomitees entweder Kredite der Banken, die seit dem 15. Dezember 1917 aber nationalisiert und damit den Zentralbehörden unterstellt waren, oder Rohstoffe, um die Produktion aufrechterhalten zu können. Kredite wie Rohstoffe konnten die Betriebskomitees aber nur bekommen, wenn sie sich den Gewerkschaften und damit indirekt den staatlichen Lenkungsorganen unterordneten. Von gewisser Bedeutung ist zweifellos auch die organisatorische Konsolidierung der Gewerkschaften selbst gewesen. Da während der chaotischen Zustände unmittelbar nach der Oktoberrevolution, im November und Dezember 1917, so gut wie keine Gewerkschaftskongresse stattgefunden hatten, beriefen im Januar und Februar 1918 fast alle größeren Verbände Kongresse und Konferenzen ein.
Bezeichnend für den Rückzug der Betriebskomitees war die Haltung des Petrograder Zentralrats. Zwar wies er die Angriffe des Ersten Gewerkschaftskongresses vom Januar 1918 gegen die Komitees als »taktlose Ausfälle« und »platte Anschuldigungen«[59] zurück, erklärte aber gleichzeitig, daß »die volle Vereinigung beider Organisationen zu einer einzigen möglich und notwendig geworden« sei, da die Gewerkschaften nicht nur ihre Haltung zur Regierung seit der Oktoberrevolution grundlegend geändert, sondern auch die Organisation der Produktion immer mehr in den Mittelpunkt ihrer Tätigkeit gestellt hätten. Wie im einzelnen das künftige Verhältnis zwischen Betriebskomitees und Gewerkschaften auch geregelt werde, das Prinzip der freiwilligen Mitgliedschaft in den Gewerkschaften müsse auf jeden Fall abgeschafft werden. Denn in der Epoche der sozialistischen Revolution sei »jeder Arbeiter verpflichtet, sein Scherflein zum Aufbau der Produktion, die seine ureigenste Sache ist, beizutragen«[60]. Gegen diese letzte Forderung hatten die Gewerkschaften – zumindest die bolschewistischen – wohl auch nichts einzuwenden, denn die Bolschewiki forderten dieses Prinzip schon seit der Dritten Gewerkschaftskonferenz im Juni 1917.
Die Sechste Konferenz der Petrograder Betriebskomitees (22. bis 27. 1. 1918) nahm die Vorschläge des Zentralrats auf und beschloß, »durch die Vereinigung beider Organisationen in einen einzigen Produktionsverband die ständigen Debatten und

[59] Novyj put', 1918, Nr. 3–4, S. 1
[60] Novyj put', 1918, Nr. 1–2, S. 6, 7

Auseinandersetzungen zwischen Betriebskomitees und Gewerkschaften, die zur vollen Desorganisation und unnützem Arbeitsaufwand geführt haben«, zu beenden[61]. Auf einer internen Beratung zwischen Vertretern der Zentralräte der Betriebskomitees und der Gewerkschaften sowie der Leitung des Metallarbeiterverbandes wurde folgener Vereinigungsmodus ausgehandelt: Als Exekutivorgane der Gewerkschaften in den Betrieben fungieren fortan die Komitees, die ihrerseits auf Konferenzen die Gewerkschaftsleitungen wählen. Diese wiederum übernehmen allmählich die Agenden der Zentralräte der Betriebskomitees, die damit aufgelöst sind[62]. Mit großer Mehrheit verabschiedete die Konferenz eine entsprechende Resolution, die den Betriebskomitees jedoch nur zur Beachtung empfohlen wurde[63]. Dieser Umstand kann nur so interpretiert werden, daß die Konferenz den Anschein der freiwilligen Unterordnung der Betriebskomitees unter die Gewerkschaften wahren wollte, im übrigen aber damit rechnete, daß die staatlichen Organe und die Gewerkschaften die Komitees ohnehin in die Knie zwingen würden.

Der von der Sechsten Stadtkonferenz ausgehandelte Vereinigungsmodus war ein annehmbarer Kompromiß für die Gewerkschaften und die Betriebskomitees. Er nahm den Komitees zwar ihre Unabhängigkeit durch die Umwandlung in gewerkschaftliche Betriebszellen, räumte ihnen aber die Möglichkeit ein, über die Wahl der Gewerkschaftsleitungen auf die Politik der Gewerkschaften selbst Einfluß zu nehmen. Dieser Modus war aber auch ein kluges Manöver der Bolschewiki: Die von ihnen kontrollierten Gewerkschaften erfuhren so eine festere Verklammerung mit den Arbeitern der einzelnen Betriebe. Dank der Autorität der Komitees bei den Arbeitern konnte die Partei jetzt sicher sein, daß den Anordnungen der Gewerkschaften Folge geleistet wird. Durch die Eingliederung der Betriebskomitees in die Gewerkschaften, die im Raum Petrograd etwa im April abgeschlossen war, entstand ein direkter Befehlsstrang von der Partei über die Staatsorgane, Gewerkschaften und Betriebskomitees zu den Arbeitern.

Im übrigen Land dauerte die Vereinigung von Betriebskomitees und Gewerkschaften bedeutend länger. In einer Reihe von In-

---

[61] Novyj put', 1918, Nr. 3–4, S. 13
[62] Novyj put', 1918, Nr. 1–2, S. 6
[63] Novyj put', 1918, Nr. 4–5, S. 14

dustriezweigen und -orten hatten die Komitees zwar schon im Februar und März 1918 – wahrscheinlich auf Druck der örtlichen Parteizellen – ihre Bereitschaft bekundet, sich den Gewerkschaften unterzuordnen, faktisch blieben sie jedoch bis in den Sommer hinein unabhängig. Sie fuhren sogar fort, die Produktion zu kontrollieren und Betriebe eigenmächtig zu enteignen, obwohl eine Reihe von gewerkschaftlichen Instruktionen ihnen dies strikt verbot[64]. In zahlreichen nationalisierten Betrieben wurden die Komitees erst mit der Einsetzung staatlicher Leitungen auf Beschluß des Ersten Kongresses der Volkswirtschaftsräte entmachtet.

Generell kann gesagt werden, daß die Gewerkschaften in dem Maße über die Betriebskomitees triumphierten, wie die Betriebe in der Rohstoffversorgung und Finanzierung von den staatlichen Organen abhängig wurden. Wo dies nicht oder nur bedingt der Fall war, wie in den Betrieben, die erst nach dem 28. Juni 1918 (Dekret über die Nationalisierung der Großindustrie) nationalisiert wurden, behaupteten die Komitees bis zum Spätsommer 1918 eine mehr oder weniger unabhängige Position (vgl. Kapitel XVI/1). Auf die Dauer konnten sie dem übermächtigen Druck von Gewerkschaften, staatlichen Lenkungsorganen und Partei jedoch nicht standhalten und mußten ihre Unabhängigkeit endgültig aufgeben.

---

[64] Nacionalizacija promyšlennosti, S. 121, 122, Rabocij kontrol', 1918, Nr. 4, S. 11, 12

XIII. Gewerkschaftspolitik und staatliche Wirtschaftspolitik nach dem Brester Frieden

Die Kontroverse über den Abschluß des Friedens von Brest-Litovsk (3. März 1918) hatte die Bolschewiki an den Rand der Parteispaltung gebracht. Hart waren die Meinungen darüber aufeinandergeprallt, wie er mit der These zu vereinbaren sei, daß die russische Revolution die Weltrevolution auslösen werde, beziehungsweise ohne Weltrevolution die russische Revolution zum Untergang verurteilt sei. Die Annahme der Friedensbedingungen erschien den linken Kommunisten um Bucharin, K. Radek und Osinskij als Verrat an internationalistischen Positionen. Die politischen Gegensätze innerhalb der Partei konnten rasch überwunden werden, nicht so die tiefgreifenden Meinungsverschiedenheiten über den einzuschlagenden Weg zum Sozialismus. Die linken Kommunisten traten für die Nationalisierung der Industrie und ihre Verwaltung nach sozialistischen Prinzipien ein, Lenin und seine Anhänger hingegen für die Zusammenarbeit mit dem russischen Großkapital und die Reorganisation der Wirtschaft auf der Grundlage des Staatskapitalismus. Für welches der beiden Programme sich die Regierung auch entscheiden sollte, ihre Verwirklichung warf Probleme auf, die ohne die Mitwirkung der Gewerkschaften nicht gelöst werden konnten.

1. Die Friedensfrage auf der Vierten Gesamtrussischen Gewerkschaftskonferenz (12. bis 17. 3. 1918)

Vom 12. bis 17. März fand in Moskau die Vierte Gesamtrussische Gewerkschaftskonferenz statt. Von den 94 Delegierten waren 78 Bolschewiki, 12 Menschewiki und 4 Sozialdemokraten-Internationalisten; 72 Delegierte kamen aus Moskau, der

Rest aus Petrograd[1]. Daß auf gesamtrussischen Gewerkschaftskonferenzen nur Vertreter aus Petrograd und Moskau teilnahmen, war nicht die Regel. Wahrscheinlich wurde die Konferenz so kurzfristig einberufen, daß den Gewerkschaften im übrigen Land keine Zeit blieb, Delegierte zu wählen. Wichtigster Punkt der Tagesordnung war der Friedensvertrag von Brest-Litovsk. Die Gewerkschaftskonferenz nahm geschlossen an den Beratungen des gleichzeitig tagenden Vierten außerordentlichen Sowjetkongresses teil, der zwecks Ratifizierung des Vertrags einberufen worden war. Am 15. März sprach sich der Sowjetkongreß mit 784 gegen 261 Stimmen bei 115 Enthaltungen für die Annahme der Friedensbedingungen aus[2].
Nachdem G. V. Čičerin, der Volkskommissar für äußere Angelegenheiten, die Gewerkschaften mit dem Standpunkt der Regierung vertraut gemacht hatte, ergriff Tomskij in seiner Eigenschaft als Gewerkschaftsführer das Wort. Er vermied jede Polemik gegen die bereits erfolgte Ratifizierung des Vertrages und erklärte, daß sich die Gewerkschaften angesichts der militärischen Überlegenheit des Deutschen Reiches mit ihm abfinden müßten. Die Ratifizierung des Vertrages sei die einzige Möglichkeit gewesen, dem russischen Proletariat jene Atempause zu verschaffen, die es für die Festigung seiner revolutionären Errungenschaften brauche[3]. Besonders die Gewerkschaften müßten sich mit allen Kräften für die »Wiederherstellung der Produktivkräfte des Landes« einsetzen. Eine entsprechende Resolution wurde von der Konferenz mit 34 gegen 5 Stimmen bei 4 Enthaltungen angenommen[4].
Es ist auffällig, daß die Hälfte der bolschewistischen Delegierten nicht für die Resolution stimmte, beziehungsweise an der Abstimmung nicht teilnahm. Man kann hierin vielleicht einen stummen Protest jener Bolschewiki sehen, die den Friedensvertrag nicht billigten, in erster Linie also der linken Kommunisten. Schließlich kam die überwiegende Mehrzahl der bolschewistischen Delegierten, 72 von 78, aus Moskau, der Hochburg der linken Kommunisten und dem Zentrum des Widerstandes

[1] Putevoditel' po rezoljucijam Vserossijskich s'ezdov i konferencij professional'nych sojuzov. Hrsg. von Milonov, J., Moskva 1924, S. 139 (In der Folge abgekürzt als Milonov, Putevoditel' zitiert)
[2] Sed'moj ekstrennyj s'ezd PKP(b). Mart 1918 goda. Stenografičeskij otčet, Moskva 1962, S. 228
[3] Professional'nyj vestnik, 1918, Nr. 5–6, S. 15
[4] Milonov, Putevoditel', S. 142

gegen Lenins Friedenspolitik. Wahrscheinlich fehlte es den linken Gewerkschaftern aber an Mut, nach der eindeutigen Entscheidung des Sowjetkongresses für den Vertrag eine klare Gegenposition zu beziehen. Sie zogen es daher vor, der Abstimmung fernzubleiben. Eine eigene Resolution der linken Kommunisten nach der Ratifizierung des Friedens durch den Siebenten außerordentlichen Parteitag der Bolschewiki (6. bis 8. März)[5] und den Vierten außerordentlichen Sowjetkongreß hätte auch wenig Sinn gehabt, da die politischen Weichen bereits gestellt waren.

Auch die menschewistischen Delegierten waren entschiedene Gegner des Friedens, wenn auch aus anderen Motiven. Sie kritisierten den Friedensvertrag nicht vom internationalistischen Standpunkt her, sondern vom nationalen. Der Brester Friede, erklärte V. Majskij, sei für das russische Proletariat in zweifacher Hinsicht tödlich: Erstens führe er zur Stärkung des deutschen Imperialismus wie des Imperialismus überhaupt, zweitens sei das russische Proletariat durch den Verlust der Ukraine zur Überbeanspruchung der verbliebenen Industrieanlagen und zum Raubbau an den Bodenschätzen gezwungen, was den endgültigen Zusammenbruch der Wirtschaft nach sich ziehen werde. Zusammen mit den hohen Kontributionen an das Deutsche Reich werde sich Rußland allmählich in eine deutsche Kolonie verwandeln und mit chronischer Arbeitslosigkeit zu kämpfen haben. Damit würden aber auch die »Grundlagen der Gewerkschaftsbewegung untergraben werden«[6].

Majskijs Befürchtungen waren nicht ganz unbegründet. Sowjetrußland verlor durch die Gebietsabtretungen, besonders durch die staatliche Unabhängigkeit der Ukraine, etwa 90 Prozent der Zuckerindustrie und 70 Prozent der Eisen-, Kohle- und Stahlindustrie[7]. Einziger Ausweg aus dieser bedrohlichen Lage war nach Majskij die »planmäßige Organisation des Kampfes gegen den Brester Frieden«[8], d. h. die Weiterführung des Krieges an der Seite der Entente. Eine echte Alternative war Majskijs Forderung freilich nicht, denn angesichts der Stärke der Deutschen und der offenkundig geringen Kampfkraft der rus-

---

[5] Der Friedensvertrag wurde vom Siebenten Parteitag mit 28 gegen 9 Stimmen gebilligt. Sed'moj ekstrennyj s'ezd RKP(b), a. a. O., S. 139

[6] Milonov, Putevoditel', S. 143

[7] Trudy I, S. 15

[8] Milonov, Putevoditel', S. 143

sischen Armee, die durch die spontane Demobilisierung Hunderttausender Soldaten noch täglich abnahm, war es äußerst fraglich, ob Rußland den Deutschen so lange Widerstand leisten konnte, bis diese im Westen geschlagen waren. Für einen Frieden ohne Annexionen und Kontributionen schien es im Frühjahr 1918 aber keine Möglichkeit mehr zu geben.
Majskijs Forderung, einen planmäßigen Kampf gegen den Brester Frieden zu führen, bedeutete sinngemäß auch Kampf gegen jene Regierung, die den Frieden unterzeichnet hatte – die Regierung der Bolschewiki. Er sprach dies zwar nicht offen aus, die Voraussetzungen aber, unter denen er einen wirksamen Kampf gegen den Friedensvertrag für möglich hielt, nämlich die Beendigung des Bürgerkrieges, Liquidierung aller sozialistischen Ansätze in der Wirtschaft und Übergabe der Macht an die – inzwischen aufgelöste – Konstituierende Versammlung, liefen praktisch auf den Sturz der bolschewistischen Regierung hinaus.
Die Haltung der Gewerkschaftskonferenz zur Friedensfrage war letztlich aber bedeutungslos, da nicht die Gewerkschaften, sondern die Partei die Politik der Regierung bestimmte. Was die Gewerkschaften tun konnten und auch taten, war, die Gewerkschaften der übrigen Welt »im Namen der proletarischen Solidarität aufzufordern, das russische Proletariat in seinem Kampf gegen den internationalen Imperialismus zu unterstützen«[9].

2. *Die Reaktion der Gewerkschaften auf die staatskapitalistischen Versuche der Regierung*

Die Anfänge der bolschewistischen Wirtschaftspolitik zeichneten sich durch eine bemerkenswerte Ambiguität aus. Einerseits versuchte die Regierung, die Unternehmer zur Mitarbeit beim Wiederaufbau der zerstörten Industrie zu gewinnen, andererseits rief sie die Arbeiter wiederholt zu Spontaneität und Selbsttätigkeit auf und förderte dadurch indirekt die Vergesellschaftung weiter Teile der Industrie.
Mitte Dezember 1917 legte Lenin dem Obersten Volkswirtschaftsrat einen Dekretentwurf vor, der die sofortige Nationa-

[9] Der Wortlaut des Aufrufs in: Professional'nyj vestnik, 1918, Nr. 5–6, S.3

lisierung von Banken und Großbetrieben, Annullierung der staatlichen Schulden, Einführung der allgemeinen Arbeitspflicht und Zusammenfassung der Bevölkerung in Verbraucherkommunen vorsah[10]. Gleichzeitig nahm die Regierung Verhandlungen mit Vertretern des russischen Großkapitals zwecks Bildung riesiger staatskapitalistischer Trusts auf. Es mag dahingestellt bleiben, ob Lenin seine Vorschläge ernst meinte, die auf die unmittelbare Verwirklichung des Sozialismus hinausliefen, oder ob er sie nur als taktisches Manöver in Hinblick auf die anlaufenden Verhandlungen mit den Unternehmern verstand. Tatsache ist jedenfalls, daß die Regierung Lenins Programmentwurf vorerst nicht in die Tat umsetzte, sondern eine Kooperation mit dem Großkapital anstrebte.

Im Mittelpunkt der Verhandlungen mit den Unternehmern stand das von der Kapitalgruppe um P. A. Meščerskij, dem Direktor der Waggon- und Maschinenwerke von Kolomna, erarbeitete Projekt, das die Gründung eines kombinierten Metalltrusts mit 300 000 Arbeitern vorsah. Dieses Projekt hätte, falls es zustande gekommen wäre, 85 Prozent des gesamten Lokomotivbaus, 55 – 70 Prozent des Waggonbaus sowie eine Reihe von Bergbau- und Hüttenwerken umfaßt. Ein Drittel der Aktien sollte der Regierung für die zum Trust gehörenden nationalisierten Betriebe zufallen, die restlichen zwei Drittel den privaten Aktionären für die nicht nationalisierten Betriebe. Im Verlauf der Verhandlungen mußte die Meščerskij-Gruppe der Regierung aber das gesamte Aktienpaket überlassen und sich mit Schuldverschreibungen in Höhe eines Zehntels des Grundkapitals und garantierten Bezügen einverstanden erklären[11].

Wie reagierten die unmittelbar betroffenen Arbeiter und die Gewerkschaften, besonders die der Metallindustrie, auf den Versuch der Regierung, mit dem Großkapital zusammenzuarbeiten? Ein Teil der höheren Funktionäre des Metallarbeiterverbandes wie Gol'cman, Gastev, A. V. Oborin und Kozelev reagierten positiv. Sie sahen im Meščerskij-Projekt den einzigen Ausweg, um die durch Krieg und Revolution schwer in Mitleidenschaft gezogene Metallindustrie wieder aufzubauen. Besonders Gol'cman, der Sekretär des Verbandes, wies wiederholt auf die Vorteile des Projektes hin, ja, er ging sogar so

---

[10] Lenins Dekretentwurf in: Narodnoe chozjajstvo, 1918, Nr. 11, S. 15

[11] Über die Vorstellungen der Meščerskij-Gruppe und den Gang der Verhandlungen im einzelnen vgl. Lorenz, a. a. O., S. 137–139

weit, seine Ablehnung als »tödlich für die Industrie« zu bezeichnen. Nur durch eine Zusammenarbeit mit dem russischen Kapital werde die Regierung bei den westlichen Industriestaaten kreditwürdig. Ohne Kredite aber sei Sowjetrußland weder in der Lage, die notwendigen Neuinvestitionen vorzunehmen, noch die Lebensbedingungen der Arbeiter wesentlich zu verbessern. Vor allem dem letzten Problem maß Gol'cman besondere Bedeutung zu, da die qualifizierten Arbeiter sonst aufs Land abwandern würden[12].

Anderer Meinung waren die Arbeiter der metallverarbeitenden Betriebe in Kolomna, die nach dem Meščerskij-Projekt vertrustet werden sollten. Wiederholt forderten sie von der Regierung die sofortige Nationalisierung ihrer Betriebe[13]. Am 17. April beauftragte eine Arbeiterversammlung mehrerer Betriebe ihre Betriebskomitees, bei der Regierung »mit allen Kräften gegen das Projekt des Herrn Meščerskij bezüglich der Vertrustung der Betriebe zu protestieren, Meščerskij unverzüglich aus der Verwaltung des Unternehmens zu entfernen und, falls notwendig, die gesamte Gruppe zur gerichtlichen Verantwortung heranzuziehen«[14]. Obwohl in der Presse über die Verhandlungen mit der Meščerskij-Gruppe wenig verlautete[15], wuchs die Unruhe unter den Metallarbeitern des Moskauer Gebietes. Die Gewerkschaftsleitung entschloß sich daher, das Meščerskij-Projekt auf einer ad hoc einzuberufenden Konferenz der Metallarbeiter öffentlich zu diskutieren.

Diese Konferenz, an der Vertreter von 28 Metallarbeitergewerkschaften des Moskauer Gebiets teilnahmen, fand vom 19. bis 22. April 1918 in Moskau statt. Nachdem Vajnberg als Vertreter des Obersten Volkswirtschaftsrates kurz über den Stand der Verhandlungen berichtet und sich für seine Person gegen das Projekt ausgesprochen hatte, ergriff Gol'cman als Vertreter jener Metallarbeiter, die das Projekt bejahten, das Wort. Wiederum vertrat er die Ansicht, daß die Regierung nur über eine Zusammenarbeit mit dem russischen Großkapital an die so

---

[12] Vestnik mettalista,, 1918, Nr. 3, S. 58

[13] Nacionalizacija promyšlennosti, S. 353, 354

[14] a. a. O., S. 351

[15] »Leider muß man konstatieren, daß die Verhandlungen mit der Unternehmergruppe von einem so kleinen Personenkreis des Obersten Volkswirtschaftsrates geführt wurde, daß weder die Öffentlichkeit informiert war noch selbst dem Volkswirtschaftsrat nahestehende Personen und Institutionen.« Gol'cman in: Vestnik metallista, 1918, Nr. 3, S. 59

dringend benötigten ausländischen Kredite gelangen könne. Dies gelte besonders in Hinblick auf das Deutsche Reich, das nicht nur als Kapitalexporteur von Bedeutung sei, sondern mit dem auch als Okkupationsmacht des Donbass gute Beziehungen hergestellt werden müßten[16].

Gol'cman wie die übrigen Anhänger des Meščerskij-Projektes gehörten der Gruppe der sogenannten »Arbeiter-Industrialisten« an, die unter Sozialismus in erster Linie die Industrialisierung Rußlands verstanden. Die Produktionsverhältnisse betrachteten sie ausschließlich unter einem technisch-organisatorischen Aspekt. Wer Eigentümer der Produktionsmittel war, Arbeiter oder Unternehmer, interessierte sie wenig. Hauptsache war, daß die Industrie möglichst schnell wieder aufgebaut wurde und Anschluß an das westeuropäische Niveau fand. Daher interessierte sie auch die Oktoberrevolution nur hinsichtlich ihrer Auswirkungen auf die Industrie. Und diese waren nach Ansicht der Vertreter der Arbeiter-Industrialisten alles andere als positiv, denn die Revolution hatte die Dezentralisierung und Zerrüttung der Industrie wesentlich beschleunigt. Angesichts der ökonomischen Rückständigkeit Rußlands nannte Gol'cman den Versuch, die Produktion zu nationalisieren, spöttisch »mittelafrikanisches Revoluzzertum« und »Personifizierung ökonomisch reaktionärster Tendenzen«. Nach Meinung der Arbeiter-Industrialisten war es die eigentliche Aufgabe des Proletariats, und damit auch der Oktoberrevolution, eine moderne russische Industrie aufzubauen. Dieses Ziel konnte man nicht durch »sozialistische Experimente« erreichen, sondern nur durch die Einführung modernster Produktionstechniken, Bildung von Trusts und Syndikaten, Zusammenarbeit mit ausländischen Kapitalgruppen und straffe Zentralisierung der Produktion[17].

Nach Gol'cman sprach der linke Kommunist Kosior, der die sofortige Nationalisierung der Metallindustrie forderte. »An einer industriellen Kombination auf Aktiengrundlage kann das Proletariat nicht teilnehmen«. Das für den Wiederaufbau der Metallindustrie notwendige Kapital sollte durch amerikanische Kredite beschafft werden, die durch Fertigprodukte zu tilgen

[16] a. a. O., S. 77, 78

[17] Vestnik metallista, 1918, Nr. 6–6, S. 156, 157; vgl. auch die von den Arbeiter-Industrialisten auf der Vierten Gewerkschaftskonferenz vorgelegte Grundsatzerklärung in: Milonov, Putevoditel', S. 150

seien. Kosior legte der Konferenz eine Resolution vor, in der es heißt, daß »die Nationalisierung der genannten Betriebe (in Kolomna) ein notwendiges Unterpfand für die Entwicklung und Festigung der neuen Grundlagen des ökonomischen Aufbaus des Landes und die alleinige Voraussetzung für die Sicherung der Interessen der Arbeiterklasse und des Staates« sei. Mit 23 Stimmen gegen eine bei 17 Enthaltungen nahm die Konferenz diese Resolution an und sprach sich damit gegen eine Zusammenarbeit der Regierung mit dem russischen Großkapital aus[18]. Das knappe Abstimmungsergebnis stand in auffälligem Gegensatz zur einhelligen Forderung der Arbeiter, die Metallindustrie zu nationalisieren. Die divergierenden Meinungen zwischen den Gewerkschaftsführern und der Masse der Metallarbeiter deuteten darauf hin, daß sich im Moskauer Metallarbeiterverband bereits Tendenzen zur Verselbständigung der Funktionärsschicht abzeichneten, eine Erscheinung, die R. Michels, bezogen auf die deutschen Gewerkschaften, zutreffend als »ehernes Gesetz der Oligarchiebildung« umschrieben hatte.
Es soll festgehalten werden, daß auch die Gegner des Meščerskij-Projektes für die Einfuhr ausländischen Kapitals eintraten, nur nicht in Form von direkten Investitionen ausländischer Aktionäre, sondern in Form von Krediten zur Disposition der Regierung. Die Finanzierungsfrage war infolge Kapitalmangels in der Tat ein Kardinalproblem beim Aufbau der Wirtschaft, ob auf sozialistischen oder kapitalistischen Grundlagen. Auch nach der Nationalisierung der Industrie versuchte die Regierung, sowohl während des Kriegskommunismus als auch später in der *NÈP*, durch Vergabe von Konzessionen an ausländisches Kapital zu gelangen[19].
Offenbar ohne Wissen der Konferenz hatte bereits am 11. April eine Beratung aus Vertretern des Obersten Volkswirtschaftsrates, des Zentralkomitees des Metallarbeiterverbandes und des Gesamtrussischen Zentralrates der Gewerkschaften auf einer gemeinsamen Sitzung und am 18. April auch der Rat der Volkskommissare das Meščerskij-Projekt abgelehnt[20]. Der Verzicht auf die Vertrustung der Metallindustrie kann als entscheidender Sieg jener Gruppe im Regierungslager beziehungsweise im bol-

[18] Vestnik metallista, 1918, Nr. 3, S. 79
[19] Vgl. dazu Gerschuni, G., Die Konzessionspolitik Sowjetrußlands, Berlin 1927
[20] Lorenz, a. a. O., S. 139

schewistischen Zentralkomitee angesehen werden, die direkt, nicht auf dem Umweg über den Staatskapitalismus in Rußland den Sozialismus aufbauen wollte: der linken Kommunisten um Bucharin und Osinskij. Weniger ausschlaggebend dürfte der Protest der Metallarbeiter selbst und der Moskauer Konferenz der Metallarbeitergewerkschaften gewesen sein.

Einer der entschiedensten Befürworter des Staatskapitalismus war Lenin selbst, der nach dem Brester Frieden immer wieder betonte, daß ohne ihn der Sozialismus in Rußland nicht aufgebaut werden könne. Die deutsche Kriegswirtschaft vor Augen, die sich durch ein hohes Maß an Zentralisierung und staatlichem Einfluß auf die entscheidenden Zentren der Produktion und Distribution auszeichnete, forderte Lenin, dieses System, nur mit anderen Vorzeichen, auch in Rußland einzuführen. Das heißt, die Regierung sollte nur die Kommandohöhen der Wirtschaft besetzen und die Richtung der ökonomischen Prozesse steuern, die einzelnen Betriebe und Unternehmen aber weiterhin unter der Leitung von Kapitalisten belassen[21].

Die Ablehnung des Meščerskij-Projektes durch die Regierung nahm Larin, zusammen mit Lomov Leiter des »Komitees für Wirtschaftspolitik« beim Obersten Volkswirtschaftsrat, zum Anlaß, Ende April ein detailliertes ökonomisches Transformationsprogramm zu entwickeln. Dieses sah unter anderem vor, die Nationalisierung der Banken konsequent zu Ende zu führen, ausländisches Kapital nur in Form von Anleihen durch die Regierung zu importieren, die Verrechnung zwischen den Betrieben und mit dem Staat ausschließlich über die nationalisierten Banken abzuwickeln, den privaten Handelsapparat mit den Kooperativen zu verschmelzen sowie ein staatliches Einkaufs- und Auftragssystem einzurichten. Bezüglich der Nationalisierung der Produktion, des vielleicht wichtigsten Punktes des Programms, heißt es:

»Die Nationalisierung der russischen Industrie muß mit fester Hand, Zweig für Zweig, fortgesetzt und organisiert und planmäßig beendet werden. Gemischte staatlich-kapitalistische Projekte sind abzulehnen.«[22]

Larins Forderung nach einem beschleunigten Aufbau des Sozia-

---

[21] Über Lenins Staatskapitalismus-Konzeption vgl. Lorenz, a. a. O., S. 141–146
[22] Rabočij kontrol', 1918, Nr. 4, S. 3, 4

lismus wurde von einem großen Teil der Mitarbeiter des Obersten Volkswirtschaftsrates unterstützt. Da die Regierung nichts unternahm, um ihren Beschluß vom 18. April – Nationalisierung der Metallindustrie – zu verwirklichen, berief der Oberste Volkswirtschaftsrat Mitte Mai eine Konferenz nach Moskau ein, die über die ungeklärte rechtliche Lage in den Betrieben von Kolomna, die bereits zu zahlreichen Friktionen zwischen Betriebskomitees und Unternehmensverwaltung geführt hatte, beraten sollte. Diese Konferenz ist von ihren Initiatoren Larin, Lomov und Smirnov wahrscheinlich weniger aus organisatorisch-technischen Gründen als mit der Absicht einberufen worden, durch ein erneutes Votum der Vertreter der Metallarbeiter für die Nationalisierung Druck auf die Regierung auszuüben[23].

In einem Begrüßungsschreiben erklärte Lenin, daß in der Regierung »sicherlich Einmütigkeit zugunsten der sofortigen Nationalisierung« bestehen werde, wenn die Konferenz einen provisorischen Rat für die Vereinigung der Betriebe wähle, dem Zentralkomitee des Metallarbeiterverbandes das Recht überlasse, diesen Rat im Einvernehmen mit dem Obersten Volkswirtschaftsrat in ein Organ für die zentrale Verwaltung der Betriebe umzuwandeln, für strenge Arbeitsdisziplin sorge, Spezialisten mit Vollmachten in die Leitung aufnehme und schließlich die genaueste Rechnungsführung und Kontrolle verwirkliche[24]. Lenins Schreiben deutete darauf hin, daß sich die Regierung ungeachtet ihres Beschlusses vom 18. April offensichtlich noch immer nicht eindeutig für die Nationalisierung entschieden hatte.

Bei Stimmenthaltung eines Teils der Delegierten des technischen und administrativen Personals – jeder Betrieb war durch drei Arbeiter, zwei Ingenieure und einen Angestellten vertreten – sprach sich die Konferenz für die »sofortige Nationalisierung der Betriebe« aus. Für die Organisation der metallverarbeitenden Industrie sollte ein Komitee aus Vertretern der einzelnen Betriebe, des Zentralkomitees des Metallarbeiterverbandes und des Obersten Volkswirtschaftsrates gebildet werden[25]. Bei dieser Zusammensetzung des Komitees können die Arbeiter selbst kaum Einfluß gehabt haben, das Schwergewicht lag bei

---

[23] Narodnoe chozjajstvo, 1918, Nr. 11, S. 22
[24] Lenin, PSS, Bd. 36, S. 349
[25] Narodnoe chozjajstvo, 1918, Nr. 4, S. 36, 37

den Gewerkschaften, die einmal über ihre Vertreter im Obersten Volkswirtschaftsrat und zum anderen über ihre Verbandsvertreter die Arbeit des Komitees bestimmen würden. Nachdem sich auch der Erste Gesamtrussische Kongreß der Volkswirtschaftsräte für die Nationalisierung der Industrie ausgesprochen hatte, stand der Übernahme der Betriebe von Kolomna durch den Staat nichts mehr im Wege. Am 18. Juni beauftragte das Präsidium des Obersten Volkswirtschaftsrates die Abteilung für Metall, einen entsprechenden Dekretentwurf auszuarbeiten[26], der am 30. Juni, zwei Tage nach dem Dekret über die generelle Nationalisierung der Großindustrie, von der Regierung verabschiedet wurde[27].

Der Regierungsbeschluß vom 18. April über die Nationalisierung der Metallindustrie mag ein Kabinettsbeschluß gewesen sein, zustande gekommen durch einfache Stimmenmehrheit. Von der Entscheidung des Ersten Kongresses der Volkswirtschaftsräte, über die Metallindustrie hinausgehend die gesamte Industrie zu nationalisieren, kann dies nicht behauptet werden. Seine Delegierten vertraten Gewerkschaften, Volkswirtschaftsräte sowie *Glavki* und *Centry*, die ihrerseits, zumindest zum größten Teil, von den Arbeiterorganisationen, vorab den Gewerkschaften, gewählt waren. Man kann daher den Worten D. A. Baevskijs zustimmen, daß »die wichtigsten Fragen des ökonomischen Aufbaus in den Jahren 1918 bis 1920 auf den Konferenzen der Metallarbeiter-, Textilarbeiter- und anderer Gewerkschaften sowie auf den gesamtrussischen Kongressen der Volkswirtschaftsräte und Gewerkschaften entschieden wurden«[28].

3. Die Zentralisierung der Eisenbahnverwaltung

Die Übergabe der Eisenbahnverwaltung an die Eisenbahner beziehungsweise ihre Räte hatte – wie bereits gezeigt – die Desorganisation im Eisenbahnwesen nicht beseitigen können. Als nach der Unterzeichnung des Brester Friedens die Partei auf eine straffe staatliche Kontrolle der Wirtschaft drängte, waren

---

[26] Narodnoe chozjajstvo, 1918, Nr. 8–9, S. 57

[27] Sobranie uzakonenija i razporjaženija rabočego i krest'janskogo pravitel'stva, 1918, Art. 47, Nr. 560 (In der Folge als Sobranie uzakonenija zitiert)

[28] Baevskij, a. a. O., S. 44

auch die Tage der Selbstverwaltung auf den Eisenbahnen gezählt.

Am 20. März griff Šljapnikov, der Volkskommissar für Arbeit, in scharfen Worten das Rätesystem auf den Eisenbahnen an. Die Zustimmung der Regierung hierzu sei ein »großer Fehler« gewesen, erklärte er, da die »Übergabe von Betrieben an einzelne Arbeiter nichts mit Sozialismus gemein« habe. Die gleichen Worte gebrauchte Vajnberg später auf dem Ersten Kongreß der Volkswirtschaftsräte, um die Selbstverwaltung zu diffamieren. Nur die Aufnahme von Regierungs- und Gewerkschaftsvertretern in die verantwortlichen Leitungsorgane, fuhr Šljapnikov fort, könne die allenthalben sichtbare Desorganisation im Eisenbahnwesen überwinden[29].

Zur gleichen Zeit, da Šljapnikov die Selbstverwaltung der Eisenbahnen angriff, hatte die Regierung bereits erste Schritte zu deren Abbau unternommen. Am 18. März setzte sie eine Kommission zur Ausarbeitung eines Dekretes »Über die Nichteinmischung verschiedener Institutionen in die Eisenbahnverwaltung« ein, mit dem Auftrag, sich an folgende, von Lenin festgesetzte Richtlinien zu halten: 1) größtmögliche Zentralisierung, 2) Ernennung bevollmächtigter Kommissare, 3) widerspruchslose Ausführung ihrer Anordnungen, 4) diktatorische Vollmachten für die Leiter der militärischen Eisenbahnschutzabteilungen und 5) sofortige Registrierung aller Lokomotiven und Waggons. Nachdem auf Drängen Lenins einige redaktionelle Änderungen vorgenommen worden waren, verabschiedete die Regierung das Dekret am 23. März[30].

Das Dekret bestimmte, daß die Organisation und Verwaltung der Eisenbahnen staatlichen Kommissaren mit unbeschränkten Vollmachten übertragen wurde, wobei die Kommissare von den Eisenbahnerorganisationen gewählt oder vom Volkskommissar für Verkehrswesen ernannt werden konnten, auf jeden Fall aber ausschließlich dem Volkskommissar verantwortlich waren. Auch der Volkskommissar selbst wurde nun mit größeren Rechten ausgestattet, denn er sollte nicht mehr an die Weisungen eines beigeordneten Kollegiums gebunden sein, sondern mit »unbeschränkten Vollmachten auf dem Gebiet des Transports« agieren können[31].

---

[29] Protokoly VCIK, S. 47
[30] Dekrety sovetskoj vlasti, Bd. 2, S. 20, 21
[31] a. a. O., S. 18–20

Die Regierung legte das Dekret nicht dem Zentralen Exekutivkomitee des Sowjets zur Bestätigung vor, wie es das Gesetz verlangt hätte, sondern verabschiedete es kraft eigener Machtvollkommenheit. Vielleicht war sie sich der Zustimmung des *VCIK* nicht ganz sicher, da das Dekret radikal mit der Praxis von Wählbarkeit und Kollegialität der Verwaltung brach. An Protesten fehlte es denn auch nicht. Die linken Kommunisten erblickten hier nicht nur einen eklatanten Bruch mit den Prinzipien des Rätesystems, sie hielten das neue Dekret auch für wenig geeignet, die Desorganisation im Eisenbahnwesen zu beseitigen. Das sei nur mittels »Gewährung größtmöglicher Selbständigkeit an die örtlichen Räte« möglich, meinte Osinskij[32]. E. A. Preobraženskij befürchtete sogar, daß die Verletzung des Räteprinzips Rückwirkungen auf die Parteidemokratie haben könnte. Prophetisch warnte er:

»Wie es scheint, wird die Partei bald über die Frage zu entscheiden haben, in welchem Maße die Diktatur einzelner Personen von den Eisenbahnen und anderen Wirtschaftszweigen auf die Russische Kommunistische Partei ausgedehnt werden kann.« [33]

Und wie reagierten die Eisenbahner selbst? Das *Vikželdor*, das zentrale Exekutivkomitee ihres Verbandes, arbeitete sofort nach Bekanntwerden des Dekrets einen eigenen Gesetzentwurf aus, der die Diktatur der Kommissare durch gewählte Kollegien ersetzen wollte. Sein Vorschlag aber wurde von der Regierung, wie nicht anders zu erwarten, abgelehnt[34]. Auch örtliche Eisenbahnräte protestierten gegen die Einsetzung von Kommissaren. Der Delegiertenrat der Kursker Eisenbahn lehnte das Dekret mit überwältigender Mehrheit ab und sprach sich für einen von den linken Sozialrevolutionären eingebrachten Entwurf aus, der die Beibehaltung der Kollegialverwaltung vorsah[35]. Durch die Opposition gegen das Eisenbahndekret haben die linken Sozialrevolutionäre ihre Position unter den Arbeitern offenbar stärken können, denn Lenin beschwerte sich über ihre »hie und da geradezu rowdyhafte Agitation« gegen das Dekret[36]. Wenn Lenin daher behauptete, daß »wir aus

[32] Kommunist', 1918, Nr. 1, S. 19
[33] Kommunist', 1918, Nr. 4, S. 13
[34] Dekrety sovetskoj vlasti, Bd. 2, S. 21
[35] Protokoly VCIK, S. 372
[36] Lenin, PSS, Bd. 36, S. 198

einer Reihe von Unterredungen mit Eisenbahnerorganisationen wissen, daß das proletarische Element für uns ist, daß es Disziplin sucht und Ordnung erwartet«, stimmte dies vielleicht in allgemeiner Form, aber gewiß nicht in Hinblick auf das Dekret vom 23. März.

Die Proteste und Warnungen von linken Kommunisten, *Vikželdor* und örtlichen Eisenbahnerorganisationen nützten nichts, denn bald darauf übernahmen im ganzen Land Kommissare die Leitung der Eisenbahnen. Meist geschah dies in der Form, daß die Vorsitzenden der Eisenbahnräte vom Volkskommissar für Verkehrswesen als Kommissare bestätigt und ihm unterstellt wurden[37].

Der Streit über die Verwaltung der Eisenbahnen war trotz der Billigung von Lenins Thesen durch das *VCIK* am 29. April nicht beigelegt. Einen Monat später brach er erneut auf. Anlaß waren schwere Mängel in der Leitung der Eisenbahnen. Infolge der unmittelbaren Unterordnung jedes einzelnen Kommissars war das Volkskommissariat für Verkehrswesen derart überlastet, daß es allmählich die Kontrolle über die Kommissare und damit über die örtlichen Eisenbahnen verlor. Zudem hatten wegen der straffen Zentralisierung die Eisenbahner vielerorts jedes Interesse an einem reibungslosen Funktionieren des Eisenbahnbetriebs verloren[38]. Eine Reorganisation der Eisenbahnverwaltung schien daher dringend notwendig.

Am 31. Mai legte das Volkskommissariat für Verkehrswesen dem *VCIK* eine neue »Verordnung über die Eisenbahnkreise« zur Bestätigung vor. Danach sollte das gesamte Eisenbahnnetz in einzelne Kreise mit je einem Kommissar an der Spitze eingeteilt werden und die Funktionen der örtlichen Kommissare wieder den Eisenbahnerorganisationen übergeben werden. In Fragen der Organisation und Verwaltung sollten die Kreiskommissare weiterhin mit unbeschränkten Vollmachten ausgestattet sein, jedoch leitendes Personal der örtlichen Selbstverwaltungen nicht mehr eigenmächtig ernennen, versetzen oder gar entlassen dürfen. Weiter heißt es in der Verordnung, daß dem Kreiskommissar als Hilfsorgane ein Kollegium für Verwaltungsfragen, ein jährlich zweimal einzuberufender Kongreß der Eisenbahnerorganisationen des Kreises für allgemeine Fragen sowie ein

[37] a. a. O., S. 275
[38] Protokoly VCIK, S. 367

von diesem Kongreß gewählter ständiger Rat für technische Fragen zur Seite gestellt wird[39].

Die Wiedereinsetzung der Eisenbahnerselbstverwaltungen auf unterster Ebene sowie die Neubildung von Kontroll- und Konsultativorganen auf mittlerer Ebene verfolgten mehrere Absichten: Sie sollten die Eisenbahnverwaltung dezentralisieren, das Volkskommissariat entlasten und die Eisenbahner zu stärkerer Mitarbeit heranziehen. Ob letzteres gelang, mag dahingestellt bleiben, denn nach wie vor verfügten die Kommissare trotz periodischer Einberufung von Kreiskongressen, trotz Rat und Kollegium, trotz Verwaltungsautonomie auf unterster Ebene über unbeschränkte Vollmachten. Daran änderten auch ihre eingeschränkten Rechte in personellen Fragen nichts. Immerhin, gewisse Kontrollmöglichkeiten des Kommissars und ein geringes Maß an Selbstverwaltung bot die Verordnung vom 31. Mai den Eisenbahnern dennoch.

Kritik an dieser Verordnung kam, wie schon beim Dekret vom 23. März, vornehmlich aus den Reihen der linken Sozialrevolutionäre. Sie setzte dort an, wo Kritik von links immer eingesetzt hatte: an der Einschränkung der Kollegialität und Wählbarkeit der Leitung. Mit beschwörenden Worten forderte Krušinskij, der ehemalige Vorsitzende des *Vikžel*, die Regierung auf, die Arbeiterdemokratie auf den Eisenbahnen wieder herzustellen. »Es ist klar, daß in diesen schweren Tagen, wie wir sie gegenwärtig miterleben, die Desorganisation nur vergrößert wird, wenn wir den Massen den Glauben an ihre eigenen Kräfte nehmen.«[40] Trotz der Proteste wurde die Verordnung vom *VCIK* bestätigt.

Die linken Kommunisten enthielten sich diesmal der Kritik – obwohl Bucharin an der Sitzung des Zentralen Exekutivkomitees teilnahm. Daß dies ein zufälliges Versäumnis war, scheint wenig wahrscheinlich. Vielmehr dürften auch die linken Kommunisten nach dem Bericht N. I. Nevskijs, des Volkskommissars für das Verkehrswesen, über die katastrophale Lage auf den Eisenbahnen zur Überzeugung gekommen sein, daß ein strategisch und ökonomisch so bedeutender Wirtschaftszweig auf mittlerer und höchster Ebene effektiver durch Kommissare als nach dem Kollegialitätsprinzip verwaltet werden könne. Zudem

[39] Dekrety sovetskoj vlasti, Bd. 2, S. 368–372
[40] Protokoly VCIK, S. 371

waren auch die linken Kommunisten der Ansicht, daß die Arbeiterselbstverwaltung dort ihre Grenzen haben müsse, wo das staatliche Interesse beginne, daß trotz Wählbarkeit und Kollegialität der Leitung letzten Endes nur die staatlichen Organe souverän seien.

Als nach dem Ausbruch des offenen Bürgerkrieges die Regierung immer stärker alle ökonomischen Bereiche zentralisierte und konsequent das Kollegial- durch das Einmannprinzip ersetzte, blieben auch die Eisenbahnen nicht verschont. Durch das Dekret vom 16. Februar 1919 wurden auch die dem Kreiskommissar beigeordneten Kontroll- und Konsultativorgane sowie die Selbstverwaltung auf unterster Ebene beseitigt[41].

[41] Sobranie uzakonenija, 1918, Art. 5, Nr. 49

XIV. Die Organisation des Arbeitsmarktes

Bereits im Sommer 1917 hatte die Dritte Gewerkschaftskonferenz auf die Gefahr hingewiesen, daß nach der Beendigung des Weltkrieges die Arbeitslosigkeit in Rußland »furchtbare Ausmaße« annehmen werde und die Provisorische Regierung aufgefordert, einen Plan für die Demobilisierung der Industrie, d. h. ihre Umstellung auf die Friedensproduktion auszuarbeiten[1]. Solange die Kriegsmaschinerie auf vollen Touren lief, hielt sich die Arbeitslosigkeit in Grenzen. Als dann nach der Oktoberrevolution die Bolschewiki gleichzeitig mit ihren Friedensbemühungen mit der planlosen Demobilisierung der Industrie begannen, stieg die Zahl der Arbeitslosen sprunghaft an. In die gleiche Richtung wirkte auch die spontane Demobilisierung der Armee. Hunderttausende von Soldaten verließen eigenmächtig die Front und kehrten in ihre Heimatorte zurück, wo sie natürlich keine Arbeit fanden.

Katastrophale Ausmaße nahm die Arbeitslosigkeit in Petrograd an, wo etwa 80 Prozent der russischen Rüstungsproduktion konzentriert waren[2]. Um zu vermeiden, daß die Stadt in einem Meer von Arbeitslosen unterging und die Industrieanlagen den vorrückenden deutschen Truppen in die Hände fielen, begann die Regierung mit der Evakuierung von Betrieben und Arbeitern. Betrug die Arbeiterbevölkerung am 1. Januar 1918 noch 277 986 Personen, so sank sie bis zum 1. April auf 120 495 ab[3]. Ein Großteil der Arbeiter war freiwillig in ihre ländliche Heimat zurückgekehrt, andere wiederum, besonders qualifizierte Arbeiter, hatten sich in die getreidereichen Gebiete abgesetzt, da die Evakuierung über Pläne kaum hinausgekommen

[1] Tret'ja Vserossijskaja konferencija, S. 458
[2] Döring, a. a. O., S. 37
[3] Vestnik professional'nych sojuzov, 1918, Nr. 1, S. 7

war[4]. Damit ging zwar die absolute Zahl der Arbeitslosen zurück, relativ betrachtet nahm sie jedoch zu. Von den in Petrograd zurückgebliebenen 120 495 Arbeitern waren am 1. April 1918 48 920 arbeitslos, also etwa 40 Prozent. Der größte Teil der Arbeitslosen, etwa 80 Prozent, waren unqualifizierte Arbeiter[5]. Aber auch unter jenen, die Arbeit hatten, war der Qualifikationsgrad gering, die politische Haltung unzuverlässig im Sinne der Bolschewiki. In Petrograd, erklärte ein Mitarbeiter des Zentralrats der Gewerkschaften, bestehe die Arbeiterschaft aus einer »trägen, unbewußten Masse«[6].

Die Arbeitslosigkeit und die Ernährungskrise lösten eine gewaltige Emigrationsbewegung in die getreidereichen Gebiete des Landes aus, vor allem nach Sibirien. Obwohl hier nur ein bis zwei Prozent der Bevölkerung in der Industrie beschäftigt waren, quollen die Städte vor Arbeitslosen über. Die Arbeitsbörsen, die offiziellen Arbeitsvermittlungsstellen, in Omsk, Tomsk, Tjumen und Barnaul konnten sich des aus dem europäischen Rußland hereinflutenden Heeres von Arbeitslosen nicht erwehren. Besonders kritisch war die Lage in Omsk, wo täglich bis zu 400 neue Arbeitslose registriert wurden. Da täglich nur 50 – 70 Personen die Stadt wieder verließen, stieg die Einwohnerzahl von 185 000 Mitte März auf über 300 000 Mitte Mai[7]. Die Suche nach neuen Arbeitsplätzen gestaltete sich in Sibirien überaus schwierig. Die Industrie war hier nicht nur schwach entwickelt, sie hatte zudem auch wenig Arbeitsplätze für qualifizierte Arbeiter. »Hier werden Arbeiter gebraucht, die noch nicht spezialisiert sind, die gleichzeitig Schmied und Schlosser sind, sonst finden sie hier keine Arbeit« – so charakterisierte ein Mitarbeiter der Omsker Arbeitsbörse die Lage. Nicht minder nachteilig wirkte sich das Verbot einiger Arbeitsbörsen aus, Lohnarbeiter in der Landwirtschaft zu beschäftigen. Als Begründung führten sie an, daß Lohnarbeit nach der Machtübernahme des Proletariats nicht mehr geduldet werden könne[8].

---

[4] Am 20. 2. 1918 wurde eine »Außerordentliche Kommission für die Evakuierung Petrograds« gebildet, die bis Ende April, als sie ihre Tätigkeit einstellte, 38 Betriebe mit zusammen 64 000 Arbeitern evakuiert hatte. Von den evakuierten Betrieben hatte allerdings bis Ende Mai noch keiner die Produktion voll wieder aufgenommen. Trudy I, S. 75, 76, 235

[5] a. a. O., S. 235

[6] Protokoly II s'ezda komissarov truda, S. 122

[7] a. a. O., S. 3

[8] a. a. O., S. 129

Von Arbeitslosigkeit betroffen waren in erster Linie die unqualifizierten Arbeiter. Nach einer Statistik des Volkskommissariates für Arbeit waren von den am 1. April 1918 in Rußland registrierten 342 500 Arbeitslosen etwa 60 Prozent unqualifiziert[9]. Unter ihnen fanden sich nicht wenige demobilisierte Soldaten, die vor ihrem Eintritt in die Armee als Hilfsarbeiter in der Industrie beschäftigt waren. Im Moskauer Gebiet zum Beispiel betrug ihr Anteil an den arbeitslosen Hilfsarbeitern etwa 20 Prozent[10]. Aus der Armee entlassen, forderten sie jetzt bevorzugte Wiedereinstellung in jene Betriebe, in denen sie vor dem Krieg beschäftigt waren. Zusammenstöße mit den Gewerkschaften waren die Folge. Um ihren Forderungen mehr Nachdruck zu verleihen, schlossen sich vielerorts die demobilisierten Soldaten in besonderen Verbänden zusammen[11].

Verbände, Komitees oder Räte bildeten auch die beschäftigungslosen Arbeiter. Im Gegensatz zu den demobilisierten Soldaten übten sie nicht nur Druck auf die Arbeitsbörsen oder Gewerkschaften aus, sondern griffen sogar zu Selbsthilfemaßnahmen. Der Rat der Arbeitslosen *(Sovet Bezrabotnych)* von Kaluga zum Beispiel besteuerte eigenmächtig alle Arbeiter und Angestellten, die im Arbeitsverhältnis standen, zugunsten der Arbeitslosen und verteilte nach eigenem Ermessen die wenigen freien Arbeitsplätze[12]. Rigoroser ging das Komitee der Arbeitslosen in Tver' vor: Es setzte die Entlassung aller jener Arbeiter durch, die außer ihrer Arbeit noch andere Einkünfte bezogen, auch dann, wenn diese aus der Arbeit von Familienmitgliedern stammten. Ähnliche Beispiele ließen sich aus anderen Städten anführen[13].

Nicht selten nahmen die Vereinigungen der Arbeitslosen, denen zumeist Hilfsarbeiter angehörten, eine offen feindselige Haltung zur Regierung ein. Sie warfen ihr vor, keine Maßnahmen gegen die Arbeitslosigkeit zu treffen, ja geradezu für die Arbeitslosigkeit verantwortlich zu sein. »Die Arbeitslosen«, so heißt es in einem Bericht des Arbeitskommissariats von Samara vom 21. März, »stellen eine ernste Gefahr für die Sowjetmacht

[9] Bjulleten' Narodnogo Komissariata Truda, 1918, Nr. 1–4, S. 76
[10] Ėkonomičeskaja žizn', 1919, Nr. 3, S. 1
[11] Vestnik Narodnogo Komissariata Truda, 1918, Nr. 2–3, S. 277–279
[12] Vestnik Narodnogo Komissariata Truda, 1918, Nr. 4–5, S. 334
[13] Vestnik Narodnogo Komissariata Truda, 1918, Nr. 2–3, S. 200, 279, 280

dar. Sie bilden ein günstiges Milieu für desorganisierende anarchistische Handlungen. Die Katastrophe kann nur durch sofortige Maßnahmen zur Unterstützung der Arbeitslosen verhindert werden[14]«.

In der Tat war die Arbeitslosigkeit, die Mitte Mai 1918 mit über 600 000 Mann ihren höchsten Stand erreichte[15], eine Gefahr für die Regierung. Sie machte die bis dahin überwiegend bolschewistisch orientierte Arbeiterschaft anfällig für die Propaganda antibolschewistischer Parteien und Strömungen, vor allem der Menschewiki und Anarchisten. Hatten diese auch keine Machtmittel in der Hand, so konnten sie doch für beträchtliche soziale Unruhe sorgen. Durch die Stadtflucht schien sich zudem die Arbeiterschaft als Klasse zu atomisieren, was zwar die Macht des Staatsapparates nicht geschwächt, den Herrschaftsanspruch der bolschewistischen Partei, der im Aufbau des Sozialismus, d. h. eines besseren Lebens für die Arbeiter begründet lag, aber ad absurdum geführt hätte.

Das Problem der Arbeitslosigkeit betraf in erster Linie natürlich die Gewerkschaften. Prinzipiell, so erklärte der Erste Gewerkschaftskongreß, könne die Arbeitslosigkeit, eine der kapitalistischen Produktionsweise typische Begleiterscheinung, nur durch den Aufbau des Sozialismus überwunden werden. In Anbetracht der kritischen ökonomischen Lage könnten vorerst jedoch nur Palliativmaßnahmen getroffen werden wie Arbeitslosenunterstützung und planmäßige Verteilung der Arbeitskräfte. Diesem letzten Punkt maß der Kongreß besondere Bedeutung zu, denn in einzelnen Produktionszweigen wie Torfgewinnung oder Holzaufbringung herrschte ein fühlbarer Arbeitskräftemangel. Daher sollten die Gewerkschaften unverzüglich Organe für die planmäßige Verteilung der Arbeitskräfte bilden[16].

Diese Organe waren die Arbeitsbörsen *(birža truda)*, die es in geringer Zahl – 24 – bereits vor der Oktoberrevolution gab. Obwohl ihre Zahl sich bis Ende Januar 1918 auf 66 erhöhte, konnte mit Hilfe dieses dünnmaschigen Netzes der rasch zunehmenden Arbeitslosigkeit nicht begegnet werden, von planmäßiger Verteilung der Arbeitskräfte gar nicht zu reden[17].

---

[14] a. a. O., S. 193
[15] Professional'nyj vestnik, 1918, Nr. 9–10, S. 20
[16] Pervyj s'ezd professional'nych sojuzov, S. 375
[17] Protokoly II s'ezda komissarov truda, S. 181

Der schleppende Aufbau der Arbeitsbörsen veranlaßte das Volkskommissariat für Arbeit, selbst einen ganz Rußland umfassenden Organisationsplan zu erarbeiten, der am 31. 1. 1918 als »Verordnung über die Arbeiterbörsen« veröffentlicht wurde. Hierin wird den Zentralräten der Gewerkschaften aufgetragen, in Orten mit mehr als 20 000 Einwohnern »zwecks genauer Berechnung und planmäßiger Verteilung der Arbeitskräfte in allen Zweigen der Volkswirtschaft, der Regelung von Angebot und Nachfrage von Arbeitskräften sowie Kontrolle der Arbeitslosen« Arbeitsbörsen einzurichten. Sie sollen von einem Kollegium geleitet werden, mehrheitlich aus Vertretern der örtlichen Gewerkschaften zusammengesetzt sein und von den Arbeitskommissariaten finanziert werden[18]. Trotz dieser Verordnung ging der Aufbau von Arbeitsbörsen nur langsam vonstatten: Im Februar wurden 73, im März erst 89 Arbeitsbörsen gezählt[19]. Mangel an Geld, qualifizierten Mitarbeitern und statistischen Unterlagen waren nicht die einzigen Ursachen. Hinzu kam, daß die Gewerkschaften ihre Aufmerksamkeit nicht allein den Arbeitsbörsen zuwandten, sondern auch dem Aufbau von gewerkschaftseigenen Arbeitsbüros, die nur gewerkschaftlich organisierte Arbeiter vermittelten. Dieses Nebeneinander von Arbeitsbüros und Arbeitsbörsen gab Anlaß zu zahlreichen Reibereien und erschwerte die Arbeitsvermittlung, zumal die Arbeitslosen anfänglich verpflichtet waren, sich in beiden Institutionen registrieren zu lassen[20].

Neben der Vermittlung von Arbeitsplätzen versuchte die Regierung, durch finanzielle Unterstützung die Lage der Arbeitslosen zu verbessern. Bereits am 11. Dezember 1917 wurde ein Gesetz verabschiedet, das eine tägliche Zuwendung in Höhe eines mittleren Tagesverdienstes, gemessen am durchschnittlichen Lohnniveau des entsprechenden Gebietes, vorsah. Die notwendigen Gelder sollten zur Gänze die Unternehmer aufbringen und von den Arbeitslosenkassen, die in allen Orten mit mehr als 20 000 Einwohnern errichtet werden sollten, ausgezahlt werden[21]. Da die Unternehmer sich aber weigerten oder außerstande erklärten, die festgesetzten Beträge an die Ar-

[18] Dekrety sovetskoj vlasti, Bd. 1, S. 424
[19] Protokoly II s'ezda komissarov truda, S. 181
[20] Vestnik Narodnogo Komissariata Truda, 1918, Nr. 2–3, S. 240
[21] Dekrety sovetskoj vlasti, Bd. 1, S. 201–204

beitslosenkassen zu entrichten, blieb die Verordnung praktisch wirkungslos. Die Lage der Arbeitslosen konnte auch durch sporadische Selbsthilfemaßnahmen in Form von Geldsammlungen oder durch behördliche Unterstützung in Form von kostenlosen Speisungen nicht verbessert werden[22].

Wirksam bekämpft werden konnte die Arbeitslosigkeit nur durch die Bereitstellung neuer Arbeitsplätze. Da auf absehbare Zeit aber kein Aufschwung der Industrie zu erwarten war, versuchten die Gewerkschaften, Volkswirtschaftsräte und Sowjets durch die Organisierung öffentlicher Arbeiten wie Straßenbau-, Kanalisierungs- und Meliorierungsarbeiten, Aufbringung von Holz und Torf oder Anlegen von Gemüsegärten zusätzliche Arbeitsplätze zu beschaffen. Im Frühjahr 1918 wurde eine Reihe derartiger Projekte ausgearbeitet. Der Volkswirtschaftsrat des Moskauer Gebiets hoffte auf diese Weise, in den Sommermonaten etwa 200 000 Arbeiter beschäftigen zu können[23]. Ein ähnliches Projekt wurde vom Obersten Volkswirtschaftsrat erstellt. Mit einem Aufwand von 700 Millionen Rubel sollten bei der Trockenlegung riesiger Sumpfgebiete an der Wolga und im Norden des Landes 125 000 Arbeiter eingesetzt werden[24]. Diese und andere Vorhaben scheiterten jedoch an Geldmangel. Nur vereinzelt gelang es lokalen Institutionen, öffentliche Arbeiten kleineren Umfangs und von kurzer Dauer zu organisieren[25].

Zur Bekämpfung der Arbeitslosigkeit hatten sich die Arbeitsbörsen trotz ihrer geringen Zahl und schlechten Organisation letztlich noch am wirkungsvollsten erwiesen. Zwar konnten sie keine neuen Arbeitsplätze einrichten, wohl aber freie sowie durch die starke Fluktuation der Arbeiter freigewordene vermitteln. Auf diese Weise gelang es ihnen, in den Monaten Januar bis April 1918 durchschnittlich 27 von 100 Arbeitslosen einen Arbeitsplatz zuzuweisen[26]. Von einer planmäßigen, überregionalen und auf die einzelnen Produktionszweige abgestimmten Verteilung der Arbeitskräfte konnte allerdings nicht die Rede sein, denn dazu hätte es der Zusammenarbeit der Ar-

---

[22] Professional'nyj vestnik, 1918, Nr. 1, S. 22
[23] Professional'nyj vestnik, 1918, Nr. 7–8, S. 15–17
[24] Professional'nyj vestnik, 1918, Nr. 11–12, S. 19
[25] Astanovič Z. A., Pervye meroprijatija sovetskoj vlasti v oblasti truda, Moskva 1958, S. 95
[26] Dva goda, S. 35

beitsbörsen untereinander sowie eines gesamtstaatlichen Koordinierungszentrums bedurft, vor allem aber hätte das Nebeneinander von Arbeitsbörsen und gewerkschaftlichen Arbeitsbüros beseitigt werden müssen.
Mit diesen Mängeln befaßte sich der Zweite Gesamtrussische Kongreß der Arbeitskommissare, der vom 18. bis 25. Mai 1918 in Moskau tagte. Die Regelung des Arbeitsmarktes, erklärte I. I. Chodorovskij, der Leiter der Moskauer Arbeitsbörse, habe eminente staatliche Bedeutung, daher müßten die Arbeitsbörsen und gewerkschaftlichen Arbeitsbüros einem staatlichen Organ unterstellt und zentral verwaltet werden, und zwar von der Abteilung des Arbeitsmarktes beim Volkskommissariat für Arbeit. Die Delegierten des Kongresses, die zum überwiegenden Teil Gewerkschafter waren, stimmten dem Vorschlag Chodorovskijs und damit auch der Umwandlung der bis jetzt von den Gewerkschaften geleiteten Arbeitsbörsen in staatliche Organe zu. Sie setzen sich damit auch über einen Beschluß des Ersten Gewerkschaftskongresses von Januar 1918 hinweg, wonach die Arbeitsbörsen »zur Gänze in den Händen der Gewerkschaften« liegen sollten. Betrachtet man Chodorovskijs Plan im Zusammenhang mit der Neuorientierung der Wirtschaftspolitik nach dem Brester Frieden, so liegt der Beschluß des Kongresses der Arbeitskommissare ganz auf der Linie der Regierungspolitik, alle Bereiche des ökonomischen Lebens durch staatliche Organe zu verwalten und die Arbeiterselbstverwaltung so weit wie möglich einzuschränken. Was die Arbeitsbörsen anbelangt, so war es letzten Endes belanglos, daß sie realiter auch weiterhin von den Gewerkschaften verwaltet wurden, entscheidend allein war, wer die Richtlinien ihrer Tätigkeit festlegte, und das war das Volkskommissariat für Arbeit.
Die Umwandlung der Arbeitsbörsen in staatliche Organe bot natürlich noch keine Gewähr für die reibungslose und planmäßige Verteilung der Arbeitskräfte. Dazu bedurfte es schon des qualitativen und quantitativen Ausbaus der Arbeitsbörsen. Ganz Rußland, so beschloß der Kongreß, sollte daher nach ökonomischen und verkehrstechnischen Gesichtspunkten in Gebiete, Bezirke und Kreise mit je einer zentralen Arbeitsbörse eingeteilt werden. Die Arbeitsbörse des Kreises, zu der mehrere Korrespondenzpunkte gehörten, sollte Überschüsse, gleichgültig, ob bezüglich des Angebots oder der Nachfrage, der Arbeitsbörse des Bezirks melden; in gleicher Weise sollten diese gegenüber der

Arbeitsbörse des Gebiets und diese wiederum gegenüber dem Volkskommissariat für Arbeit verfahren[27].

Sofort nach dem Kongreß nahmen die Arbeitskommissariate, unterstützt von den Gewerkschaften, die Reorganisation der Arbeitsbörsen in Angriff. Ihre Umwandlung in staatliche Organe erfolgte reibungslos und stieß bei den Gewerkschaften auf keinen Widerstand. Hingegen scheiterte vorerst der territoriale Ausbau der Arbeitsbörsen nach dem vom Kongreß erarbeiteten Schema. Im Moskauer Gebiet gelang dies erst Ende 1918, in den übrigen Gebieten sogar erst Mitte 1919[28].

In der zweiten Jahreshälfte 1918 begann sich ein grundlegender Umschwung auf dem Arbeitsmarkt abzuzeichnen: Die Arbeitslosigkeit ging zurück. Der Aufbau der Roten Armee, die im Dezember 1919 bereits über 800 000 Mann zählte[29], hatte Tausende und Abertausende von Arbeitern absorbiert. Gleiches – wenn auch nicht in diesem Umfang – galt für den staatlichen Verwaltungsapparat, der Ende des Jahres in Petrograd mit 57 000 Personen 10 Prozent und in Moskau mit 147 000 Personen sogar 20 Prozent aller Beschäftigten aufgenommen hatte[30]. Hinzu kam, daß von den Tausenden von Arbeitern, die wegen der schlechten Ernährungslage in den Städten aufs flache Land gezogen waren, nur wenige in die Städte zurückkehrten. Nach den Angaben von 37 Arbeitsbörsen des Moskauer Gebietes gab es im August hier praktisch keine Arbeitslosigkeit mehr. Ähnlich lagen die Dinge in Petrograd[31]. In einigen Produktionszweigen herrschte Ende des Jahres 1918 schon ein fühlbarer Arbeitskräftemangel[32].

Arbeitskräftemangel gab es vor allem in jenen Berufs- und Produktionszweigen, für die eine Spezialisierung nicht erforderlich war, also im Baugewerbe, in der Holzverarbeitung und im Transportwesen; hingegen herrschte in jenen Produktionszweigen, die eine hohe Qualifikation erforderten, noch Arbeitslosigkeit.

Da nichts darauf hindeutete, daß sich die Lage auf dem Arbeitsmarkt bessern würde, im Gegenteil, mit dem weiteren Aufbau der Roten Armee der Arbeitskräftemangel eher noch

[27] Protokoly II s'ezda komissarov truda, S. 255–261
[28] Dva goda, S. 35
[29] Chamberlin, Bd. 2, a. a. O., S. 27
[30] Dva goda, S. 15
[31] Statistika truda, 1918, Nr. 6–7, S. 8
[32] Dva goda, S. 29

Die Lage auf dem Arbeitsmarkt 1918

Produktions-zweige	freie Plätze auf 100 Arbeitslose Aug.	Sept.	Okt.	Nov.	Dez.
Metall	87,2	92,6	96,3	105,9	96,6
Holz	149,2	165,4	169,9	150,2	138,7
Textil	76,0	53,3	54,9	53,4	60.4
Chemie	29,7	42,5	46,7	73,8	48,4
Ernährung	84,2	94,5	77,8	160,8	88,1
Bauarbeiten	249,9	161,6	192,2	156,5	110,9
Transport	111,3	92,0	102,8	248,7	130,3

zunehmen würde, begann die Regierung in der zweiten Jahreshälfte schrittweise die Arbeitspflicht einzuführen. Die allgemeine Arbeitspflicht hatten die Bolschewiki zwar schon vor der Oktoberrevolution gefordert, die Massenarbeitslosigkeit hatte sie zunächst als leere Forderung erscheinen lassen.
Am 3. September 1918 dekretierte die Regierung, daß alle an den Arbeitsbörsen registrierten Arbeitslosen verpflichtet seien, jede Arbeit anzunehmen, sofern sie nach den von den Gewerkschaften festgesetzten Tarifsätzen bezahlt werde. Das galt besonders im Hinblick auf Ernte- und Hilfsarbeiten, zu denen alle Arbeitslosen ohne Unterschied von Beruf und Qualifikation verpflichtet werden konnten. Da das Dekret keine Strafen androhte, außer dem Entzug der ohnehin nur kargen Arbeitslosenunterstützung, wird seine Wirkung nicht allzu groß gewesen sein[33]. Der nächste Schritt auf dem Weg zur allgemeinen Arbeitspflicht war die Erfassung aller Arbeitskräfte, nicht nur der beschäftigungslosen. Zu diesem Zweck befahl das Volkskommissariat für Arbeit am 29. Oktober 1918 den Arbeitsbörsen, in allen Orten mit mehr als 10 000 Einwohnern sogenannte Abteilungen für die Verteilung der Arbeitskräfte zu errichten – die neue Bezeichnung für die Arbeitsbörsen. Die Leitungskollegien dieser Abteilungen sollten aus fünf Vertretern der Gewerkschaften und zwei Vertretern des Sowjets bestehen[34]. Der Aufbau dieser Abteilungen ging relativ zügig voran. Ende 1918 wurden im Moskauer Gebiet bereits 115 gezählt; in den anderen Gebieten Sowjetrußlands dauerte ihr Aufbau etwas länger[35].

[33] Dekrety sovetskoj vlasti, Bd. 3, S. 272
[34] a. a. O., S. 461
[35] Dva goda, S. 35

Nachdem so mit den Abteilungen für die Verteilung der Arbeitskräfte die organisatorischen Grundlagen für die Erfassung aller Arbeitskräfte gelegt worden waren, führte die Regierung am 5. Dezember 1918 die allgemeine Arbeitspflicht ein. Alle Personen, die nicht von ihrer eigenen Hände Arbeit lebten, keiner geregelten Beschäftigung nachgingen oder als arbeitslos registriert waren, wurden der Arbeitspflicht unterworfen – ausgenommen Mütter und Personen, die ein ärztliches Attest vorweisen konnten. Die Arbeiten, zu denen Zwangsverpflichtete herangezogen werden konnten, sollten von den Sowjets und Zentralräten der Gewerkschaften festgesetzt werden und von Kommissionen, bestehend aus Vertretern der Sowjets, der Gewerkschaften und des Obersten Volkswirtschaftsrates als Repräsentant der zentralen Staatsgewalt organisiert und kontrolliert werden[36].

Trotz der Einführung der Arbeitspflicht spitzte sich die Lage auf dem Arbeitsmarkt weiter zu. Im Januar 1919 kamen im Durchschnitt auf 92 Arbeitsplätze zwar noch 100 Arbeitslose, doch schon im April konnten die Abteilungen für die Verteilung der Arbeitskräfte die Nachfrage nach Arbeitskräften nicht mehr befriedigen: Auf 100 Arbeitslose kamen jetzt durchschnittlich 126 freie Arbeitsplätze. Mit anderen Worten, die Betriebe waren personell unterbesetzt und konnten ihre Produktionskapazität nicht voll ausnutzen. Da nahezu alle Industriezweige für die Verteidigung arbeiteten, ging die Regierung dazu über, mit Hilfe der Abteilungen von Fall zu Fall schwerpunktartig Arbeiter in jene Industriezweige zu verlegen, deren Produktion gerade als vorrangig angesehen wurde. Tausende von Arbeitern mußten so ihren Arbeitsplatz unfreiwillig wechseln, wobei Entfernungen und familiäre Verhältnisse nicht berücksichtigt wurden[37]. Diese Art der Wirtschaftsführung, als *udarnyj*-System bezeichnet, die auch für die Rohstoffbelieferung galt, war charakteristisch für die Mangelsituation während des gesamten Kriegskommunismus. Trotz physischer Erschöpfung der Arbeiter und Rohstoffknappheit konnte gerade mit Hilfe dieses Systems die Produktion jedoch auf einer solchen Höhe gehalten werden, daß die Versorgung der mehrere Millionen Mann zählenden Roten Armee und der Bevölkerung sichergestellt war.

---

[36] Sobranie uzakonenija, 1918, Art. 30, Nr. 919

[37] Dva goda, S. 38, 44

XV. Der Kampf der Gewerkschaften um höhere Arbeitsproduktivität

Nach der Unterzeichnung des Brester Friedens wandten der Gesamtrussische Zentralrat der Gewerkschaften und die Regierung ihre Aufmerksamkeit in verstärktem Maße dem Problem der Arbeitsproduktivität zu. Nachdem es den Gewerkschaften nicht gelungen war, mit Hilfe von Appellen an die Selbstdisziplin des Proletariats in den Betrieben geordnete Verhältnisse herzustellen, drängte der Gewerkschaftsrat auf die Einführung einer autoritär orientierten Arbeitsverfassung und des in den ersten Monaten nach der Revolution als nichtsozialistisch abgelehnten Taylor-Systems. Die Angst vor dem ökonomischen Zusammenbruch war stärker als das sozialistische Ideal.

1. Die Festigung der Arbeitsdisziplin

Der Gesamtrussische Rat der Gewerkschaften hatte in den ersten Monaten nach der Oktoberrevolution in der Frage der Arbeitsdisziplin so gut wie keine Initiativen entwickelt. Erst Ende März/Anfang April befaßte er sich mit diesem Problem. Am 23. März einigten sich in Moskau Vertreter des Gesamtrussischen Gewerkschaftsrates und des Volkskommissariats für Arbeit auf die Einführung einheitlicher, für alle Gewerkschaften verbindliche Maßnahmen zur Wiederherstellung der Arbeitsdisziplin. Miljutin wurde mit der Ausarbeitung eines entsprechenden Projektes beauftragt[1]. Wenige Tage später legte er seinen Entwurf dem Präsidenten des Obersten Volkswirtschaftsrates vor. Lenin, der an dieser Sitzung teilnahm, schlug vor, Miljutins Entwurf dahingehend zu verbessern, daß die Aufsicht über die Arbeitsdisziplin besonderen, von den Ge-

[1] Genkin, a. a. O., S. 24

werkschaften des betreffenden Produktionszweiges unabhängigen Organen übertragen werden sollte. Außerdem sollten nach Lenins Wunsch noch die Vorstellungen der Unternehmer über die Mittel und Wege zur Festigung der Arbeitsdisziplin in Erfahrung gebracht werden[2]. Auf den ersten Blick mögen Lenins Desiderata unverständlich erscheinen. Betrachtet man sie jedoch im Zusammenhang mit seinem Staatskapitalismus-Konzept, so wird ihre Intention deutlich. Denn würden die Unternehmer die Betriebe verwalten, obzwar unter der Aufsicht des Staates, mußten sie auch mitverantwortlich sein für die Einhaltung der Arbeitsdisziplin. Daraus folgt, daß die Gewerkschaften nicht allein für die Arbeitsdisziplin verantwortlich sein durften. Daß Lenin den Gewerkschaften aber jede Verantwortung nehmen wollte, deutet auf seine Befürchtung hin, die Gewerkschaften könnten in der Frage der Arbeitsdisziplin einen zu weichen Kurs verfolgen.

Auf einer neuerlichen Beratung zwischen Vertretern des Obersten Volkswirtschaftsrates und des Gesamtrussischen Zentralrates der Gewerkschaften am 1. April wurde das inzwischen überarbeitete Projekt Miljutins angenommen und der Gewerkschaftsrat beauftragt, es als verbindlich für alle Gewerkschaften zu veröffentlichen; dies geschah am 3. April unter der Bezeichnung »Über die Arbeitsdisziplin«. Die Verordnung gliedert sich in zwei Teile: Der erste befaßt sich mit der Erhöhung der Arbeitsproduktivität (vgl. Kapitel XV/2), der zweite mit der Festigung der Arbeitsdisziplin. Um die Vielzahl der Vorschriften betreffs der Arbeitsdisziplin zu vereinheitlichen, werden alle Gewerkschaften verpflichtet, auf der Grundlage eines noch zu verkündenden Musterstatuts detaillierte Regeln zu erlassen, die von den Betriebskomitees überwacht werden sollen. Die Schlichtung von Konflikten zwischen Arbeitern und Komitees auf der einen und Unternehmern auf der anderen Seite bleibt den Gewerkschaften vorbehalten, die auch das Recht haben sollen, »in schwerwiegenden Fällen, wenn die Mittel der kameradschaftlichen Einwirkung erschöpft sind«, Arbeiter aus der Gewerkschaft auszuschließen[3].

Diese mehr allgemein gehaltenen Regeln wurden – wie angekündigt – wenige Tage später durch detaillierte »Muster-

---

[2] Venediktov, a. a. O., S. 358

[3] Der Text der Verordnung in: Vestnik professional'nych sojuzov, 1918, Nr. 1, S. 18

regeln für die innere Ordnung« ergänzt. Sie regeln mit minuziöser Genauigkeit die Arbeitszeit und Pausen und untersagen den Arbeitern vor allem, während der Arbeitszeit Versammlungen abzuhalten, außer bei Wahlen für Betriebskomitees und Sowjets. Bei Nichtbeachtung dieser Regeln sollen die Komitees notfalls besondere Kontrollorgane bilden. Übertritt ein Arbeiter diese Regeln einmal, soll er im Betrieb namentlich bekanntgemacht werden, beim zweitenmal der Gewerkschaft gemeldet und beim drittenmal aus dem Betrieb entlassen werden.

Daß Lenin als Partei- und Regierungschef an den Beratungen über die Arbeitsdisziplin teilnahm, zeigt die zentrale Bedeutung dieses Problems für die Bolschewiki. Feste Disziplin war eine wesentliche Voraussetzung für gesteigerte Arbeitsproduktivität, denn ohne diese bestand kaum Aussicht, die durch den Frieden gewonnene Atempause für die Konsolidierung der Wirtschaft, geschweige denn für den Aufbau des Sozialismus nützen zu können. Es ist nicht anzunehmen, daß der Gewerkschaftsrat die »Musterregeln für innere Ordnung« auf den Druck Lenins oder der Partei verabschiedete – die Notwendigkeit fester Arbeitsdisziplin lag allzu offen auf der Hand.

Am 29. April stand das Problem der Arbeitsdisziplin im Zentralen Exekutivkomitee *(VCIK)* auf der Tagesordnung. Wie schon in der Schrift »Die nächsten Aufgaben der Sowjetmacht«, die einen Tag vor der Sitzung, am 28. April, als Sonderbeilage der *»Pravda«* für die Delegierten veröffentlicht worden war, forderte Lenin unumwunden eine autoritär orientierte Arbeitsverfassung. In diesem Zusammenhang richtete er scharfe Angriffe gegen die linken Kommunisten, die in der zweiten Nummer ihrer Zeitschrift *»Kommunist«* vom 27. April schärfsten Protest gegen die »Einführung der Arbeitsdisziplin in Verbindung mit der Wiederherstellung der Herrschaft der Kapitalisten in der Produktion« erhoben hatten[4]. Die Sorgen der linken Kommunisten in dieser Richtung waren nicht ganz unbegründet, denn wenn sich Lenin in der Regierung mit seinem Staatskapitalismus-Konzept durchgesetzt hätte, wären möglicherweise die Unternehmer auch mit Disziplinierungsaufgaben betraut worden. Darauf deuteten jedenfalls Lenins Vorschläge hin, die Aufsicht über die Arbeitsdiszi-

---

[4] Kommunist', 1918, Nr. 1, S. 8

plin gewerkschaftsunabhängigen Organen zu übertragen und mit den Unternehmern entsprechende Kontakte aufzunehmen. Obwohl nach der Ablehnung des Meščerskij-Projekts die Kritik der linken Kommunisten hinfällig geworden war, bezeichnete Lenin ihre Einstellung dennoch als »etwas unerhört Reaktionäres« und als eine »Gefahr für die Revolution«[5].

Aber war die Einstellung der linken Kommunisten zur Arbeitsdisziplin wirklich so reaktionär, wie Lenin behauptete? Dazu ist folgendes zu sagen: Die linken Kommunisten gingen von der Vorstellung aus, daß die Arbeiter, nachdem sie einmal die Herrschaft der Kapitalisten abgeschüttelt hatten, sich ihnen nicht neuerlich unterwerfen würden, es sei denn durch staatliche Zwangsmaßnahmen. Eine von den Unternehmern oktroyierte Disziplin aber würde zu keiner höheren Arbeitsproduktivität führen. Dies sei nur möglich, wenn die Aufsicht über die Arbeitsdisziplin in die Hände der Arbeiter selbst gelegt werde. Dann aber sei jeder Verstoß gegen die Arbeitsdisziplin – so Osinskij – als »bewußte oder unbewußte Sabotage am Sozialismus« anzusehen und müsse »durch Kameradengerichte aufs allerstrengste bestraft werden«[6]. Lenin, der jede innerparteiliche Opposition aufmerksam verfolgte und die zwei Tage vor der Sitzung des *VCIK* erschienene zweite Nummer des *Kommunist* sicher gelesen hatte, unterstellte den linken Kommunisten Intentionen, die sie nie vertreten hatten. Durch Verdrehung ihrer Aussagen versuchte er ihre Haltung zur Arbeitsdisziplin als sowjetfeindlich hinzustellen. Es störte ihn dabei wenig, daß der Gesamtrussische Gewerkschaftsrat den gleichen Standpunkt eingenommen hatte wie die linken Kommunisten, nämlich eine feste Arbeitsdisziplin ohne die Mithilfe der Unternehmer durchzusetzen. Den Gewerkschaften billigte Lenin zu, »in ihrer proletarischen Bescheidenheit die Verhältnisse der Fabrikarbeit zu kennen», den linken Kommunisten warf er hingegen vor, »mit revolutionären Phrasen um sich zu werfen«[7]. Wie es scheint, suchte Lenin einen Vorwand, um die linken Kommunisten, die elf Tage zuvor sein staatskapitalistisches Konzept zu Fall gebracht hatten, in der Öffentlichkeit zu diffamieren.

Mit der Bestätigung der sechs Thesen Lenins über die nächsten

---

[5] Lenin, PSS, Bd. 36, S. 260

[6] Kommunist', 1918, Nr. 2, S. 6

[7] Lenin, PSS, Bd. 36, S. 260

Aufgaben der Sowjetmacht durch das *VCIK* war auch die Politik der Gewerkschaften in der Frage der Arbeitsdisziplin offiziell gebilligt. »Die Schritte, die in dieser Richtung, besonders von den Gewerkschaften, bereits unternommen wurden«, hieß es in Punkt 5 der Thesen, »müssen mit allen Kräften unterstützt, untermauert und verstärkt werden.«[8]
Nachdem die Regierung sich gegen Lenins staatskapitalistisches Konzept entschieden hatte und damit auch die Gefahr einer Restauration der alten Arbeitsverfassung gebannt war, bedienten sich die Gewerkschaften für die Überwachung der Arbeitsdisziplin in steigendem Maße bürgerlicher Spezialisten. Diese Tendenz fand ihren Niederschlag erstmals in den »Provisorischen Regeln« für die Brjansker Metallfabrik im Moskauer Gebiet. Danach soll in der Fabrik jede Anordnung in Kraft treten, »wenn sie vom Direktor der Fabrik und in den Abteilungen von den Vorstehern ausgeht«. Außer diesen beiden Gruppen ist niemand befugt, den Arbeitern Anweisungen zu geben. Bei einem Verstoß gegen die Arbeitsdisziplin ist der Abteilungsleiter verpflichtet, die Gewerkschaft zu benachrichtigen, die dann allein das Recht und die Pflicht hat, den schuldigen Arbeiter zur Rechenschaft zu ziehen[9]. Noch deutlicher kommt die Übertragung von Aufsichtsfunktionen an bürgerliche Spezialisten in der Betriebsordnung der Manufaktur Nikol'sko-Bogojavlensk im Gouvernement Ivanovo-Voznesensk zum Ausdruck:

»Die Leiter der Abteilungen wie Mechaniker, Buchhalter, Meister oder alteingesessene Verwalter sind verpflichtet, auf alle Arbeiter aufzupassen, die zu dieser oder jener Abteilung gehören. Nichterfüllung, Nachlässigkeit oder gar bewußte Abweichung zieht die strengste Verwarnung bis zur Entlassung nach sich. Dabei hat jeder Leiter das Recht, sich nach der Durchführung der Arbeit jedes einzelnen zu erkundigen, und die Pflicht, jede Unregelmäßigkeit bei der Arbeit dem Betriebskomitee zu melden.« [10]

Nirgends aber waren die bürgerlichen Spezialisten befugt, die Arbeiter zu bestrafen. Dieses Recht lag ausschließlich bei den Betriebskomitees respektive den Gewerkschaften.

---

[8] a. a. O., S. 279
[9] Wortlaut der »Provisorischen Regeln« in: Nacionalizacija promyšlennosti, S. 646, 647
[10] Zit. nach Genkin, a. a. O., S. 25

Alle Maßnahmen zur Festigung der Disziplin mußten sich als ein Schlag ins Wasser erweisen, wenn es nicht gelang, die häufigen Versammlungen während der Arbeitszeit zu unterbinden. Dieses – aus dem englischen Wort *meeting* abgeleitete – *mitingirovanie* hatte im April und Mai 1918 im Vergleich zu den ersten Monaten nach der Revolution zwar schon beträchtlich nachgelassen, trotz eines entsprechenden Verbotes in den »Musterregeln für innere Ordnung« hielten die Arbeiter aber an ihrer Gewohnheit fest, wichtige Fragen des Betriebslebens öffentlich auf Versammlungen zu erörtern. Die Gewerkschaften stützten sich bei ihrem Kampf gegen den – wie Lenin es nannte – »Versammlungsdemokratismus« vor allem auf die Betriebskomitees. Offensichtlich hatten sie aber keinen großen Erfolg damit, da der Gesamtrussische Gewerkschaftsrat sich Ende Mai noch einmal ausführlich mit diesem Problem befaßte und eine Verordnung erließ, wonach es den Arbeitern verboten war, »Versammlungen während der Arbeitszeit abzuhalten, außer in besonderen Fällen, die vom Betriebskomitee bestimmt werden.«[11]

Was die Gewerkschaften durch Appelle an das Klassenbewußtsein der Arbeiter im Sinne der »proletarischen Selbstdisziplin« nicht erreicht hatten, das gelang ihnen nun mit Hilfe von autoritären Ordnungsregeln, Aufsicht durch bürgerliche Spezialisten und Androhung von Strafen bis hin zur Entlassung. Ende Mai 1918 konnte Šljapnikov stolz berichten: »In der Frage der Arbeitsdisziplin haben wir große Erfolge zu verzeichnen.«[12] Das Problem war damit aber noch nicht gelöst. Zwar nahmen die Verstöße gegen die Arbeitsdisziplin ab, die Arbeitsproduktivität war jedoch nach wie vor gering. Durch die Ersetzung des Zeitlohnprinzips durch den Stücklohn versuchten die Gewerkschaften, auch diesem Problem zu Leibe zu rücken.

2. *Die Diskussion über die Anwendung von Stücklohnprinzip und Taylor-System*

Die »rotgardistische Attacke gegen das Kapital« hatte den Klassenkampf von der politischen Bühne auf die ökono-

---

[11] a. a. O., S. 26
[12] Protokly II s'ezda komissarov truda, S. 13

mische Ebene der Fabrik verlagert und – wie bereits gezeigt – nicht nur verheerende Folgen für die Arbeitsdisziplin gehabt, sondern auch zu einem rapiden Rückgang der Arbeitsproduktivität geführt. Schon kurz nach der Oktoberrevolution hatten einzelne Betriebskomitees und Gewerkschaften erkannt, daß die Ursachen für die geringe Produktivität neben der mangelnden Arbeitsdisziplin vor allem in dem nach der bolschewistischen Machtübernahme überall eingeführten Zeitlohnsystem lagen, und dessen Ersetzung durch den Stücklohn gefordert[13]. Die überwiegende Mehrheit der Gewerkschaften lehnte das Stücklohnprinzip jedoch ab, obwohl bekannt war, daß es in der westeuropäischen und amerikanischen Industrie als ein probates Mittel zur Steigerung der Arbeitsproduktivität galt. Die bolschewistischen Gewerkschaften machten gegen den Stücklohn geltend, daß er, wie es in einem Beschluß des Gesamtrussischen Eisenbahnerkongresses vom Januar 1918 hieß, »zur physischen Erschöpfung der Arbeiter, zum Niedergang der Arbeitsproduktivität und -intensität ... und zur Vergrößerung der Kader der Arbeitslosen« führe[14].

Die Gewerkschaften begründeten ihre ablehnende Haltung zum Stücklohn mit dem Hinweis auf Marx, der diesen als »die der kapitalistischen Produktionsweise entsprechende Form des Arbeitslohnes« bezeichnet hatte. Er verfolge das Ziel, so Marx, »mit der individuellen Erhebung .. über das Durchschnittsniveau dies Niveau selbst zu senken« und fördere einen Geist der »Konkurrenz unter- und gegeneinander«[15]. Da die Gewerkschaften den Stücklohn auch nach der Oktoberrevolution ablehnten, obwohl die von Marx aufgezeigten Gefahren nur für die kapitalistische Gesellschaftsordnung galten, liegt der Schluß nahe, daß sie den Stücklohn unabhängig von den Produktionsverhältnissen generell als ein inhumanes Prinzip und ein Mittel zur Ausbeutung der menschlichen Arbeitskraft betrachteten.

Im Zuge der neuen Wirtschaftspolitik der Regierung nach dem Brester Frieden änderten die Gewerkschaften jedoch ihre Haltung zum Stücklohn. Ende März/Anfang April – gleichzeitig mit der Diskussion über die Arbeitsdisziplin – wurden auf mehreren Sitzungen, an denen Vertreter des Gesamtrussischen Gewerkschaftsrates, des Obersten Volkswirtschaftsrates, des

---

[13] Nacionalizacija promyšlennosti, S. 246
[14] Trudy s'ezda železnodorožnikov, S. 114
[15] Marx-Engels, Werke, Bd. 23, S. 579, 580

Moskauer Gewerkschaftsrates, des Volkskommissariats für Arbeit wie auch Lenin selbst teilnahmen, neue Richtlinien für die Gewerkschaften im Kampf um höhere Arbeitsproduktivität festgelegt. Allen Beteiligten war klar, daß es wie bisher nicht weitergehen konnte. Šmidt warnte eindringlich, daß »alle Errungenschaften des Oktobers« verlorengingen, wenn sich die ökonomische Lage nicht bessere. Nur der Stücklohn garantiere jene Arbeitsproduktivität, die notwendig sei, um die Industrie wieder in Schwung zu bringen. Unterstützt wurde Šmidt von Oborin, dem Sprecher des Zentralkomitees des Metallarbeiterverbandes, und von Lenin[16].

Gegen den Stücklohn erhob vor allem Lozovskij scharfen Protest. »Prämiensystem und Stückarbeit sind ein kapitalistisches System, ausgerichtet auf die Vergrößerung der Gewinne. Es spaltet die Arbeiter in qualifizierte und weniger qualifizierte und zerstört damit die Gewerkschaften.«[17] Das waren im wesentlichen die Einwände von Marx gegen den Stücklohn. Lozovskijs Kritik muß aber auch vor dem Hintergrund der laufenden Verhandlungen zwischen der Regierung und den Vertretern des russischen Großkapitals gesehen werden. Wären sie zu einem positiven Abschluß gekommen, hätte das wahrscheinlich zur Restauration des Kapitalismus in Rußland, wenn auch unter staatlicher Kontrolle, geführt. Zudem war Lozovskij der Ansicht, die Oktoberrevolution sei keine sozialistische, sondern eine radikaldemokratische Revolution, was implizierte, daß die Herrschaft des Kapitals noch lange nicht gebrochen war. Solange die Produktion nicht nationalisiert war, mußte der Stücklohn trotz politischer Herrschaft der Arbeiter zur Ausbeutung der Arbeitskraft führen.

Die Diskussion über höhere Arbeitsproduktivität drehte sich nicht allein um das Stücklohnprinzip, sondern generell um das Taylor-System. Lenin – wie überhaupt alle Sozialisten – lehnte das Taylor-System in einer kapitalistischen Gesellschaftsordnung entschieden ab. So hatte er 1914 geschrieben: »Seine gewaltigen Vervollkommnungen richten sich gegen den Arbeiter, denn sie führen zu noch größerer Unterdrückung und Unterjochung.« Doch war ihm nicht verborgen geblieben, daß dieses System »eine rationelle Arbeitsteilung innerhalb der

[16] Venediktov, a. a. O., S. 358, Anmerkung 101
[17] Zit. nach Genkin, a. a. O., S. 20

Fabrik« ermögliche. Da diese aber auf einzelne Betriebe beschränkt bleibe und die Anarchie der kapitalistischen Warengesellschaft nicht beseitige, sei das Taylor-System als Ganzes abzulehnen[18]. Nach der Oktoberrevolution änderte Lenin seine Einstellung zum Taylor-System grundlegend:

»Jetzt, da nicht mehr die Bourgeoisie, sondern die Arbeiter die Macht in Händen halten, dürfen wir den Taylorismus nicht in Bausch und Bogen ablehnen. Wir müssen das Taylor-System vielmehr mit Hilfe wissenschaftlicher Forschung und praktischer Erfahrung seiner bürgerlichen Attribute entkleiden und es sorgfältig auf jene Elemente hin untersuchen, die zur Erleichterung der Arbeit, des Arbeiters und Verlagerung der schweren physischen Arbeit auf die Maschine beitragen können. Nur so kann erreicht werden, daß der Arbeiter nur mehr Maschinen zu regeln braucht und damit die allgemeine Produktivität der Betriebe im ganzen gehoben wird.«[19]

Hier ist kritisch einzuwenden, daß das Taylor-System ein wissenschaftlich-technisches System war und als solches seine strukturelle Eigenheit, die menschliche Arbeitskraft maximal auszunutzen, auch in einer sozialistischen Gesellschaftsordnung beibehielt. Der von Lenin aufgezeigte Aspekt des Taylor-Systems, nämlich die Rationalisierung der Produktion auf Betriebsebene traf gewiß zu, nur änderte das nichts am Wesen des Taylor-Systems, selbst wenn im Sozialismus seine negativen Folgen durch eine entsprechende Sozialgesetzgebung aufgehoben würden. Da es aber weder eine funktionierende Sozialfürsorge gab, noch die russische Industrie infolge Kriegseinwirkungen und Revolution jenen Entwicklungsgrad aufwies, der es ermöglicht hätte, die Produktion mit Hilfe des Taylor-Systems rationeller zu gestalten, mußte seine Anwendung auf jeden Fall zu schweren gesundheitlichen Schäden der Arbeiter führen.
Die Mehrzahl der Vertreter der Gewerkschaften, der Volkswirtschaftsräte und des Volkskommissariates für Arbeit schlossen sich Lenins Standpunkt an – ob freiwillig oder auf Druck der Partei, sei dahingestellt. Im ersten Teil der Verordnung des Gesamtrussischen Zentralrates der Gewerkschaften vom 3. April heißt es, daß ein weiterer Rückgang der Arbeitsproduktivität nicht nur den »Verlust sämtlicher Errungenschaften der

---

[18] Lenin, PSS, Bd. 24, S. 370
[19] Zit. nach Lengnik, F. V., Vospominanija o V. I. Lenine, Moskva 1957, Bd. 1, S. 294

Revolution, sondern auch die Degeneration der werktätigen Klasse des Proletariats« zur Folge haben wird. Daher müssen die Gewerkschaften und Betriebskomitees darauf achten, daß »für einen bestimmten garantierten Arbeitslohn feste Produktionsnormen garantiert« werden. Die Verordnung fordert die Gewerkschaften auf, in allen Betrieben Kommissionen zur Festsetzung von industriellen Produktionsnormen zu bilden und diese an Hand von Registrationskarten auch zu überwachen. Eine Übererfüllung der Normen soll prämiiert werden, jedoch nur bis zu einer bestimmten Obergrenze, um zu vermeiden, daß die Arbeiter sich physisch verausgaben. Das Stücklohnprinzip und das Prämiensystem – so betont die Verordnung – sind nur eine von mehreren Maßnahmen zur Erzielung einer höheren Arbeitsproduktivität, wenn auch die wichtigste. Andere Maßnahmen sind die Vermehrung des technischen Personals, der Aufbau von Instruktorenkadern aus technisch versierten Arbeitern und nicht zuletzt eine festere Arbeitsdisziplin[20].

Mit der Anerkennung des Stücklohnprinzips am 3. April hatte der Gesamtrussische Gewerkschaftsrat seine sozialistische Position in der Frage des Lohnsystems aufgegeben. Darüber hinaus bekannte er sich auch formell zum Taylor-System. Wenige Tage später erließ er genauere Ausführungsbestimmungen zur Normierung der Arbeitsproduktivität, die den Gewerkschaften vorschrieben, die Prinzipien der wissenschaftlichen Arbeitsorganisation in den Betrieben einzuführen[21].

Gegen das Stücklohnprinzip protestierten unisono linke Kommunisten, weniger radikale Bolschewiki wie Rjazanov und Menschewiki. Erstere lehnten materielle Anreize zur Hebung der Arbeitsproduktivität mit der Begründung ab, sie könnten zu »kleinbürgerlicher Entartung der Arbeiter, Jagd nach Kopeken, Händlertum und Ablenkung von ihren politischen Aufgaben, Schwächung ihres Kampfes und Klassenbewußtseins« führen[22]. Die Befürchtungen der linken Kommunisten waren nicht aus der Luft gegriffen. Sie konnten mit ungezählten Beispielen aus der Praxis der amerikanischen und westeuropäischen Arbeiterbewegung aufwarten. Nicht, daß sie gegen höhere Arbeitsproduktivität gewesen wären, sie wollten dieses Ziel jedoch mit »sozialistischen Maßnahmen« erreichen, wie »feste kame-

[20] Vestnik professional'nych sojuzov, 1918, Nr. 1, S. 18
[21] Professional'nyj vestnik, 1918, Nr. 5–6, S. 12
[22] Kommunist', 1918, Nr. 2, S. 17

radschaftliche Disziplin«, Koordinierung der verschiedenen Kontroll- und Verwaltungsorgane, Stärkung der technischen Kader und endlich Ersetzung der halbproletarischen durch qualifizierte Arbeiter[23]. Da ihrer Ansicht nach nicht die Arbeiter für die ökonomische Misere verantwortlich waren, sondern die verheerenden Folgen des Krieges wie Rohstoffknappheit etc., mußte zuerst der staatliche Wirtschaftsapparat besser durchorganisiert werden. Ob allerdings die Produktivität mit den von den linken Kommunisten vorgeschlagenen Maßnahmen erhöht werden konnte, ist angesichts der tiefgreifenden Veränderungen in der Struktur der russischen Arbeiterschaft während der Kriegsjahre fraglich. Tausende »fabričnye račocie«, d. h. qualifizierte Arbeiter, waren im Krieg gefallen, andere hatten sich wegen der schlechten Lebensbedingungen in den Städten aufs flache Land zurückgezogen, und wieder andere hatten ihren Arbeitsplatz in der Fabrik mit einem Verwaltungsposten eingetauscht. Der Anteil qualifizierter und klassenbewußter Arbeiter an der gesamten Arbeiterbevölkerung kann im Frühjahr 1918 nicht mehr allzu hoch gewesen sein. Das Konzept der linken Kommunisten setzte aber gerade eine qualifizierte und klassenbewußte Arbeiterschaft voraus.

Ähnlich argumentierten die weniger radikalen Bolschewiki vom rechten Flügel ihrer Partei. Als der Petrograder Zentralrat der Gewerkschaften am 6. April die Verordnung »Über die Arbeitsdisziplin« beriet, warnte sein Vorsitzender Rjazanov, das Leistungslohnprinzip werde bei der jetzigen Ernährungslage zur physischen Erschöpfung und kürzerer Lebensdauer der Arbeiter führen. Höhere Arbeitsproduktivität ohne gesundheitliche Schäden der Arbeiter sei nur bei gesicherter Rohstoffversorgung der Betriebe, planmäßiger Organisation der Produktion und ausreichender Verpflegung der Arbeiter möglich. Der Gewerkschaftsrat ließ sich von Rjazanovs Argumenten aber nicht überzeugen und stimmte mit großer Mehrheit für die Einführung des Leistungslohnprinzips in der Petrograder Industrie[24]. Erwartungsgemäß nahmen selbst jene Bolschewiki, die gegen das Stücklohnsystem protestierten, die Regierung und somit die Partei aus ihrer Kritik aus.

---

[23] Aus einer Resolution des von den linken Kommunisten beherrschten Moskauer Kreiskomitees der RSDRP(b) vom 11. 4. 1918, abgedruckt in Nacionalizacija promyšlennosti, S. 258

[24] Vestnik professional'nych sojuzov, 1918, Nr. 1, S. 20, 21

Die Menschewiki indes wagten diesen Schritt. Sie bezeichneten den Stücklohn als Ausbeutung der Arbeitskraft und kritisierten offen die Regierung. So schrieb die menschewistische Zeitschrift *Vpered* am 25. 4. 1918:

»Die von Anfang an eines wirklichen proletarischen Charakters entbehrende Politik der Sowjetmacht... nimmt einen ausgesprochen arbeiterfeindlichen Charakter an. Unter der Flagge der Wiederherstellung der Produktivkräfte des Landes wird versucht, den Achtstundentag zu beseitigen, den Stücklohn und das Taylor-System, schwarze Listen und politische Führungszeugnisse einzuführen. Diese Politik bringt das Proletariat in die Gefahr, seine wichtigsten Errungenschaften auf ökonomischem Gebiet zu verlieren.«[25]

Die Kritik der Menschewiki konnte nicht darüber hinwegtäuschen, daß auch sie keinen Weg wußten, um die Arbeitsproduktivität ohne materielle Anreize zu erhöhen.

Am 29. April wurde das Leistungslohnprinzip vom *VCIK* offiziell gebilligt. In den schon erwähnten »Thesen über die nächsten Aufgaben der Sowjetmacht« wurde die »Einführung des Stücklohnes, die Anwendung von vielem, was an Wissenschaftlichem und Fortschrittlichem im Taylor-System enthalten ist«, angekündigt[26]. Wie die Bolschewiki unter dem Zwang der Umstände vom Ideal der proletarischen Selbstdisziplin hatten Abstand nehmen müssen, so sahen sie sich auch in der Frage der Arbeitsproduktivität gezwungen, sozialistische Positionen aufzugeben.

Auf dem Ersten Gesamtrussischen Kongreß der Volkswirtschaftsräte von Ende Mai/Anfang Juni 1918 wurde ein letztes Mal in massiver Form Kritik am Stücklohnprinzip vorgebracht. Zündstoff lieferte Gastev mit seinem Referat über die Normierung des Arbeitslohnes, in dem er den Arbeitern vorwarf, »nationale Sabotage« zu betreiben, falls sie den Stücklohn ablehnten. Die Regierung sollte die Produktionsnormen auf der Basis maximaler Arbeitsintensität berechnen, da nur so die Produktivität der Betriebe erhöht werden könne. Da nach Gastevs Ansicht die Arbeitsproduktivität nicht ohne Zwangsmaßnahmen erhöht werden konnte, forderte er die Regierung auf, alle volkswirtschaftlich wichtigen Betriebe zu militarisieren. Wie man sieht, war Gastev, der von Lozovskij als »Sänger des

[25] Zit. nach Lenin, PSS, Bd. 36, S. 308
[26] a. a. O., S. 279

Taylorismus« apostrophiert wurde, jedes Mittel recht, um die Produktion zu steigern. Seine Parole lautete: »Kampf gegen Taylor bedeutet auch Kampf gegen die Werkbank.«[27] Nicht zufällig setzte sich Gastev als einer der Hauptvertreter der »Arbeiter-Industrialisten« mit mehr Nachdruck für das Stücklohnprinzip ein als die übrigen Befürworter aus den Reihen der Bolschewiki. Ein Pragmatiker in ökonomischen Fragen und frei von ideologischen Vorbehalten, betrachtete er das Taylor-System einzig unter dem Aspekt seiner ökonomischen Effizienz und Zweckmäßigkeit. Um den Taylorismus auch in Rußland zum Durchbruch zu verhelfen, setzte sich Gastev unermüdlich für die Gründung eines entsprechenden Forschungsinstitutes ein, ein Plan, der 1920 mit dem »Zentralen Arbeitsinstitut« *(Central'nyj Institut Truda = CIT)* Wirklichkeit wurde[28].
Gastevs Ausführungen riefen bei den Gegnern des Taylor-Systems einen wahren Sturm der Entrüstung hervor. Lozovskij prophezeite die Spaltung der Arbeiterklasse in einen minder qualifizierten, schlechter bezahlten und einen qualifizierten, besser bezahlten Teil, was unweigerlich zur »Schwächung der Revolution« führen müsse[29]. Noch schärfer polemisierte Rjazanov. Er warf Gastev eine eklatante »Verletzung des Marxismus« vor. Die Oktoberrevolution, erklärte er, sei historisch nur dann gerechtfertigt, wenn sie die materielle Lage der Arbeiter verbessere; Stücklohn und Prämie würden aber genau das Gegenteil erreichen[30]. Trotz aller Einwände entschied sich der Kongreß für das Leistungslohnsystem und bestätigte die Verordnung »Über die Arbeitsdisziplin« vom 3. April. Damit hatte sich auch das nominell höchste Wirtschaftsgremium Sowjetrußlands für den Stücklohn entschieden.

3. Die Grundzüge der Tarifpolitik

Auch nach der Oktoberrevolution wurden die Arbeitslöhne zunächst weiterhin zwischen den Gewerkschaften und Unternehmern ausgehandelt. Die Regierung verfügte zwar schon am

[27] Trudy I, S. 392
[28] Zur Geschichte des Taylorismus in Sowjetrußland vgl. Baumgarten, F., Arbeitswissenschaft und Psychotechnik in Rußland, München/Berlin 1924, besonders S. 12 ff
[29] Trudy I, S. 366
[30] a. a. O., S. 67

29. Dezember, daß alle Tarifverträge nur rechtskräftig seien, wenn sie dem Volkskommissariat für Arbeit »zur vorherigen Begutachtung« vorgelegt worden seien[31], in der Praxis scheinen sich die Gewerkschaften aber nur dann an das Volkskommissariat gewandt zu haben, wenn die Unternehmer auf ihre Forderungen nicht eingingen[32]. Nicht zufällig versuchte die Regierung die Lohnpolitik bereits zu einem Zeitpunkt zu kontrollieren, als die Arbeiterorganisationen noch ein hohes Maß an Selbständigkeit genossen: Wer die Löhne festsetzte, bestimmte auch das Tempo des ökonomischen Aufbaus. Waren die Möglichkeiten der Zentralgewalt, auf die Gewerkschaften einzuwirken, anfänglich auch gering, ihren Anspruch auf die staatliche Kontrolle der Lohnpolitik hatte sie unzweideutig angemeldet.

In dem Maße, wie es der Staatsgewalt gelang, sich die Gewerkschaften zu unterwerfen, und Hand in Hand mit dem Aufbau eines eigenen Apparats begann das Volkskommissariat für Arbeit, die Richtlinien der Tarifpolitik zu bestimmen. Diese Entwicklung wurde nach dem Brester Frieden wesentlich beschleunigt, als die Regierung und die Gewerkschaften mit aller Macht auf die Einführung des Stücklohnes drängten. Als Schlußpunkt dieser Entwicklung kann der Zweite Gesamtrussische Kongreß der Arbeitskommissare von Mitte Mai 1918 angesehen werden. In einer nahezu einstimmig verabschiedeten Resolution wurde beschlossen, daß jeder Tarifvertrag, »als einer der wichtigsten Faktoren bei der Reorganisation der Gesellschaft nach sozialistischen Prinzipien« erst nach seiner Billigung durch das Volkskommissariat für Arbeit rechtskräftig sei[33].

Damit übernahm der Staat praktisch die Funktionen eines Kollektivunternehmers, mochten die Produktionsmittel auch erst zum geringen Teil nationalisiert gewesen sein. Im Besitz der Machtmittel und willens, sie gegen die Unternehmer einzusetzen, konnte der Staat die Löhne einseitig und nach eigenem Ermessen festsetzen. Die Arbeiter hatten kaum die Möglichkeit, auf die Gestaltung der Tarifpolitik Einfluß zu nehmen. Die Gewerkschaften waren schließlich abhängig von den staatlichen Organen und in gewisser Weise sogar ihr verlängerter Arm. Natürlich hätten die Arbeiter für höhere Löhne streiken können. Da es jedoch keine Massenorganisationen gab, die eine

---

[31] Venediktov, a. a. O., S. 355
[32] Nacionalizacija promyšlennosti, S. 250
[33] Protokoly II s'ezda komissarov truda, S. 236

solche Aktion gegenüber der Regierung unterstützt hätten, war es relativ einfach, Streiks zu verhindern – sei es mit physischer Gewalt oder durch Entlassung[34]. Lozovskij, der eine Übereinstimmung der Interessen zwischen der politischen Herrschaft der Bolschewiki und den Arbeitern angesichts der überwiegend agrarischen Struktur des Landes immer bezweifelt hatte, forderte denn auch mit Nachdruck, daß der Gesamtrussische Gewerkschaftsrat in Tariffragen von der Regierung unabhängig sein müsse[35].

In ihrer Struktur glichen alle Tarifverträge einander: a) je nach Qualifikation und Schwere der Arbeit wurden die Arbeiter in Gruppen, untergliedert in Kategorien, eingestuft; b) den vollen Lohn erhielten die Arbeiter nur ausbezahlt, wenn sie die festgesetzten Produktionsnormen erbrachten. Schafften sie diese nicht, wurde ihnen ein Drittel vom Lohn abgezogen, wobei der so verminderte Lohn in der untersten Kategorie der letzten Gruppe dem vom Arbeitskommissariat festgesetzten Existenzminimum des jeweiligen Gebietes entsprach. Die Anzahl der Gruppen und Kategorien war von Industriezweig zu Industriezweig verschieden. So gab es in der Chemieindustrie 4 Gruppen mit 12 Kategorien, in der Lederindustrie 4 Gruppen mit 26 Kategorien[36], in der Metallindustrie 5 Gruppen mit 15 Kategorien[37]. Ungeachtet dieser Vielzahl von Tarifsätzen betrug der Höchstsatz in der Regel nicht mehr als das Doppelte des Mindestsatzes, sieht man von den Angestellten einmal ab[38]. Für Spezialisten, die zumeist bürgerlicher Herkunft waren, galten besondere Tarife. Da die Regierung über keine eigenen Kader verfügte, zahlte sie ihnen in der Regel das Fünf- bis Zehnfache von Arbeiterlöhnen[39]. Frauen sollten laut Tarifverträgen

[34] In welchem Umfang es Streiks während des Kriegskommunismus gab, läßt sich nicht genau feststellen. Wenn Arbeiter jedoch streikten, zögerte die Regierung nicht, mit aller Härte vorzugehen. Als zum Beispiel die Arbeiter der chemischen Fabrik »Bogatyr« in Petrograd Anfang Februar 1919 wegen Lohnforderungen streikten, wurde der Betrieb kurzerhand geschlossen. Professional'nyj vestnik, 1919, Nr. 1, S. 33

[35] Vtoroj s'ezd professional'nych sojuzov, S. 105

[36] Professional'nych sojuzov, 1918, Nr. 17–18, S. 27

[37] Vestnik metallista, 1918, Nr. 5–6, S. 146

[38] Professional'nych sojuzov, 1918, Nr. 13–14, S. 22

[39] Lozovskij erklärte im Januar 1919, daß Spezialisten bis zu 5000 Rubel, unqualifizierte Arbeiter in Moskau im Monat dagegen nur 390 Rubel verdienten. Vtoroj s'ezd professional'nych sojuzov, S. 165. Am 4. 1. 1919 setzte der Oberste Volkswirtschaftsrat den Lohn für Spezialisten mit 3000 Rubel im Monat fest, während das Lohnminimum für Arbeiter bei 600 Rubel lag. Narodnoe chozjajstvo, 1919, Nr. 3, S. 66

bei gleicher Leistung auch den gleichen Lohn erhalten wie ihre männlichen Kollegen, doch wurde dieses Prinzip so gut wie nirgends eingehalten. Eine Enquete des Volkskommissariats für Arbeit vom Juli 1918 ergab, daß im Moskauer Gebiet in jedem der dreizehn untersuchten Industriezweige die Frauen durchschnittlich 10 bis 40 Prozent weniger verdienten als die Männer, selbst in der Textilindustrie, wo etwa 70 Prozent Frauen beschäftigt waren[40].

Einheitlichkeit in die Tarifverträge brachte erst der Zweite Gesamtrussische Gewerkschaftskongreß (16. bis 25. 1. 1919). Das höchste, mittlere und untere administrative Personal, wozu auch die staatlichen Angestellten gerechnet wurden, sowie die Arbeiter wurden in je vier Gruppen zu je drei Kategorien eingeteilt. Nur bei dieser Konstruktion und wenn das Verhältnis zwischen Höchst- und Mindestsatz 1:1,75 nicht überschritt, durften die Gewerkschaften die Tarifverträge den Arbeitskommissariaten zur Bestätigung vorlegen[41]. Rjazanov begründete die Angleichung der Löhne mit dem Hinweis auf die »Vernichtung aller Unterschiede zwischen Hilfsarbeitern und qualifizierten Arbeitern im Sozialismus«[42]. In der Praxis bedeutete die Nivellierung jedoch eine Reduzierung der Löhne nur für qualifizierte Arbeiter, da die Löhne der Hilfsarbeiter ohnehin nur knapp über, wenn nicht sogar unter dem Existenzminimum lagen. Die Gewerkschaften beziehungsweise das Volkskommissariat für Arbeit, ohne dessen Zustimmung die Tarifverträge nicht in Kraft treten konnten, verfolgten mit der Nivellierung der Löhne weniger sozialistische Ideale als vielmehr eine weitere Steigerung der Arbeitsproduktivität. Denn bei einer Bezahlung auf der Grundlage des Stücklohnsystems waren die qualifizierten Arbeiter zu größerer Arbeitsintensität gezwungen, was wiederum höhere Arbeitsproduktivität erwarten ließ.

Dieses mit Bedacht praktizierte System des »verminderten Lohnminimums« war ein wesentliches Merkmal der staatlichen Tarifpolitik seit der Einführung des Stücklohnes im Sommer 1918[43]. Um die Arbeiter zu größtmöglicher Produktivität zu zwingen, setzte das Volkskommissariat für Arbeit die Tarifsätze für die Mindestnormen nicht selten sogar unter dem tat-

---

[40] Ėkonomičeskaja žizn', 1919, Nr. 6, S. 2

[41] Vtoroj s'ezd professional'nych sojuzov, S. 153–154

[42] a. a. O., S. 164

[43] Protokoly II s'ezda komissarov truda, S. 54

sächlichen Existenzminimum an, wie der Gesamtrussische Gewerkschaftsrat selbst zugab[44]. Andererseits wurden hohe Mindestnormen festgesetzt. In der Metallindustrie zum Beispiel wurden sie aus der mittleren Produktivität eines Arbeiters vor dem Kriege berechnet, vermindert um 10 bis 15 Prozent wegen physischer Erschöpfung des Arbeiters und Abnutzung der Maschinen[45]. Es steht außer Frage, daß die Arbeiter der Metallindustrie diese Normen, selbst die Mindestnormen, nur erbringen konnten, wenn sie Raubbau an ihrer Gesundheit trieben.
Auf der Grundlage des Stücklohnprinzips in Verbindung mit verminderten Lohnminima und hohen Mindestnormen gelang es, die Arbeitsproduktivität gewaltig zu steigern. In der Petrograder Metallindustrie, wo der Stücklohn im Juli und August 1918 eingeführt worden war, stieg die Produktion sprunghaft um 50 bis 200 Prozent[46]. Ähnlich lagen die Dinge in der Metallindustrie anderer Städte, denn auch hier stieg die Produktion vor allem von Kriegsgerät und Maschinen um das Doppelte bis Dreifache[47]. Es besteht kein Grund, diese Zahlen anzuzweifeln, da die Quellen jener Zeit unprätentiös sind. Allerdings ist es möglich, ja sogar wahrscheinlich, daß die hohen Zuwachsraten auf eine anfänglich zu niedrige Festsetzung der Produktionsnormen bei der Einführung des Stücklohnprinzips zurückzuführen sind. Daß die Regierung trotzdem ständig mit Produktionsschwierigkeiten zu kämpfen hatte, lag daran, daß ein Großteil der Betriebe infolge Rohstoffmangels die Produktion hatte einstellen müssen[48]. Angesichts der enormen Erfolge in der Metallindustrie mit dem neuen Lohnsystem gaben auch die übrigen Gewerkschaften den betrieblichen Normierungskommissionen Anweisung, so rasch wie möglich die notwendigen organisatorisch-technischen Voraussetzungen zu schaffen.

---

[44] Otčet Vserossijskogo Central'nogo Sovets Professional'nych Sojuzov za 1919 god, Moskva 1920, S. 61 (In der Folge als Otčet VCSPS za 1919 god zitiert)

[45] Vsesojuznyj sojuz rabočich-metallistov v rezoljucijach i postanovlenijach s'ezdov, konferencij i plenumov C.K, čast 1 Moskva 1927, S. 183 (In der Folge als Vsesojuznyj sojuz rabočich-metallistov zitiert)

[46] Nacionalizacija promyšlennosti, S. 719; Ėkonomičeskaja žizn', 1918, Nr. 35, S. 5; Novyj put', 1918, Nr. 8, S. 7–8; Pervyj s'ezd Sovetov Narodnogo Chozjajstva Severnogo oblasti. Stenografičeskij otčet, Petrograd 1918, S. 96

[47] Professional'nyj vestnik, 1919, Nr. 2, S. 9

[48] In Petrograd zum Beispiel waren am 1. 1. 1919 in der Produktion nur mehr 124 610 Arbeiter beschäftigt. Vgl. dazu Kovalenko, D. A., Rabota petrogradskirch rabočich na oboronu (osen' 1918 – osen' 1919), in: Istoričesk... zapiski, 1955, S. 115

Im September 1918 wurde das neue Lohnsystem in der Lederindustrie bereits zu 90,2 Prozent praktiziert, in der Metallindustrie zu 35,3 und in der Textilindustrie zu 33,5 Prozent[49].

Es muß dahingestellt bleiben, ob der im Akkord verdiente Lohn zur materiellen Bedürfnisbefriedigung der Arbeiter ausreichte. Die rationierte Zuteilung von Lebensmitteln, der *paek*, reichte kaum für die Regeneration der Arbeitskraft aus, und Prämien in Form von Naturalien wurden wegen der Lebensmittelknappheit und des Fehlens eines entsprechenden Verteilerapparates nur in den seltensten Fällen verteilt[50]. Erst 1920 erfolgte die Naturalisierung des Arbeitslohnes in größerem Umfang. Blieb dem Arbeiter noch die Möglichkeit, Lebensmittel zu festen Preisen bei den staatlichen Distributionsstellen zu kaufen. Dazu reichte der Akkordlohn jedoch nicht aus, und auf dem freien Markt lagen die Preise um ein Vielfaches über den staatlich festgesetzten[51].

Trotz doppelter bis dreifacher Erhöhung der Arbeitsproduktivität wurden die Mindestnormen Ende 1918 erneut angehoben, mit der offiziellen Begründung, »die verderblich hohen Löhne« würden die Herausbildung einer Arbeiteraristokratie begünstigen und den Geist der Solidarität des Proletariats schwächen[52]. Das waren genau jene Argumente, die Lozovskij und die linken Kommunisten gegen den Stücklohn vorgebracht hatten und die von seinen Befürwortern, vorab Lenin, mit dem Hinweis abgetan wurden, in einem Arbeiterstaat sei eine Ausbeutung der Arbeitskraft nicht möglich. Angesichts der von den Sowjetinstitutionen wiederholt selbst eingestandenen geringen Löhne und schlechten materiellen Lage der Arbeiter kann denn auch kein Zweifel daran bestehen, daß der Hinweis auf »verderblich hohe Löhne« nur ein Vorwand war, um durch eine Erhöhung der Mindestnormen die Arbeiter zu noch größerer Produktivität anzuspornen.

Diese Maßnahme muß in unmittelbarem Zusammenhang mit der Verschärfung des Bürgerkrieges gesehen werden. Rußland glich einer belagerten Festung, und die Wirtschaft des Landes arbeitete praktisch nur noch für die Verteidigung. Um sich ihrer Feinde erwehren zu können, mußte die Regierung mit al-

---

[49] Professional'nyj vestnik, 1919, Nr. 2, S. 9

[50] Ekonomičeskaja žizn', 1918, Nr. 7, S. 1; Otčet VCSPS za 1919 god, S. 189

[51] Narodnoe chozjajstvo, 1918, Nr. 12, S. 4–7

[52] Professional'nyj vestnik, 1919, Nr. 2, S. 12

len Mitteln versuchen, die Arbeitsproduktivität zu erhöhen. Dem standen nicht nur der Rohstoffmangel, die Abnutzung der Maschinen und die physische Erschöpfung der Arbeiter entgegen, sondern auch ein zu geringes Potential an qualifizierten Arbeitern, besonders in der für die Rüstung so wichtigen Metallindustrie. Denn Tausende von ihnen versahen Dienst in der Roten Armee oder in staatlichen Organen. Da in erster Linie qualifizierte Arbeiter nach dem Stücklohn arbeiteten, versuchte die Regierung, ihre geringe Zahl durch erhöhte Produktionsnormen wettzumachen. Den Gewerkschaften übertrug sie die undankbare Aufgabe, für die Einhaltung dieser Normen zu sorgen.

Der Berechnung der Mindestnormen legten die Gewerkschaften das Prinzip zugrunde, daß selbst bei maximaler Produktivität die notwendigen Materialien und Arbeitslöhne den Selbstkostenpreis des Produkts nicht überstiegen. Ein Beispiel soll das illustrieren: Betrug der Selbstkostenpreis einer Lokomotive 400 000 Rubel, berechnet aus 300 000 Rubel Materialkosten und 100 000 Rubel für 40 000 Arbeitsstunden bei durchschnittlicher Produktivität, so wurden die Mindestnormen so hoch angesetzt, daß die Lokomotive in 30 000 Arbeitsstunden fertiggestellt werden konnte. Die Akkordsätze waren dabei so niedrig gehalten, daß sie erstens von den ersparten 25 000 Rubel (= 10 000 Arbeitsstunden) bezahlt werden konnten und zweitens darüber hinaus noch eine Restsumme blieb, die wieder investiert werden konnte. Nach einem Beschluß des Zentralkomitees des Metallarbeiterverbandes vom Januar 1919 sollte der Arbeiter bei einer Steigerung der Mindestnormen um 150 Prozent nur 160 Prozent seines garantierten Mindestlohnes erhalten, also Akkordarbeit zu Tarifsätzen leisten, die auch für normale Arbeitsproduktivität galten[53].

Maximale Produktivität unter Akkordlohnbedingungen konnte jedoch nur erzielt werden, wenn alle Arbeiter, die mit der Herstellung eines Produkts beschäftigt waren, gleich schnell und gleich intensiv arbeiteten. War dies nicht der Fall, wurde natürlich die Fertigstellung des Endprodukts verzögert und damit auch die Gesamtproduktion der Fabrik gesenkt. Um das zu vermeiden, gingen die Gewerkschaften ab Januar 1919 dazu über, die Prämien für Akkordarbeit zu kollektivieren. Das bedeutete, den

---

[53] Vsesojuznyj sojuz rabočich-metallistov, S. 186

von allen Arbeitern einer Fabrik in toto erzielten Akkordlohn gleichmäßig aufzuteilen, unabhängig von der individuellen Leistung des Arbeiters. Erklärtes Ziel der Gewerkschaften war es, eine »kollektiv wechselseitige Bürgschaft bei der Arbeit« einzuführen[54].

Angesichts der Wirrnisse des Bürgerkrieges konnte jedoch trotz des Akkordlohnsystems der Niedergang der Industrie nicht aufgehalten werden. Es gelang aber, und das war letztlich entscheidend, die Ausrüstung einer mehrere Millionen Mann starken Armee sicherzustellen, die das mit soviel Enthusiasmus begonnene Experiment des Aufbaus einer neuen Gesellschaftsordnung über die schweren Jahre des Bürgerkrieges rettete.

[54] Otčet VCSPS za 1919 god, S. 188, 241, 312

XVI. Die Gewerkschaften im Kriegskommunismus

Nachdem die linken Kommunisten sich mit ihrer Forderung nach Nationalisierung der Industrie gegenüber Lenins staatskapitalistischem Konzept in den höchsten Wirtschaftsgremien und in der Regierung durchgesetzt hatten, wurde am 28. Juni 1918 die Nationalisierung der Groß- und Teile der Mittelindustrie verfügt[1]. Damit begann nach einer Übergangsphase, die einerseits durch die spontane Vergesellschaftung der Produktion durch die Arbeiter und andererseits durch die Versuche der Regierung, mit dem Großkapital zusammenzuarbeiten, gekennzeichnet war, die Periode des Kriegskommunismus, jenes Versuchs der Bolschewiki, unter den Bedingungen von Bürgerkrieg und ausländischer Intervention in Rußland eine kommunistische Gesellschaftsordnung aufzubauen[2].

1. Die Verwaltung der nationalisierten Industrie

Daß die Regierung den Beschluß des Ersten Kongresses der Volkswirtschaftsräte von Ende Mai/Anfang Juni, von der planlosen Nationalisierung einzelner Betriebe zur planmäßigen Nationalisierung ganzer Industriezweige überzugehen, schon knapp

[1] Dekrety sovetskoj vlasti, Bd. 3, S. 498–503

[2] Der Beginn des Kriegskommunismus wird in der Forschung zu unterschiedlichen Zeitpunkten angesetzt. F. Pollock setzt ihn mit dem Beschluß des Ersten Kongresses der Volkswirtschaftsräte von Ende Mai/Anfang Juni 1918, die Industrie zu nationalisieren, an. Pollock, F., Die planwirtschaftlichen Versuche in der Sowjetunion 1917–1927, Leipzig 1927, S. 29, A. Leontev und E. Chmelnickaja sind der Meinung, der Kriegskommunismus beginne erst im Dezember 1918 mit dem Übergang zur strafferen Zentralisierung der ökonomischen und politischen Verwaltung. Leontev, A., Chmelnickaja, E., Sovetskaja ekonomika, Moskva 1926, S. 58; Der Verfasser hält sich an die Periodisierung von Kricman. Kricman, L., Die heroische Periode der großen russischen Revolution, Wien/Berlin 1929, S. 39

vier Wochen später in die Tat umsetzte, läßt sich weder aus innerparteilichen noch aus ökonomischen Gründen ganz erklären. Denn es war wenig sinnvoll, die Industrie zu einem Zeitpunkt zu nationalisieren, wo es dem staatlichen Apparat gerade gelungen war, knapp die Hälfte der bisher nationalisierten Betriebe unter seine Kontrolle zu bringen[3]. Ökonomisch zweckmäßiger wäre es gewesen, erst den Wirtschaftsapparat auszubauen, zumal die Unternehmer nach der Nationalisierung der Banken und der Kontrolle durch die Betriebskomitees beziehungsweise die gewerkschaftlichen Kontrollkommissionen kaum Entscheidungen fällen konnten, die nicht im Sinne der politischen Führung der Sowjetrepublik lagen – es sei dann, sie riskierten die Enteignung ihrer Betriebe. Diese Umstände dürften auch den linken Kommunisten bekannt gewesen sein, die ja in der Regierung und in allen Wirtschaftsorganen vertreten waren. Der unmittelbare Anlaß für das Nationalisierungsdekret vom 28. Juni war denn auch nicht der Druck der linken Kommunisten auf die Regierung, sondern die Sorge, daß die russischen Unternehmer ihre Betriebe durch eine nominelle Überschreibung auf deutsche Firmen vor der Nationalisierung schützen wollten, wozu eine Bestimmung des Friedensvertrages von Brest-Litovsk die rechtliche Handhabe bot. Larin, der im Sommer 1918 in einer Wirtschaftsmission in Berlin weilte, telegrafierte jedenfalls am 25. Juni nach Moskau, daß an der Berliner Börse eine verstärkte Nachfrage nach russischen Aktien zu verzeichnen sei. Und der deutsche Botschafter in Moskau habe angeblich schon eine Liste jener russischen Betriebe zusammengestellt, die auf diese Weise bereits in deutsche Hände übergegangen seien[4]. Das Telegramm Larins, das wie ein Donnerschlag gewirkt haben muß, hat die Regierung zweifellos zum raschen Handeln veranlaßt.

Die These vom überstürzten Charakter der Nationalisierung wird durch die Ausführungsbestimmungen des Dekretes vom 28. Juni noch erhärtet. Denn den Besitzern von Unternehmen

---

[3] Anfang Juni 1918 kontrollierte der Oberste Volkswirtschaftsrat 513 nationalisierte Betriebe. Narodnoe chozjajstvo, 1918, Nr. 4, S. 45. Die Gesamtzahl der nationalisierten Betriebe zu diesem Zeitpunkt läßt sich zwar nicht genau ermitteln, stellt man aber in Rechnung, daß bis Ende März 826 und von da an bis Ende Juli weitere 1222 nationalisiert wurden, davon ein Teil sicher vor dem 28. Juni 1918, so dürften Anfang Juni mit großer Sicherheit mehr als 1000 Betriebe nationalisiert gewesen sein. Drobiżev, a. a. O., S. 63

[4] Dobb, M., Soviet Economic Development since 1917, London 1966, S. 95

oder Betrieben, die nationalisiert werden sollten, wurde nur der Eigentumstitel aberkannt, aus der Verwaltung wurden sie jedoch nicht entfernt. Mehr noch, um sich der weiteren Mitarbeit der Unternehmer zu vergewissern, wurden ihnen sogar die gleichen Gewinne wie vor der Nationalisierung ihrer Betriebe garantiert und zwar so lange, bis eine staatliche Leitung eingesetzt sein würde. Das Dekret hatte somit mehr deklamatorischen Charakter, da der kapitalistische Charakter der Unternehmensführung fortbestand und die Gewinne der Unternehmer nicht angetastet wurden. Die Gewerkschaften hatten es daher nicht leicht, den Arbeitern den Sinn des Dekrets verständlich zu machen. Die Erklärung, das Dekret ermögliche den »leichten Übergang zur vollen Diktatur der Arbeiterklasse in der Fabrik«, konnte wahrscheinlich wenig überzeugen[5].
Obwohl das Dekret nur Großbetriebe, in geringerem Maße auch Mittelbetriebe für nationalisiert erklärte, löste es, ähnlich wie das Dekret über die Arbeiterkontrolle vom 14. November 1917, eine Welle spontaner Enteignungen aus. Nogin erklärte Ende Dezember 1918:

»Kleine Betriebe wurden zu Tausenden nationalisiert; es gibt bei uns eine ungeheure Zahl von Betrieben, die von uns (d. h. vom Obersten Volkswirtschaftsrat; der Verf.) vollkommen unabhängig sind und nicht rationell verwaltet werden.«[6]

Nogins Worte lassen sich auch durch Zahlen illustrieren. Zwischen Juli und Dezember 1918 wurden 1208 Betriebe faktisch nationalisiert, davon jedoch nur 345 durch die Regierung oder den Obersten Volkswirtschaftsrat, wahrscheinlich jene, die expressis verbis unter die Bestimmungen des Dekrets vom 28. Juni fielen. Die übrigen 863 Betriebe wurden durch lokale Sowjets oder Volkswirtschaftsräte enteignet[7]. Die Dynamik der spontanen Vergesellschaftung unterschied sich demnach in keiner Weise von der während der »rotgardistischen Attacke gegen das Kapital«: Damals wurden 862 Betriebe durch lokale Organe nationalisiert, jetzt waren es 863. Die ökonomischen Folgen dieser zweiten Welle der spontanen Vergesellschaftung wa-

---

[5] Professional'nyj vestnik, 1918, Nr. 11–12, S. 3

[6] Trudy II-go Vserossijskogo s'ezda Sovetov Narodnogo Chozjajstvo. Stenografičeskij otčet, Moskva 1919, S. 255 (In der Folge als Trudy II zitiert)

[7] Drobižev, a. a. O., S. 63

ren jedoch längst nicht so verheerend, obwohl der Oberste Volkswirtschaftsrat Ende 1918 von den insgesamt 3338 nationalisierten Betrieben erst 1125 kontrollierte[8]. In erster Linie war dies deshalb der Fall, weil die Betriebskomitees, die wahrscheinlich wieder die treibenden Kräfte der spontanen Vergesellschaftung waren, von den Gewerkschaften gezügelt werden konnten. Auf jeden Fall wurden weder auf dem Zweiten Kongreß der Volkswirtschaftsräte Ende 1918 noch in der Tagespresse jener Monate irgendwelche Angriffe gegen die Komitees geführt. Die allmähliche Reorganisation der Betriebsleitungen erfolgte zwar in den wenigsten Fällen nach den Richtlinien des Ersten Kongresses der Volkswirtschaftsräte, dennoch waren aber überall Vertreter der Volkswirtschaftsräte und der Gewerkschaften zugegen[9].

Der staatliche Wirtschaftsapparat wurde trotz der Nationalisierung immer weiterer Teile der Industrie in seiner Struktur zunächst nicht verändert, wohl aber in seiner personellen Zusammensetzung. Die Unternehmer wurden aus den zentralen Lenkungsorganen, den *Glavki* und *Centry*, ausgeschlossen und durch technisch-administratives Personal ersetzt. Die übrigen zwei Drittel entfielen wie vordem zu gleichen Teilen auf Vertreter der Gewerkschaften und des Obersten Volkswirtschaftsrates[10]. Die personelle Neubesetzung der *Glavki* und *Centry* geschah in der Regel nach Absprache mit den Zentralkomitees der entsprechenden Gewerkschaften. Nicht selten wurden zu diesem Zweck besondere Konferenzen der Arbeiter, Angestellten und des technischen Personals einberufen[11]. Nur vereinzelt wurde vom Prinzip der Drittelparität zwischen Vertretern von Oberstem Volkswirtschaftsrat, Gewerkschaften und administrativ-technischem Personal abgegangen, so etwa beim *Centrotekstil'*, wo das Zentralkomitee des Textilarbeiterverbandes fünf der sieben Mitglieder ernannte[12]. In allen Fällen aber mußten die Mitglieder der *Glavki* und *Centry* vom Obersten Volkswirtschaftsrat bestätigt werden. Die Entscheidungsgewalt blieb damit in Händen der zentralen Macht.

---

[8] Trudy II, S. 45

[9] Ėkonomičeskaja žizn', 1918, Nr. 34, S. 1

[10] Narodnoe chozjajstvo, 1918, Nr. 8–9, S. 53; Ekonomičeskaja žizn', 1918, Nr. 1, S. 4

[11] Rykov, Stati i reči, a. a. O., Bd. 1, S. 65

[12] Nacionalizacija promyšlennosti, S. 567

Der tatsächliche Anteil der Gewerkschaften an der staatlichen Wirtschaftsverwaltung war jedoch größer, als es ihre Drittelrepräsentanz in den zentralen Lenkungsorganen zum Ausdruck brachte. Die ständig zunehmende Zahl nationalisierter Betriebe machte eine Vergrößerung des Apparates notwendig, was angesichts des Mangels an Spezialisten nur durch die Heranziehung qualifizierter Arbeiter geschehen konnte. Diese waren jedoch ohne Ausnahme gewerkschaftlich organisiert, da die Mitgliedschaft in den Gewerkschaften Zwang war[13]. Rykov erklärte auf dem Zweiten Kongreß der Volkswirtschaftsräte im Dezember 1918:

»Die Gewerkschaften spielen jetzt im ökonomischen Leben Rußlands die dominierende Rolle ... Die Kongresse der Arbeiter und Angestellten aller Produktionszweige oder einzelner Gruppen von Betrieben waren das Hauptlaboratorium, in dem der Apparat für die Organisation des ökonomischen Lebens Rußlands geschaffen wurde und geschaffen wird, aus dem wir die Kräfte für die Vergesellschaftung und Regelung der Produktion beziehen.«[14]

Ungeachtet der allmählichen Durchdringung des staatlichen Wirtschaftsapparates mit Gewerkschaftsmitgliedern war der Einfluß der Gewerkschaften qua Organisationen auf die Wirtschaftspolitik des Landes aber noch relativ gering. Sowohl in den Unternehmensleitungen als auch in den zentralen Lenkungsinstanzen, den *Glavki* und *Centry*, stellten sie nur ein Drittel der Mitglieder. Die Gewerkschaften forderten daher im Spätherbst und Winter 1918, entsprechend ihrer tatsächlichen Bedeutung, die Zweidrittelmehrheit in den *Glavki* und *Centry* für sich.

»Alle Organe für die Verwaltung der Industrie müssen nach dem Prinzip der Diktatur des Proletariats aufgebaut sein, was heißt, daß den

[13] Dem Ersten Gewerkschaftskongreß erschien die Zwangsmitgliedschaft als natürliche Folge der angestrebten Verstaatung der Gewerkschaften, ein förmlicher Beschluß wurde jedoch nicht gefaßt. In der Praxis wurde das Zwangsprinzip rigoros gehandhabt. So hieß es in einem Beschluß des Zentralkomitees des Metallarbeiterverbandes von August 1918: »Die Methode der Anwendung des Gewerkschaftszwanges muß bis aufs äußerste angewandt werden. Nichtmitglieder der Gewerkschaft finden keinen Platz in den Reihen der Arbeiterschaft.« Zit. nach Jakobson, M., Die russischen Gewerkschaften, ihre Entwicklung, ihre Zielsetzung und ihre Stellung zum Staat, Berlin 1932, S. 49

[14] Trudy II, S. 53

Arbeitern des jeweiligen Industriezweiges, organisiert in Produktionsverbänden, die absolute Mehrheit eingeräumt wird.«[15]

Die Gewerkschaften stießen mit ihrer Forderung auf keinen Widerstand seitens des Obersten Volkswirtschaftsrates und der Regierung; Ende 1918/Anfang 1919 wurden die *Glavki* und *Centry* entsprechend reorganisiert[16]. In einzelnen Fällen stellten die Gewerkschaften sogar mehr als zwei Drittel der Vertreter[17]. Der Oberste Volkswirtschaftsrat verwandelte sich auf diese Weise zwar in ein von den Gewerkschaften durchsetztes Organ, mehr Macht bekamen die Gewerkschaften deswegen aber nicht, da der Rat seine Beschlüsse nur mit Zustimmung der Regierung verwirklichen konnte. Dies zeigte deutlich sein vergeblicher Versuch, den Gewerkschaften die Kontrolle über die Industrie zu überantworten (vgl. Kapitel XVI/2). Diese allmähliche »Vergewerkschaftung« *(professionalizacija)* des staatlichen Wirtschaftsapparates hatte zur Folge, daß eine Reihe prominenter Gewerkschaftsführer die Umwandlung der Gewerkschaften in staatliche Organe forderte (vgl. Kap. XVI/3).
Eines der Hauptmerkmale der Wirtschaftsverwaltung im Kriegskommunismus war die straffe Zentralisierung. Dieses Ziel hatten die Bolschewiki seit der Gründung des Obersten Volkswirtschaftsrates unermüdlich angestrebt, in den ersten Monaten nach der Revolution jedoch nicht verwirklichen können. Teils weil sie ihre Aufmerksamkeit vorrangig der politischen Machtbehauptung zugewandt hatten, teils, weil der ökonomische Lenkungsapparat noch zu schwach war, um die Spontaneität der Arbeiter respektive der Betriebskomitees unter Kontrolle zu bringen. Trotz der Unterordnung der Komitees unter die Gewerkschaften und dem Aufbau der *Glavki* und *Centry* konnte von einer straff zentralisierten Wirtschaftsführung nicht die Rede sein. Die Ursache lag in der Struktur des Lenkungsapparates selbst. Aus Personalmangel und um jeden Parallelismus bei der Ausführung von Befehlen des Zentrums zu vermeiden, hatten die *Glavki* und *Centry* auf die Gründung eigener Organe in der Provinz vorerst verzichtet und statt dessen versucht, die Wirtschaft mit Hilfe der Produk-

---

[15] Beschluß des Zentralkomitees der Lederarbeitergewerkschaft von Mitte November 1918, in: Professional'nyj vestnik, 1918, Nr. 17–18, S. 21
[16] Professional'nyj vestnik, 1919, Nr. 1, S. 42 und Nr. 2, S. 30
[17] Vtoroj s'ezd professional'nych sojuzov, S. 146

tionssektionen der lokalen Volkswirtschaftsräte zu lenken. Da sich diese aber weigerten, in Vollzugsorgane der Glavki und Centry umgewandelt zu werden und auf Autonomie beharrten, kam es zu zahlreichen Friktionen. V. M. Molotov forderte namens des Volkswirtschaftsrates des Nordgebietes den »Stillstand der zerstörenden zentralistischen Politik der *Glavki* und *Centry*«[18]. Der Volkswirtschaftsrat des Gouvernement Tambov klagte Mitte Dezember 1918 darüber, daß »die *Glavki* und *Centry* überall in der Provinz eine desorganisierende Arbeit führen«[19].

Beseitigt wurden diese Reibereien erst auf dem Zweiten Kongreß der Volkswirtschaftsräte von Ende 1918. Um Friktionen zwischen lokalen Volkswirtschaftsräten und zentralen Organen künftig zu vermeiden, sollten die *Glavki* und *Centry* in der Provinz ihren eigenen Apparat aufbauen. Betriebe von lokaler Bedeutung sollten weiterhin den lokalen Institutionen unterstehen, auf Beschluß des Obersten Volkswirtschaftsrates jedoch jederzeit ihrer Führung entzogen werden können[20]. Die zentrale Steuerung der bedeutenderen Betriebe schien damit sichergestellt. Durch die Auflösung der Gebietsvolkswirtschaftsräte, mit Ausnahme jenes des Nordgebietes, hoffte der Kongreß überdies, den Instanzenweg zwischen den zentralen und lokalen Organen zu verkürzen, und durch die Neueinteilung der Gouvernements nach ökonomischen und verkehrsgeographischen Gesichtspunkten die Volkswirtschaftsräte näher an die Produktionszentren zu bringen[21].

Einigen Delegierten schien die vom Kongreß eingeleitete straffere Zentralisierung der Wirtschaftsverwaltung noch immer zu gering. Sie plädierten, so z. B. Arskij, für die Bildung einer Mammutbehörde, indem alle mit ökonomischen Fragen befaßten Volkskommissariate in Abteilungen des Obersten Volkswirtschaftsrates umgewandelt werden sollten.

»Die Existenz von Volkskommissariaten, die ein ökonomisches Eigenleben führen, ist Anarchismus und muß ausgemerzt werden.« [22]

---

[18] Zit. nach Baevskij, a. a. O., S. 26

[19] Ėkonomičeskaja žizn', 1918, Nr. 32, S. 2

[20] Trudy II, S. 406. Resolution »Über die Gouvernementvolkswirtschaftsräte«

[21] a. a. O., S. 408. Resolution »Über die Auflösung der Gebietsvolkswirtschaftsräte und die Revision der Grenzen der bestehenden territorialen Einteilung des Landes«

[22] Arskij in: Ėkonomičeskaja žizn', 1918, Nr. 37, S. 1

Eine Zentralisierung solchen Ausmaßes wurde vom Kongreß aber abgelehnt, und zwar aus guten Gründen. Erstens war die Auflösung von Volkskommissariaten als selbständige staatliche Verwaltungsorgane Sache der Regierung, und zweitens war zu befürchten, daß die Umwandlung des Obersten Volkswirtschaftsrates in eine ökonomische Mammutbehörde zur Bürokratisierung der Wirtschaftsverwaltung führen könnte.
Das Bestreben der Bolschewiki, ob in der Regierung, in den Gewerkschaften oder den Volkswirtschaftsräten, die Wirtschaft des Landes zentral zu steuern, kann zu einem Großteil sicherlich mit der allgemeinen Mangelsituation erklärt werden, die für die Periode des Kriegskommunismus so charakteristisch war. Sie machte rasches Disponieren über Menschen und Sachen notwendig, was durch Zentralisation der Verwaltung wahrscheinlich leichter möglich war, als durch Dezentralisation. Zum anderen waren die Bolschewiki davon überzeugt – und sind es heute noch –, daß eine straff zentralisierte Verwaltung effektiver arbeitet als eine weniger zentralisierte oder gar dezentralisierte. Hinzu kamen politische Überlegungen dergestalt, daß ein zentralistisch regierter Staat angesichts des Bürgerkrieges nach außen und innen leichter behauptet werden konnte. Auch mag die Tatsache eine Rolle gespielt haben, daß die Bolschewiki die negativen Auswirkungen zu straffer Zentralisierung, nämlich die Tendenz zur Bürokratie, bisher kaum zu spüren bekommen hatten. Selbst als sich gegen Ende des Jahres 1918 erste Anzeichen von Bürokratismus im staatlichen Verwaltungsapparat zeigten, machten sie dafür nicht die Struktur des Apparates, sondern seine personelle Zusammensetzung verantwortlich. Durch die Reaktivierung der Arbeiterkontrolle hofften der Oberste Volkswirtschaftsrat und die Gewerkschaften, den Bürokratismustendenzen wirksam begegnen zu können.

2. *Die staatlichen Organe im Widerstreit mit den Gewerkschaften um die Kontrolle der Industrie*

Ende 1918 begannen sich die staatlichen Wirtschaftsorgane und die Gewerkschaften mit einer Frage zu beschäftigen, der sie seit dem Ersten Kongreß der Volkswirtschaftsräte nur wenig Aufmerksamkeit geschenkt hatten: der Kontrolle der Industrie. Aktualität erlangte dieses Problem, als mit der Unterordnung der Betriebskomitees unter die Gewerkschaften und der Einsetzung staatlicher Leitungen in den nationalisierten Betrieben praktisch das Ende der Arbeiterkontrolle gekommen war. Die Komitees wurden allmählich zu revolutionären Statisten degradiert, da die *Glavki* und *Centry* entweder unmittelbar oder mit Hilfe der gewerkschaftlichen Kontrollkommissionen die Betriebe kontrollierten. Auf größtmögliche Effizienz und Zentralisierung der Wirtschaftsführung bedacht, zeigten beide kein Interesse, die Betriebskomitees in ihre frühere Funktion als Organe der Arbeiterkontrolle einzusetzen. Dabei wurden nicht wenig Beschwerden über den »autoritären Verwaltungsstil« der staatlichen Leitungen laut[23]. Wohl nur ihrer revolutionären Tradition hatten es die Betriebskomitees zu verdanken, daß sie weiter bestanden, denn »in der Presse und auf Versammlungen wurden immer häufiger Stimmen laut, die Komitees in den nationalisierten Betrieben wegen Nutzlosigkeit aufzulösen«[24].

Diese Forderung erhob vor allem das Volkskommissariat für Staatskontrolle *(Narodnyj Komissariat Gosudarstvennogo Kontrolja = Narkomgoskontrol')*. Im November 1917 als Nachfolgeorganisation einer schon unter der Provisorischen Regierung bestehenden Behörde gleichen Aufgabenbereichs gegründet, beschränkte das *Narkomgoskontrol'* seine Tätigkeit vorerst auf die Kontrolle von Berichten aus der vorrevolutionären Zeit. Allmählich weitete es seinen Wirkungsbereich aber aus. So führte es im Sommer 1918 bereits die Revision des Hauptkomitees für die Zuckerindustrie *(Glavsachar)* und des Hauptkomitees für die Gummiindustrie *(Centrorezin)* durch[25]. Für die Revision der nationalisierten Betriebe wurde das *Narkomgoskontrol'* jedoch noch nicht herangezogen.
Nach dem Ausbruch des offenen Bürgerkrieges – am 2. September 1918 erklärte die Regierung den Kriegszustand – und der immer strafferen Zentralisierung aller Bereiche des politischen und ökonomischen Lebens des Landes gewann das *Narkomgoskontrol'* zunehmend an Einfluß. Es trat nun offen mit dem Anspruch auf, auch die Industrie zu kontrollieren. Anfang Oktober präsentierte es einen Dekretentwurf, der vorsah, in

---

23 Professional'nyj vestnik, 1919, Nr. 3, S. 12
24 Ėkonomičeskaja žizn', 1918, Nr. 35, S. 1
25 Konjaev, A. I., Gosudarstvennyj kontrol' v pervye gody sovetskoj vlasti, in: Istorija SSSR, 1964, Nr. 1, S. 33

allen nationalisierten Betrieben staatliche Kontrollorgane mit einem vom *Narkomgoskontrol'* ernannten Leiter an der Spitze einzurichten. Die Gewerkschaften sollten zwar Kandidaten benennen dürfen, die jedoch nach ihrer Bestätigung allein dem Volkskommissariat für Staatskontrolle rechenschaftspflichtig waren und auch nur von diesem wieder abgesetzt werden konnten. Nach dem gleichen Modus sollten Kontrollorgane für die einzelnen Gouvernements und Gebiete gegründet werden[26]. Dieser Entwurf wurde von der Regierung nicht bestätigt, wahrscheinlich hatte der Oberste Volkswirtschaftsrat Einspruch erhoben.

Am 18. Oktober nahm das Präsidium des Obersten Volkswirtschaftsrates zu den Plänen des Volkskommissariats für Staatskontrolle Stellung. N. I. Ivanov, vom *Narkomgoskontrol'* mit der Verteidigung des Dekretentwurfs beauftragt, bezeichnete die Arbeiterkontrolle in ihrer jetzigen Form als »überflüssig vom gesamtstaatlichen Standpunkt« und forderte eine staatliche Kontrolle unter der Führung des Volkskommissariats[27]. Unter gesamtstaatlichen Aspekten betrachtet war eine Kontrolle der Wirtschaft durch den Obersten Volkswirtschaftsrat in der Tat überflüssig, da er seinerseits vom *Narkomgoskontrol'* kontrolliert wurde. Im Sinne einer rationellen und reibungslosen Kontrolle war es durchaus sinnvoll, den Kontrollapparat des Volkskommissariats mit dem des Volkswirtschaftsrates zu vereinen. Die Vertreter des Volkswirtschaftsrates sprachen sich denn auch für eine Reorganisation der Kontrolle aus, erhoben aber Einwände gegen die Unabhängigkeit der in die staatlichen Organe gewählten Kontrolleure gegenüber ihren Wählern. Dies würde, so erklärten sie, zur Bürokratisierung der Kontrolle führen. Statt dessen bestanden sie darauf, daß die Betriebskomitees, ergänzt durch Vertreter vom *Narkomgoskontrol'* als quasi technische Berater die betrieblichen Leitungen unter der Führung des Obersten Volkswirtschaftsrates kontrollieren sollten[28].

Die Absicht des Obersten Volkswirtschaftsrates, die Betriebskomitees als Kontrollorgane zu reaktivieren, wenn auch sicher mit geringeren Rechten als in der Phase der »rotgardistischen Attacke gegen das Kapital«, muß als eine Reaktion auf die zu-

---

26 Rabočij kontrol', Dokument Nr. 452
27 Narodnoe chozjajstvo, 1919, Nr. 1–2, S. 32
28 Ėkonomičeskaja žizn', 1918, Nr. 25, S. 6

nehmende Überfremdung des staatlichen Verwaltungsapparates mit »nichtproletarischen Elementen« gesehen werden. Da die Zahl jener Arbeiter, die Verwaltungsaufgaben übernehmen konnten, bei weitem nicht ausreichte, um ein halbwegs reibungsloses Funktionieren des Apparates zu gewährleisten, hatte die Regierung einen quantitativ nicht näher bestimmbaren Teil des alten Verwaltungsapparates übernommen. So erklärte Lozovskij im Dezember 1918, daß die staatlichen Organe »zu dreiviertel nicht proletarisch, sondern kleinbürgerlich« seien[29]. Auch den Organen des Volkskommissariats für Staatskontrolle gehörte nach Lozovskij «eine ganze Armee von Beamten an, die sich zur Roten Regierung nicht loyal verhalten«[30]. In dieser »nicht-proletarischen« Überfremdung der Staatsorgane sahen die Vertreter der Gewerkschaften und des Obersten Volkswirtschaftsrates die Ursache für die sich abzeichnende Bürokratisierung des Staatsapparates. Die Bürokratisierung glaubten sie aber nicht durch eine Reorganisation des Apparates selbst, sondern wie Rudzutak, der Vertreter des *Centrotekstil'*, erklärte, »durch die Auffüllung aller Lenkungsorgane mit Vertretern der proletarischen Organisationen« beseitigen zu können[31]. Wohl deshalb bestand der Oberste Volkswirtschaftsrat auf eine Reaktivierung der Arbeiterkontrolle und weigerte sich, dem Volkskommissariat für Staatskontrolle die Kontrolle über die Industrie zu überlassen.

Ungeachtet der Einwände des Obersten Volkswirtschaftsrates begann das Volkskommissariat für Staatskontrolle im November 1918 eine Reihe von Betrieben im Voruralgebiet zu kontrollieren, und zwar sowohl ihre Finanzoperationen und Rohstoffvorräte als auch ihre Produktionspläne. Gleichzeitig begann es eigene Kontrolleure auszubilden; bereits Mitte November verließ ein erstes Kontingent von 161 Personen die eigens hierfür eingerichteten Kurse[32]. Beide Maßnahmen wurden zweifellos gegen den Willen des Obersten Volkswirtschaftsrates durchgeführt, doch mit Zustimmung der Regierung. Wie die Bildung einer Kommission für die staatliche Kontrolle des Verkehrswesens und der Nahrungsmittelindustrie von Anfang Dezember 1918 beim Rat für Arbeiter- und Bauernverteidigung,

[29] Trudy II, S. 60
[30] a. a. O., S. 377
[31] Vtoroj s'ezd professional'nych sojuzov, S. 137
[32] Ėkonomičeskaja žizn', 1918, Nr. 16, S. 2 und Nr. 38, S. 4

dem höchsten Organ für die Kriegsführung zeigt[33], war die Regierung offensichtlich entschlossen, die für die Verteidigung wichtigen Industriezweige, und das waren beinahe alle, dem Obersten Volkswirtschaftsrat beziehungsweise den Gewerkschaften zu entziehen und staatlichen Organen unterzuordnen.

Da sich die Regierung aus der Kontroverse heraushielt, beauftragte der Oberste Volkswirtschaftsrat Larin, Thesen zur Arbeiterkontrolle auszuarbeiten, die er am 26. November dem Präsidium zur Begutachtung vorlegte. Die Thesen sahen vor, daß die Betriebskomitees in allen Betrieben für die Dauer eines halben Jahres Kommissionen für die administrative und technische Kontrolle bilden, die auch das Recht haben, Beschlüsse der Leitung aufzuhalten, sofern sie »in Widerspruch zum Klassenstandpunkt des Proletariats« stehen. In solchen Fällen sollten die Kommissionen unverzüglich den Obersten Volkswirtschaftsrat benachrichtigen, der ihre Entscheidung bestätigen oder rückgängig machen konnte. Überwacht werden sollten die betrieblichen Kontrollkommissionen von »fliegenden Kontrollabteilungen« des Gesamtrussischen Gewerkschaftsrates und den Gebietsvereinigungen der Gewerkschaften, wobei deren Mitglieder mindestens drei Jahre in der Arbeiterbewegung aktiv gewesen sein müssen. Die »fliegenden Kontrollabteilungen« sollten einer besonderen Kommission beim Gesamtrussischen Gewerkschaftsrat und diese wiederum dem Obersten Volkswirtschaftsrat als höchstem Organ für die Arbeiterkontrolle unterstellt sein. Dem Volkskommissariat für Staatskontrolle sollte lediglich die Kontrolle der Finanzangelegenheiten überlassen werden[34].

Larins Thesen sind bezeichnend für die Vorstellungen des Obersten Volkswirtschaftsrates, der glaubte, eine unbürokratische und rationelle Kontrolle der Industrie sei dann gewährleistet, wenn die Kontrollorgane mit Arbeitern besetzt seien. Der komplizierte Kontrollmechanismus, den Larin vorschlug, der zudem zwei voneinander unabhängige Apparate voraussetzte – den des Obersten Volkswirtschaftsrates und den des *Narkomgoskontrol'* –, mußte im Gegenteil genau zur Bürokratisierung der Kontrolle führen. Auch war es keineswegs ausgemacht,

---

[33] Über den Rat für Arbeiter- und Bauernverteidigung vgl. Pietsch, a. a. O., S. 104–113

[34] Ėkonomičeskaja žizn', 1918, Nr. 19, S. 4

daß die Betriebskomitees, wenn sie Entscheidungen der Betriebsleitungen blockierten, sich immer von gesamtstaatlichen Überlegungen leiten ließen. Sollte zum Beispiel ein Betrieb wegen Unrentabilität geschlossen werden, war es mehr als fraglich, ob das Komitee diese Entscheidung ohne weiteres respektieren würde. Selbst bei weniger wichtigen Entscheidungen der Betriebsleitung konnte die Produktion empfindlich gestört werden, da bis zum Eintreffen der Stellungnahme des Obersten Volkswirtschaftsrates wertvolle Zeit vergehen würde. Der Oberste Volkswirtschaftsrat stimmte über Larins Thesen aber nicht ab, sondern wollte erst die Vorschläge des Gesamtrussischen Gewerkschaftsrates abwarten.

Wenige Tage später, am 6. Dezember 1918, erläuterte Glebov-Avilov den Standpunkt des Gewerkschaftsrates. Im Interesse eines reibungslosen Ablaufs der Produktion sei es notwendig, die Arbeiterkontrolle auf eine Revision der Betriebe zu beschränken und den Kontrollkommissionen, die von den Betriebskomitees gewählt und von den Gewerkschaften bestätigt werden sollten, kein Vetorecht gegen die Entscheidungen der Leitung einzuräumen. Für die Kontrolle der Finanzen sollten Vertreter des *Narkomgoskontrol'* zugezogen werden. Die Koordinierung der Arbeiterkontrolle im gesamtstaatlichen Maßstab aber sei die Aufgabe des Gesamtrussischen Gewerkschaftsrates. Nur die Gewerkschaften könnten »den Boden für die Organisation der Staatskontrolle vorbereiten und diese in einen lebensfähigen Apparat des Sowjetstaates umwandeln«. Dieses Konzept des Gesamtrussischen Gewerkschaftsrates, erklärte Glebov-Avilov, intendiere eine wirklich zentralisierte Arbeiterkontrolle, ganz im Gegensatz zu den Thesen von Larin und dem Volkskommissariat für Staatskontrolle. Denn weder sei es vertretbar, daß der Oberste Volkswirtschaftsrat die Produktion gleichzeitig verwalte und kontrolliere, wie es Larin vorschlage, noch daß das Volkskommissariat für Staatskontrolle die Industriekontrolle durchführe, da sonst »die Arbeiterkontrolleure in staatliche Beamte umgewandelt, sie ihres eigenen Milieus entfremdet und ihre Selbständigkeit abgetötet« werden[35].

Glebov-Avilovs Konzept war wesentlich realistischer als das von Larin, denn es trug sowohl den Zentralisierungsbestrebungen der Regierung Rechnung, indem den Betriebskomitees kein

[35] Ėkonomičeskaja žizn', 1918, Nr. 28, S. 5

Vetorecht eingeräumt wurde, als auch dem Führungsanspruch des *Narkomgoskontrol'*, indem es auf lange Sicht eine Vereinigung des Kontrollapparats der Gewerkschaften mit dem des Volkskommissariats ins Auge faßte. Die Haltung des Gesamtrussischen Gewerkschaftsrates war ein Kompromiß zwischen seinem Anspruch, als oberstes Organ für die Arbeiterkontrolle zu fungieren, und der Einsicht, daß er letztlich über keinerlei Machtmittel verfügte, diesen Anspruch zu realisieren.

Zur gleichen Zeit, als sich der Oberste Volkswirtschaftsrat und der Gewerkschaftsrat um eine Einigung über die Zuständigkeit der Arbeiterkontrolle bemühten, arbeitete das Volkskommissariat für Staatskontrolle detaillierte »Regeln über die vorherige und faktische Kontrolle der sowjetischen und öffentlichen Institutionen und Unternehmen« aus. Sie verpflichteten die Betriebsleitungen, alle Kostenvoranschläge, Produktionspläne, Finanzpläne etc. vor ihrer Ausführung dem Volkskommissariat zur Prüfung vorzulegen. Auch sollten die Vertreter der Staatskontrolle an den Sitzungen der Unternehmensleitungen mit beratender Stimme teilnehmen und in besonderen Fällen ihre Beschlüsse für zwei Tage blockieren dürfen. Kontrollierte das *Narkomgoskontrol'* an Ort und Stelle, sollten seine Vertreter auch das gesamte bewegliche und unbewegliche Inventar, alle Geschäftsbücher und Dokumente, die Qualifikation der Arbeiter und Qualität der Produkte sowie die Lebensmittelversorgung prüfen[36]. Diese Regeln waren bedeutend weitreichender als der Entwurf des Volkskommissariats für Staatskontrolle von Anfang Oktober 1918, da jetzt jede Zusammenarbeit mit den Gewerkschaften abgelehnt und auch die Kontrolle über die Qualifikation der Arbeiter und Qualität der Produkte gefordert wurde, was implizit eine Kontrolle der gewerkschaftlichen Kommissionen für die Normierung der Produktion bedeutete. Trotz dieses totalen Anspruchs des Volkskommissariats für Staatskontrolle war die Frage, wer sich schließlich als oberste Kontrollinstanz durchsetzen würde – der Oberste Volkswirtschaftsrat, das *Narkomgoskontrol'* oder der Gesamtrussische Gewerkschaftsrat – noch nicht entschieden. Denn eine diesbezügliche Entscheidung konnte nur die Regierung fällen.

---

[36] Izvestija Vserossijskogo Central'nogo Ispolnitel'nogo Komiteta sovetov rabočich, krest'janskich, kazačnich i krasnoarmejskich deputatov i Moskovskogo soveta rabočich i krasnoarmejskich deputatov, 1918, Nr. 265, S. 3 und Nr. 267, S. 4

Auf dem Zweiten Gesamtrussischen Kongreß der Volkswirtschaftsräte von Ende Dezember 1918 wurde die Diskussion zwischen Anhängern und Gegnern der Staatskontrolle fortgesetzt. Glebov-Avilov, der Hauptreferent, hielt eine Arbeiterkontrolle solang für notwendig, wie das *Narkomgoskontrol'* die Industrie in bürokratischer Weise kontrollierte. Erst nach einer »Auffüllung« der staatlichen Kontrollorgane mit Arbeitern aus der Produktion könne der gewerkschaftliche Kontrollapparat mit dem staatlichen verschmolzen werden. Das von Glebov-Avilov vorgeschlagene Kontrollschema deckte sich im wesentlichen mit jenem, das er bereits am 6. Dezember 1918 im Obersten Volkswirtschaftsrat entwickelt hatte. Mit einer wichtigen Ausnahme allerdings: Die betrieblichen Kontrollkommissionen sollten in besonderen Fällen Entscheidungen der Leitungen kurzfristig blockieren dürfen[37].

Die Diskussion brachte keine grundsätzlich neuen Gesichtspunkte. Lozovskij warnte vor einer Verschmelzung der gewerkschaftlichen Kontrollorgane mit dem Apparat des Volkskommissariats für Staatskontrolle, da ein solcher Schritt gleichbedeutend sei mit einem »Zusammengehen von Arbeitern und bürgerlicher Intelligenz«. Und emphatisch rief er aus: »Tötet uns, aber vereinigt uns nicht mit diesem Apparat!«[38] Ebenfalls grundsätzliche Bedenken meldete N. P. Bogdanov, Mitglied des Zentralkomitees der Holzarbeitergewerkschaft, gegen eine staatliche Kontrolle der Industrie an. »Wir sind noch lange keine proletarische Gesellschaft, daher muß es auch noch eine Arbeiterkontrolle geben.«[39] Die Anhänger der staatlichen Kontrolle hingegen gaben zu bedenken, daß sich unter der Diktatur des Proletariats die gesamte gewerkschaftliche Tätigkeit nur im Rahmen staatlicher Organe vollziehen könne. Wer daher für ökonomische oder politische Autonomie der Gewerkschaften eintrete, trage eine »konterrevolutionäre Losung in unsere proletarische Politik« hinein[40].

Mit großer Mehrheit billigte der Kongreß eine von Glebov-Avilov vorgelegte Resolution, die den gewerkschaftlichen Standpunkt wiedergibt:

---

[37] Trudy II, S. 366–369
[38] a. a. O., S. 377
[39] a. a. O., S. 376
[40] a. a. O., S. 375

»Die einzig richtige Lösung des Problems der Kontrolle besteht in ihrer Übergabe an die Gewerkschaften. Der gegenwärtige Apparat der Staatskontrolle darf nicht selbständig die Betriebe kontrollieren, sondern muß durch eine selbständige Organisation der Arbeiterkontrolle ersetzt werden. Die Kontrollfunktionen der Glavki, Centry und anderer Abteilungen des Obersten Volkswirtschaftsrates müssen den entsprechenden Produktionsverbänden übergeben werden.« [41]

Die Gewerkschaften als nichtstaatliche Organe sollen also staatliche Organe kontrollieren. Da die Gewerkschaften aber über keine Machtmittel verfügten, konnte dieser Beschluß nur verwirklicht werden, wenn ihnen solche übertragen, d. h. wenn sie in staatliche Organe umgewandelt werden. Da in diesem Fall auch die *Glavki* und *Centry* mit den Zentralkomitees der entsprechenden Gewerkschaften vereinigt worden wären (vgl. Kapitel XVI/3), hätten die Gewerkschaften eine ungeheure Macht in ihren Händen gehalten, die sogar der Partei gefährlich werden konnte. Selbst wenn die Gewerkschaften nur in Kontrollfragen mit Exekutivfunktionen ausgestattet, d. h. partiell verstaatet wurden, hätten sie beträchtlichen Einfluß auf staatliche Organe gewonnen. Angesichts dieser politischen Implikationen von Glebov-Avilovs Resolution war es wenig wahrscheinlich, daß die Regierung sie akzeptieren würde, zumal sie in klarem Widerspruch zu den zentralistischen Tendenzen der staatlichen Wirtschaftspolitik stand. Denn erstens würde das Vetorecht der Betriebskomitees die reibungslose Produktion gefährden und zweitens an Stelle des alten Dualismus zwischen dem Obersten Volkswirtschaftsrat und dem Volkskommissariat für Staatskontrolle ein neuer Dualismus zwischen dem Gesamtrussischen Gewerkschaftsrat und dem Volkskommissariat für Staatskontrolle treten.
Der unverhüllte Machtanspruch der Gewerkschaften rief auch prompt die Partei auf den Plan. Nur so ist es zu verstehen, daß Glebov-Avilov knapp drei Wochen später auf dem Zweiten Gesamtrussischen Gewerkschaftskongreß im Januar 1919 erklärte, die Hauptaufgabe der Arbeiterkontrolle sei nicht mehr die Kontrolle der Produktion, sondern die Ausbildung von Arbeitern für die Wirtschaftsverwaltung. »Man muß anerkennen, daß die Kontrollkommissionen in erster Linie erzieherische Bedeutung haben.« Ihre Rechte, fuhr er fort, müßten daher

---

[41] a. a. O., S. 401

»äußerst beschränkt« sein[42]. Folgerichtig sprach er sich für eine enge Zusammenarbeit mit dem Apparat des Volkskommissariats für Staatskontrolle aus. Auch den übrigen bolschewistischen Gewerkschaftsdelegierten hatte die Partei offensichtlich die Leviten gelesen, da keiner von ihnen auch nur mit einem Wort auf die Resolution des Zweiten Kongresses der Volkswirtschaftsräte vom Dezember 1919 Bezug nahm.
Allein Lozovskij, der als Sozialdemokrat-Internationalist nicht dem Druck der Partei ausgesetzt war, forderte mit beredten Worten, die Arbeiterkontrolle nicht nur beizubehalten, sondern sogar noch auszuweiten.

»Sie muß den Rahmen der Kontrolle über die Produktion sprengen, ihren Einfluß auf alle Bereiche des öffentlichen Lebens ausdehnen und den gesamten von der Oktoberrevolution geschaffenen Apparat ... ihrer strengen Kontrolle unterwerfen.« [43]

Nur so glaubte Lozovskij die Trennung zwischen dem bürokratischen Sowjetapparat und den Arbeitermassen überwinden zu können. Das waren genau jene Argumente, die bolschewistische Gewerkschafter, allen voran Glebov-Avilov, auf dem Zweiten Kongreß der Volkswirtschaftsräte und in den vorangehenden Diskussionen vorgebracht hatten. Nach der Intervention der Partei mußten sie aber die Forderungen der Sozialdemokraten-Internationalisten, die Tomskij als »unsere legale Opposition« apostrophierte, ablehnen, da sie, wie einst der Beschluß des Zweiten Kongresses der Volkswirtschaftsräte, auf die Kontrolle der Wirtschaft durch die Gewerkschaften hinausliefen und damit die Grundlagen der bolschewistischen Herrschaft tangierten.
Unter dem Druck der Partei verzichtete der Gesamtrussische Gewerkschaftsrat Mitte Februar 1919 schließlich ganz auf die Arbeiterkontrolle. Fortan sollte, so hieß es in einem entsprechenden Beschluß, die Arbeiterkontrolle vom Volkskommissariat für Staatskontrolle durchgeführt werden, sich dabei aber auf die gewerkschaftlichen Kontrollkommissionen stützen[44]. Damit hatte die Partei erreicht, was sie wollte. Die offizielle Übertragung der Produktionskontrolle auf das Volkskommis-

[42] Vtoroj s'ezd professional'nych sojuzov, S. 111, 112
[43] a. a. O., S. 115
[44] Otčet VCSPS za 1919 god, S. 131

sariat war nur noch eine Formsache. Am 9. April 1919 verabschiedete die Sowjetregierung ein Dekret, das die »Verschmelzung der frischen Kräfte der Arbeiterkontrollkommissionen« mit dem staatlichen Kontrollapparat verfügte[45].
Daß die Gewerkschaften sich gegenüber dem Volkskommissariat für Staatskontrolle nicht durchsetzen konnten, ist in erster Linie auf die politischen Implikationen einer reaktivierten Arbeiterkontrolle unter der Führung der Gewerkschaften zurückzuführen. Dabei darf jedoch nicht übersehen werden, daß die Bolschewiki sofort nach der Oktoberrevolution den Weg der »Staatlichkeit« *(gosudarstvennost')* beschritten, d. h. tendenziell jede politische und ökonomische Tätigkeit durch staatliche Organe zu kontrollieren versucht hatten. So gesehen, waren die Würfel eigentlich schon bei Beginn der Auseinandersetzung über die Kontrolle der Wirtschaft gefallen. Eine Entscheidung zugunsten dieser oder jener Seite schien nur möglich gewesen zu sein, weil die Partei sich vorerst nicht eingemischt hatte. Der Ausgang der Diskussion machte einmal mehr deutlich, daß die Handlungsfreiheit der Gewerkschaften, auch die des Obersten Volkswirtschaftsrates, in politisch brisanten Fragen nur so weit reichte, wie die Partei es in ihrem Interesse für vertretbar hielt.

3. Die Kontroverse über die Verstaatung der Gewerkschaften

Um die Jahreswende 1918/1919 wurde die Diskussion über die Rolle der Gewerkschaften beim Aufbau des Sozialismus und ihr Verhältnis zum Staat wieder aufgenommen. Der erste Gewerkschaftskongreß hatte sich im Januar 1918 zwar prinzipiell für die Umwandlung der Gewerkschaften in Staatsorgane ausgesprochen, jedoch darauf verzichtet, diesen Schritt sofort zu vollziehen. Statt dessen sollten die Gewerkschaften »im Prozeß der sich entwickelnden sozialistischen Revolution zu Organen der sozialistischen Macht werden«. Die entscheidende Frage hierbei war nicht, welche politischen und ökonomischen Veränderungen notwendig waren, um von einem »entwickelten« Stadium der sozialistischen Revolution sprechen zu können, sondern vielmehr, wer darüber zu befinden hatte. Die Macht lag aber nicht bei den Gewerkschaften, sondern bei der Regierung, bei der Partei.

---

[45] Sobranie uzakonenija, 1919, Art. 12, Nr. 122

Es war kein Zufall, daß die Diskussion gerade um die Jahreswende wieder aufgenommen wurde. Die Revolution hatte zu diesem Zeitpunkt tiefe Wurzeln geschlagen: Die Produktion war bis auf die Kleinindustrie nationalisiert, die Banken in einen zentralen Finanz- und Verrechnungsapparat umgewandelt und der freie Handel durch die staatliche Verteilung der Güter ersetzt. Von noch größerer Bedeutung war vielleicht der Umstand, daß die zentralen Lenkungsorgane, die *Glavki* und *Centry*, mehrheitlich aus Vertretern der Gewerkschaften bestanden. Obwohl organisatorisch formell unabhängig, nahmen die Gewerkschaften de facto bereits an der staatlichen Wirtschaftsverwaltung teil, wenn auch nicht qua Organisationen, sondern qua Einzelmitglieder. Ende Oktober 1918 wurde seitens der Gewerkschaften erstmals die Forderung laut, sie mit den Volkswirtschaftsräten zu verschmelzen, d. h. zu verstaaten. Unausgesprochen stand dahinter der Anspruch, die Wirtschaft in eigener Verantwortung zu verwalten.

»An die Spitze der Produktionsorganisationen *(Glavki* und *Centry)* traten die Gewerkschaften. Wer soll jene führen? Die Gewerkschaften, eine andere Antwort kann es nicht geben. Der Oberste Volkswirtschaftsrat muß sich mit dem Gesamtrussischen Gewerkschaftsrat, die *Glavki* und *Centry* mit den Zentralkomitees der entsprechenden Gewerkschaften vereinen ... Die Klasse des Proletariats, die Klasse der Produzenten muß an der Spitze der Produktion stehen.« [46]

Als eines der ersten höheren Gewerkschaftsgremien beriet das Zentralkomitee des Metallarbeiterverbandes am 2. Dezember 1918 über die Verstaatung der Gewerkschaften. Als Referenten traten Gol'cman und Kosior auf, dieser gegen, jener für die Verstaatung. Beide gingen in ihrer Argumentation vom gleichen Ansatz aus: Wie kann die Wirtschaftsverwaltung rationeller gestaltet, wie kann sie entbürokratisiert werden? Gol'cman führte die bürokratischen Tendenzen auf das Nebeneinander von gewerkschaftlichen und staatlichen Organen mit gleichem Aufgabenbereich zurück; durch ihre Verschmelzung glaubte er die Verwaltung der Produktion rationalisieren zu können[47]. Gol'cman, der als Anhänger des »Arbeiter-Industrialismus« den raschestmöglichen Aufbau der Industrie und

[46] Vestnik professional'nych sojuzov, 1918, Nr. 3, S. 33
[47] Vsesojuznyj sojuz rabočich-metallistov, S. 176, 177

ihre möglichst rationelle Verwaltung im Sinne hatte, betrachtete daher die Verstaatung der Gewerkschaften lediglich unter verwaltungstechnischen und nicht unter machtpolitischen oder gar ideologischen Aspekten.

Anderer Ansicht war Kosior. Die Regierung, erklärte er, sei wegen der kulturellen Rückständigkeit des Proletariats gezwungen, zum Aufbau des Staatsapparates zahlreiche bürgerliche Fachleute wie überhaupt »nichtproletarische Elemente« heranzuziehen, wodurch permanent die Gefahr der »Bürokratisierung der proletarischen Diktatur von Beamten« gegeben sei. Diese Gefahr bestehe solange, wie es nicht gelinge, qualifizierte Arbeiter für die Verwaltung des Staates und der Wirtschaft auszubilden. Dies aber sei Aufgabe der Gewerkschaften, »die Massen ... für den Aufbau des Sozialismus zu organisieren und zu erziehen«. Eine Verstaatung der Gewerkschaften würde daher den »Erziehungsprozeß der breiten Massen, ... den Gesundungsprozeß der Organe der Sowjetmacht vom Bürokratismus bremsen«, da sie dann nicht mehr als »Schulen des Sozialismus« fungieren könnten[48].

Mit der Billigung von Kosiors Standpunkt wies das Zentralkomitee des Metallarbeiterverbandes den Gewerkschaften eine Aufgabe zu, über die sie bisher kaum reflektiert hatten, nämlich die Produktion nicht nur zu verwalten, sondern auch Arbeiter für die Verwaltung auszubilden. Da die Partei bisher zur Verstaatung der Gewerkschaften noch nicht Stellung genommen hatte, der Ausgang der Diskussion somit noch offen schien, kann mit ziemlicher Sicherheit angenommen werden, daß das Zentralkomitee der Metallarbeiter sich tatsächlich aus den von Kosior angegebenen Gründen gegen eine Verstaatung der Gewerkschaften ausgesprochen hatte und nicht auf Druck der Partei hin.

Bis zum Zweiten Gewerkschaftskongreß im Januar 1919, der formell über die Umwandlung der Gewerkschaften in Staatsorgane zu entscheiden hatte, wurde die Diskussion in den Spalten der Tagespresse fortgesetzt. R. Arskij erklärte am 22. Dezember, daß dank der weitgehenden »Vergewerkschaftung« der staatlichen Lenkungsorgane, d. h. ihrer Majorisierung durch Gewerkschafter, der Augenblick nicht mehr fern sei, wo die »Diktatur der staatlichen Organe« durch die »Diktatur der

---

[48] a. a. O., S. 173, 174

Produktionsverbände« abgelöst werden könne. Erst dann könne von einer »wirklichen« Diktatur des Proletariats gesprochen werden[49]. Mit ähnlichen Argumenten forderte Nogin die Verstaatung der Gewerkschaften[50].

Arskij und Nogin, wie überhaupt alle jene, die die Verwaltung der Produktion den Gewerkschaften überantworten wollten, können in gewisser Weise als Vorläufer der späteren Arbeiteropposition bezeichnet werden. Wie diese verstanden auch sie unter der Diktatur des Proletariats keine Diktatur der Staatsorgane oder der Partei, sondern die Diktatur der Arbeiter, organisiert in den Gewerkschaften, aber unter bolschewistischer Führung. Mochte die Diskussion über die künftige Stellung der Gewerkschaften im Staat auch noch in vollem Gange sein, die politischen Implikationen von verstaateten Gewerkschaften für die Herrschaft der Partei ließen von Anfang an wenig Hoffnung, daß die Partei hierzu ihr Plazet geben würde. Auch die Gewerkschaften selbst waren sich über ihren künftigen Status noch nicht im klaren. Während sich der Kongreß der Wassertransportarbeiter des Wolgagebiets Mitte Dezember 1918 für die Verstaatung der Gewerkschaften aussprach, lehnte eine Gewerkschaftskonferenz des Gouvernements Smolensk von Anfang Januar 1919 einen solchen Schritt als verfrüht ab[51].

Alle bisher geäußerten Meinungen können aber nicht als repräsentativ für die russische Gewerkschaftsbewegung angesehen werden, da sie entweder von Einzelpersonen oder von einzelnen Verbänden vorgebracht wurden. Die Grundsatzdiskussion wurde erst auf dem Zweiten Gewerkschaftskongreß im Januar 1919 ausgetragen, an dem 648 stimmberechtigte Delegierte, darunter 430 Bolschewiki, teilnahmen, die insgesamt 3 422 000 Arbeiter vertraten[52]. Angesichts der außerordentlichen politischen Bedeutung, die verstaatete Gewerkschaften für die Partei hatten, ließ es sich Lenin nicht nehmen, selbst das Hauptreferat zu halten. Die Gewerkschaften, erklärte er, hätten dank ihrer Beherrschung der Produktion die politische Diktatur des Proletariats überhaupt erst ermöglicht. Damit der Aufbau des Sozialismus aber vollendet werden könne, bedürfe es darüber hinaus einer mit Verwaltungsaufgaben vertrauten Arbei-

---

49 Ėkonomičeskaja žizn', 1918, Nr. 38, S. 4
50 Leninskij sbornik, Bd. 24, S. 105
51 Professional'nyj vestnik, 1919, Nr. 1, S. 35, 46
52 Vtoroj s'ezd professional'nych sojuzov, S. 87, 184

terschaft, denn je entwickelter die angestrebte Gesellschaftsordnung sei, desto größer müsse auch die Masse sein, die diese trage. Von hier ergebe sich fast zwangsläufig die Aufgabe der Gewerkschaften, nämlich die Produktion nicht nur zu organisieren, sondern auch

> »die Massen das Regieren zu lehren, nicht durch Bücher, Lektionen oder Versammlungen, sondern durch Erfahrung, so, daß an die Stelle der fortgeschrittenen Schicht, die das Proletariat ... mit der Organisation betraut hat, immer neue und neue Arbeiterschichten nachrücken und in die verschiedenen Ressorts eintreten, damit an die Stelle dieser Schicht zehn neue treten, ... Millionen und aber Millionen Werktätiger von einer weniger komplizierten Tätigkeit zu einer höheren führen, ... um auf diese Weise immer breitere Massen zu schulen, damit sie den Staat regieren lernen.« [53]

Erst wenn die Gewerkschaften sich dieser Aufgabe entledigt hätten, sei der Zeitpunkt für ihre Verstaatung gekommen.

Daß niemand geringerer als Lenin das Hauptreferat hielt und sich gegen eine Verstaatung der Gewerkschaften aussprach, zeigte einmal mehr, daß die Partei nicht gewillt war, die Gewerkschaften an der Macht teilhaben zu lassen. Lenins Argumente gegen eine Verstaatung der Gewerkschaften waren angesichts der kulturellen Rückständigkeit der Arbeiter sicher zutreffend. Trotzdem waren die Argumente nur vorgeschoben, um die Tendenz der Gewerkschaften nach ökonomischer und damit auch politischer Autonomie abzublocken. Denn Lenin hatte nie einen Hehl daraus gemacht, daß der Sozialismus nur unter der alleinigen Führung der bolschewistischen Partei bzw. des von ihr kontrollierten Staatsapparates aufgebaut werden könnte. Alle Bestrebungen, die diesen Führungsanspruch der Partei in Frage stellten, waren in Lenins Augen syndikalistisch. In seinem Konzept des »etatistischen Sozialismus« war daher weder Platz für eine Selbstverwaltung der Arbeiter noch für verstaatete Gewerkschaften. War der Widerspruch zwischen Lenins Intention und seiner Begründung auch evident, von den bolschewistischen Delegierten wagte jedenfalls keiner, für eine Verstaatung der Gewerkschaften zu stimmen. Wenn sie nicht schon vor dem Kongreß von der Partei entsprechend instruiert waren, dann zeigte ihnen spätestens Lenins Votum, daß die Partei eine Verstaatung der Gewerkschaften nicht wünschte.

---

[53] a. a. O., S. 55, 56

Daß auch Martov von der menschewistischen Fraktion für organisatorisch unabhängige Gewerkschaften eintrat, hatte andere Gründe. Die Regierung, erklärte er, könne angesichts der überwiegend agrarischen Struktur des Landes nicht als reine Diktatur des Proletariats, sondern nur als eine Allianz zwischen Proletariat und ärmster Bauernschaft bezeichnet werden. Wollten daher die Gewerkschaften die Interessen der Arbeiter gegenüber dem Staat als Kollektivunternehmer wirksam vertreten, müßten sie unabhängig und selbständig bleiben, zumal die überstürzte Nationalisierung der Industrie der Volkswirtschaft solchen Schaden zugefügt habe, daß die Lage der Arbeiter schwerer denn je sei. Außerdem habe die Erfahrung gezeigt, daß es angesichts des noch offenen Ausgangs des Bürgerkriegs nicht ratsam sei, die Gewerkschaften zu verstaaten. Im Ural und Wolgagebiet zum Beispiel hätten die weißen Armeen nach der Besetzung dieser Gebiete gleichzeitig mit dem Staatsapparat auch die Gewerkschaften zerschlagen. Nicht Verstaatung, sondern Kampf der Gewerkschaften gegen den »illusionären Sozialismus« und für die Wiederherstellung des Kapitalismus und Privatkapitals, »ohne das ein Aufbau des ökonomischen Lebens unmöglich« sei – so formulierte Martov die menschewistische Gewerkschaftsstrategie[54]. Wie allen grundsätzlichen Einwänden lag auch diesmal der menschewistischen Kritik eine orthodoxe Marxismusinterpretation zugrunde.
Nach Martov sprach Lozovskij seitens der Fraktion der Sozialdemokraten-Internationalisten, der wie sein Vorredner eine Verstaatung der Gewerkschaften ablehnte. Erstens seien die Gewerkschaften für einen solchen Schritt noch nicht »reif«, und zweitens dominierte in den staatlichen Organen das »nichtproletarische Element«. Verstaatete Gewerkschaften brächten der Regierung somit keinen Nutzen, außer ein paar zusätzliche, mit staatlichen Machtbefugnissen ausgestattete Abteilungen bei den verschiedenen Volkskommissariaten. In diesem Fall aber könnten die Gewerkschaften ihrer wichtigsten Aufgabe, die Massen für die Verwaltung der Produktion auszubilden, nicht mehr nachkommen. Im Grunde, meinte Lozovskij, sei die Debatte über die Verstaatung eine »theoretische Diskussion auf lange Zeit«, da Rußland sich noch im Anfangsstadium der sozialistischen Revolution befinde, die Gewerkschaften jedoch erst

---

[54] a. a. O., S. 76, 77

in der Endphase verstaatet werden könnten – dann, wenn das Proletariat »zur Vernichtung des gesamten staatlichen Zwangsapparates« schreite[55].
Formal betrachtet, glichen Lozovskijs Einwände gegen eine Verstaatung der Gewerkschaften denen Lenins, da beide vom Reifegrad der sozialistischen Revolution ausgingen, mit einem wichtigen Unterschied allerdings: Lozovskij lehnte eine Verstaatung nicht aus machtpolitischen Gründen ab wie Lenin, sondern aus ideologischen und verwaltungstechnischen. Er verstand Sozialismus noch im Marxschen Sinne als unmittelbare Beteiligung und Verantwortung der Arbeiter am gesellschaftlichen Leben, wozu es natürlich eines bestimmten politischen Bewußtseins und kulturellen Niveaus bedurfte. Wenn dieses erreicht war und die Produktion den notwendigen Entwicklungsgrad für die Verwirklichung des Sozialismus aufwies, sollten der staatliche Apparat aufgelöst und die Gewerkschaften seine Funktionen, zumindest auf ökonomischem Gebiet übernehmen.

Die Resolution, die der Kongreß nach langen Debatten schließlich mit großer Mehrheit verabschiedete, unterschied sich inhaltlich nicht wesentlich von der des Ersten Gewerkschaftskongresses. Es wird betont, daß

»der Prozeß der vollständigen Vereinigung zwischen den Gewerkschaften und den Organen der sozialistischen Macht, die sogenannte Verstaatung, ein vollkommen unvermeidliches Resultat ihrer gemeinsamen, engen koordinierten Arbeit und der Vorbereitung der breiten Arbeitermassen für die Verwaltung des staatlichen Apparates sowie aller ökonomischen Lenkungsorgane sein muß.« [56]

Mit anderen Worten, die Verstaatung der Gewerkschaften wird in die unbestimmte Zukunft verschoben. Zwar hatte die Partei ihre prinzipielle Zustimmung gegeben, angesichts der politischen Implikationen für ihre Herrschaft war es aber trotzdem wenig wahrscheinlich, daß sie selbst zu einem späteren Zeitpunkt, dann, wenn der Sozialismus verwirklicht sein würde, grünes Licht für eine Verstaatung der Gewerkschaften geben würde. Für diese Annahme spricht auch, daß jetzt kein Junktim mehr zwischen dem Reifegrad der sozialistischen Re-

---

55 a. a. O., S. 66
56 a. a. O., S. 96, 97

volution und der Verstaatung der Gewerkschaften hergestellt wurde, worauf früher immer Wert gelegt worden war.

Daß die Bolschewiki nicht willens waren, den Gewerkschaften jetzt oder in Zukunft staatliche Machtbefugnisse zu übertragen, wurde erneut in den Beschlüssen des Achten Parteikongresses (18. bis 23. März 1919) deutlich. Alle Redner betonten zwar das große Verdienst der Gewerkschaften beim Aufbau der staatlichen Wirtschaftsverwaltung. »Wir könnten uns nicht einen Monat ohne die Unterstützung der Gewerkschaften halten«, erklärte Lenin[57]. Dessen ungeachtet und obwohl Bucharin verkündete, die Arbeiterklasse stehe unmittelbar vor der »Umwandlung der proletarischen Diktatur der Arbeiterklasse in eine staatslose und klassenlose kommunistische Gesellschaft«[58], sprachen weder er noch andere Redner sich für eine Verstaatung der Gewerkschaften aus.

Das vom Parteitag verabschiedete Parteiprogramm umreißt die künftigen Aufgaben der Gewerkschaften folgendermaßen:

»In Zukunft sollen die Gewerkschaften in ihren Händen faktisch die gesamte Verwaltung der Volkswirtschaft konzentrieren. Indem sie so für die untrennbare Verbindung zwischen der zentralen Staatsverwaltung und den breiten Massen der Werktätigen sorgen, sollen die Gewerkschaften letztere in breitem Rahmen zur unmittelbaren Arbeit in der Verwaltung der Wirtschaft heranziehen. Die Heranziehung der breiten Massen zu dieser Aufgabe ist das Hauptmittel gegen die Bürokratisierung des Wirtschaftsapparates der Sowjetmacht und ermöglicht es, eine wirkliche Volkskontrolle über die Produktion einzurichten.« [59]

Dieser Passus des Parteiprogramms über die Industrieverwaltung kann als Kompromiß zwischen den zur Teilhabe an der staatlichen Macht drängenden Gewerkschaften und der auf ihre politische Vorherrschaft bedachten Partei angesehen werden. Die Gewerkschaften konnten sich zwar mit ihrem Anspruch, die Industrieverwaltung in ihren Händen zu konzentrieren, durchsetzen, mußten dafür aber auf ihre Umwandlung in staatliche Organe verzichten. Und das war letztlich entscheidend, denn die Gewerkschaften konnten ihre nicht unbeträchtliche Machtfülle nur mit Zustimmung der Partei beziehungsweise der

---

57 Vos'moj s'ezd RKP(b). Mart 1919 goda. Stenografičeskij otčet, Moskva 1919, S. 17

58 a. a. O., S. 33

59 a. a. O., S. 348

Staatsmacht ausüben. Für das »etatistische« Sozialismuskonzept der Bolschewiki bot diese Regelung sogar noch Vorteile. Die Gewerkschaften würden weiterhin als Transmissionsriemen für die Realisierung der Beschlüsse von Partei und Staatsorganen und damit herrschaftsstabilisierend wirken. Außerdem würden sie durch die administrative und technische Ausbildung von Arbeitern die Wirtschaftsverwaltung selbst effizienter machen, was sich wiederum nur positiv auf die Herrschaft der Bolschewiki auswirken konnte. Eines konnte die Partei nicht voraussehen: daß die bolschewistischen Gewerkschafter sich eines Tages über die Parteidisziplin hinwegsetzen und, gestützt auf ihre, wenn auch nur abgeleitete Machtfülle, politische und ökonomische Autonomie von der Partei fordern würde, wie es dann in der Gewerkschaftsdiskussion um die Jahreswende 1920/21 geschehen ist.

Ausblick

Gestützt auf ihre ökonomische Machtstellung sowie unter Berufung auf das Parteiprogramm von 1919 versuchten die Gewerkschaften in den Jahren 1919 bis 1921 immer wieder, sich der Bevormundung durch die Partei zu entziehen. So nahm kurz vor dem Neunten Parteitag im März 1920 der Gesamtrussische Zentralrat der Gewerkschaften eine Entschließung an, die vorsah, alle in den Gewerkschaften organisierten Parteimitglieder dem Gesamtrussischen Zentralrat der Gewerkschaften zu unterstellen. Dieser Beschluß lief praktisch auf die Bildung einer Partei innerhalb der Partei hinaus, da ein beträchtlicher Teil der Parteimitglieder, wahrscheinlich sogar die Mehrheit, anstatt dem bolschewistischen Zentralkomitee der Gewerkschaftsführung unterstellt worden wäre. Wie nicht anders zu erwarten, lehnte der Parteitag dieses Ansinnen schroff ab und bestand auf die Unterordnung aller Parteimitglieder unter das Zentralkomitee. Dennoch meldeten einzelne Gewerkschafter auf dem Parteitag erneut ihre Wünsche an. Šljapnikov forderte zum Beispiel eine dreifache Gewaltenteilung zwischen Partei, Sowjets und Gewerkschaften, wobei jede dieser Organisationen selbständig und autonom für ihre Tätigkeit die Verantwortung tragen sollte[1]. Auch J. Lutovinov, ein Mitglied des Gesamtrussischen Gewerkschaftsrates, strebte mehr Macht für die Gewerkschaften an. »Unserer Meinung nach kann nur die Industriegewerkschaft ihren Industriezweig verantwortlich leiten und alle Industriezweige zusammen nur der *VCSPS*. Anders kann es nicht sein!«[2] Lenin reagierte äußerst empfindlich auf die Forderungen der Gewerkschaften nach mehr politischer und ökonomischer Autonomie:

---

[1] Devjatyj s'ezd RKP(b). Mart-aprel' 1920 goda. Stenografičeskij otčet, Moskva 1934, S. 564, Anmerkung 32

[2] a. a. O., S. 245, 255

»Die kommunistische Partei Rußlands kann keinesfalls damit einverstanden sein, daß der Partei lediglich die politische Führung und den Gewerkschaften die ökonomische Führung zukommen soll. Das stammt aus den Ansichten der bankrotten Zweiten Internationale.« [3]

Waren es vorerst auch noch vereinzelte Stimmen, die eine Neuverteilung der Gewichte innerhalb der kommunistischen Bewegung anstrebten, so deuteten sie doch darauf hin, daß eine Grundsatzdiskussion über das Verhältnis von Gewerkschaften und Staats- beziehungsweise Parteimacht nicht mehr zu umgehen sein würde.

Es soll hier keine erschöpfende Darstellung der Entwicklung der Gewerkschaften in den beiden letzten Jahren des Kriegskommunismus gegeben werden. Es sollen nur die Ursachen aufgezeigt werden, die 1920/21 die sogenannte Gewerkschaftsdiskussion ausgelöst haben. Einer dieser Gründe war das Bestreben der Gewerkschaften, sich von der Partei zu emanzipieren und die volle Verantwortung für die Industrie zu übernehmen. Ein zweiter, nicht minder wichtiger Grund lag in der Reaktion von Partei und Gewerkschaften auf Trockijs Konzept der Militarisierung der Arbeit mit seinen weitreichenden Konsequenzen für die Gewerkschaften wie überhaupt für die politisch-ökonomische Struktur Sowjetrußlands.

Anfang 1920, als die entscheidenden Schlachten des Bürgerkrieges geschlagen waren, entwickelte Trockij den Plan, die nicht mehr notwendigen Armeen nicht zu demobilisieren, sondern sie unter Beibehaltung ihrer militärischen Gliederung und Befehlshierarchie an die ökonomische Front für den Wiederaufbau des Landes zu werfen. Wichtig ist hierbei, daß Trockij den Arbeitsarmeen prinzipielle Bedeutung für den Aufbau des Sozialismus beimaß.

»Wenn wir ernsthaft von Planwirtschaft sprechen, die ihre Einheit der Zielsetzung vom Zentrum empfangen soll, wenn die Arbeitskräfte entsprechend dem Wirtschaftsplan im gegebenen Entwicklungsstadium verteilt werden, dann können die arbeitenden Massen nicht in ganz Rußland umherwandern. Sie müssen hierhin und dorthin geworfen, beordert, kommandiert werden, genau wie Soldaten. Sonst können wir unter den Bedingungen von Ruin und Hunger nicht ernsthaft vom Aufbau einer Industrie auf neuen Grundlagen sprechen.« [4]

---

[3] a. a. O., S. 474, Anhang 2

[4] a. a. O., S. 100

Trockijs Absicht, über die Militarisierung der Arbeit zu einem einheitlichen staatlichen Wirtschaftsplan zu kommen, hätte zwar die Verschmelzung der Gewerkschaften mit dem staatlichen Apparat nach sich gezogen, größere Autonomie hätten die Gewerkschaften deswegen aber nicht gewonnen. Im Gegenteil, eher war zu erwarten, daß sie dann als Annexe oder besser als Exekutivorgane der staatlichen Planbehörden fungiert hätten, die wie alle staatlichen Organe von der Partei ihre Direktiven empfangen hätten. Daß in Trockijs Konzept kein Platz für eine demokratische Verwaltung der Industrie war, verstand sich beinahe von selbst.

Der Neunte Parteitag von Ende März/Anfang April 1920 stimmte Trockij im wesentlichen zu[5]. Zwischen Frühjahr und Herbst desselben Jahres hatte Trockij dann Gelegenheit, sein Militarisierungskonzept in die Praxis umzusetzen. Als die Desorganisation im Transportwesen nach der Niederlage der russischen Truppen gegen Polen im August 1920 ihren Höhepunkt erreichte, schuf Trockij ganz im Sinne seiner Idee von der Verstaatung der Gewerkschaften das Zentralkomitee für das Transportwesen, bekannt unter seiner russischen Abkürzung *Cektran*. Diese Institution wurde gegen den Willen der Führer der Eisenbahnergewerkschaft gegründet, und zwar durch die Verschmelzung des Volkskommissariats für Verkehrswesen mit der Eisenbahnergewerkschaft. Unter Trockijs Führung arbeitete das *Cektran* nach streng militärischen Grundsätzen[6].

Als der Bürgerkrieg im Herbst 1920 praktisch beendet war und die Notwendigkeit militärischer Zwangsmaßnahmen nicht mehr überzeugte, erhob sich nicht nur in den Gewerkschaften, sondern auch in der Partei Widerstand gegen Trockijs Militarisierungspläne. Als Trockij schließlich auf der Fünften Gesamtrussischen Gewerkschaftskonferenz im November 1920 erneut und ganz im Sinne der Struktur und Funktionsweise des *Cektran* die Verstaatung der Gewerkschaften forderte[7], wurde er auf einer Beratung im Zentralkomitee der Partei, das hinter den Kulissen der Konferenz agierte, überstimmt. Damit wurde sein Militarisierungskonzept hinfällig. Statt dessen wurde den Gewerkschaftsdelegierten eine von Lenin ausgearbeitete Resolution vorgelegt, die eine Reform des *Cektran*

---

[5] a. a. O., S. 482

[6] Devjatyj s'ezd RKP(b). Protokoly, Moskva 1933, S. 867, Anmerkung 128

[7] a. a. O., S. 786, Anhang 10

forderte, auf die Gefahren allzu rigider Militarisierung und straffer Zentralisierung hinwies und den Gewerkschaften empfahl, ihren Einfluß in der Produktionssphäre zu erweitern[8].

Mit dem Abrücken der Mehrheit der Mitglieder des bolschewistischen Zentralkomitees von Trockijs Militarisierungsplänen nahm die Kontroverse über das künftige Verhältnis der Gewerkschaften zur politischen Macht ihren Anfang. Daß die Diskussion schließlich das gesamte kriegskommunistische System in Frage stellte, resultierte aus den immer offener zu Tage tretenden Spannungen zwischen der Partei auf der einen Seite und der Arbeiter- und Bauernschaft auf der anderen Seite, die ihrerseits wieder eine Folge der Bürokratisierung der Arbeit, des gestörten Verhältnisses zwischen Stadt und Land sowie des Abbaus fast jeglicher demokratischer Verwaltungsmethoden in allen Bereichen der Gesellschaft war. Das ökonomische und politische System des Kriegskommunismus war in eine tiefe Krise geraten[9]. Anfangs versuchte die Partei, die strittigen Fragen unter Ausschluß der Öffentlichkeit zu bereinigen. Als dies aber nicht gelang, gab sie die Diskussion schließlich auf dem Achten Sowjetkongreß im Dezember 1920 frei. Sofort kristallisierten sich drei Fraktionen heraus, deren Sprecher Lenin und Zinov'ev, Trockij und Bucharin und endlich Šljapnikov waren.

Nach Lenin waren die Gewerkschaften das wichtigste Bindeglied zwischen der Partei und den Arbeitermassen, deren Hauptfunktion in der Erziehung der Arbeiter zum Sozialismus lag. Diese Aufgabe konnten die Gewerkschaften nach Lenins Ansicht aber nur erfüllen, wenn sie nicht verstaatet werden, zumal sie auch noch die materiellen Interessen der Arbeiter gegenüber dem Kollektivunternehmer Staat wahren mußten[10]. In der »Plattform der Zehn« vom 14. 1. 1921, so genannt, weil sie von zehn prominenten Mitgliedern des Zentralkomitees unterschrieben wurde, konkretisierte Lenin seine Vorstellungen

---

[8] a. a. O., S. 825, Anmerkung 1

[9] Als wichtigstes Instrument für den Wiederaufbau der zerstörten Wirtschaft sollte der vom Achten Sowjetkongreß im Dez. 1920 angenommene Elektrifizierungsplan (GOELRO-Plan) fungieren. Vgl. dazu die ausgezeichnete Einleitung von H. Haumann zu L. N. Kricman, Die heroische Periode der großen russischen Revolution, Frankfurt (M.) 1971, S. V–LXI

[10] Rede Lenins »Über die Gewerkschaften, über die gegenwärtige Lage und über die Fehler des Genossen Trockij«, gehalten am 30. 12. 1920 auf dem Achten Sowjetkongreß, in: Diskussija o profsojuzach. Materialy i dokumenty 1920–1921 gg., Moskva/Leningrad 1927, S. 60–74

über die künftigen Aufgaben der Gewerkschaften. Wieder betonte er die Rolle der Gewerkschaften als »Schulen des Kommunismus«, eine Aufgabe, die sie nach ihrer Verstaatung nicht erfüllen könnten. Andere Aufgaben der Gewerkschaften waren nach der »Plattform der Zehn«: Mitarbeit bei der Wirtschaftsplanung und -verwaltung, Kontrolle der Produktion, Festsetzung der Löhne, Verteidigung der Arbeiter gegen ihren Arbeitgeber Staat sowie Produktionspropaganda und Verantwortung für die Arbeitsdisziplin. Mit Nachdruck stellte die »Plattform der Zehn« fest, daß den Gewerkschaften trotz dieser vielfältigen Aufgaben die Industrieverwaltung nicht überantwortet werden könne: »Die Kommunistische Partei Rußlands in Gestalt ihrer zentralen und lokalen Organisationen lenkt ohne jeden Vorbehalt wie bisher die gesamte ideologische Seite der Gewerkschaftsarbeit.«[11]

Die »Arbeiteropposition« unter der Führung von Šljapnikov war eine Gruppierung, die sich vornehmlich aus Arbeitern der Metallindustrie rekrutierte. Nach ihren Vorstellungen sollten sämtliche ökonomischen Verwaltungs- und Leitungsorgane von den gewerkschaftlich organisierten Arbeitern gewählt und ihnen auch verantwortlich sein. Nur so sei »die für die Organisation der Volkswirtschaft notwendige Einheit des Willens und die reale Möglichkeit eines aktiven Einflusses breiter Arbeiterkreise auf die Organisation und Entwicklung unserer Wirtschaft« zu erreichen. Der wichtigste Punkt im Konzept der Arbeiteropposition aber war die Übertragung der Verwaltung der gesamten Volkswirtschaft auf den Gesamtrussischen Zentralrat der Gewerkschaften und die der einzelnen Industriezweige auf die jeweiligen gesamtrussischen Gewerkschaftsverbände.

»Die Organisation der Verwaltung der gesamten Volkswirtschaft obliegt dem Gesamtrussischen Kongreß der in gewerkschaftlichen Verbänden organisierten Produzenten. Dieser Kongreß wählt das Zentralorgan, welches die gesamte Volkswirtschaft zu leiten hat.« [12]

So anti-etatistisch und für das Machtmonopol der Partei gefährlich auch das Programm der Arbeiteropposition war, im Grunde genommen stellte es nichts anderes dar als die Forde-

[11] a. a. O., S. 94

[12] Deutsche Übersetzung der Thesen der Arbeiteropposition in: Russische Korrespondenz, 1921, Nr. 3–4, S. 183–188

rung nach konsequenter Verwirklichung der Beschlüsse des Ersten und Zweiten Gewerkschaftskongresses sowie des Parteiprogramms von 1919.
Die gemäßigte Linke um Bucharin und Trockij ging wie die Arbeiteropposition bei der Darlegung ihres Standpunktes vom Parteiprogramm aus, in dem es heißt, daß die Gewerkschaften in Zukunft die gesamte Industrieverwaltung in ihren Händen konzentrieren sollten. Von hier leiteten Bucharin und Trockij ihre Forderung nach Verstaatung der Gewerkschaften ab, verstanden als allmähliche, sich aus der Praxis ergebende und nicht von oben verordnete Verschmelzung mit den staatlichen Wirtschaftsorganen. Wie man sieht, hatte Trockij seine Position grundlegend geändert. Der Verschmelzungsprozeß sollte sich so abspielen, daß Kongresse der Gewerkschaften und der staatlichen Wirtschaftsorgane gleichzeitig stattfinden, um eine möglichst enge Kooperation zu garantieren. Außerdem sollten die Führungsgremien der Gewerkschaften und der staatlichen Wirtschaftsorgane zu einem Drittel bis zur Hälfte aus den gleichen Personen, vornehmlich Gewerkschaftern, zusammengesetzt sein, um so einen neuen Typ von Funktionär heranzuziehen, der sowohl in Wirtschafts- als auch Gewerkschaftsfragen versiert ist. Zur Bekämpfung der bürokratischen Tendenzen im Staatsapparat sollten die Arbeiter stärker als bisher mit Verwaltungsaufgaben betraut werden, wozu eine Rückkehr zur Arbeiterdemokratie in den Gewerkschaften als notwendig erachtet wurde.

»Die Methoden der Arbeiterdemokratie, die im Laufe der drei Jahre eines erbitterten Bürgerkrieges eine starke Beschränkung erfuhren, müssen in erster Linie und in weitestem Maße in der Gewerkschaftsbewegung wieder hergestellt werden. In den Gewerkschaften muß zu allererst die Wählbarkeit aller Organe der Gewerkschaftsbewegung verwirklicht und das Prinzip der Ernennung auf ein tatsächlich unumgängliches Minimum reduziert werden.« [13]

Die Arbeiterdemokratie sollte allerdings dort ihre Grenze haben, wo Interessen der Partei berührt wurden. In diesem Punkt unterschieden sich Trockij und Bucharin nicht von Lenin. Daher traten sie für eine strenge Parteikontrolle über die Tätigkeit der kommunistischen Fraktionen in den Gewerkschaftsgremien und die Wahl der leitenden Gewerkschafter ein.

---

[13] Diskussija o profsojuzach, a. a. O., S. 168

Die Kontroverse über die Gewerkschaften wurde auf dem Zehnten Parteitag Anfang März 1921 endgültig entschieden. Mit der überwältigenden Mehrheit von 336 Stimmen gegenüber 50 für eine von Trockij und Bucharin und nur 18 Stimmen für eine von der Arbeiteropposition eingebrachte Resolution verabschiedete der Parteitag eine von Zinov'ev verfaßte, ganz im Geist der »Plattform der Zehn« gehaltene Resolution[14]. Darin heißt es, daß die Verstaatung der Gewerkschaften noch nicht auf der Tagesordnung stehe, denn als staatliche Zwangsorganisationen könnten sie weder als »Schulen des Kommunismus« fungieren noch bei der Steigerung der Arbeitsproduktivität mitwirken. Ansonsten waren nach der Resolution die Verwaltungsbefugnisse der Gewerkschaften ansehnlich, aber unbestimmt. In der Resolution fand sich auch jener Satz aus der »Plattform der Zehn« wieder, der die uneingeschränkte Kontrolle der Partei über die Gewerkschaften forderte[15].
Angesichts des Matrosenaufstandes von Kronstadt im März 1921, der sich explizit gegen die bolschewistische Partei richtete, sowie des Beschlusses des Zehnten Parteitages, von der Politik des Kriegskommunismus zur Neuen Ökonomischen Politik *(NĖP)* überzugehen, bestand eigentlich von Anfang an kein Zweifel, daß sich Lenin und seine Anhänger in der Gewerkschaftsfrage durchsetzen würden. Denn die Gewerkschaften am Beginn einer Phase zu verstaaten, die durch die Wiederzulassung eines freien Marktes und in beschränktem Maße auch des Privatkapitals gekennzeichnet sein würde, war ebenso widersinnig wie den Gewerkschaften die Verantwortung für die Industrie zu übertragen. Auch schien es wenig zweckmäßig, vielleicht sogar gefährlich, die Idee der reinen Arbeiterdemokratie gerade in einer Periode zu verwirklichen, wo die Konzentration der politischen Macht ein Gebot der Stunde war. Die Partei mußte um jeden Preis verhindern, daß sich in den Gewerkschaften, dem wichtigsten Bindeglied zu den breiten parteilosen Massen, wieder oppositionelle Strömungen breit machten, die ihr Herrschaftsmonopol in Frage stellten. Als wirksamstes Gegenmittel bot sich immer noch eine rigorose Kontrolle der Gewerkschaften an.

---

[14] Desjatyj s'ezd RKP(b), a. a. O., S. 828, Anmerkung 1
[15] Diskussija o profsojuzach, a. a. O., S. 200

Trotz der straffen Reglementierung in den ersten Monaten der *NÉP*[16] erlangten die Gewerkschaften bald wieder eine gewisse Selbständigkeit. Ende der zwanziger Jahre, mit dem Übergang von der *NÉP* zur forcierten Industrialisierung, wurden sie von Stalin erneut, diesmal aber endgültig gleichgeschaltet.

[16] Vergl. Sorenson, J. B., The Life and Death of Soviet Trade Unionism 1917–1928, New York 1969

Literaturverzeichnis

A. QUELLEN

1. Protokolle

Sedmaja (aprel'skaja) Vserossijskaja konferencija RSDRP (b). Aprel' 1917 goda. Protokoly, Moskva 1959

Šestoj s'ezd RSDRP (b). Avgust 1917 goda. Protokoly, Moskva 1958

Sed'moj Ekstrennyj s'ezd RKP (b). Mart 1918 goda. Stenografičeskij otčet, Moskva 1962

Vosmoj s'ezd RKP (b). Mart 1919 goda. Stenografičeskij otčet, Moskva 1919

Devatyj s'ezd RKP (b). Mart-aprel' 1920 goda. Stenografičeskij otčet, Moskva 1960

Pervyj legal'nyj Petersburgskij komitet bol'sevikov v 1917 g. Sbornik materialov i protokolov zasedanij Petersburgskogo komiteta RSDRP (b) i ego ispolnitel'noj komissii za 1917 g., Moskva 1927

Tret'ja Vserossijskaja konferencija professional'nych sojuzov. Stenografičeskij otčet, Moskva 1927

Pervyj Vserossijskij s'ezd professional'nych sojuzov. 7–14 janvarja 1918 g. Pol'nyj stenografičeskij otčet s predisloviem M. Tomskago, Moskva 1918

Vtoroj Vserossijskij s'ezd professional'nych sojuzov. 16–25 janvarja 1919 goda. Stenografičeskij otčet, Moskva 1921

Trudy I-go Vserossijskogo s'ezda Sovetov Narodnogo Chozjajstva. Stenografičeskij otčet, Moskva 1918

Trudy II-go Vserossijskogo s'ezda Sovetov Narodnogo Chozjajstva. Stenografičeskij otčet, Moskva 1919

Trudy Vserossijskogo čresvyčajnogo s'ezda železnodorožnikov slušaščhich, masterovych i rabočich, Moskva 1918

Trudy Vserossijskogo čresvyčajnogo s'ezda železnodorožnikov slušaščich, masterovych i rabočich, sostojašegosja v Petrograde s 5 po 30 janvarja 1918 g., Petrograd 1918

Protokoly II-go Vserossijskogo s'ezda komissarov truda i predstavitelej birž truda i strachovych kass, Moskva 1918

Protokoly Vserossijskogo učreditel'nogo s'ezda sojuzov rabočich-metallistov. 15–19 janvarja 1918 g., Moskva 1919

Protokoly I-go Vserossijskogo s'ezda professional'nych sojuzov tekstil'ščikov i fabričnych komitetov, o. O. (Moskva) o. J. (1918)
Protokoly zasedanij Vserossijskogo Central'nogo Ispolnitel'nogo Komiteta 4-go sozyva. Stenografičeskij otčet, Moskva 1920

2. Dokumenten- und Gesetzessammlungen

Browder, R. P., Kerenskij, F. A., The Russian Provisional Government 1917. Documents, 3 Bde., Stanford 1961
Bunyan, J., Fisher, H. H., The Bolshevik Revolution 1917–1919. Documents and materials, Stanford 1934
Bunyan, J., The Origin of Forced Labor in the Soviet State. Documents and materials, Stanford 1967
Dekrety sovetskoj vlasti, 4 Bde., Moskva 1964 ff.
Diskussija o profsojuzach. Materialy i dokumenty 1920–1921 gg. Moskva/Leningrad 1927
Materialy po istorii professional'nogo dviženija v Rossii, Bd. 1–5, Moskva 1924 ff.
Nacionalizacija promyšlennosti i organizacija socialističeskogo proizvodstva v Petrogradc (1917–1920). Dokumenty i materialy, 2 Bde., Leningrad 1958 ff.
Nacionalizacija promyšlennosti v SSSR. Sbornik dokumentov i materialov 1917–1920 gg., Moskva 1954
Oktjabr'skaja revoljucija i fabzavkomy. Materialy po istorii fabričnozavodskich komitetov, 2 Bde., Moskva 1927
Podgotovka i pobeda Oktjabr'skoj revoljucii v Moskva. Dokumenty i materialy, Moskva 1957
Profsojuzy SSSR. Dokumenty i materialy, 4 Bde., Moskva 1963 ff.
Putevoditel' po rezoljucijam Vserossijslich s'ezdov i konferencij professional'nych sojuzov. Hrsg. von Ju. Milonov, Moskva 1924
Putilovec v trech revoljucijach, Sbornik materialov po istorii Putilovskogo zavoda, Moskva/Leningrad 1933
Rabočij kontrol' i nacionalizacija promyšlennych predprijatij Petrograda v 1917–1919 gg., Bd. 1: Rabočij kontrol' v promyšlennych predprijatijach Petrograda 1917–1918 gg. Sbornik dokumentov, Leningrad 1947
Sobranie uzakonenij i rasporjaženij rabočе-krest'janskogo pravitel'stva. Hrsg: Administration des Rates der Volkskommissare, Petrograd/Moskva 1918, 1919
Sovety v epochu Voennogo-kommunizma. Hrsg. von V. P. Antonov-Saratovskij, 2 Bde., Moskva 1929
Velikaja Oktjabr'skaja socialističeskaja revoljucija. Chronika sobytij. Bd. 3: 26 ijulja - 11 sentjabrja 1917 goda, Moskva 1960
Velikaja Oktjabr skaja socialističeskaja revoljucija. Dokumenty i materialy. Oktjabr'skoe vooružennoe vosstanie v Petrograde, Moskva 1957
Vsesojuznyi sojuz rabočich-metallistov v rezoljucijach i postanovlenijach s'ezdov, konferencij i plenumov CK, Bd. 1: 1905–1925, Moskva 1927

3. *Einzelschriften und Sammelbände*

Antonov, N., Dva goda diktatury proletariata v metallopromyšlennosti, Peterburg 1920
Bucharin, N., Preobraschensky, E., Das ABC des Kommunismus, Hamburg 1921
Dva goda diktatury proletariata. Hrsg. vom Obersten Volkswirtschaftsrat, o. O. (Moskva), o. J. (1919)
Gol'cman, G., Regulirovanie i naturalizacija zarabotnoj platy, Moskva 1918
Jastržemskij, V. Ja., Kak rabočie organizujut proizvodstva, Petrograd 1919
Larin, Ju., Kricman, L., Očerki chozjajstvennoj žizni i organizacija chozjajstva sovetskoj Rossii 1917–1920, Moskva 1920
Lebedew, N., Die Textilarbeiter in Sowjetrußland, Berlin 1920
Lenin, V. I., Sočinenija. Izdanie tret'e, Bd. 1–25, Moskva 1928 ff.
Lenin, V. I., Polnoe sobranie sočinenij. Izdanie pjatoe, Bd. 1–55, Moskva 1960 ff.
Leninskij sbornik, Bd. 1–26, Moskva 1924 ff.
Lomov, A., Die Produktivität der Arbeit in Sowjetrußland, Zürich 1919
Lozovskij, A., Oktjabr'skaja revoljucija i professional'nye sojuzy, Moskva 1919
Lozovskij, A., Rabočij kontrol', Petrograd 1918
Lur'e, M. (Ju. Larin), Trudovaja povinnost' i rabočij kontrol', Petrograd 1918
Marx, K., Engels, F., Werke, Berlin 1956 ff.
Miljukov, P. N., Istorija vtoroj russkoj revoljucii, 2 Bde., Sofia 1921
Oktjabr'skij perevorot i diktatura proletariata. Sbornik statej, Moskva 1919
Orlov, N., Prodovolstevennaja rabota Sovetskoj vlasti, Moskva 1918
Osinskij, N., Stroitel'stvo sozializma, Moskva 1918
Ordžonikidze, D. K., Izbrannye stati i reči 1911–1937, Moskva 1939
Otčet Vserossijskogo Central'nogo Soveta Professional'nych Sojuzov za 1919 god, Moskva 1920
Price, M. Ph., Die russische Revolution, Hamburg 1921
Prokopovič, S. N., Narodnoe chozjajstvo v dni revoljucii, Moskva 1918
Propokovič, S. N., Očerki chozjajstvo sovetskoj Rossii, Berlin 1923
Reed, J., Zehn Tage, die die Welt erschütterten, Berlin 1957
Rjazanov, D. B., Zadači profsojuzov do i v epoche diktatury proletariata, Moskva/Petrograd 1921
Rykov, A. I., Stati i reči, 4 Bde., Moskva/Leningrad 1927 ff.
Stepanov, I., Ot rabočego kontrolja k rabočemu upravleniju v promyšlennosti i zemledelii, Moskva 1918
Tomskij, M., Abhandlungen über die Gewerkschaftsbewegung in Rußland, Hamburg 1921
Trockij, L. D., Sočinenija, Moskva/Leningrad 1924 ff.
Trotzki, L. D., Geschichte der russischen Revolution. Februarrevolution, Berlin 1931

Trotzki, L. D., Geschichte der russischen Revolution. Oktoberrevolution, Berlin 1933
Vompe, P, Dni Oktjabr'skoj revoljucii i železnodorožniki, Moskva 1924
Vserossijskaja promyšlennaja i professional'naja perepis' 1918 goda. Predvaritel'naja svodka dannych, Moskva 1920
Zinov'ev, G., Istorija Rossijskoj Kommunističeskoj Partii (bol'ševikov). Populjarnyj očerk, Lenigrad 1924

4. Erinnerungen

Lengnik, F. V., Vospominanija o V. I. Lenine, Moskva 1957
Krupskaja, N. K, Vospominanija o Lenine, Moskva 1959
Puti revoljucii. Stati, materialy, vospominanija, Berlin 1923
Šljapnikov, A., Semnadctyj god, 2 Bde., Moskva 1923 ff.
Suchanov, N., Tagebuch der russischen Revolution, München 1967
Trotzki, L. D., Mein Leben. Versuch einer Autobiographie, Berlin 1930
Dvinov, B., Moskovskij sovet rabočich deputatov 1917–1922. Vospominanija, New York 1961 (Inter University. Project on the History of the Menshevik Movement, paper Nr. 1).

5. Archive, Zeitungen, Zeitschriften

The Amerikan Slavik and East European Review, Jg. 1963
Archiv für die Geschichte des Sozialismus und der Arbeiterbewegung, hrsg. von C. Grünberg, Jg. 1919
Bjulleten' Narodnogo Komissariata Truda, Jg. 1918
Ėkonomičeskaja žizn', Jg. 1918, 1919
Istoričeskie zapiski, Jg. 1953, 1955, 1957, 1959
Istorija SSSR, Jg. 1964, 1965, 1966
Jahrbücher für die Geschichte Osteuropas, N. F. Jg. 1963, 1967
Krasnaja letopis' Jg. 1925
Krasnyj archiv, Jg. 1933
Kommunist', 1918, Nr. 1–4
Metallist, Jg. 1918
Narodnoe chozjajstvo, Jg. 1918–1922
Novyj put', Jg. 1917, 1918
Professional'nyj vestnik, Jg. 1917–1919
Proletarskaja revolucija, Jg. 1926, 1929
Rabočij kontrol', 1918, Nr. 1–4
Russische Korrespondenz, Jg. 1920, 1921
Soviet Studies, Jg. 1967
Statistika truda, Jg. 1918, 1919
Vestnik Narodnogo Kommissariata Truda, Jg. 1918, 1919
Vestnik professional'nych sojuzov, Jg. 1917–1919
Vestnik truda, Jg. 1927

Voprosy istorii, Jg. 1948, 1949, 1952, 1954, 1957, 1961, 1962, 1963, 1964, 1968
Voprosy istorii PKSS, Jg. 1959

B. DARSTELLUNGEN

Abramovitch, R. R., Die Sowjetrevolution, Hannover 1963
Antoškin, D., Professional'noe divženie slušaščich 1917–1924, Moskva 1927
Anweiler, O., Die Rätebewegung in Rußland, Leiden 1958
Aronson, G., K istorii pravogo tečenija sredi men'ševikov, New York 1960 (Inter University. Project on the History of the Menshevik Movement, paper Nr. 4).
Carr, E. H., The Bolshevik Revolution 1917–1923, 3 Bde., London 1950–1953
Chamberlin, W. H., Die russische Revolution, 2 Bde., Frankfurt/Main 1958
Daniels, R. V., Das Gewissen der Revolution. Kommunistische Opposition in Sowjetrußland, Köln/Berlin 1962
Deutscher, I., Die sowjetischen Gewerkschaften. Ihr Platz in der sowjetischen Arbeitspolitik, Frankfurt 1969
Dewar, M., Labour Policy in the USSR 1917–1928, London/New York 1956
Dobb, M., Soviet Economic Development since 1917, London 1957
Döring, F., Organisationsprobleme der russischen Wirtschaft in Revolution und Bürgerkrieg (1918–1920), Hannover 1970
Dvinov, B., Pervaja mirovaja vojna i Rossijskaja socialdemokratija, New York 1962 (Inter University. Project on the History of the Menshevik Movement, paper Nr. 10).
Egorova, A. G., Profsojuzy i fabzavkomy v bor'be za pobedu Oktjabr', Moskva 1960
Fel'dman, V., Profsojuzy Urala do velikoj Oktjabr'skoj socialističeskoj revoljucii (1905–1917 godu), Moskva 1957
Garvi, P. A., Professional'nye sojuzy v Rossii v pervye gody revoljucii 1917–1921, New York 1958
Geschichte der Gewerkschaftsbewegung in der UdSSR, Berlin 1962
Getzler, I., Martov, A Political Biography of a Russian Social Democrat, Melbourne 1967
Gladkov, I. A., Očerki stroitel'stva sovetskogo chozjajstva 1917–1918 gg., Moskva 1950
Goldschmidt, A., Die Wirtschaftsorganisation Sowjet-Rußlands, Berlin 1920
Hammond, T. T., Lenin on Trade Unions and Revolution 1893–1917, New York 1957
Haumann, H., Die Elektrifizierung und ihre Bedeutung für die Wirtschaftsplanung Sowjetrußlands zur Zeit des Kriegskommunismus. Inhalt und Funktion des GOÉLRO-Planes von 1920, Diss. phil. Univ. Marburg 1971

Jakobson, M., Die russischen Gewerkschaften, ihre Entwicklung, ihre Zielsetzung und ihre Stellung zum Staat, Berlin 1932
Jurovskij, L. N., Denežnaja politika sovetskoj vlasti (1917–1927), Moskva 1927
Kaplan, F. I., Bolshevik Ideology and the Ethics of Soviet Labour. 1917–1920: The formative years, New York 1968
Katkov, G., The February Revolution. Russia 1917, London 1967
Koch, W., Die bol'ševistischen Gewerkschaften, Jena 1932
Köhler, S., Die russische Industriearbeiterschaft von 1905–1917, Leipzig/Berlin 1921
Kricman, L., Geroičeskij period velikoj russkoj revoljucii, Moskva 1924
Lewytzkyj, B., Die Gewerkschaften in der Sowjetunion, Frankfurt/Main 1970
Ljubimov, I. N., Revoljucija 1917 goda. Chronika sobytij. Bd. 6: Oktjabr' – dekabr', Moskva/Leningrad 1930
Lorenz, R., Anfänge der bolschewistischen Industriepolitik, Köln 1965
Lozinskij, Z., Ėkonomičeskaja politika Vremennogo pravitel'stva, Leningrad 1929
Martow, J., Geschichte der russischen Sozialdemokratie. Mit einem Nachtrag von Th. Dan: Die Sozialdemokratie Rußlands nach dem Jahre 1908, Berlin 1926
Maynard, J., Russia in Flux, New York 1951
Mel'gunov, S. P., Martovskie dni 1917 goda, Paris 1961
Miljutin, V. P., Istorija ėkonomičeskogo razvitija SSSR (1917–1927), Moskva/Leningrad 1927
Pankratova, A., Fabzavkomy i profsojuzy v revoljucii 1917 goda, Moskva/Leningrad 1927
Pankratova, A., Fabzavkomy Rossii v bor'be za socialističeskuju fabriku, Moskva 1923
Pietsch, W., Revolution und Staat. Institutionen als Träger der Macht in Sowjetrußland 1917–1922, Köln 1969
Poletaeva, V., Profsojuzy Petrograda v bor'be za upročenie sovetskoj vlasti (mart 1917–mart 1918), Moskva 1958
Pollock, F., Die planwirtschaftlichen Versuche in der Sowjetunion 1917–1927, Leipzig 1927
Professional'noe dviženie v Petrograde v 1917 godu. Sbornik statej, Leningrad 1928
Radkey, O., The Election of the Russian Constituent Assembly of 1917, Cambridge/Mass. 1950
Schapiro, L., The Origin of Communist Autocracy. Political Opposition in the Soviet State. First Phase 1917–1922, Cambridge/Mass. 1956
Šelavin, K., Rabočij klass i VKP (b) v fevral'skoj revoljncii, Leningrad 1926
Schwarz, S., Der Arbeitslohn und die Lohnpolitik in Rußland, Berlin 1924
Sorenson, J. B., The Life and Death of Soviet Trade Unionism 1917–1928, New York 1969

Stepanov, Z. V., Rabočie Petrograda v period podgotovki i provedenija Oktjabr'skogo vooružennogo vosstanija. Avgust'-oktjabr' 1917 g., Moskva/Leningrad 1965
Strumilin, S. G., Izbrannye proizvedenija v pjati tomach, Moskva 1963–1965
Venediktov, A. V., Organizacija gosudarstvennoj promyšlennosti v SSSR 1917–1920, Leningrad 1957
Volin, S., Dejatel'nost' men'ševikov v profsojuzach pri sovetskoj vlasti, New York 1962 (Inter University. Project on the History of the Menshevik Movement, paper Nr. 13)
Volobuev, P. V., Ėkonomičeskaja politika Vremennogo pravitel'stva, Moskva 1962
Zagorsky, S. O., State Control of Industry in Russian during the War, New Haven 1928
Znamenskij, O. N., Ijul'skij krizis 1917 goda, Moskva/Leningrad 1964